감정
평가사 1차

감정평가관계법규

기출문제집(+최종모의고사)

SD에듀
(주)시대고시기획

Always **with you**

사람의 인연은 길에서 우연하게 만나거나 함께 살아가는 것만을 의미하지는 않습니다.
책을 펴내는 출판사와 그 책을 읽는 독자의 만남도 소중한 인연입니다.
SD에듀는 항상 독자의 마음을 헤아리기 위해 노력하고 있습니다.
늘 독자와 함께하겠습니다.

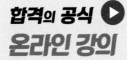

보다 깊이 있는 학습을 원하는 수험생들을 위한
SD에듀의 동영상 강의가 준비되어 있습니다.
www.sdedu.co.kr ➔ 회원가입(로그인) ➔ 강의 살펴보기

기출문제를 효과적으로 학습할 수 있도록 구성한 도서!

감정평가란 부동산, 동산을 포함하여 토지, 건물, 기계기구, 항공기, 선박, 유가증권, 영업권과 같은 유·무형의 재산에 대한 경제적 가치를 판정하여 그 결과를 가액으로 표시하는 행위를 뜻합니다. 이러한 평가를 하기 위해서는 변해가는 경제상황 및 이에 기반한 다양한 이론과 법령을 알아야 하며, 그 분량이 매우 많습니다.

큐넷에 공지된 감정평가사 통계자료를 보면, 1차 시험 지원자는 계속적으로 증가하고 있으며, 특히 최근의 증가 폭이 눈에 크게 띕니다. 2023년 1차 시험 지원자는 6,000명을 넘어섰고 2024년 지원자는 작년보다 262명 증가한 6,746명으로 집계되었습니다. 시행처는 최근 시험의 난이도를 높여 합격자 수를 조절하려는 경향을 보이고 있으며 이를 입증하듯, 제35회 1차 시험에서는 전년도보다 난이도가 대폭 상승, 고득점자가 크게 줄어 합격률이 23.28%로 작년 대비 크게 감소하였습니다.

이렇게 감정평가사 시험에 대한 부담감이 가중되고는 있지만, 전략적 학습방법을 취한다면 1차시험에서 과락을 피하고 합격 평균점수인 60점 이상을 취득하는 것이 매우 어려운 일은 아닙니다. 전략적 학습이란 결국 기본에 충실한 학습이며, 이를 위하여 기출문제를 분석하여 중요내용을 파악하는 것보다 더 효과적인 방법은 없습니다. 『2025 SD에듀 감정평가사 1차 감정평가관계법규 기출문제집(+최종모의고사)』는 이러한 시험 여건 속에서 기출문제를 통해 가장 확실한 1차 합격 방법을 제시하고자 출간되었습니다.

이 책의 특징은 다음과 같습니다.

첫째 ▌ 감정평가관계법규 9개년(2024~2016년) 기출문제를 수록하여 전반적인 출제경향을 파악할 수 있도록 하였습니다.

둘째 ▌ 복수정답 또는 개정법령으로 기출문제에 변경이 필요한 경우, 문제편에 〈문제 변형〉 표시를 하였습니다.

셋째 ▌ 기출문제의 핵심을 파악할 수 있도록 관련 법령을 일목요연하게 서술하였고, 〈더 알아보기〉를 통해 효과적 학습을 할 수 있도록 구성하였습니다.

넷째 ▌ 마지막 실력 점검과 실전 연습을 위해 최종모의고사 2회분을 수록하였습니다.

감정평가사 시험을 준비하는 수험생 여러분께 본 도서가 합격을 위한 디딤돌이 될 수 있기를 바랍니다.

편저자 드림

감정평가사 자격시험 안내

⊘ 감정평가

감정평가란 부동산, 동산을 포함하여 토지, 건물, 기계기구, 항공기, 선박, 유가증권, 영업권과 같은 유 · 무형의 재산에 대한 경제적 가치를 판정하여 그 결과를 가액으로 표시하는 것

❶ 정부에서 매년 고시하는 공시지가와 관련된 표준지의 조사 · 평가
❷ 기업체 등의 의뢰와 관련된 자산의 재평가
❸ 금융기관, 보험회사, 신탁회사의 의뢰와 관련된 토지 및 동산에 대한 평가
❹ 주택단지나 공업단지 조성 및 도로개설 등과 같은 공공사업 수행

⊘ 시험과목 및 방법

시험구분	교시	시험과목	입실완료	시험시간	시험방법
제1차 시험	1교시	❶ 민법(총칙, 물권) ❷ 경제학원론 ❸ 부동산학원론	09:00	09:30~11:30(120분)	과목별 40문항 (객관식)
	2교시	❹ 감정평가관계법규 ❺ 회계학	11:50	12:00~13:20(80분)	
	※ 제1차 시험 영어 과목은 영어시험성적으로 대체(영어성적 기준점수는 큐넷 홈페이지 감정평가사 시행계획 공고 참고)				
제2차 시험	1교시	감정평가실무	09:00	09:30~11:10(100분)	과목별 4문항 (주관식)
		중식시간 11:10~12:10(60분)			
	2교시	감정평가이론	12:10	12:30~14:10(100분)	
		휴식시간 14:10~14:30(20분)			
	3교시	감정평가 및 보상법규	14:30	14:40~16:20(100분)	

※ 시험과 관련하여 법률, 회계처리기준 등을 적용하여 정답을 구하여야 하는 문제는 시험시행일 현재 시행 중인 법률, 회계처리기준
   등을 적용하여 그 정답을 구하여야 함
※ 회계학 과목의 경우 한국채택국제회계기준(K-IFRS)만 적용하여 출제
※ 장애인 등 응시 편의 제공으로 시험시간 연장 시 수험인원과 효율적인 시험 집행을 고려하여 시행기관에서 휴식 및 중식 시간을
   조정할 수 있음

⊘ 합격기준

구분	내용
제1차 시험	영어 과목을 제외한 나머지 시험과목에서 과목당 100점을 만점으로 하여 모든 과목 40점 이상이고, 전(全) 과목 평균 60점 이상인 사람
제2차 시험	❶ 과목당 100점을 만점으로 하여 모든 과목 40점 이상, 전(全) 과목 평균 60점 이상을 득점한 사람 ❷ 최소합격인원에 미달하는 경우 최소합격인원의 범위에서 모든 과목 40점 이상을 득점한 사람 중에서 전 　(全) 과목 평균점수가 높은 순으로 합격자를 결정

※ 동점자로 인하여 최소합격인원을 초과하는 경우에는 동점자 모두를 합격자로 결정. 이 경우 동점자의 점수는 소수점 이하 둘째
   자리까지만 계산하며, 반올림은 하지 아니함

✓ 수험인원 및 합격자현황

구분		2020년(31회)	2021년(32회)	2022년(33회)	2023년(34회)	2024년(35회)
1차	대상	2,535명	4,019명	4,509명	6,484명	6,746명
	응시	2,028명	3,176명	3,642명	5,515명	5,755명
	응시율	80%	79.02%	80.77%	85.06%	85.31%
	합격	472명	1,171명	877명	1,773명	1,340명
	합격률	23.27%	36.87%	24.08%	32.15%	23.28%
2차	대상	1,419명	1,905명	2,227명	2,655명	24.07.13. 실시 예정
	응시	1,124명	1,531명	1,803명	2,377명	
	응시율	79.21%	80.37%	80.96%	89.53%	
	합격	184명	203명	202명	204명	
	합격률	16.37%	13.26%	11.20%	8.58%	

✓ 1차 감정평가관계법규 출제리포트

구분	31회	32회	33회	34회	35회	전체 통계	
						합계	비율
국토의 계획 및 이용에 관한 법률	13	13	13	13	13	65	32.5%
부동산 가격 공시에 관한 법률	3	3	3	3	3	15	7.5%
감정평가 및 감정평가사에 관한 법률	3	3	3	3	3	15	7.5%
국유재산법	4	4	4	4	4	20	10%
건축법	4	4	4	4	4	20	10%
공간정보의 구축 및 관리 등에 관한 법률	4	4	4	4	4	20	10%
부동산 등기법	4	4	4	4	4	20	10%
동산 · 채권 등의 담보에 관한 법률	1	1	1	1	1	5	2.5%
도시 및 주거환경 정비법	4	4	4	4	4	20	10%
총계	40	40	40	40	40	200	100%

이 책의 **구성과 특징**

2024년 제35회 기출문제

01 국토의 계획 및 이용에 관한 법령상 기반시설과 그 해당 시설의 연결로 옳지 않은 것은?

① 공간시설 - 녹지
② 유통·공급시설 - 공동구
③ 공공·문화체육시설 - 공공청사
④ 환경기초시설 - 도축장
⑤ 방재시설 - 유수지

02 국토의 계획 및 이용에 관한 법령상 광역도시계획에 관한 설명으로 옳은 것은?

① 군수는 도지사에게 광역계획권의 지정을 요청할 수 없다.
② 도지사가 광역계획권을 변경하려면 중앙도시계획위원회의 심의를 거쳐 관계 중앙행정기관의 장의 승인을 받아야 한다.
③ 국토교통부장관은 광역계획권을 변경하면 지체 없이 관계 중앙행정기관의 장에게 그 사실을 통보하여야 한다.
④ 광역계획권을 지정한 날부터 2년이 지날 때까지 시장·군수의 광역도시계획 승인 신청이 없는 경우에는 관할 도지사가 광역도시계획을 수립한다.
⑤ 국토교통부장관은 기초조사정보체계를 구축한 경우 등록된 정보의 현황을 5년마다 확인하고 변동사항을 반영하여야 한다.

03 국토의 계획 및 이용에 관한 법령상 도시·군관리계획에

① 국토교통부장관은 국가계획과 관련된 경우에는 직접 도시
② 도시·군관리계획은 광역도시계획과 도시·군기본계획에
③ 주민은 지구단위계획의 수립에 관한 사항에 대하여 도시
④ 도시·군관리계획의 입안을 제안받은 자는 제안된 도시
전부를 제안자에게 부담시킬 수는 없다.
⑤ 주거지역에 도시·군관리계획을 입안하는 경우 토지적

2024년 포함 9개년 기출문제 수록

감정평가관계법규 9개년 기출문제를 수록하여 출제경향을 파악할 수 있도록 하였습니다.

---

36 동산·채권 등의 담보에 관한 법률상 담보등기에 관한 설명으로 옳지 않은 것은?

① 담보등기는 법률에 다른 규정이 없으면 등기권리자와 등기의무자가 공동으로 신청한다.
② 등기관이 등기를 마친 경우 그 등기는 접수한 때부터 효력을 발생한다.
③ 「동산·채권 등의 담보에 관한 법률」에 따른 담보권의 존속기간은 5년을 초과할 수 없으나, 5년을 초과하지 않는 기간으로 이를 갱신할 수 있다.
④ 등기의 결정 또는 처분에 대한 이의신청은 집행정지의 효력이 있다.
⑤ 등기관의 결정 또는 처분에 이의가 있는 자는 새로운 사실이나 새로운 증거방법을 근거로 관할 지방법원에 이의신청을 할 수 있다.

37 도시 및 주거환경정비법령상 관리처분계획에 포함되어야 하는 사항으로 명시되지 않은 것은?

① 분양설계
② 분양대상자의 주소 및 성명
③ 세입자의 주거 및 이주대책
④ 기존 건축물의 철거 예정시기
⑤ 세입자별 손실보상을 위한 권리명세 및 그 평가액

38 도시 및 주거환경정비법령상 주거환경개선사업에 관련된 설명으로 옳지 않은 것은? [문제 변형]

① 주거환경개선사업은 도시저소득 주민이 집단거주하는 지역으로서 정비기반시설이 극히 열악하고 노후·불량건축물이 과도하게 밀집한 지역의 주거환경을 개선하거나 단독주택 및 다세대주택이 밀집한 지역에서 정비기반시설과 공동이용시설 확충을 통하여 주거환경을 보전·정비·개량하기 위한 사업을 말한다.
② 사업시행자가 정비구역에서 인가받은 관리처분계획에 따라 주택 및 부대시설·복리시설을 건설하여 공급하는 방법으로 시행할 수도 있다.
③ 사업시행자가 정비구역에서 인가받은 관리처분계획에 따라 주택 및 부대시설·복리시설을 건설하여 공급하는 방법에 의한 주거환경개선사업인 경우 정비계획의 공람공고일 현재 해당 정비예정구역 안의 토지 또는 건축물의 소유자 또는 지상권자의 3분의 2 이상의 동의와 세입자 세대수 2분의 1 이상의 동의를 각각 얻어 시장·군수 등이 직접 시행할 수 있다.
④ 사업시행자가 정비구역 안에서 정비기반시설을 새로이 설치하거나 확대하고 토지등소유자가 스스로 주택을 개량하는 방법이나 환지로 공급하는 방법으로도 시행할 수 있다.
⑤ 사업시행자는 주거환경개선사업의 시행으로 철거되는 주택의 소유자 또는 세입자에 대하여 당해 정비구역 내외에 소재한 임대주택 등의 시설에 임시로 거주하게 하거나 주택자금의 융자알선 등 임시거주에 상응하는 조치를 하여야 한다.

문제 변형 표시

복수정답 또는 개정법령으로 기출문제에 변경이 필요한 경우, 문제편에 [문제 변형] 표시를 하였습니다.

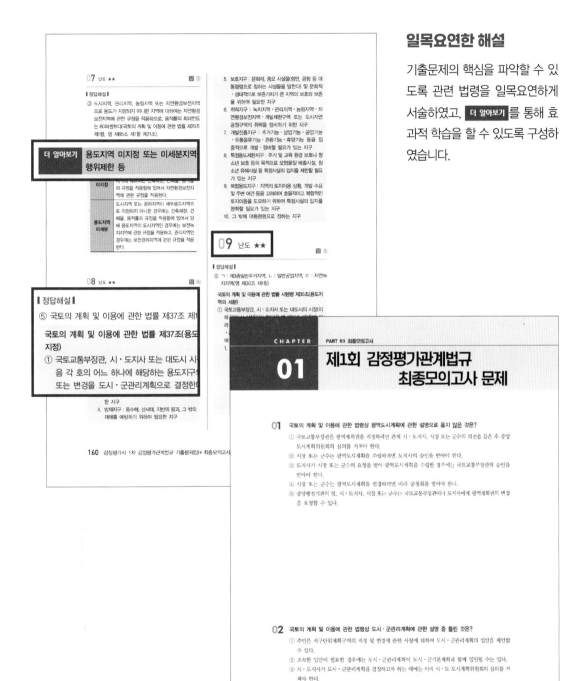

일목요연한 해설

기출문제의 핵심을 파악할 수 있도록 관련 법령을 일목요연하게 서술하였고, 더 알아보기 를 통해 효과적 학습을 할 수 있도록 구성하였습니다.

최종모의고사

마지막 실력 점검과 실전 연습을 위해 최종모의고사 2회분을 수록하였습니다.

이 책의 차례

감정평가관계법규 최신기출

CHAPTER 01 2024년 제35회 기출문제 · **2**

CHAPTER 02 2024년 제35회 정답 및 해설 · · · · · · · · · · · · · · · · · · · **15**

PART 01 기출문제

CHAPTER 01 2023년 제34회 기출문제 · **2**

CHAPTER 02 2022년 제33회 기출문제 · **16**

CHAPTER 03 2021년 제32회 기출문제 · **30**

CHAPTER 04 2020년 제31회 기출문제 · **44**

CHAPTER 05 2019년 제30회 기출문제 · **58**

CHAPTER 06 2018년 제29회 기출문제 · **72**

CHAPTER 07 2017년 제28회 기출문제 · **86**

CHAPTER 08 2016년 제27회 기출문제 · **100**

PART 02 정답 및 해설

CHAPTER 01 2023년 제34회 정답 및 해설 · · · · · · · · · · · · · · · · · · · **116**

CHAPTER 02 2022년 제33회 정답 및 해설 · · · · · · · · · · · · · · · · · · · **128**

CHAPTER 03 2021년 제32회 정답 및 해설 · · · · · · · · · · · · · · · · · · · **142**

CHAPTER 04 2020년 제31회 정답 및 해설 · · · · · · · · · · · · · · · · · · · **152**

CHAPTER 05 2019년 제30회 정답 및 해설 · · · · · · · · · · · · · · · · · · · **158**

CHAPTER 06 2018년 제29회 정답 및 해설 · · · · · · · · · · · · · · · · · · · **170**

CHAPTER 07 2017년 제28회 정답 및 해설 · · · · · · · · · · · · · · · · · · · **185**

CHAPTER 08 2016년 제27회 정답 및 해설 · · · · · · · · · · · · · · · · · · · **200**

PART 03 감정평가관계법규 최종모의고사

CHAPTER 01 제1회 최종모의고사 문제 · **218**

CHAPTER 02 제2회 최종모의고사 문제 · **234**

CHAPTER 03 제1회 최종모의고사 정답 및 해설 · · · · · · · · · · · · · · · **249**

CHAPTER 04 제2회 최종모의고사 정답 및 해설 · · · · · · · · · · · · · · · **265**

최신기출

CHAPTER 01 2024년 제35회 기출문제

CHAPTER 02 2024년 제35회 정답 및 해설

01 국토의 계획 및 이용에 관한 법령상 기반시설과 그 해당 시설의 연결로 옳지 <u>않은</u> 것은?

① 공간시설 – 녹지

② 유통·공급시설 – 공동구

③ 공공·문화체육시설 – 공공청사

④ 환경기초시설 – 도축장

⑤ 방재시설 – 유수지

02 국토의 계획 및 이용에 관한 법령상 광역도시계획에 관한 설명으로 옳은 것은?

① 군수는 도지사에게 광역계획권의 지정을 요청할 수 없다.

② 도지사가 광역계획권을 변경하려면 중앙도시계획위원회의 심의를 거쳐 관계 중앙행정기관의 장의 승인을 받아야 한다.

③ 국토교통부장관은 광역계획권을 변경하면 지체 없이 관계 중앙행정기관의 장에게 그 사실을 통보하여야 한다.

④ 광역계획권을 지정한 날부터 2년이 지날 때까지 시장·군수의 광역도시계획 승인 신청이 없는 경우에는 관할 도지사가 광역도시계획을 수립한다.

⑤ 국토교통부장관은 기초조사정보체계를 구축한 경우 등록된 정보의 현황을 5년마다 확인하고 변동사항을 반영하여야 한다.

03 국토의 계획 및 이용에 관한 법령상 도시·군관리계획에 관한 설명으로 옳지 <u>않은</u> 것은?

① 국토교통부장관은 국가계획과 관련된 경우에는 직접 도시·군관리계획을 입안할 수 있다.

② 도시·군관리계획은 광역도시계획과 도시·군기본계획에 부합되어야 한다.

③ 주민은 지구단위계획의 수립에 관한 사항에 대하여 도시·군관리계획의 입안을 제안할 수 있다.

④ 도시·군관리계획의 입안을 제안받은 자는 제안된 도시·군관리계획의 입안 및 결정에 필요한 비용의 전부를 제안자에게 부담시킬 수는 없다.

⑤ 주거지역에 도시·군관리계획을 입안하는 경우 토지적성평가를 실시하지 아니할 수 있다.

04 국토의 계획 및 이용에 관한 법령상 용도지역·용도지구의 내용으로 옳지 않은 것은?

① 제2종일반주거지역 : 중고층주택을 중심으로 편리한 주거환경을 조성하기 위하여 필요한 지역
② 일반상업지역 : 일반적인 상업기능 및 업무기능을 담당하게 하기 위하여 필요한 지역
③ 생산녹지지역 : 주로 농업적 생산을 위하여 개발을 유보할 필요가 있는 지역
④ 시가지방재지구 : 건축물·인구가 밀집되어 있는 지역으로서 시설 개선 등을 통하여 재해 예방이 필요한 지구
⑤ 집단취락지구 : 개발제한구역안의 취락을 정비하기 위하여 필요한 지구

05 국토의 계획 및 이용에 관한 법령상 공동구에 관한 설명으로 옳은 것은?

① 「도시개발법」에 따른 100만제곱미터 규모의 도시개발구역에서 개발사업을 시행하는 자는 공동구를 설치하여야 한다.
② 통신선로는 공동구협의회의 심의를 거쳐야 수용할 수 있다.
③ 공동구의 설치비용은 「국토의 계획 및 이용에 관한 법률」 또는 다른 법률에 특별한 규정이 있는 경우를 제외하고는 공동구 점용예정자와 사업시행자가 부담한다.
④ 부담금의 납부통지를 받은 공동구 점용예정자는 공동구설치공사가 착수되기 전에 부담액의 3분의 2 이상을 납부하여야 한다.
⑤ 공동구관리자는 1년에 2회 이상 공동구의 안전점검을 실시하여야 한다.

06 국토의 계획 및 이용에 관한 법령상 개발행위허가 시 개발행위 규모의 제한을 받는 경우 용도지역별로 허용되는 토지형질변경면적으로 옳은 것은?

① 자연환경보전지역 : 5천제곱미터 미만
② 자연녹지지역 : 3만제곱미터 미만
③ 공업지역 : 1만제곱미터 미만
④ 생산녹지지역 : 5천제곱미터 미만
⑤ 주거지역 : 3만제곱미터 미만

07 국토의 계획 및 이용에 관한 법령상 용도지역별 건폐율의 최대한도가 큰 순서대로 나열된 것은? (단, 조례 및 기타 강화·완화조건은 고려하지 않음)

| ㄱ. 제2종전용주거지역 | ㄴ. 유통상업지역 |
| ㄷ. 일반공업지역 | ㄹ. 농림지역 |

① ㄴ - ㄱ - ㄷ - ㄹ

② ㄴ - ㄷ - ㄱ - ㄹ

③ ㄷ - ㄴ - ㄹ - ㄱ

④ ㄷ - ㄹ - ㄱ - ㄴ

⑤ ㄹ - ㄷ - ㄴ - ㄱ

08 국토의 계획 및 이용에 관한 법령상 개발행위허가를 받은 자가 행정청인 경우 개발행위에 따른 공공시설의 귀속에 관한 설명으로 옳지 않은 것은?

① 개발행위허가를 받은 자가 새로 설치한 공공시설은 그 시설을 관리할 관리청에 무상으로 귀속된다.

② 개발행위허가를 받은 자가 기존의 공공시설에 대체되는 공공시설을 설치한 경우 종래의 공공시설은 개발행위허가를 받은 자에게 무상으로 귀속된다.

③ 새로 설치된 공공시설의 귀속시점은 준공검사를 받은 날이다.

④ 개발행위허가를 받은 자는 개발행위가 끝나 준공검사를 마친 때에는 해당 시설의 관리청에 공공시설의 종류와 토지의 세목을 통지하여야 한다.

⑤ 개발행위허가를 받은 자는 그에게 귀속된 공공시설의 처분으로 인한 수익금을 도시·군계획사업 외의 목적에 사용하여서는 아니 된다.

09 국토의 계획 및 이용에 관한 법령상 개발밀도관리구역에 관한 설명으로 옳지 않은 것은?

① 공업지역에서의 개발행위로 기반시설의 수용능력이 부족할 것이 예상되는 지역 중 기반시설의 설치가 곤란한 지역을 개발밀도관리구역으로 지정할 수 있다.

② 개발밀도관리구역에서는 해당 용도지역에 적용되는 용적률 최대한도의 30퍼센트 범위에서 용적률을 강화하여 적용한다.

③ 개발밀도관리구역을 변경하려면 해당 지방자치단체에 설치된 지방도시계획위원회의 심의를 거쳐야 한다.

④ 지정권자는 개발밀도관리구역을 지정한 경우 그 사실을 당해 지방자치단체의 공보에 게재하는 방법으로 고시하여야 한다.

⑤ 개발밀도관리구역의 지정기준을 정할 때 고려되는 기반시설에 수도공급설비도 포함된다.

10 국토의 계획 및 이용에 관한 법률상 성장관리계획에 관한 조문의 일부이다. (   )에 들어갈 숫자로 옳은 것은?

> 성장관리계획구역에서는 다음 각 호의 구분에 따른 범위에서 성장관리계획으로 정하는 바에 따라 특별시·광역시·특별자치시·특별자치도·시 또는 군의 조례로 정하는 비율까지 건폐율을 완화하여 적용할 수 있다.
> 1. 계획관리지역 : (ㄱ)퍼센트 이하
> 2. 생산관리지역·농림지역 및 대통령령으로 정하는 녹지지역 : (ㄴ)퍼센트 이하

① ㄱ : 30, ㄴ : 20
② ㄱ : 30, ㄴ : 30
③ ㄱ : 50, ㄴ : 30
④ ㄱ : 50, ㄴ : 50
⑤ ㄱ : 60, ㄴ : 50

11 국토의 계획 및 이용에 관한 법령상 용도지역에 관한 설명으로 옳은 것은?

① 용도지역을 세분하는 지정은 도시·군기본계획으로도 할 수 있다.
② 하나의 시·도 안에서 둘 이상의 시·군에 걸쳐 지정되는 용도지역에 대해서는 국토교통부장관이 직접 도시·군관리계획을 입안할 수 있다.
③ 하천의 매립목적이 그 매립구역과 이웃하고 있는 용도지역의 내용과 같으면 도시·군관리계획의 입안 및 결정 절차 없이 그 매립준공구역은 이웃하고 있는 용도지역으로 지정된 것으로 본다.
④ 「산업입지 및 개발에 관한 법률」에 따라 국가산업단지로 지정된 지역은 「국토의 계획 및 이용에 관한 법률」에 따른 도시지역으로 결정·고시된 것으로 본다.
⑤ 「택지개발촉진법」에 따른 택지개발지구가 개발사업의 완료로 해제되는 경우 그 지역은 택지개발지구를 지정하기 이전의 용도지역으로 환원된 것으로 본다.

12 국토의 계획 및 이용에 관한 법령상 시가화조정구역에 관한 설명으로 옳지 <u>않은</u> 것은?

① 시가화를 유보할 수 있는 기간은 5년 이상 20년 이내이다.
② 시가화조정구역의 지정에 관한 도시·군관리계획 결정이 있는 경우 결정 당시 이미 허가를 받아 공사에 착수한 자는 관할 관청에 신고하고 그 공사를 계속할 수 있다.
③ 시가화조정구역에서 해제되는 구역 중 계획적인 개발 또는 관리가 필요한 지역에 대하여는 지구단위계획구역을 지정할 수 있다.
④ 시가화조정구역에서 입목의 조림 또는 육림은 관할 관청에 신고하고 그 행위를 할 수 있다.
⑤ 시가화조정구역의 지정에 관한 도시·군관리계획의 결정은 시가화 유보기간이 끝난 날의 다음 날부터 그 효력을 잃는다.

13 국토의 계획 및 이용에 관한 법령상 입지규제최소구역에 대하여 적용하지 않을 수 있는 법률 규정에 해당하지 <u>않는</u> 것은?

① 「건축법」 제43조에 따른 공개 공지 등의 확보
② 「주택법」 제35조에 따른 부대시설의 설치기준
③ 「주차장법」 제19조에 따른 부설주차장의 설치
④ 「문화예술진흥법」 제9조에 따른 건축물에 대한 미술작품의 설치
⑤ 「도시공원 및 녹지 등에 관한 법률」 제14조에 따른 녹지 확보기준

14 부동산 가격공시에 관한 법령상 표준주택가격의 조사·산정보고서에 포함되는 사항을 모두 고른 것은?

ㄱ. 주택 대지의 용도지역	ㄴ. 주건물 구조 및 층수
ㄷ. 「건축법」에 따른 사용승인연도	ㄹ. 도로접면

① ㄱ, ㄴ
② ㄷ, ㄹ
③ ㄱ, ㄴ, ㄷ
④ ㄴ, ㄷ, ㄹ
⑤ ㄱ, ㄴ, ㄷ, ㄹ

15 부동산 가격공시에 관한 법령상 비주거용 부동산가격의 공시에 관한 설명으로 옳지 <u>않은</u> 것은?

① 공시기준일 이후에 「건축법」에 따른 대수선이 된 비주거용 일반부동산은 해당 비주거용 개별부동산가격의 공시기준일을 다르게 할 수 있다.
② 비주거용 표준부동산의 임시사용승인일은 비주거용 표준부동산가격의 공시사항에 포함되지 않는다.
③ 비주거용 표준부동산가격은 국가 등이 그 업무와 관련하여 비주거용 개별부동산가격을 산정하는 경우에 그 기준이 된다.
④ 국토교통부장관은 비주거용 집합부동산가격을 공시하기 위하여 그 가격을 산정할 때에는 비주거용 집합부동산의 소유자와 그 밖의 이해관계인의 의견을 들어야 한다.
⑤ 국토교통부장관은 공시한 비주거용 집합부동산가격의 오기를 정정하려는 경우에는 중앙부동산가격공시위원회의 심의를 거치지 아니할 수 있다.

16 부동산 가격공시에 관한 법령상 지가의 공시에 관한 설명으로 옳은 것은?

① 개별공시지가에 이의가 있는 자는 그 결정·공시일부터 60일 이내에 서면으로 관할 관청에 이의를 신청할 수 있다.
② 표준지공시지가의 단위면적은 3.3제곱미터로 한다.
③ 개발부담금의 부과대상이 아닌 토지에 대하여는 개별공시지가를 결정·공시하여야 한다.
④ 표준지공시지가의 공시에는 표준지에 대한 지목 및 용도지역이 포함되어야 한다.
⑤ 개별공시지가의 결정·공시에 드는 비용은 30퍼센트 이내에서 국고에서 보조한다.

17 감정평가 및 감정평가사에 관한 법령상 감정평가사에 대한 징계의 종류가 <u>아닌</u> 것은?

① 견책
② 자격의 취소
③ 2년 이하의 업무정지
④ 등록의 취소
⑤ 6개월 이하의 자격의 정지

18 감정평가 및 감정평가사에 관한 법령상 감정평가법인에 관한 설명으로 옳지 <u>않은</u> 것은?

① 감정평가법인은 전체 사원 또는 이사의 100분의 90 이상을 감정평가사로 두어야 한다.
② 국토교통부장관은 감정평가법인등이 장부 등의 검사를 거부 또는 방해한 경우에는 그 설립인가를 취소할 수 있다.
③ 감정평가법인등은 토지등의 매매업을 직접 하여서는 아니 된다.
④ 감정평가법인의 자본금은 2억원 이상이어야 한다.
⑤ 감정평가법인의 대표사원 또는 대표이사는 감정평가사여야 한다.

19 감정평가 및 감정평가사에 관한 법령상 감정평가사에 관한 설명으로 옳지 <u>않은</u> 것은?

① 감정평가사는 감정평가업을 하기 위하여 1개의 사무소만을 설치할 수 있다.
② 견책을 받은 감정평가사는 감정평가사 교육연수의 대상자에 포함된다.
③ 국유재산을 관리하는 기관에서 5년 이상 감정평가와 관련된 업무에 종사한 사람에 대해서는 감정평가사시험 중 제1차 시험을 면제한다.
④ 국토교통부장관은 등록한 감정평가사가 파산선고를 받고 복권되지 아니한 경우에는 그 등록을 취소하여야 한다.
⑤ 등록한 감정평가사는 5년마다 그 등록을 갱신하여야 한다.

20 국유재산법상 용어의 정의이다. ( )에 들어갈 내용으로 옳은 것은?

> • (ㄱ)(이)란 국가 외의 자가 제5조 제1항 각 호에 해당하는 재산의 소유권을 무상으로 국가에 이전하여 국가가 이를 취득하는 것을 말한다.
> • (ㄴ)이란 사용허가나 대부계약 없이 국유재산을 사용·수익하거나 점유한 자에게 부과하는 금액을 말한다.
> • 총괄청이란 (ㄷ)을 말한다.

① ㄱ : 기부채납, ㄴ : 부담금, ㄷ : 중앙관서의 장
② ㄱ : 무상양도, ㄴ : 변상금, ㄷ : 기획재정부장관
③ ㄱ : 기부채납, ㄴ : 변상금, ㄷ : 기획재정부장관
④ ㄱ : 무상양도, ㄴ : 변상금, ㄷ : 중앙관서의 장
⑤ ㄱ : 기부채납, ㄴ : 부담금, ㄷ : 기획재정부장관

21 국유재산법령상 국유재산에 관한 설명으로 옳지 <u>않은</u> 것은?

① 정부시설에서 사용하는 궤도차량으로서 해당 시설의 폐지와 함께 포괄적으로 용도폐지된 것은 해당 시설이 폐지된 후에는 국유재산으로 하지 아니한다.
② 총괄청은 일반재산을 보존용재산으로 전환하여 관리할 수 있다.
③ 등기가 필요한 국유재산이 부동산인 경우 그 권리자의 명의는 국(國)으로 하되 소관 중앙관서의 명칭을 함께 적어야 한다.
④ 총괄청이나 중앙관서의 장은 소유자 없는 부동산을 국유재산으로 취득한다.
⑤ 지상권, 전세권, 광업권은 국유재산의 범위에 속한다.

22 국유재산법령상 행정재산의 사용허가에 관한 설명으로 옳은 것은?

① 사용허가를 받은 자는 허가기간이 끝난 경우에는 중앙관서의 장이 미리 상태의 변경을 승인하였더라도 그 재산을 원래 상태대로 반환하여야 한다.
② 경작용으로 실경작자에게 사용허가를 하는 경우에는 수의의 방법으로 사용허가를 받을 자를 결정할 수 없다.
③ 중앙관서의 장은 사용허가를 받은 자가 해당 재산의 보존을 게을리한 경우 그 허가를 철회할 수 있다.
④ 사용허가에 관하여는 「국유재산법」에서 정한 것을 제외하고는 「민법」의 규정을 준용한다.
⑤ 사용허가를 받은 자가 그 재산에 대하여 유지·보수 외의 시설을 설치하려는 때에는 총괄청의 허가를 받아야 한다.

23 국유재산법령상 일반재산에 관한 설명으로 옳지 <u>않은</u> 것은?

① 국가가 매각한 일반재산을 일정기간 계속하여 점유·사용하는 경우에는 매각대금이 완납되기 전에 매각재산의 소유권을 이전할 수 있다.

② 일반재산을 매각한 경우에 매수자가 매각대금을 체납하면 그 매각계약을 해제할 수 있다.

③ 일반재산의 매각대금이 3천만원을 초과하는 경우 매각대금을 5년 이내의 기간에 걸쳐 나누어 내게 할 수 있다.

④ 일반재산을 용도를 지정하여 매각하는 경우에는 매수자는 매각일부터 10년 이상 지정된 용도로 활용하여야 한다.

⑤ 부동산신탁을 취급하는 신탁업자에게 신탁하여 개발된 일반재산의 대부기간은 30년 이내로 할 수 있으며, 20년의 범위에서 한 차례만 연장할 수 있다.

24 건축법령상 용어의 정의에 관한 설명으로 옳지 <u>않은</u> 것은?

① 기존 건축물의 전부를 해체하고 그 대지에 종전과 같은 규모의 범위에서 건축물을 다시 축조하는 것은 "개축"에 해당한다.

② "재축"에 해당하려면 연면적 합계는 종전 규모 이하로 하여야 한다.

③ "이전"이란 건축물의 주요구조부를 해체하지 아니하고 같은 대지의 다른 위치로 옮기는 것을 말한다.

④ 16층 이상인 건축물은 그 용도에 관계없이 "다중이용 건축물"이다.

⑤ 기둥과 기둥 사이의 거리가 15미터 이상인 건축물은 "특수구조 건축물"이다.

25 건축법령상 시설군과 그에 속하는 건축물의 용도의 연결로 옳지 <u>않은</u> 것은?

① 영업시설군 – 운동시설

② 주거업무시설군 – 교정시설

③ 문화집회시설군 – 장례시설

④ 교육 및 복지시설군 – 의료시설

⑤ 그 밖의 시설군 – 동물 및 식물 관련 시설

26 건축법령상 특별가로구역에 관한 조문의 내용이다. (   )에 들어갈 내용으로 옳은 것은?

> 국토교통부장관 및 허가권자는 「건축법」 및 관계 법령에 따라 일부 규정을 적용하지 아니하거나 완화하여 적용할 수 있도록 (ㄱ)에서 (ㄴ)에 접한 대지의 일정 구역을 특별가로구역으로 지정할 수 있다.

① ㄱ : 개발진흥지구,
   ㄴ : 허가권자가 리모델링 활성화가 필요하다고 인정하여 지정·공고한 지역 안의 도로
② ㄱ : 경관지구,
   ㄴ : 「지역문화진흥법」에 따른 문화지구 안의 도로
③ ㄱ : 개발진흥지구,
   ㄴ : 보행자전용도로로서 도시미관 개선을 위하여 허가권자가 건축조례로 정하는 도로
④ ㄱ : 경관지구,
   ㄴ : 「도시 및 주거환경정비법」에 따른 정비구역 안의 도로
⑤ ㄱ : 개발진흥지구,
   ㄴ : 건축선을 후퇴한 대지에 접한 도로로서 허가권자가 건축조례로 정하는 도로

27 건축법령상 소음 방지를 위한 일정한 기준에 따라 층간바닥(화장실의 바닥은 제외)을 설치해야 하는 건축물이 <u>아닌</u> 것은? (단, 건축법령상의 특례는 고려하지 않음)

① 업무시설 중 오피스텔
② 단독주택 중 다가구주택
③ 교육연구시설 중 도서관
④ 숙박시설 중 다중생활시설
⑤ 제2종 근린생활시설 중 다중생활시설

28 공간정보의 구축 및 관리 등에 관한 법령상 지목과 그를 지적도 및 임야도에 등록하는 때 표기하는 부호의 연결로 옳지 <u>않은</u> 것은?

① 주차장 – 차
② 양어장 – 양
③ 유원지 – 원
④ 공장용지 – 장
⑤ 주유소용지 – 유

29 공간정보의 구축 및 관리 등에 관한 법령상 등록전환을 신청할 수 있는 경우가 <u>아닌</u> 것은?

① 「건축법」에 따른 건축신고를 한 경우

② 도시·군관리계획선에 따라 토지를 분할하는 경우

③ 「산지관리법」에 따른 산지일시사용허가를 받은 경우

④ 지적도에 등록된 토지가 사실상 형질변경되었으나 지목변경을 할 수 없는 경우

⑤ 대부분의 토지가 등록전환되어 나머지 토지를 임야도에 계속 존치하는 것이 불합리한 경우

30 공간정보의 구축 및 관리 등에 관한 법령상 지목에 관한 설명으로 옳은 것을 모두 고른 것은?

> ㄱ. 지목의 설정은 필지마다 하나의 지목을 설정하는 방법으로 한다.
> ㄴ. 송유시설의 부지는 지목을 잡종지로 한다.
> ㄷ. 건축물의 용도가 변경된 경우는 지목변경을 신청할 수 없다.
> ㄹ. 지적소관청은 지목변경을 하려면 시·도지사의 승인을 받아야 한다.

① ㄱ, ㄴ

② ㄱ, ㄷ

③ ㄷ, ㄹ

④ ㄱ, ㄴ, ㄹ

⑤ ㄴ, ㄷ, ㄹ

31 공간정보의 구축 및 관리 등에 관한 법령상 토지소유자에 관한 설명으로 옳은 것은?

① 토지대장에 토지소유자의 주민등록번호는 등록하지 않는다.

② 공유지연명부의 등록사항에 토지소유자의 변경 원인은 포함되지 않는다.

③ 토지의 이동(異動)이 있는 경우에도 토지소유자의 신청이 없으면 지적소관청은 지적공부에 등록하는 지목 또는 경계를 직권으로 결정할 수 없다.

④ 지적공부에 등록된 토지가 바다로 된 경우 토지소유자는 지적공부의 등록말소 신청을 할 수 없다.

⑤ 공공사업에 따라 지목이 도로가 되는 토지를 합병하려는 경우 토지소유자가 하여야 할 합병 신청을 해당 사업의 시행자가 대신할 수 있다.

32 부동산등기법령상 대표자나 관리인이 있는 법인 아닌 사단(이하 '비법인사단')에 속하는 부동산의 등기에 관한 설명으로 옳은 것은?

① 등기에 관하여는 비법인사단의 대표자나 관리인을 등기권리자 또는 등기의무자로 한다.

② 비법인사단의 부동산등기용등록번호는 소재지 관할 등기소의 등기관이 부여한다.

③ 권리에 관한 등기를 비법인사단의 명의로 할 때에는 그 대표자나 관리인의 성명, 주소를 등기사항으로 기록하지 않아도 된다.

④ 비법인사단은 사용자등록을 하고 등기에 관하여 전자신청을 할 수 있다.

⑤ 비법인사단의 대표자나 관리인이 등기를 신청한 경우 등기관은 등기를 마치면 그 대표자나 관리인에게 등기필정보를 통지한다.

33 부동산등기법령상 권리에 관한 등기에 관한 설명으로 옳은 것은?

① 임차권을 정지조건부로 설정하는 청구권을 보전하려는 경우에도 가등기를 할 수 있다.

② 등기관이 등기를 마친 후 그 등기가 신청할 권한이 없는 자가 신청한 것임을 발견한 때에는 등기를 직권말소한다는 뜻을 통지하여야 한다.

③ 환매특약등기는 이해관계 있는 제3자의 승낙이 없는 경우 부기로 할 수 없다.

④ 미등기의 토지에 대해 매매계약서에 의하여 소유권을 증명하는 자는 그 토지에 관한 소유권보존등기를 신청할 수 있다.

⑤ 등기관이 직권으로 등기를 말소한 처분에 대하여 관할 법원에 이의를 신청하면 등기말소처분은 효력이 정지된다.

34 부동산등기법령상 등기사무에 관한 설명으로 옳지 <u>않은</u> 것은?

① 등기관은 접수번호의 순서에 따라 등기사무를 처리하여야 한다.

② 등기관은 등기사무를 처리한 때에는 등기사무를 처리한 등기관이 누구인지 알 수 없도록 조치하여야 한다.

③ 토지등기부와 건물등기부는 영구히 보존하여야 한다.

④ 등기부를 편성할 때 1동의 건물을 구분한 건물에 있어서는 1동의 건물에 속하는 전부에 대하여 1개의 등기기록을 사용한다.

⑤ 폐쇄한 등기기록의 열람 청구는 관할 등기소가 아닌 등기소에 대하여도 할 수 있다.

35 부동산등기법령상 구분건물에 대한 등기에 관한 설명으로 옳지 <u>않은</u> 것은?

① 등기관은 구분건물인 경우 건물 등기기록의 표제부에 도면의 번호를 기록하여야 한다.

② 구분건물이 속하는 1동 전부가 멸실된 경우에는 그 구분건물의 소유권의 등기명의인은 1동의 건물에 속하는 다른 구분건물의 소유권의 등기명의인을 대위하여 1동 전부에 대한 멸실등기를 신청할 수 있다.

③ 1동의 건물에 속하는 구분건물 중 일부만에 관하여 소유권보존등기를 신청하는 경우에는 나머지 구분건물의 표시에 관한 등기를 동시에 신청하여야 한다.

④ 대지권이 등기된 구분건물의 등기기록에는 건물만에 관한 저당권설정등기를 할 수 있다.

⑤ 구분건물에 대하여는 전유부분마다 부동산고유번호를 부여한다.

36 동산·채권 등의 담보에 관한 법령상 담보등기에 관한 설명으로 옳은 것은?

① 장래에 취득할 동산은 특정할 수 있는 경우에도 이를 목적으로 담보등기를 할 수 없다.

② 등기명의인 표시의 변경의 등기는 등기명의인 단독으로 신청할 수 있다.

③ 담보권자가 담보권의 존속기간을 갱신하려면 그 존속기간 만료 전후 1개월 내에 연장등기를 신청하여야 한다.

④ 포괄승계로 인한 등기는 등기권리자 또는 등기의무자 단독으로 신청할 수 있다.

⑤ 담보목적물인 동산이 멸실된 경우 그 말소등기의 신청은 담보권설정자가 하여야 한다.

37 도시 및 주거환경정비법령상 정비사업에 관한 설명으로 옳은 것은?

① 재개발사업이란 정비기반시설은 양호하나 노후·불량건축물에 해당하는 공동주택이 밀집한 지역에서 주거환경을 개선하기 위한 사업을 말한다.

② 재건축사업의 경우 정비구역의 지정권자는 하나의 정비구역을 둘 이상의 정비구역으로 분할하여 지정할 수 없다.

③ 재건축사업은 관리처분계획에 따라 건축물을 공급하거나 환지로 공급하는 방법으로 한다.

④ 재개발사업의 시행자가 작성하는 사업시행계획서에는 임시거주시설을 포함한 주민이주대책이 포함되어야 한다.

⑤ 토지등소유자가 20인 미만인 경우에는 토지등소유자가 직접 재개발사업을 시행할 수 없다.

38 도시 및 주거환경정비법령상 주택재개발조합이 조합설립인가를 받은 사항 중 시장·군수등에게 신고하고 변경할 수 있는 사항을 모두 고른 것은? (단, 정관 및 조례는 고려하지 않음)

ㄱ. 착오임이 명백한 사항
ㄴ. 토지의 매매로 조합원의 권리가 이전된 경우의 조합원의 교체
ㄷ. 정비구역의 면적이 15퍼센트 변경됨에 따라 변경되어야 하는 사항
ㄹ. 조합의 명칭

① ㄱ, ㄴ
② ㄴ, ㄷ
③ ㄷ, ㄹ
④ ㄱ, ㄴ, ㄹ
⑤ ㄱ, ㄷ, ㄹ

39 도시 및 주거환경정비법령상 정비구역에 관한 설명으로 옳은 것은?

① 광역시의 군수가 정비계획을 입안한 경우에는 직접 정비구역을 지정할 수 있다.
② 정비구역에서 건축물의 용도만을 변경하는 경우에는 따로 시장·군수등의 허가를 받지 않아도 된다.
③ 재개발사업을 시행하는 지정개발자가 사업시행자 지정일부터 3년이 되는 날까지 사업시행계획인가를 신청하지 않은 경우 해당 정비구역을 해제하여야 한다.
④ 토지등소유자는 공공재개발사업을 추진하려는 경우 정비계획의 입안권자에게 정비계획의 입안을 제안할 수 있다.
⑤ 정비구역이 해제된 경우에도 정비계획으로 변경된 용도지역, 정비기반시설 등은 정비구역 지정 이후의 상태로 존속한다.

40 도시 및 주거환경정비법령상 재건축사업의 관리처분계획에 관한 설명으로 옳은 것은?

① 관리처분계획에 포함될 분양대상자별 분양예정인 건축물의 추산액을 평가하기 위하여 시장·군수등이 선정·계약한 감정평가법인등을 변경하는 경우에는 조합총회의 의결을 거치지 않아도 된다.
② 토지등소유자에 대한 사업시행자의 매도청구에 대한 판결에 따라 관리처분계획을 변경하는 경우에는 시장·군수등의 변경인가를 받아야 한다.
③ 사업시행자는 관리처분계획이 인가·고시된 날부터 90일 이내에 분양신청을 하지 않은 자와 손실보상에 관한 협의를 하여야 한다.
④ 관리처분계획에 포함되는 세입자별 손실보상을 위한 권리명세 및 그 평가액은 시장·군수등이 선정한 2인 이상의 감정평가법인등이 평가한 금액을 산술평균하여 산정한다.
⑤ 시장·군수등이 직접 관리처분계획을 수립하는 경우에는 토지등소유자의 공람 및 의견청취절차를 생략할 수 있다.

01	02	03	04	05	06	07	08	09	10	11	12	13	14	15	16	17	18	19	20
④	⑤	④	①	③	①	②	③	②	③	④	④	⑤	⑤	④	④	⑤	②	②	③
21	22	23	24	25	26	27	28	29	30	31	32	33	34	35	36	37	38	39	40
①	③	①	⑤	③	④	③	⑤	④	①	⑤	⑤	①	④	②	④	②	④	④	①

01 난도 ★

답 ④

▌정답해설▌

④ 환경기초시설 : 하수도·폐기물처리 및 재활용시설·빗물저장 및 이용시설·수질오염방지시설·폐차장
   ※ 도축장은 보건위생시설에 해당한다.

국토계획법 시행령 제2조(기반시설)

① 「국토의 계획 및 이용에 관한 법률」(이하 "법"이라 한다) 제2조 제6호 각 목 외의 부분에서 "대통령령으로 정하는 시설"이란 다음 각 호의 시설(당해 시설 그 자체의 기능발휘와 이용을 위하여 필요한 부대시설 및 편익시설을 포함한다)을 말한다.

1. 교통 시설	도로·철도·항만·공항·주차장·자동차정류장·궤도·차량 검사 및 면허시설
2. 공간 시설	광장·공원·녹지·유원지·공공공지
3. 유통· 공급 시설	유통업무설비, 수도·전기·가스·열공급설비, 방송·통신시설, 공동구·시장, 유류저장 및 송유설비
4. 공공· 문화 체육 시설	학교·공공청사·문화시설·공공필요성이 인정되는 체육시설·연구시설·사회복지시설·공공직업훈련시설·청소년수련시설
5. 방재 시설	하천·유수지·저수지·방화설비·방풍설비·방수설비·사방설비·방조설비
6. 보건 위생 시설	장사시설·도축장·종합의료시설
7. 환경 기초 시설	하수도·폐기물처리 및 재활용시설·빗물저장 및 이용시설·수질오염방지시설·폐차장

02 난도 ★★

답 ⑤

▌정답해설▌

⑤ 국토계획법 제13조 제5항

▌오답해설▌

① 중앙행정기관의 장, 시·도지사, 시장 또는 군수는 국토교통부장관이나 도지사에게 광역계획권의 지정 또는 변경을 요청할 수 있다(국토계획법 제10조 제2항).

② 도지사가 광역계획권을 지정하거나 변경하려면 관계 중앙행정기관의 장, 관계 시·도지사, 시장 또는 군수의 의견을 들은 후 지방도시계획위원회의 심의를 거쳐야 한다(국토계획법 제10조 제4항).

③ 국토교통부장관 또는 도지사는 광역계획권을 지정하거나 변경하면 지체 없이 관계 시·도지사, 시장 또는 군수에게 그 사실을 통보하여야 한다(국토계획법 제10조 제5항).

④ 광역계획권을 지정한 날부터 3년이 지날 때까지 관할 시장 또는 군수로부터 제16조 제1항에 따른 광역도시계획의 승인 신청이 없는 경우 : 관할 도지사가 수립(국토계획법 제11조 제1항 제4호)

03 난도 ★

답 ④

┃정답해설┃

④ 도시·군관리계획의 입안을 제안받은 자는 제안자와 협의하여 제안된 도시·군관리계획의 입안 및 결정에 필요한 비용의 전부 또는 일부를 제안자에게 부담시킬 수 있다(국토계획법 제26조 제3항).

┃오답해설┃

① 국토계획법 제24조 제5항 제1호
② 국토계획법 제25조 제1항
③ 국토계획법 제26조 제1항 제1호
⑤ 국토계획법 제20조 제3항

04 난도 ★★

답 ①

┃정답해설┃

① 제2종일반주거지역 : 중층주택을 중심으로 편리한 주거환경을 조성하기 위하여 필요한 지역(국토계획법 시행령 제30조 제1항 제1호)

국토계획법 시행령 제30조(용도지역의 세분)

① 국토교통부장관, 시·도지사 또는 대도시의 시장(이하 "대도시 시장"이라 한다)은 법 제36조 제2항에 따라 도시·군관리계획결정으로 주거지역·상업지역·공업지역 및 녹지지역을 다음 각 호와 같이 세분하여 지정할 수 있다.

1. 주거지역
   가. 전용주거지역 : 양호한 주거환경을 보호하기 위하여 필요한 지역
      (1) 제1종전용주거지역 : 단독주택 중심의 양호한 주거환경을 보호하기 위하여 필요한 지역
      (2) 제2종전용주거지역 : 공동주택 중심의 양호한 주거환경을 보호하기 위하여 필요한 지역
   나. 일반주거지역 : 편리한 주거환경을 조성하기 위하여 필요한 지역
      (1) 제1종일반주거지역 : 저층주택을 중심으로 편리한 주거환경을 조성하기 위하여 필요한 지역
      (2) 제2종일반주거지역 : 중층주택을 중심으로 편리한 주거환경을 조성하기 위하여 필요한 지역
      (3) 제3종일반주거지역 : 중고층주택을 중심으로 편리한 주거환경을 조성하기 위하여 필요한 지역
   다. 준주거지역 : 주거기능을 위주로 이를 지원하는 일부 상업기능 및 업무기능을 보완하기 위하여 필요한 지역

05 난도 ★★★

답 ③

┃정답해설┃

③ 국토계획법 제44조 제4항

┃오답해설┃

① 「도시개발법」에 따른 200만제곱미터 규모의 도시개발구역에서 개발사업을 시행하는 자는 공동구를 설치하여야 한다(국토계획법 제44조 제1항 제5호, 국토계획법 시행령 제35조의2 제1항).

② 가스관, 하수도관, 그 밖의 시설은 공동구협의회(이하 "공동구협의회"라 한다)의 심의를 거쳐 수용할 수 있다(국토계획법 시행령 제35조의3).

④ 부담금의 납부통지를 받은 공동구 점용예정자는 공동구 설치공사가 착수되기 전에 부담액의 3분의 1 이상을 납부하여야 하며, 그 나머지 금액은 제37조 제1항 제1호에 따른 점용공사기간 만료일(만료일 전에 공사가 완료된 경우에는 그 공사의 완료일을 말한다) 전까지 납부하여야 한다(국토계획법 시행령 제38조 제4항).

⑤ 공동구관리자는 대통령령으로 정하는 바에 따라 1년에 1회 이상 공동구의 안전점검을 실시하여야 하며, 안전점검결과 이상이 있다고 인정되는 때에는 지체 없이 정밀안전진단·보수·보강 등 필요한 조치를 하여야 한다(국토계획법 제44조의2 제3항).

06 난도 ★　　　　　　　　　답 ①

▌정답해설▐

① 국토계획법 시행령 제55조 제1항 참고

국토계획법 시행령 제55조(개발행위허가의 규모)
① 법 제58조 제1항 제호 본문에서 "대통령령으로 정하는 개발행위의 규모"란 다음 각 호에 해당하는 토지의 형질변경면적을 말한다. 다만, 관리지역 및 농림지역에 대하여는 제2호 및 제3호의 규정에 의한 면적의 범위 안에서 당해 특별시·광역시·특별자치시·특별자치도·시 또는 군의 도시·군계획조례로 따로 정할 수 있다.
 1. 도시지역
　가. 주거지역·상업지역·자연녹지지역·생산녹지지역 : 1만제곱미터 미만
　나. 공업지역 : 3만제곱미터 미만
　다. 보전녹지지역 : 5천제곱미터 미만
 2. 관리지역 : 3만제곱미터 미만
 3. 농림지역 : 3만제곱미터 미만
 4. 자연환경보전지역 : 5천제곱미터 미만

07 난도 ★　　　　　　　　　답 ②

▌정답해설▐

② 국토계획법 시행령 제84조
　ㄴ. 유통상업지역 : 80% 이하
　ㄷ. 일반공업지역 : 70% 이하
　ㄱ. 제2종전용주거지역 : 50% 이하
　ㄹ. 농림지역 : 20% 이하

08 난도 ★★　　　　　　　　답 ③

▌정답해설▐

③ 개발행위허가를 받은 자가 행정청인 경우 개발행위허가를 받은 자는 개발행위가 끝나 준공검사를 마친 때에는 해당 시설의 관리청에 공공시설의 종류와 토지의 세목(細目)을 통지하여야 한다. <u>이 경우 공공시설은 그 통지한 날에 해당 시설을 관리할 관리청과 개발행위허가를 받은 자에게 각각 귀속된 것으로 본다</u>(국토계획법 제65조 제5항).

▌오답해설▐

① 국토계획법 제65조 제2항
② 국토계획법 제65조 제1항
④ 국토계획법 제65조 제5항
⑤ 국토계획법 제65조 제8항

09 난도 ★　　　　　　　　　답 ②

▌정답해설▐

② 개발밀도관리구역에서는 해당 용도지역에 적용되는 용적률 최대한도의 50퍼센트 범위에서 용적률을 강화하여 적용한다(국토계획법 제66조 제1항, 국토계획법 시행령 제62조 제1항).

▌오답해설▐

① "개발밀도관리구역"이란 개발로 인하여 기반시설이 부족할 것으로 예상되나 기반시설을 설치하기 곤란한 지역을 대상으로 건폐율이나 용적률을 강화하여 적용하기 위하여 제66조에 따라 지정하는 구역을 말한다(국토계획법 제2조 제18호).
③ 국토계획법 제66조 제3항
④ 국토계획법 시행령 제62조 제2항
⑤ 국토계획법 시행령 제63조 제1호

10 난도 ★★★　　　　　　　답 ③

▌정답해설▐

③ ㄱ : 50, ㄴ : 30

국토계획법 제75조의3(성장관리계획의 수립 등)
② 성장관리계획구역에서는 제77조 제1항에도 불구하고 다음 각 호의 구분에 따른 범위에서 성장관리계획으로 정하는 바에 따라 특별시·광역시·특별자치시·특별자치도·시 또는 군의 조례로 정하는 비율까지 건폐율을 완화하여 적용할 수 있다.
 1. 계획관리지역 : <u>50퍼센트 이하</u>
 2. 생산관리지역·농림지역 및 대통령령으로 정하는 녹지지역 : <u>30퍼센트 이하</u>

11 난도 ★★
④

┃정답해설┃

④ 국토계획법 제42조 제1항 제3호

┃오답해설┃

① 국토교통부장관, 시·도지사 또는 대도시 시장은 대통령령으로 정하는 바에 따라 제1항 각 호 및 같은 항 각 호 각 목의 용도지역을 도시·군관리계획결정으로 다시 세분하여 지정하거나 변경할 수 있다(국토계획법 제36조 제2항).

② 하나의 시·도 안에서 둘 이상의 시·군에 걸쳐 지정되는 용도지역에 대해서는 도지사가 직접 도시·군관리계획을 입안할 수 있다(국토계획법 제24조 제6항).

③ 공유수면(바다만 해당한다)의 매립 목적이 그 매립구역과 이웃하고 있는 용도지역의 내용과 같으면 제25조와 제30조에도 불구하고 도시·군관리계획의 입안 및 결정 절차 없이 그 매립준공구역은 그 매립의 준공인가일부터 이와 이웃하고 있는 용도지역으로 지정된 것으로 본다(국토계획법 제41조 제1항).

⑤ 제1항에 해당하는 구역·단지·지구 등(이하 "구역등"이라 한다)이 해제되는 경우(개발사업의 완료로 해제되는 경우는 제외한다) 이 법 또는 다른 법률에서 그 구역등이 어떤 용도지역에 해당되는지를 따로 정하고 있지 아니한 경우에는 이를 지정하기 이전의 용도지역으로 환원된 것으로 본다(국토계획법 제42조 제4항).

12 난도 ★★★
답 ④

┃정답해설┃

④ 시가화조정구역에서 입목의 조림 또는 육림은 특별시장·광역시장·특별자치시장·특별자치도지사·시장 또는 군수의 허가를 받아 그 행위를 할 수 있다(국토계획법 제81조 제2항 제3호).

┃오답해설┃

① 국토계획법 시행령 제32조 제1항
② 국토계획법 제31조 제2항, 국토계획법 시행령 제26조 제1항
③ 국토계획법 제51조
⑤ 국토계획법 제39조 제2항

13 난도 ★★★
답 ⑤

┃정답해설┃

⑤ 국토계획법 제83조의2

> **국토계획법 제83조의2(입지규제최소구역에서의 다른 법률의 적용 특례)**
> ① 입지규제최소구역에 대하여는 다음 각 호의 법률 규정을 적용하지 아니할 수 있다.
> 1. 「주택법」 제35조에 따른 주택의 배치, 부대시설·복리시설의 설치기준 및 대지조성기준
> 2. 「주차장법」 제19조에 따른 부설주차장의 설치
> 3. 「문화예술진흥법」 제9조에 따른 건축물에 대한 미술작품의 설치
> 4. 「건축법」 제43조에 따른 공개 공지 등의 확보

더 알아보기 법률 개정으로 변경되는 점

> 24.8.7.에 시행되는 개정법령에서 국토계획법 제83조의2는 삭제되고, 제83조의3이 신설된다.

국토계획법 제83조의3(도시혁신구역에서의 다른 법률의 적용 특례)
[법률 제20234호, 2024.2.6., 일부개정] [시행 2024.8.7.]
① 도시혁신구역에 대하여는 다음 각 호의 법률 규정에도 불구하고 도시혁신계획으로 따로 정할 수 있다.
1. 「주택법」 제35조에 따른 주택의 배치, 부대시설·복리시설의 설치기준 및 대지조성기준
2. 「주차장법」 제19조에 따른 부설주차장의 설치
3. 「문화예술진흥법」 제9조에 따른 건축물에 대한 미술작품의 설치
4. 「건축법」 제43조에 따른 공개 공지 등의 확보
5. 「도시공원 및 녹지 등에 관한 법률」 제14조에 따른 도시공원 또는 녹지 확보기준
6. 「학교용지 확보 등에 관한 특례법」 제3조에 따른 학교용지의 조성·개발 기준

14 난도 ★★★　답 ⑤

정답해설

⑤ 부동산공시법 시행규칙 제11조 제1항

> **부동산공시법 시행규칙 제11조(표준주택가격 조사·산정 보고서)**
> ① 영 제30조 제1항에서 "국토교통부령으로 정하는 사항"이란 다음 각 호의 사항을 말한다.
> 1. 주택의 소재지, 공부상 지목 및 대지면적
> 2. 주택 대지의 용도지역
> 3. 도로접면
> 4. 대지 형상
> 5. 주건물 구조 및 층수
> 6. 「건축법」 제22조에 따른 사용승인연도
> 7. 주위 환경

15 난도 ★★　답 ②

정답해설

② 부동산공시법 제20조 참고

> **부동산공시법 제20조(비주거용 표준부동산가격의 조사·산정 및 공시 등)**
> 비주거용 표준부동산가격의 공시에는 다음 각 호의 사항이 포함되어야 한다.
> 1. 비주거용 표준부동산의 지번
> 2. 비주거용 표준부동산가격
> 3. 비주거용 표준부동산의 대지면적 및 형상
> 4. 비주거용 표준부동산의 용도, 연면적, 구조 및 사용승인일(임시사용승인일을 포함한다)
> 5. 그 밖에 대통령령으로 정하는 사항

16 난도 ★　답 ④

정답해설

④ 부동산공시법 시행령 제10조 제2항

오답해설

① 개별공시지가에 이의가 있는 자는 그 결정·공시일부터 30일 이내에 서면으로 관할 관청에 이의를 신청할 수 있다(부동산공시법 제7조 제1항).
② 표준지공시지가의 단위면적은 1제곱미터로 한다(부동산공시법 시행령 제10조 제1항).
③ 개발부담금의 부과대상이 아닌 토지에 대하여는 개별공시지가를 결정·공시하지 아니할 수 있다(부동산공시법 시행령 제15조 제1항 제1호).
⑤ 개별공시지가의 결정·공시에 드는 비용은 50퍼센트 이내에서 국고에서 보조한다(부동산공시법 시행령 제24조).

17 난도 ★　답 ⑤

정답해설

⑤ 감정평가법 제39조 제2항 참고

> **감정평가법 제39조(징계)**
> ② 감정평가사에 대한 징계의 종류는 다음과 같다.
> 1. 자격의 취소
> 2. 등록의 취소
> 3. 2년 이하의 업무정지
> 4. 견책

18 난도 ★★★　답 ②

정답해설

② 국토교통부장관은 감정평가법인등이 장부 등의 검사를 거부 또는 방해한 경우에는 업무정지처분을 할 수 있다(감정평가법 제32조, 감정평가법 시행령 제29조, [별표 3]).

> • 1차 위반 : 업무정지 1개월
> • 2차 위반 : 업무정지 3개월
> • 3차 이상 위반 : 업무정지 6개월

19 난도 ★★★　　　답 ②

┃정답해설┃

② 교육연수 대상자는 '등록의 취소' 및 '2년 이하의 업무정지'의 징계를 받은 감정평가사로 한다(감정평가법 시행령 제16조의2 제1항).

┃오답해설┃

① 감정평가법 제21조 제4항
③ 감정평가법 제15조 제1항
④ 감정평가법 제13조 제1항 제2호
⑤ 감정평가법 시행령 제18조 제1항

20 난도 ★　　　답 ③

┃정답해설┃

③ • (ㄱ : 기부채납)이란 국가 외의 자가 제5조 제1항 각 호에 해당하는 재산의 소유권을 무상으로 국가에 이전하여 국가가 이를 취득하는 것을 말한다(국유재산법 제2조 제2호).
　• (ㄴ : 변상금)이란 사용허가나 대부계약 없이 국유재산을 사용·수익하거나 점유한 자에게 부과하는 금액을 말한다(국유재산법 제2조 제9호).
　• 총괄청이란 (ㄷ : 기획재정부장관)을 말한다(국유재산법 제2조 제10호).

21 난도 ★　　　답 ①

┃정답해설┃

① 정부시설에서 사용하는 궤도차량으로서 해당 시설의 폐지와 함께 포괄적으로 용도폐지된 것은 <u>해당 시설이 폐지된 후도 국유재산으로 한다</u>(국유재산법 제5조 제2항).

22 난도 ★★　　　답 ③

┃정답해설┃

③ 국유재산법 제36조 제1항 제3호

국유재산법 제36조(사용허가의 취소와 철회)
① 중앙관서의 장은 행정재산의 사용허가를 받은 자가 다음 각 호의 어느 하나에 해당하면 그 허가를 취소하거나 철회할 수 있다.
　1. 거짓 진술을 하거나 부실한 증명서류를 제시하거나 그 밖에 부정한 방법으로 사용허가를 받은 경우
　2. 사용허가 받은 재산을 제30조 제2항을 위반하여 다른 사람에게 사용·수익하게 한 경우
　3. <u>해당 재산의 보존을 게을리하였거나 그 사용목적을 위배한 경우</u>
　4. 납부기한까지 사용료를 납부하지 아니하거나 제32조 제2항 후단에 따른 보증금 예치나 이행보증 조치를 하지 아니한 경우
　5. 중앙관서의 장의 승인 없이 사용허가를 받은 재산의 원래 상태를 변경한 경우

┃오답해설┃

① 사용허가를 받은 자는 허가기간이 끝나거나 제36조에 따라 사용허가가 취소 또는 철회된 경우에는 그 재산을 원래 상태대로 반환하여야 한다. <u>다만, 중앙관서의 장이 미리 상태의 변경을 승인한 경우에는 변경된 상태로 반환할 수 있다</u>(국유재산법 제38조).
② 경작용으로 실경작자에게 사용허가를 하는 경우에는 수의의 방법으로 사용허가를 받을 자를 결정할 수 있다(국유재산법 시행령 제27조 제3항 제2호).
④ 행정재산의 사용허가에 관하여는 이 법에서 정한 것을 제외하고는 <u>「국가를 당사자로 하는 계약에 관한 법률」의 규정을 준용한다</u>(국유재산법 제31조 제3항).
⑤ 행정재산의 사용허가를 받은 자가 그 재산에 대하여 유지·보수 외의 시설을 설치하려는 때에는 <u>그 경비조서를 갖추어 소관 중앙관서의 장의 승인을 받아야 한다</u>(국유재산법 시행규칙 제19조 제1항).

23 난도 ★★★　　　　　　　　답 ①

▌정답해설▐

① 국가가 매각한 일반재산을 일정기간 계속하여 점유·사용하는 경우는 국유재산법 시행령 제56조의 소유권 이전 사유에 해당하지 않는다.

> **국유재산법 시행령 제56조(소유권의 이전 등)**
> 법 제51조 제2항 전단에서 "대통령령으로 정하는 경우"란 제55조 제2항 제2호 및 제4호부터 제7호까지, 같은 조 제3항 제3호, 같은 조 제4항 제1호에 따라 매각대금을 나누어 내는 경우를 말한다. 〈개정 2023.12.12.〉

> **국유재산법 시행령 제55조(매각대금의 분할납부) 제2항**
> 2. 제33조에 따른 공공단체가 직접 비영리공익사업용으로 사용하려는 재산을 해당 공공단체에 매각하는 경우
> 4. 「도시 및 주거환경정비법」 제2조 제2호 나목에 따른 재개발사업을 시행하기 위한 정비구역에 있는 토지로서 시·도지사가 같은 법에 따라 재개발사업의 시행을 위하여 정하는 기준에 해당하는 사유건물로 점유·사용되고 있는 토지를 재개발사업 사업시행계획인가 당시의 점유·사용자로부터 같은 법 제129조에 따라 그 권리·의무를 승계한 자에게 매각하는 경우(해당 토지가 같은 법 제2조 제4호에 따른 정비기반시설의 설치예정지에 해당되어 그 토지의 점유·사용자로부터 같은 법 제129조에 따라 권리·의무를 승계한 자에게 그 정비구역의 다른 국유지를 매각하는 경우를 포함한다)
> 5. 「전통시장 및 상점가 육성을 위한 특별법」 제31조에 따른 시장정비사업 시행구역의 토지 중 사유건물로 점유·사용되고 있는 토지를 그 점유·사용자에게 매각하는 경우
> 6. 「벤처기업육성에 관한 특별조치법」 제19조 제1항에 따라 벤처기업집적시설의 개발 또는 설치와 그 운영을 위하여 필요한 토지를 벤처기업집적시설의 설치·운영자에게 매각하는 경우
> 7. 「산업기술단지 지원에 관한 특례법」 제10조 제1항에 따른 산업기술단지의 조성에 필요한 토지를 사업시행자에게 매각하는 경우

> **국유재산법 시행령 제55조 제3항**
> 3. 지방자치단체에 그 지방자치단체가 다음 각 목의 용도로 사용하려는 재산을 매각하는 경우
> 가. 직접 공용 또는 공공용으로 사용
> 나. 법 제18조 제1항 제3호에 따른 사회기반시설로 사용
> 다. 「산업입지 및 개발에 관한 법률」에 따른 산업단지의 조성을 위하여 사용
> 라. 「국민여가활성화기본법」 제3조 제2호에 따른 여가시설의 조성을 위하여 사용

> **국유재산법 시행령 제55조 제4항**
> 1. 「도시 및 주거환경정비법」 제2조 제2호 나목에 따른 재개발사업을 시행하기 위한 정비구역에 있는 토지로서 제2항 제4호에 따른 사유건물로 점유·사용되고 있는 토지를 재개발사업 시행인가 당시의 점유·사용자에게 매각하는 경우(해당 토지가 같은 법 제2조 제4호에 따른 정비기반시설의 설치예정지에 해당되어 그 토지의 점유·사용자에게 그 정비구역의 다른 국유지를 매각하는 경우를 포함한다)

▌오답해설▐

② 국유재산법 제52조 제1호

> **국유재산법 제52조(매각계약의 해제)**
> 일반재산을 매각한 경우에 다음 각 호의 어느 하나에 해당하는 사유가 있으면 그 계약을 해제할 수 있다.
> 1. 매수자가 매각대금을 체납한 경우
> 2. 매수자가 거짓 진술을 하거나 부실한 증명서류를 제시하거나 그 밖의 부정한 방법으로 매수한 경우
> 3. 제49조(용도를 지정한 매각)에 따라 용도를 지정하여 매각한 경우에 매수자가 지정된 날짜가 지나도 그 용도에 사용하지 아니하거나 지정된 용도에 제공한 후 지정된 기간에 그 용도를 폐지한 경우

③ 국유재산법 시행령 제55조 제2항 제1호
④ 국유재산법 시행령 제53조 제1항
⑤ 국유재산법 제46조 제4항

24 난도 ★★ 답 ⑤

┃정답해설┃

⑤ 기둥과 기둥 사이의 거리(기둥의 중심선 사이의 거리를 말하며, 기둥이 없는 경우에는 내력벽과 내력벽의 중심선 사이의 거리를 말한다)가 20미터 이상인 건축물이 '특수구조 건축물'이다(건축법 시행령 제2조 제18호).

┃오답해설┃

① 건축법 시행령 제2조 제3호
② 건축법 시행령 제2조 제4호
③ 건축법 시행령 제2조 제5호
④ 건축법 시행령 제2조 제17호

25 난도 ★ 답 ③

┃정답해설┃

③ 장례시설은 산업 등 시설군에 속한다(건축법 시행령 제14조 제4항).

시설군	건축물의 용도
1. 자동차 관련 시설군	자동차 관련 시설
2. 산업 등 시설군	운수시설, 창고시설, 공장, 위험물저장 및 처리시설, 자원순환 관련 시설, 묘지 관련 시설, 장례시설
3. 전기통신 시설군	방송통신시설, 발전시설
4. 문화집회 시설군	문화 및 집회시설, 종교시설, 위락시설, 관광휴게시설
5. 영업 시설군	판매시설, 운동시설, 숙박시설, 제2종 근린생활시설 중 다중생활시설
6. 교육 및 복지 시설군	의료시설, 교육연구시설, 노유자(老幼者) 시설, 수련시설, 야영장 시설
7. 근린생활 시설군	제1종 근린생활시설, 제2종 근린생활시설 (다중생활시설은 제외)
8. 주거업무 시설군	단독주택, 공동주택, 업무시설, 교정시설, 국방·군사시설
9. 그 밖의 시설군	동물 및 식물 관련 시설

26 난도 ★★★ 답 ②

┃정답해설┃

② 건축법 제77조의2 제1항 제2호, 건축법 시행령 제110조의2 제1항 제4호

> 국토교통부장관 및 허가권자는「건축법」및 관계 법령에 따라 일부 규정을 적용하지 아니하거나 완화하여 적용할 수 있도록 (ㄱ:경관지구)에서 (ㄴ:「지역문화진흥법」에 따른 문화지구 안의 도로)에 접한 대지의 일정 구역을 특별가로구역으로 지정할 수 있다.

27 난도 ★★★ 답 ③

┃정답해설┃

③ 건축법 시행령 제53조 제2항

> **건축법 시행령 제53조(경계벽 등의 설치)**
> ② 법 제49조 제4항에 따라 다음 각 호의 어느 하나에 해당하는 건축물의 층간바닥(화장실의 바닥은 제외한다)은 국토교통부령으로 정하는 기준에 따라 설치해야 한다.
> 1. 단독주택 중 다가구주택
> 2. 공동주택(「주택법」제15조에 따른 주택건설사업 계획승인 대상은 제외한다)
> 3. 업무시설 중 오피스텔
> 4. 제2종 근린생활시설 중 다중생활시설
> 5. 숙박시설 중 다중생활시설

28 난도 ★ 답 ⑤

┃정답해설┃

⑤ 주유소용지는 '주'로 표기한다.

29 난도 ★★

답 ④

┃정답해설┃

④ 공간정보관리법 시행령 제64조 제1항 참고

> **공간정보관리법 시행령 제64조(등록전환 신청)**
> ① 법 제78조에 따라 등록전환을 신청할 수 있는 경우는 다음 각 호와 같다.
>   1. 「산지관리법」에 따른 산지전용허가 · 신고, 산지일시사용허가 · 신고, 「건축법」에 따른 건축허가 · 신고 또는 그 밖의 관계 법령에 따른 개발행위 허가 등을 받은 경우
>   2. 대부분의 토지가 등록전환되어 나머지 토지를 임야도에 계속 존치하는 것이 불합리한 경우
>   3. 임야도에 등록된 토지가 사실상 형질변경되었으나 지목변경을 할 수 없는 경우
>   4. 도시 · 군관리계획선에 따라 토지를 분할하는 경우

30 난도 ★★★

답 ①

┃정답해설┃

ㄱ. (O) 공간정보관리법 시행령 제59조 제1항 제1호
ㄴ. (O) 공간정보관리법 시행령 제58조 제28호

> **공간정보관리법 시행령 제58조(지목의 구분)**
>   28. 잡종지
>   다음 각 목의 토지. 다만, 원상회복을 조건으로 돌을 캐내는 곳 또는 흙을 파내는 곳으로 허가된 토지는 제외한다.
>   가. 갈대밭, 실외에 물건을 쌓아두는 곳, 돌을 캐내는 곳, 흙을 파내는 곳, 야외시장 및 공동우물
>   나. 변전소, 송신소, 수신소 및 송유시설 등의 부지
>   다. 여객자동차터미널, 자동차운전학원 및 폐차장 등 자동차와 관련된 독립적인 시설물을 갖춘 부지
>   라. 공항시설 및 항만시설 부지
>   마. 도축장, 쓰레기처리장 및 오물처리장 등의 부지
>   바. 그 밖에 다른 지목에 속하지 않는 토지

┃오답해설┃

ㄷ. (×) 건축물의 용도가 변경된 경우는 지목변경을 신청할 수 있다(공간정보관리법 시행령 제67조 제1항 제2호).

ㄹ. (×) 지적소관청이 지목변경을 하는 경우 시 · 도지사의 승인을 받을 필요가 없다. 지적소관청이 시 · 도지사 또는 대도시 시장의 승인을 받아야 하는 경우는 지번의 변경, 지적공부의 반출, 축척변경의 경우이다.

31 난도 ★★★

답 ⑤

┃정답해설┃

⑤ 공간정보관리법 제87조 제3호

> **공간정보관리법 제87조(신청의 대위)**
> 다음 각 호의 어느 하나에 해당하는 자는 이 법에 따라 토지소유자가 하여야 하는 신청을 대신할 수 있다. 다만, 제84조에 따른 등록사항 정정 대상토지는 제외한다.
>   1. 공공사업 등에 따라 학교용지 · 도로 · 철도용지 · 제방 · 하천 · 구거 · 유지 · 수도용지 등의 지목으로 되는 토지인 경우 : 해당 사업의 시행자
>   2. 국가나 지방자치단체가 취득하는 토지인 경우 : 해당 토지를 관리하는 행정기관의 장 또는 지방자치단체의 장
>   3. 「주택법」에 따른 공동주택의 부지인 경우 : 「집합건물의 소유 및 관리에 관한 법률」에 따른 관리인(관리인이 없는 경우에는 공유자가 선임한 대표자) 또는 해당 사업의 시행자
>   4. 「민법」 제404조에 따른 채권자

┃오답해설┃

① 소유자의 성명 또는 명칭, 주소 및 주민등록번호는 토지대장과 임야대장 등록사항이다(공간정보관리법 제71조 제1항 제5호).

② 공유지연명부의 등록사항에 토지소유자의 변경 원인은 포함된다(공간정보관리법 제71조 제2항 제5호).

③ 지적공부에 등록하는 지번 · 지목 · 면적 · 경계 또는 좌표는 토지의 이동이 있을 때 토지소유자(법인이 아닌 사단이나 재단의 경우에는 그 대표자나 관리인을 말한다. 이하 같다)의 신청을 받아 지적소관청이 결정한다. 다만, 신청이 없으면 지적소관청이 직권으로 조사 · 측량하여 결정할 수 있다(공간정보관리법 제64조 제2항).

④ 지적소관청은 지적공부에 등록된 토지가 지형의 변화 등으로 바다로 된 경우로서 원상(原狀)으로 회복될 수 없거나 다른 지목의 토지로 될 가능성이 없는 경우에는 지적공부에 등록된 토지소유자에게 지적공부의 등록말소 신청을 하도록 통지하여야 한다(공간정보관리법 제82조 제1항).

32 난도 ★★★　　　　　답 ⑤

▌정답해설▐

⑤ 법정대리인이 등기를 신청한 경우에는 그 법정대리인에게, 법인의 대표자나 지배인이 신청한 경우에는 그 대표자나 지배인에게, 법인 아닌 사단이나 재단의 대표자나 관리인이 신청한 경우에는 그 대표자나 관리인에게 등기필정보를 통지한다(부동산등기규칙 제108조 제2항).

▌오답해설▐

① 종중(宗中), 문중(門中), 그 밖에 대표자나 관리인이 있는 법인 아닌 사단이나 재단에 속하는 부동산의 등기에 관하여는 그 사단이나 재단을 등기권리자 또는 등기의무자로 한다(부동산등기법 제26조 제1항).

② 법인 아닌 사단이나 재단 및 국내에 영업소나 사무소의 설치 등기를 하지 아니한 외국법인의 등록번호는 시장(「제주특별자치도 설치 및 국제자유도시 조성을 위한 특별법」 제10조 제2항에 따른 행정시의 시장을 포함하며, 「지방자치법」 제3조 제3항에 따라 자치구가 아닌 구를 두는 시의 시장은 제외한다), 군수 또는 구청장(자치구가 아닌 구의 구청장을 포함한다)이 부여한다(부동산등기법 제49조 제3호).

③ 법인 아닌 사단이나 재단 명의의 등기를 할 때에는 그 대표자나 관리인의 성명, 주소 및 주민등록번호를 함께 기록하여야 한다(부동산등기법 제48조 제3항).

④ 전자신청은 당사자가 직접 하거나 자격자대리인이 당사자를 대리하여 한다. 다만, 법인 아닌 사단이나 재단은 전자신청을 할 수 없다(부동산등기규칙 제67조 제1항).

33 난도 ★★★　　　　　답 ①

▌정답해설▐

① 가등기는 등기 대상에 해당하는 권리의 설정, 이전, 변경 또는 소멸의 청구권을 보전하려는 때에 하므로 그 청구권이 시기부(始期附) 또는 정지조건부(停止條件附)일 경우나 그 밖에 장래에 확정될 것인 경우에도 가등기를 할 수 있다(부동산등기법 제88조). 따라서 임차권을 정지조건부로 설정하는 청구권을 보전하려는 경우에도 가등기를 할 수 있다.

▌오답해설▐

② 등기관이 등기를 마친 후 그 등기가 제29조 제1호(사건이 그 등기소의 관할이 아닌 경우) 또는 제2호(사건이 등기할 것이 아닌 경우)에 해당된 것임을 발견하였을 때에는 등기권리자, 등기의무자와 등기상 이해관계 있는 제3자에게 1개월 이내의 기간을 정하여 그 기간에 이의를 진술하지 아니하면 등기를 말소한다는 뜻을 통지하여야 한다(부동산등기법 제58조 제1항).

③ 환매특약등기는 제3자의 승낙 여부와 관계없이 부기로 한다(부동산등기법 제52조).

④ 부동산등기법 제65조 참고

> **부동산등기법 제65조(소유권보존등기의 신청인)**
> 미등기의 토지 또는 건물에 관한 소유권보존등기는 다음 각 호의 어느 하나에 해당하는 자가 신청할 수 있다.
> 1. 토지대장, 임야대장 또는 건축물대장에 최초의 소유자로 등록되어 있는 자 또는 그 상속인, 그 밖의 포괄승계인
> 2. 확정판결에 의하여 자기의 소유권을 증명하는 자
> 3. 수용(收用)으로 인하여 소유권을 취득하였음을 증명하는 자
> 4. 특별자치도지사, 시장, 군수 또는 구청장(자치구의 구청장을 말한다)의 확인에 의하여 자기의 소유권을 증명하는 자(건물의 경우로 한정한다)

⑤ 이의에는 집행정지(執行停止)의 효력이 없다(부동산등기법 제104조).

34 난도 ★　　　　　답 ②

▌정답해설▐

② 등기관이 등기사무를 처리한 때에는 등기사무를 처리한 등기관이 <u>누구인지 알 수 있는 조치</u>를 하여야 한다(부동산등기법 제11조 제4항).

▌오답해설▐

① 부동산등기법 제11조 제3항
③ 부동산등기법 제14조
④ 부동산등기법 제15조 제1항
⑤ 부동산등기법 제19조 제2항

35 난도 ★★★　　　　답 ④

▎정답해설▎

④ 대지권이 등기된 구분건물의 등기기록에는 건물만에 관한 소유권이전등기 또는 저당권설정등기, 그 밖에 이와 관련이 있는 등기를 할 수 없다(부동산등기법 제61조 제3항).

▎오답해설▎

① 부동산등기법 제40조 제1항 제6호

> **부동산등기법 제40조(등기사항)**
> ① 등기관은 건물 등기기록의 표제부에 다음 각 호의 사항을 기록하여야 한다.
> 1. 표시번호
> 2. 접수연월일
> 3. 소재, 지번 및 건물번호. 다만, 같은 지번 위에 1개의 건물만 있는 경우에는 건물번호는 기록하지 아니한다.
> 4. 건물의 종류, 구조와 면적. 부속건물이 있는 경우에는 부속건물의 종류, 구조와 면적도 함께 기록한다.
> 5. 등기원인
> 6. 도면의 번호[같은 지번 위에 여러 개의 건물이 있는 경우와 「집합건물의 소유 및 관리에 관한 법률」 제2조 제1호의 구분소유권의 목적이 되는 건물(이하 "구분건물")인 경우로 한정한다]

② 부동산등기법 제43조 제3항
③ 부동산등기법 제46조 제1항
⑤ 부동산등기규칙 제12조 제2항

36 난도 ★★　　　　답 ②

▎정답해설▎

② 등기명의인 표시의 변경 또는 경정(更正)의 등기는 등기명의인 단독으로 신청할 수 있다(동산채권담보법 제41조 제2항).

▎오답해설▎

① 여러 개의 동산(장래에 취득할 동산을 포함한다)이더라도 목적물의 종류, 보관장소, 수량을 정하거나 그 밖에 이와 유사한 방법으로 특정할 수 있는 경우에는 이를 목적으로 담보등기를 할 수 있다(동산채권담보법 제3조 제2항).

③ 담보권설정자와 담보권자는 제1항의 존속기간을 갱신하려면 그 만료 전에 연장등기를 신청하여야 한다(동산채권담보법 제49조 제2항).

④ 판결에 의한 등기는 승소한 등기권리자 또는 등기의무자 단독으로 신청할 수 있고, 상속이나 그 밖의 포괄승계로 인한 등기는 등기권리자 단독으로 신청할 수 있다(동산채권담보법 제41조 제3항).

⑤ 담보권설정자와 담보권자는 말소등기를 신청할 수 있다(동산채권담보법 제50조 제1항).

> **동산채권담보법 제50조(말소등기)**
> ① 담보권설정자와 담보권자는 다음 각 호의 어느 하나에 해당하는 경우에 말소등기를 신청할 수 있다.
> 1. 담보약정의 취소, 해제 또는 그 밖의 원인으로 효력이 발생하지 아니하거나 효력을 상실한 경우
> 2. 담보목적물인 동산이 멸실되거나 채권이 소멸한 경우
> 3. 그 밖에 담보권이 소멸한 경우

37 난도 ★★

┃정답해설┃

④ 도시정비법 제52조 제1항 제3호

> **도시정비법 제52조(사업시행계획서의 작성)**
> ① 사업시행자는 정비계획에 따라 다음 각 호의 사항을 포함하는 사업시행계획서를 작성하여야 한다.
> 1. 토지이용계획(건축물배치계획을 포함한다)
> 2. 정비기반시설 및 공동이용시설의 설치계획
> 3. <u>임시거주시설을 포함한 주민이주대책</u>
> 4. 세입자의 주거 및 이주 대책
> 5. 사업시행기간 동안 정비구역 내 가로등 설치, 폐쇄회로 텔레비전 설치 등 범죄예방대책
> 6. 제10조에 따른 임대주택의 건설계획(재건축사업의 경우는 제외한다)
> 7. 제54조 제4항, 제101조의5 및 제101조의6에 따른 국민주택규모 주택의 건설계획(주거환경개선사업의 경우는 제외한다)
> 8. 공공지원민간임대주택 또는 임대관리 위탁주택의 건설계획(필요한 경우로 한정한다)
> 9. 건축물의 높이 및 용적률 등에 관한 건축계획
> 10. 정비사업의 시행과정에서 발생하는 폐기물의 처리계획
> 11. 교육시설의 교육환경 보호에 관한 계획(정비구역부터 200미터 이내에 교육시설이 설치되어 있는 경우로 한정한다)
> 12. 정비사업비
> 13. 그 밖에 사업시행을 위한 사항으로서 대통령령으로 정하는 바에 따라 시·도조례로 정하는 사항

┃오답해설┃

① 재개발사업이 아닌 재건축사업에 대한 내용이다(도시정비법 제2조 제2호 다목).

> **더 알아보기 ┃ 재개발사업, 재건축사업**
>
> 재개발사업 : 정비기반시설이 열악하고 노후·불량건축물이 밀집한 지역에서 주거환경을 개선하거나 상업지역·공업지역 등에서 도시기능의 회복 및 상권활성화 등을 위하여 도시환경을 개선하기 위한 사업.
> 재건축사업 : 정비기반시설은 양호하나 노후·불량건축물에 해당하는 공동주택이 밀집한 지역에서 주거환경을 개선하기 위한 사업.

② 하나의 정비구역을 둘 이상의 정비구역으로 분할할 수 있다(도시정비법 제18조 제1항 제1호).

③ 재건축사업은 정비구역에서 인가받은 관리처분계획에 따라 주택, 부대시설·복리시설 및 오피스텔을 건설하여 공급하는 방법으로 한다(도시정비법 제23조 제3항). 환지공급방법은 주거환경개선사업 및 재개발사업의 경우 가능하다.

⑤ 재개발사업은 토지등소유자가 20인 미만인 경우에는 토지등소유자가 시행할 수 있다(도시정비법 제25조 제1항 제2호).

38 난도 ★★★

답 ④

┃정답해설┃

④ 도시정비법 시행령 제31조 참고

> **도시정비법 시행령 제31조(조합설립인가내용의 경미한 변경)**
>
> 법 제35조 제5항 단서에서 "대통령령으로 정하는 경미한 사항"이란 다음 각 호의 사항을 말한다.
> 1. <u>착오·오기 또는 누락임이 명백한 사항</u>
> 2. <u>조합의 명칭 및 주된 사무소의 소재지와 조합장의 성명 및 주소(조합장의 변경이 없는 경우로 한정한다)</u>
> 3. <u>토지 또는 건축물의 매매 등으로 조합원의 권리가 이전된 경우의 조합원의 교체 또는 신규가입</u>
> 4. 조합임원 또는 대의원의 변경(법 제45조에 따른 총회의 의결 또는 법 제46조에 따른 대의원회의 의결을 거친 경우로 한정한다)
> 5. 건설되는 건축물의 설계 개요의 변경
> 6. 정비사업비의 변경
> 7. 현금청산으로 인하여 정관에서 정하는 바에 따라 조합원이 변경되는 경우
> 8. 법 제16조에 따른 정비구역 또는 <u>정비계획의 변경에 따라 변경되어야 하는 사항</u>. 다만, 정비구역 면적이 <u>10퍼센트 이상의 범위에서 변경되는 경우는 제외한다.</u>
> 9. 그 밖에 시·도 조례로 정하는 사항

▮정답해설▮

④ 도시정비법 제14조 제1항 제7호

▮오답해설▮

① 자치구의 구청장 또는 광역시의 군수는 제9조(정비계획의 내용)에 따른 정비계획을 입안하여 특별시장 · 광역시장에게 정비구역 지정을 신청하여야 한다(도시정비법 제8조 제5항).

② 건축물의 용도변경은 시장 · 군수등의 허가를 받아야 한다(도시정비법 제19조, 도시정비법 시행령 제15조).

③ 조합이 조합설립인가를 받은 날부터 3년이 되는 날까지 제50조에 따른 사업시행계획인가를 신청하지 아니하는 경우 정비구역의 지정권자는 정비구역등을 해제하여야 한다(도시정비법 제20조 제1항).

⑤ 정비구역등이 해제된 경우에는 정비계획으로 변경된 용도지역, 정비기반시설 등은 정비구역 지정 이전의 상태로 환원된 것으로 본다(도시정비법 제22조 제1항).

▮정답해설▮

① 시공자 · 설계자 및 감정평가법인등(제74조 제4항에 따라 시장 · 군수등이 선정 · 계약하는 감정평가법인등은 제외한다)의 선정 및 변경시 총회의 의결을 거쳐야 한다. 다만, 감정평가법인등 선정 및 변경은 총회의 의결을 거쳐 시장 · 군수등에게 위탁할 수 있다(도시정비법 제45조 제1항 제5호).

▮오답해설▮

② 판결에 따라 관리처분계획을 변경하는 경우는 경미한 사항이므로 시장 · 군수등에게 신고해야 한다(도시정비법 시행령 제61조 제3호).

③ 사업시행자는 관리처분계획이 인가 · 고시된 다음 날부터 90일 이내에 다음 각 호에서 정하는 자와 토지, 건축물 또는 그 밖의 권리의 손실보상에 관한 협의를 하여야 한다(도시정비법 제73조 제1항).

④ 재건축사업은 시장 · 군수등이 선정 · 계약한 1인 이상의 감정평가법인등과 조합총회의 의결로 선정 · 계약한 1인 이상의 감정평가법인등이 평가한 금액을 산술평균하여 결정한다(도시정비법 제74조 제4항).

⑤ 시장 · 군수등이 직접 관리처분계획을 수립하는 경우에도 토지등소유자에게 공람하게 하고 의견을 들어야 한다(도시정비법 제78조 제6항 참고).

무언가를 시작하는 방법은
말하는 것을 멈추고, 행동을 하는 것이다.

− 월트 디즈니 −

PART 01

기출문제

CHAPTER 01	2023년 제34회 기출문제
CHAPTER 02	2022년 제33회 기출문제
CHAPTER 03	2021년 제32회 기출문제
CHAPTER 04	2020년 제31회 기출문제
CHAPTER 05	2019년 제30회 기출문제
CHAPTER 06	2018년 제29회 기출문제
CHAPTER 07	2017년 제28회 기출문제
CHAPTER 08	2016년 제27회 기출문제

※ 복수정답, 또는 개정법령 반영으로 인해 기출문제를 변형한 경우 문제 변형 표시를 하였습니다.

01

2023년 제34회 기출문제

01 국토의 계획 및 이용에 관한 법령상 도시의 지속가능성 및 생활인프라 수준평가에 관한 설명으로 옳지 **않은** 것은?

① 도시의 지속가능성 및 생활인프라 수준의 최종평가 주체는 시·도지사이다.

② 지속가능성 평가기준에서는 토지이용의 효율성, 환경친화성, 생활공간의 안전성·쾌적성·편의성 등에 관한 사항을 고려하여야 한다.

③ 국가와 지방자치단체는 지속가능성 및 생활인프라 수준 평가 결과를 도시·군계획의 수립 및 집행에 반영하여야 한다.

④ 생활인프라 평가기준에서는 보급률 등을 고려한 생활인프라 설치의 적정성, 이용의 용이성·접근성·편리성 등에 관한 사항을 고려하여야 한다.

⑤ 「도시재생 활성화 및 지원에 관한 특별법」에 따른 도시재생 활성화를 위한 비용의 보조 또는 융자에 지속가능성 및 생활인프라 수준 평가결과를 활용하도록 할 수 있다.

02 국토의 계획 및 이용에 관한 법령상 광역도시계획에 관한 설명으로 옳은 것은?

① 광역계획권이 둘 이상의 시·도의 관할 구역에 걸쳐 있는 경우에는 관할 시·도지사가 공동으로 광역도시계획을 수립한다.

② 광역계획권을 지정한 날부터 2년이 지날 때까지 관할 시·도지사로부터 광역도시계획의 승인 신청이 없는 경우에는 국토교통부장관이 광역도시계획을 수립한다.

③ 중앙행정기관의 장, 시·도지사, 시장 또는 군수는 국토교통부장관이나 도지사에게 광역계획권의 지정 또는 변경을 요청할 수 없다.

④ 도지사가 시장 또는 군수의 요청에 의하여 관할 시장 또는 군수와 공동으로 광역도시계획을 수립하는 경우에는 국토교통부장관의 승인을 받아야 한다.

⑤ 국토교통부장관, 시·도지사, 시장 또는 군수가 기초조사정보체계를 구축한 경우에는 등록된 정보의 현황을 3년마다 확인하고 변동사항을 반영하여야 한다.

03 국토의 계획 및 이용에 관한 법령상 주민이 도시·군관리계획 입안권자에게 도시·군관리계획의 입안을 제안할 수 있는 사항을 모두 고른 것은?

> ㄱ. 시가화조정구역의 지정 및 변경
> ㄴ. 기반시설의 설치·정비
> ㄷ. 지구단위계획의 수립 및 변경
> ㄹ. 입지규제 최소구역의 지정 및 변경

① ㄱ, ㄴ   ② ㄱ, ㄷ
③ ㄴ, ㄹ   ④ ㄴ, ㄷ, ㄹ
⑤ ㄱ, ㄴ, ㄷ, ㄹ

04 국토의 계획 및 이용에 관한 법령상 용도지역과 용적률의 최대한도의 연결로 옳은 것은? (단, 조례 및 기타 강화·완화조건은 고려하지 않음)

① 준공업지역 : 350퍼센트
② 근린상업지역 : 1,300퍼센트
③ 계획관리지역 : 100퍼센트
④ 자연환경보전지역 : 150퍼센트
⑤ 제2종일반주거지역 : 150퍼센트

05 국토의 계획 및 이용에 관한 법령상 개발행위의 허가에 관한 설명으로 옳지 <u>않은</u> 것은? (단, 조례는 고려하지 않음)

① 개발행위허가를 제한하고자 하는 자가 시·도지사인 경우에는 당해 시·도에 설치된 지방도시계획위원회의 심의를 거쳐야 한다.
②「사도법」에 의한 사도개설허가를 받은 토지의 분할은 개발행위허가를 받지 아니하고 할 수 있다.
③ 시장 또는 군수는 개발행위허가에 조건을 붙이려는 때에는 미리 개발행위허가를 신청한 자의 의견을 들어야 한다.
④「사방사업법」에 따른 사방사업을 위한 개발행위는 중앙도시계획위원회와 지방도시계획위원회의 심의를 거치지 아니한다.
⑤ 개발행위허가를 받은 부지면적을 5퍼센트 확장하는 경우에는 별도의 변경허가를 받지 않아도 된다.

06 국토의 계획 및 이용에 관한 법령상 기반시설부담구역에 관한 내용이다. (   )에 들어갈 숫자로 옳은 것은?

> 기반시설부담구역에서 기반시설설치비용의 부과대상인 건축행위는 「국토의 계획 및 이용에 관한 법률」 제2조 제20호에 따른 시설로서 (   )제곱미터(기존 건축물의 연면적 포함)를 초과하는 건축물의 신축·증축 행위로 한다.

① 100　　　　　　　　　　　　　② 200
③ 300　　　　　　　　　　　　　④ 400
⑤ 500

07 국토의 계획 및 이용에 관한 법령상 도시·군계획시설부지의 매수청구에 관한 설명으로 옳지 <u>않은</u> 것은? (단, 조례는 고려하지 않음)

① 매수청구를 한 토지의 소유자는 매수의무자가 그 토지를 매수하지 아니하기로 결정한 경우 개발행위허가를 받아 5층 이하의 제1종근린생활시설을 설치할 수 있다.
② 매수의무자는 매수하기로 결정한 토지에 대하여 매수 결정을 알린 날부터 2년 이내에 매수하여야 한다.
③ 도시·군계획시설채권의 상환기간은 10년 이내로 한다.
④ 지방자치단체인 매수의무자는 토지소유자가 원하는 경우 채권을 발행하여 매수대금을 지급할 수 있다.
⑤ 매수의무자는 매수청구를 받은 날부터 6개월 이내에 매수 여부를 결정하여야 한다.

08 국토의 계획 및 이용에 관한 법령상 지구단위계획에 관한 설명으로 옳지 <u>않은</u> 것은?

① 도시지역 내 지구단위계획구역의 지정목적이 한옥마을을 보존하고자 하는 경우에는 지구단위계획으로 「주차장법」 제19조 제3항의 규정에 의한 주차장 설치기준을 100퍼센트까지 완화하여 적용할 수 있다.
② 주민이 입안을 제안한 경우, 지구단위계획에 관한 도시·군관리계획결정의 고시일부터 3년 이내에 허가를 받아 사업이나 공사에 착수하지 아니하면 그 3년이 된 날에 지구단위계획구역의 지정에 관한 도시·군관리계획결정은 효력을 잃는다.
③ 도시지역 외에서 지정되는 지구단위계획구역에서는 지구단위계획으로 당해 용도지역 또는 개발진흥지구에 적용되는 건폐율의 150퍼센트 및 용적률의 200퍼센트 이내에서 건폐율 및 용적률을 완화하여 적용할 수 있다.
④ 도시지역에 개발진흥지구를 지정하고 당해 지구를 지구단위계획구역으로 지정한 경우에는 지구단위계획으로 당해 용도지역에 적용되는 용적률의 120퍼센트 이내에서 용적률을 완화하여 적용할 수 있다.
⑤ 국토교통부장관은 「도시개발법」에 따라 지정된 도시개발구역의 전부 또는 일부에 대하여 지구단위계획구역을 지정할 수 있다.

09 국토의 계획 및 이용에 관한 법령상 도시·군관리계획의 결정권자가 입지규제최소구역으로 지정할 수 있는 지역에 해당하지 <u>않는</u> 것은?

① 세 개 이상의 노선이 교차하는 대중교통 결절지로부터 1킬로미터 이내에 위치한 지역

②「도시재생 활성화 및 지원에 관한 특별법」에 따른 도시재생활성화지역 중 도시경제기반형 활성화계획을 수립하는 지역

③「도시 및 주거환경정비법」에 따른 노후·불량건축물이 밀집한 상업지역으로 정비가 시급한 지역

④ 창의적인 지역개발이 필요한 지역으로「빈집 및 소규모주택 정비에 관한 특례법」에 따른 소규모주택정비사업의 시행구역

⑤ 도시·군기본계획에 따른 도심·부도심

10 국토의 계획 및 이용에 관한 법령상 성장관리계획에 포함되어야 할 사항으로 명시되어 있지 <u>않은</u> 것은?

① 건축물의 용도제한, 건축물의 건폐율 또는 용적률

② 환경관리 및 경관계획

③ 건축물의 디자인 및 건축선

④ 성장관리계획구역 내 토지개발·이용, 기반시설, 생활환경 등의 현황 및 문제점

⑤ 도로, 공원 등 기반시설의 배치와 규모에 관한 사항

11 국토의 계획 및 이용에 관한 법령상 도시·군계획시설사업의 단계별 집행계획에 관한 설명으로 옳은 것은?

① 국토교통부장관은 단계별 집행계획의 수립주체가 될 수 있다.

②「도시 및 주거환경정비법」에 따라 도시·군관리계획의 결정이 의제되는 경우에는 해당 도시·군계획시설결정의 고시일부터 3년 이내에 단계별 집행계획을 수립할 수 있다.

③ 단계별 집행계획은 제1단계 집행계획과 제2단계 집행계획 및 제3단계 집행계획으로 구분하여 수립한다.

④ 3년 이내에 시행하는 도시·군계획시설사업은 제2단계 집행계획에 포함되도록 하여야 한다.

⑤ 단계별 집행계획이 수립되어 공고되면 변경할 수 없다.

12 국토의 계획 및 이용에 관한 법령상 도시·군계획시설사업에 관한 설명으로 옳은 것은?

① 대도시 시장이 작성한 도시·군계획시설사업에 관한 실시계획은 국토교통부장관의 인가를 받아야 한다.

② 도시·군계획시설사업이 둘 이상의 시 또는 군의 관할 구역에 걸쳐 시행되게 되는 경우에는 국토교통부장관이 시행자를 정한다.

③ 도시·군계획시설사업의 대상시설을 둘 이상으로 분할하여 도시·군계획시설사업을 시행할 수 없다.

④ 「한국토지주택공사법」에 따른 한국토지주택공사가 도시·군계획시설사업의 시행자로 지정받기 위해서 제출해야 하는 신청서에 자금조달계획은 포함되지 않는다.

⑤ 「한국전력공사법」에 따른 한국전력공사는 도시·군계획시설사업의 시행자가 될 수 있다.

13 국토의 계획 및 이용에 관한 법령상 국토교통부장관, 시·도지사, 시장 또는 군수나 도시·군계획시설사업의 시행자가 타인의 토지에 출입할 수 있는 경우를 모두 고른 것은?

```
ㄱ. 도시·군계획에 관한 기초조사
ㄴ. 개발밀도관리구역에 관한 기초조사
ㄷ. 도시·군계획시설사업에 관한 측량
ㄹ. 지가의 동향에 관한 조사
```

① ㄱ
② ㄴ
③ ㄷ, ㄹ
④ ㄱ, ㄴ, ㄷ
⑤ ㄱ, ㄴ, ㄷ, ㄹ

14 부동산 가격공시에 관한 법령상 표준지공시지가에 관한 설명으로 옳지 <u>않은</u> 것은?

① 국토교통부장관은 개별공시지가의 산정을 위하여 필요하다고 인정하는 경우에는 토지가격비준표를 작성하여 시장·군수 또는 구청장에게 제공하여야 한다.

② 표준지공시지가의 공시에는 표준지의 1제곱미터당 가격이 포함되어야 한다.

③ 표준지공시지가의 공시에는 표준지에 대한 도로상황이 포함되어야 한다.

④ 표준지공시지가에 대한 이의신청은 서면(전자문서 포함)으로 하여야 한다.

⑤ 「산림조합법」에 따른 산림조합은 국유지 취득을 위해 표준지공시지가를 조사·평가할 수 있다.

15 부동산 가격공시에 관한 법령상 개별공시지가에 관한 설명으로 옳지 <u>않은</u> 것은?

① 시·도지사는 개별공시지가를 산정한 때에는 중앙부동산가격공시위원회의 심의를 거쳐 이를 공시하여야 한다.

② 표준지로 선정된 토지에 대한 개별공시지가가 결정·공시되지 아니한 경우 해당 토지의 표준지공시지가를 개별공시지가로 본다.

③ 공시기준일 이후에 토지의 형질변경으로 「공간정보의 구축 및 관리 등에 관한 법률」에 따른 지목변경이 된 토지는 개별공시지가 공시기준일을 다르게 할 수 있는 토지에 해당한다.

④ 개별공시지가의 결정·공시에 소요되는 비용 중 국고에서 보조할 수 있는 비용은 개별공시지가의 결정·공시에 드는 비용의 50퍼센트 이내로 한다.

⑤ 토지가격비준표의 적용에 오류가 있는 경우는 개별공시지가를 정정하여야 할 사유에 해당한다.

16 부동산 가격공시에 관한 법령상 주택가격의 공시에 관한 설명으로 옳지 <u>않은</u> 것은?

① 이의신청의 기간·절차 및 방법은 표준주택가격을 공시할 때 관보에 공고해야 하는 사항이다.

② 표준주택가격의 공시에는 표준주택의 용도가 포함되어야 한다.

③ 비주거용 집합부동산의 조사 및 산정 지침은 중앙부동산가격공시위원회의 심의 대상이다.

④ 국토교통부장관은 표준주택가격을 조사·산정한 때에는 둘 이상의 감정평가법인등의 검증을 받아야 한다.

⑤ 공동주택가격의 공시에는 공동주택의 면적이 포함되어야 한다.

17 감정평가 및 감정평가사에 관한 법령상 국토교통부장관이 한국부동산원에 위탁한 것이 <u>아닌</u> 것은?

① 감정평가서에 대한 표본조사

② 감정평가서의 원본과 관련 서류의 보관

③ 감정평가 타당성조사를 위한 기초자료 수집

④ 감정평가 정보체계의 구축

⑤ 감정평가 정보체계의 운영

18 감정평가 및 감정평가사에 관한 법령상 과징금에 관한 설명이다. ( )에 들어갈 내용을 순서대로 나열한 것은?

> • 감정평가법인에 대한 과징금부과처분의 경우 과징금최고액은 ( )원이다.
> • 과징금납부의무자가 과징금을 분할납부하려면 납부기한 ( )일 전까지 국토교통부장관에게 신청하여야 한다.
> • 과징금을 납부기한까지 납부하지 아니한 경우에는 납부기한의 다음 날부터 과징금을 ( )까지의 기간에 대하여 가산금을 징수할 수 있다.

① 3억, 10, 납부한 날의 전날
② 3억, 30, 납부한 날
③ 5억, 10, 납부한 날의 전날
④ 5억, 10, 납부한 날
⑤ 5억, 30, 납부한 날의 전날

19 감정평가 및 감정평가사에 관한 법령상 과태료의 부과 대상은?

① 감정평가법인등이 아닌 자로서 감정평가업을 한 자
② 사무직원이 될 수 없는 자를 사무직원으로 둔 감정평가법인
③ 둘 이상의 감정평가사사무소를 설치한 사람
④ 구비서류를 거짓으로 작성하여 감정평가사 등록을 한 사람
⑤ 감정평가사 자격증 대여를 알선한 자

20 국유재산법령상 행정재산과 일반재산에 관한 내용으로 옳지 <u>않은</u> 것은?

① 행정재산의 사용허가기간을 갱신받으려는 자는 허가기간이 끝나기 1개월 전에 중앙관서의 장에게 신청하여야 한다.
② 중앙관서의 장은 행정재산의 사용허가를 철회하려는 경우에는 청문을 하여야 한다.
③ 일반재산의 대부계약은 수의계약의 방법으로 대부할 때에는 1회만 갱신할 수 있다.
④ 행정재산의 사용허가가 취소된 경우에는 재산을 원래 상태대로 반환하여야 하지만, 중앙관서의 장이 미리 상태의 변경을 승인한 경우에는 변경된 상태로 반환할 수 있다.
⑤ 일반재산을 매각한 이후 매수자가 매각대금을 체납한 경우 그 계약을 해제할 수 있다.

21 국유재산법령상 국유재산에 관한 설명으로 옳은 것은?

① 재판상 화해에 의해 일반재산에 사권(私權)을 설정할 수 없다.

② 총괄청의 허가를 받은 경우라 할지라도 국유재산에 관한 사무에 종사하는 직원은 그 처리 하는 국유재산을 취득할 수 없다.

③ 국가 외의 자는 기부를 조건으로 축조하는 경우에도 국유재산에 영구시설물을 축조할 수 없다.

④ 총괄청은 다음 연도의 국유재산의 관리·처분에 관한 계획의 작성을 위한 지침을 매년 6월 30일까지 중앙관서의 장에게 통보하여야 한다.

⑤ 한국예탁결제원은 총괄청이나 중앙관서의 장등이 증권을 보관·취급하게 할 수 있는 법인에 해당한다.

22 국유재산법령상 행정재산의 사용허가와 일반재산의 처분에 있어 두 번의 일반경쟁입찰에도 낙찰자가 없는 경우 세 번째 입찰부터의 예정가격 조정·결정의 방법에 관한 설명이다. (   )에 들어갈 숫자로 옳은 것은?

> • 행정재산 사용허가의 경우 : 최초 사용료 예정가격의 100분의 (ㄱ)을 최저한도로 하여 매회 100분의 10의 금액만큼 그 예정가격을 낮추는 방법으로 조정할 수 있다.
> • 일반재산 처분의 경우 : 최초 매각 예정가격의 100분의 (ㄴ)을 최저한도로 하여 매회 100분의 10의 금액만큼 그 예정가격을 낮출 수 있다.

① ㄱ : 10, ㄴ : 30

② ㄱ : 10, ㄴ : 50

③ ㄱ : 20, ㄴ : 30

④ ㄱ : 20, ㄴ : 50

⑤ ㄱ : 30, ㄴ : 50

23 국유재산법령상 일반재산에 관한 설명으로 옳지 <u>않은</u> 것은?

① 일반재산의 처분가격은 대통령령으로 정하는 바에 따라 시가(時價)를 고려하여 결정한다.

② 총괄청은 일반재산이 3년 이상 활용되지 않은 경우 이 일반재산을 민간사업자인 법인(외국법인 제외)과 공동으로 개발할 수 있다.

③ 일반재산의 매각에 있어 매각 대금이 완납되기 전에 해당 매각재산의 소유권을 이전하는 경우에는 저당권 설정 등 채권의 확보를 위하여 필요한 조치를 취하여야 한다.

④ 부동산신탁을 취급하는 신탁업자에게 신탁하여 개발된 일반재산의 대부기간은 30년 이내로 할 수 있으며, 20년의 범위에서 한 차례만 연장할 수 있다.

⑤ 일반재산을 현물출자함에 있어 지분증권의 산정가액이 액면가에 미달하는 경우에는 그 지분증권의 액면가에 따라 출자가액을 산정한다.

24 건축법령상 이행강제금에 관한 설명으로 옳은 것을 모두 고른 것은?

> ㄱ. 허가권자는 시정명령을 받은 자가 이를 이행하면 새로운 이행강제금의 부과를 즉시 중지하되, 이미 부과된 이행강제금은 징수하여야 한다.
> ㄴ. 동일인이 「건축법」에 따른 명령을 최근 2년 내에 2회 위반한 경우 부과될 금액을 100분의 150의 범위에서 가중하여야 한다.
> ㄷ. 허가권자는 최초의 시정명령이 있었던 날을 기준으로 하여 1년에 최대 3회 이내의 범위에서 그 시정명령이 이행될 때까지 반복하여 이행강제금을 부과·징수할 수 있다.

① ㄱ
② ㄴ
③ ㄱ, ㄴ
④ ㄴ, ㄷ
⑤ ㄱ, ㄴ, ㄷ

25 건축법령상 주요구조부의 해체가 없는 등 대수선의 경우로 신고를 하면 건축허가가 의제되는 것은?

① 내력벽의 면적을 20제곱미터 이상 수선하는 것
② 특별피난계단을 수선하는 것
③ 보를 두 개 이상 수선하는 것
④ 지붕틀을 두 개 이상 수선하는 것
⑤ 기둥을 두 개 이상 수선하는 것

26 건축법령상 조정(調停) 및 재정(裁定)에 관한 설명으로 옳지 <u>않은</u> 것은?

① 조정 및 재정을 하기 위하여 국토교통부에 건축분쟁전문위원회를 둔다.
② 부득이한 사정으로 연장되지 않는 한 건축분쟁전문위원회는 당사자의 조정신청을 받으면 60일 이내에 절차를 마쳐야 한다.
③ 조정안을 제시받은 당사자는 제시를 받은 날부터 30일 이내에 수락 여부를 조정위원회에 알려야 한다.
④ 조정위원회는 필요하다고 인정하면 당사자나 참고인을 조정위원회에 출석하게 하여 의견을 들을 수 있다.
⑤ 건축분쟁전문위원회는 재정신청이 된 사건을 조정에 회부하는 것이 적합하다고 인정하면 직권으로 직접 조정할 수 있다.

27 건축법령상 안전영향평가를 실시하여야 할 건축물은 다음 각 호의 어느 하나에 해당하는 건축물이다. ( )에 들어갈 내용으로 옳은 것은?

> 1. 초고층 건축물
> 2. 연면적(하나의 대지에 둘 이상의 건축물을 건축하는 경우에는 각각의 건축물의 연면적을 말한다)이 (ㄱ)만 제곱미터 이상이고 (ㄴ)층 이상인 건축물

① ㄱ : 5, ㄴ : 15
② ㄱ : 7, ㄴ : 15
③ ㄱ : 7, ㄴ : 16
④ ㄱ : 10, ㄴ : 15
⑤ ㄱ : 10, ㄴ : 16

28 공간정보의 구축 및 관리 등에 관한 법령상 용어의 정의에 관한 내용으로 옳지 <u>않은</u> 것은?

① 자치구가 아닌 구의 구청장은 "지적소관청"이 될 수 있다.
② "지목"이란 토지의 주된 용도에 따라 토지의 종류를 구분하여 지적공부에 등록한 것을 말한다.
③ "경계"란 필지별로 경계점들을 직선으로 연결하여 지적공부에 등록한 선을 말한다.
④ "등록전환"이란 지적공부에 등록되어 있지 아니한 토지를 지적공부에 등록하는 것을 말한다.
⑤ "축척변경"이란 지적도에 등록된 경계점의 정밀도를 높이기 위하여 작은 축척을 큰 축척으로 변경하여 등록하는 것을 말한다.

29 공간정보의 구축 및 관리 등에 관한 법령상 지적에 관한 설명으로 옳지 <u>않은</u> 것은?

① 지번은 지적소관청이 지번부여지역별로 차례대로 부여한다.
② 면적의 단위는 제곱미터로 한다.
③ 지적도면의 번호는 경계점좌표등록부에 등록하여야 할 사항에 속한다.
④ 토지소유자는 신규등록할 토지가 있으면 그 사유가 발생한 날부터 90일 이내에 지적소관청에 신규등록을 신청하여야 한다.
⑤ 행정구역의 명칭이 변경되었으면 지적공부에 등록된 토지의 소재는 새로운 행정구역의 명칭으로 변경된 것으로 본다.

30 공간정보의 구축 및 관리 등에 관한 법령상 축척변경에 관한 설명으로 옳지 **않은** 것은?

① 하나의 지번부여지역에 서로 다른 축척의 지적도가 있는 경우 그 지역의 축척을 변경할 수 있다.

② 축척변경을 하려면 축척변경 시행지역의 토지소유자 2분의 1 이상의 동의를 받아야 한다.

③ 합병하려는 토지가 축척이 다른 지적도에 각각 등록되어 있어 축척변경을 하는 경우 시·도지사 또는 대도시 시장의 승인을 요하지 않는다.

④ 도시 개발사업의 시행지역에 있는 토지로서 그 사업 시행에서 제외된 토지의 축척변경은 축척변경위원회의 의결을 요하지 않는다.

⑤ 지적소관청은 축척변경 승인을 받았을 때에는 지체 없이 축척변경의 시행에 관한 세부계획을 20일 이상 공고하여야 한다.

31 공간정보의 구축 및 관리 등에 관한 법령상 지목에 관한 설명으로 옳은 것은?

① 토지가 임시적인 용도로 사용될 때에는 지목을 변경할 수 있다.

② 합병하려는 토지의 지목이 서로 다르더라도 소유자가 동일한 경우에는 토지의 합병을 신청할 수 있다.

③ 자동차 정비공장 안에 설치된 급유시설 부지의 지목은 "주유소용지"로 한다.

④ 고속도로의 휴게소 부지의 지목은 "도로"로 한다.

⑤ 토지소유자는 지목변경을 할 토지가 있으면 그 사유가 발생한 날부터 30일 이내에 지적소관청에 지목변경을 신청하여야 한다.

32 부동산등기법령상 표시에 관한 등기에 관한 설명으로 옳지 **않은** 것은?

① 등기관은 토지 등기기록의 표제부에 등기목적을 기록하여야 한다.

② 토지의 분할이 있는 경우 그 토지 소유권의 등기명의인은 그 사실이 있는 때부터 1개월 이내에 그 등기를 신청하여야 한다.

③ 구분건물로서 그 대지권의 변경이 있는 경우 구분건물의 소유권의 등기명의인은 1동의 건물에 속하는 다른 구분건물의 소유권의 등기명의인을 대위 하여 그 등기를 신청할 수 있다.

④ 건물이 구분건물인 경우에 그 건물의 등기기록 중 1동 표제부에 기록하는 등기사항에 관한 변경등기는 그 구분건물과 같은 1동의 건물에 속하는 다른 구분건물에 대하여도 변경등기로서의 효력이 있다.

⑤ 1동의 건물에 속하는 구분건물 중 일부만에 관하여 소유권보존등기를 신청하는 경우에는 나머지 구분건물의 표시에 관한 등기를 동시에 신청하여야 한다.

33 부동산등기법령상 권리에 관한 등기에 관한 설명으로 옳지 <u>않은</u> 것은?

① 국가·지방자치단체·국제기관 및 외국정부의 부동산등기용등록번호는 법무부장관이 지정·고시한다.

② 등기관이 환매특약의 등기를 할 때에는 매수인이 지급한 대금을 기록하여야 한다.

③ 등기원인에 권리의 소멸에 관한 약정이 있을 경우 신청인은 그 약정에 관한 등기를 신청할 수 있다.

④ 등기의 말소를 신청하는 경우에 그 말소에 대하여 등기상 이해관계 있는 제3자가 있을 때에는 제3자의 승낙이 있어야 한다.

⑤ 등기관이 토지에 대하여 소유권경정등기를 하였을 때에는 지체 없이 그 사실을 지적소관청에 알려야 한다.

34 부동산등기법령상 이의에 관한 설명으로 옳은 것을 모두 고른 것은?

> ㄱ. 새로운 사실이나 새로운 증거방법을 근거로 이의신청을 할 수 있다.
> ㄴ. 동기관은 이의가 이유 없다고 인정하면 이의신청일부터 7일 이내에 의견을 붙여 이의신청서를 관할 지방법원에 보내야 한다.
> ㄷ. 이의에는 집행정지의 효력이 없다.
> ㄹ. 송달에 대하여는 「민사소송법」을 준용하고, 이의의 비용에 대하여는 「비송사건절차법」을 준용한다.

① ㄱ, ㄴ

② ㄱ, ㄷ

③ ㄱ, ㄹ

④ ㄴ, ㄷ

⑤ ㄷ, ㄹ

35 부동산등기법령상 소유권등기 및 담보권등기에 관한 설명으로 옳지 <u>않은</u> 것은?

① 등기관이 소유권보존등기를 할 때에는 등기원인과 그 연월일을 기록하지 아니한다.

② 미등기의 토지 또는 건물의 경우 수용(收用)으로 인하여 소유권을 취득하였음을 증명하는 자는 소유권보존등기를 신청할 수 있다.

③ 등기관이 동일한 채권에 관하여 3개의 부동산에 관한 권리를 목적으로 하는 저당권설정의 등기를 할 때에는 공동담보목록을 작성하여야 한다.

④ 등기관은 근저당권을 내용으로 하는 저당권설정의 등기를 할 때에는 채권의 최고액을 기록하여야 한다.

⑤ 등기관이 채권의 일부에 대한 대위변제로 인한 저당권 일부이전등기를 할 때에는 변제액을 기록하여야 한다.

36 도시 및 주거환경정비법령상 조합에 관한 설명으로 옳은 것은? 문제 변형

① 조합이 정관의 기재사항인 조합임원의 수를 변경하려는 때에는 시장·군수등의 인가를 받아야 한다.

② 건설되는 건축물의 설계 개요를 변경하려면 조합총회의 의결을 거치지 않아도 된다.

③ 토지등소유자의 수가 100인을 초과하는 경우 조합에 두는 이사의 수는 7명 이상으로 한다.

④ 조합임원의 임기는 5년 이하의 범위에서 정관으로 정하되, 연임할 수 없다.

⑤ 조합의 대의원회는 조합원의 10분의 1 이상으로 구성하며, 조합장이 아닌 조합임원도 대의원이 될 수 있다.

37 도시 및 주거환경정비법령상 사업시행계획의 변경 시 신고 대상인 경미한 사항의 변경에 해당하지 <u>않는</u> 것은? (단, 조례는 고려하지 않음)

① 대지면적을 10퍼센트의 범위에서 변경하는 때

② 사업시행자의 명칭을 변경하는 때

③ 건축물이 아닌 부대시설의 설치규모를 확대하는 때(위치가 변경되는 경우 포함)

④ 정비계획의 변경에 따라 사업시행계획서를 변경하는 때

⑤ 내장재료를 변경하는 때

38 도시 및 주거환경정비법령상 정비사업에 관한 설명이다. ( )에 들어갈 내용으로 옳은 것은?

> • 시장·군수등이 아닌 사업시행자가 정비사업을 시행하려는 경우에는 사업시행계획서에 정관등과 그 밖에 국토교통부령으로 정하는 서류를 첨부하여 시장·군수등에게 제출하고 사업시행계획(ㄱ)을(를) 받아야 한다.
> • 시장·군수등이 아닌 사업시행자가 정비사업 공사를 완료한 때에는 대통령령으로 정하는 방법 및 절차에 따라 시장·군수등의 준공(ㄴ)을(를) 받아야 한다.

① ㄱ : 승인,   ㄴ : 인가

② ㄱ : 승인,   ㄴ : 허가

③ ㄱ : 인가,   ㄴ : 승인

④ ㄱ : 인가,   ㄴ : 인가

⑤ ㄱ : 인가,   ㄴ : 허가

39 도시 및 주거환경정비법령상 비용의 부담 등에 관한 설명으로 옳지 <u>않은</u> 것은?

① 사업시행자는 토지등소유자로부터 정비사업비용과 정비사업의 시행과정에서 발생한 수입의 차액을 부과금으로 부과·징수할 수 있다.

② 체납된 부과금 또는 연체료의 부과·징수를 위탁받은 시장·군수등은 지방세 체납처분의 예에 따라 부과·징수할 수 있다.

③ 공동구점용예정자가 부담할 공동구의 설치에 드는 비용의 부담비율은 공동구의 점용예정면적비율에 따른다.

④ 부담금의 납부통지를 받은 공동구점용예정자는 공동구의 설치공사가 착수되기 전에 부담금액의 3분의 1 이상을 납부하여야 한다.

⑤ 시장·군수등은 시장·군수등이 아닌 사업시행자가 시행하는 정비사업의 정비계획에 따라 설치되는 임시거주시설에 대해서는 그 건설비용의 전부를 부담하여야 한다.

40 동산·채권 등의 담보에 관한 법령상 동산담보권에 관한 설명으로 옳은 것은?

① 창고증권이 작성된 동산을 목적으로 담보등기를 할 수 있다.

② 담보권설정자의 사업자등록이 말소된 경우 그에 따라 이미 설정된 동산담보권도 소멸한다.

③ 담보권설정자의 행위에 의한 사유로 담보목적물의 가액(價額)이 현저히 증가된 경우 담보목적물의 일부를 반환받을 수 있다.

④ 동산담보권의 효력은 담보목적물에 대한 압류가 있은 후에 담보권설정자가 그 담보목적물로부터 수취할 수 있는 과실(果實)에 미친다.

⑤ 담보권자와 담보권설정자 간 약정에 따른 동산담보권의 득실변경(得失變更)은 담보등기부에 등기하지 않더라도 그 효력이 생긴다.

02 2022년 제33회 기출문제

01 국토의 계획 및 이용에 관한 법령상 국토교통부장관이 도시·군관리계획의 수립기준을 정할 때 고려하여 야 하는 사항이 <u>아닌</u> 것은?

① 공간구조는 생활권단위로 적정하게 구분하고 생활권별로 생활·편익시설이 고루 갖추어지도록 할 것

② 녹지축·생태계·산림·경관 등 양호한 자연환경과 우량농지, 문화재 및 역사문화환경 등을 고려하여 토지이용계획을 수립하도록 할 것

③ 수도권 안의 인구집중유발시설이 수도권 외의 지역으로 이전하는 경우 종전의 대지에 대하여는 그 시설 의 지방이전이 촉진될 수 있도록 토지이용계획을 수립하도록 할 것

④ 도시의 개발 또는 기반시설의 설치 등이 환경에 미치는 영향을 미리 검토하는 등 계획과 환경의 유기적 연관성을 높여 건전하고 지속가능한 도시발전을 도모하도록 할 것

⑤ 광역계획권의 미래상과 이를 실현할 수 있는 체계화된 전략을 제시하고 국토종합계획 등과 서로 연계되 도록 할 것

02 국토의 계획 및 이용에 관한 법령상 개발행위에 따른 공공시설 등의 귀속에 관한 설명으로 옳지 <u>않은</u> 것은?

① 개발행위허가를 받은 자가 행정청인 경우 개발행위허가를 받은 자가 새로 공공시설을 설치한 경우 새로 설치된 공공시설은 그 시설을 관리할 관리청에 무상으로 귀속된다.

② 개발행위허가를 받은 자가 행정청인 경우 개발행위허가를 받은 자가 기존의 공공시설에 대체되는 공공 시설을 설치한 경우 종래의 공공시설은 개발행위허가를 받은 자에게 무상으로 귀속된다.

③ 개발행위허가를 받은 자가 행정청이 아닌 경우 개발행위허가를 받은 자가 새로 설치한 공공시설은 그 시설을 관리할 관리청에 무상으로 귀속된다.

④ 개발행위허가를 받은 자가 행정청이 아닌 경우 개발행위로 용도가 폐지되는 공공시설은 개발행위허가 를 받은 자에게 무상으로 귀속된다.

⑤ 특별시장·광역시장·특별자치시장·특별자치도지사·시장 또는 군수는 공공시설의 귀속에 관한 사 항이 포함된 개발행위허가를 하려면 미리 관리청의 의견을 들어야 한다.

03 국토의 계획 및 이용에 관한 법령상 공동구협의회의 심의를 거쳐야 공동구에 수용할 수 있는 시설은?

① 가스관
② 통신선로
③ 열수송관
④ 중수도관
⑤ 쓰레기수송관

04 국토의 계획 및 이용에 관한 법률은 중앙도시계획위원회와 지방도시계획위원회의 심의를 거치지 아니하고 개발행위의 허가를 하는 경우를 규정하고 있다. 이에 해당하는 개발행위를 모두 고른 것은?

> ㄱ. 다른 법률에 따라 도시계획위원회의 심의를 받는 구역에서 하는 개발행위
> ㄴ. 산림자원의 조성 및 관리에 관한 법률에 따른 산림사업을 위한 개발행위
> ㄷ. 사방사업법에 따른 사방사업을 위한 개발행위

① ㄱ
② ㄴ
③ ㄱ, ㄷ
④ ㄴ, ㄷ
⑤ ㄱ, ㄴ, ㄷ

05 국토의 계획 및 이용에 관한 법령상 성장관리계획구역을 지정할 수 있는 지역이 <u>아닌</u> 것은? (단, 조례는 고려하지 않음)

① 개발수요가 많아 무질서한 개발이 진행되고 있거나 진행될 것으로 예상되는 지역
② 기반시설이 부족할 것으로 예상되나 기반시설을 설치하기 곤란한 지역을 대상으로 건폐율이나 용적률을 강화하여 적용하기 위한 지역
③ 「토지이용규제 기본법」 제2조 제1호에 따른 지역·지구 등의 변경으로 토지이용에 대한 행위제한이 완화되는 지역
④ 주변의 토지이용이나 교통여건 변화 등으로 향후 시가화가 예상되는 지역
⑤ 주변지역과 연계하여 체계적인 관리가 필요한 지역

06 국토의 계획 및 이용에 관한 법령상 용도지역 안에서의 용적률 범위에 관한 조문의 일부이다. (   )에 들어갈 내용으로 옳은 것은?

- 제1종일반주거지역 : (ㄱ)퍼센트 이상 (ㄴ)퍼센트 이하
- 제2종일반주거지역 : (ㄱ)퍼센트 이상 (ㄷ)퍼센트 이하
- 제3종일반주거지역 : (ㄱ)퍼센트 이상 (ㄹ)퍼센트 이하

① ㄱ : 50,   ㄴ : 100,   ㄷ : 150,   ㄹ : 200
② ㄱ : 50,   ㄴ : 200,   ㄷ : 250,   ㄹ : 300
③ ㄱ : 100, ㄴ : 200,   ㄷ : 250,   ㄹ : 300
④ ㄱ : 100, ㄴ : 250,   ㄷ : 300,   ㄹ : 350
⑤ ㄱ : 200, ㄴ : 250,   ㄷ : 300,   ㄹ : 350

07 국토의 계획 및 이용에 관한 법령상 도시지역, 관리지역, 농림지역 또는 자연환경보전지역으로 용도가 지정되지 아니한 지역에 대하여 건폐율의 최대한도를 정할 때에는 (   )에 관한 규정을 적용한다. (   )에 해당하는 것은?

① 도시지역
② 관리지역
③ 농림지역
④ 자연환경보전지역
⑤ 녹지지역

08 국토의 계획 및 이용에 관한 법령상 도시·군관리계획에 해당하지 <u>않는</u> 것은?

① 시 또는 군의 관할 구역에 대하여 기본적인 공간구조와 장기발전방향을 제시하는 종합계획
② 용도지역·용도지구의 지정에 관한 계획
③ 지구단위계획구역의 지정에 관한 계획
④ 입지규제최소구역의 지정에 관한 계획
⑤ 기반시설의 설치·정비 또는 개량에 관한 계획

09 국토의 계획 및 이용에 관한 법령상 A군수가 민간건설업자 B에 대해 개발행위허가를 할 때, 토석을 운반하는 차량 통행으로 통행로 주변 환경이 오염될 우려가 있어 환경오염 방지의 이행 보증 등에 관한 조치를 명하는 경우이다. 그에 관한 설명으로 옳은 것은?

① B가 예치하는 이행보증금은 총공사비의 30퍼센트 이상이 되도록 해야 한다.

② B가 준공검사를 받은 때에는 A군수는 즉시 이행보증금을 반환하여야 한다.

③ A군수는 이행보증금을 행정대집행의 비용으로 사용할 수 없다.

④ B가 산지에서 개발행위를 하는 경우 이행보증금의 예치금액의 기준이 되는 총공사비에는 「산지관리법」에 따른 복구비는 포함되지 않는다.

⑤ B가 민간건설업자가 아닌 국가인 경우라도 민간건설업자의 경우와 동일한 이행보증이 필요하다.

10 국토의 계획 및 이용에 관한 법령상 도시·군계획시설결정의 실효에 관한 조문의 일부이다. ( )에 들어갈 내용으로 옳은 것은?

도시·군계획시설결정이 고시된 도시·군계획시설에 대하여 그 고시일부터 (ㄱ)이 지날 때까지 그 시설의 설치에 관한 도시·군계획시설사업이 시행되지 아니하는 경우 그 도시·군계획시설결정은 그 고시일부터 (ㄴ)에 그 효력을 잃는다.

① ㄱ : 10년, ㄴ : 10년이 되는 날

② ㄱ : 10년, ㄴ : 10년이 되는 날의 다음날

③ ㄱ : 20년, ㄴ : 20년이 되는 날

④ ㄱ : 20년, ㄴ : 20년이 되는 날의 다음날

⑤ ㄱ : 30년, ㄴ : 30년이 되는 날

11 국토의 계획 및 이용에 관한 법령상 광역도시계획의 수립에 관한 설명으로 옳지 <u>않은</u> 것은?

① 국토교통부장관은 시·도지사가 요청하는 경우 관할 시·도지사와 공동으로 광역도시계획을 수립할 수 있다.

② 시·도지사가 광역도시계획을 수립하는 경우 미리 공청회를 열어 주민과 관계 전문가 등으로부터 의견을 들어야 한다.

③ 국토교통부장관은 관계 행정기관의 장에게 광역도시계획의 수립을 위한 기초조사에 필요한 자료를 제출하도록 요청할 수 있다.

④ 시·도지사가 광역도시계획을 수립하는 경우 미리 관계 중앙행정기관과 협의한 후 중앙도시계획위원회의 심의를 거쳐야 한다.

⑤ 시·도지사가 광역도시계획의 승인을 받으려는 때에는 광역도시계획안에 기초조사 결과를 포함한 서류를 첨부하여 국토교통부장관에게 제출해야 한다.

12 국토의 계획 및 이용에 관한 법령상 기반시설부담구역에 설치가 필요한 기반시설에 해당하지 <u>않는</u> 것은? (단, 조례는 고려하지 않음)

① 도로(인근의 간선도로로부터 기반시설부담구역까지의 진입도로를 포함)

② 공원

③ 학교(「고등교육법」에 따른 학교를 포함)

④ 수도(인근의 수도로부터 기반시설부담구역까지 연결하는 수도를 포함)

⑤ 하수도(인근의 하수도로부터 기반시설부담구역까지 연결하는 하수도를 포함)

13 국토의 계획 및 이용에 관한 법령상 기반시설 중 공공·문화체육시설에 해당하지 <u>않는</u> 것은?

① 연구시설

② 사회복지시설

③ 공공직업훈련시설

④ 방송·통신시설

⑤ 청소년수련시설

14 감정평가 및 감정평가사에 관한 법령상 감정평가법인 등이 토지를 감정평가하는 경우 해당 토지의 임대료, 조성비용 등을 고려하여 감정평가를 할 수 있는 경우가 <u>아닌</u> 것은?

① 보험회사의 의뢰에 따른 감정평가

② 신탁회사의 의뢰에 따른 감정평가

③ 「자산재평가법」에 따른 감정평가

④ 법원에 계속 중인 소송을 위한 감정평가 중 보상과 관련된 감정평가

⑤ 금융기관의 의뢰에 따른 감정평가

15 감정평가 및 감정평가사에 관한 법령상 감정평가에 관한 설명으로 옳지 <u>않은</u> 것은?

① 금융기관이 대출과 관련하여 토지등의 감정평가를 하려는 경우에는 감정평가법인 등에 의뢰하여야 한다.

② 감정평가법인 등이 해산하거나 폐업하는 경우 시·도지사는 감정평가서의 원본을 발급일부터 5년 동안 보관해야 한다.

③ 국토교통부장관은 감정평가서가 발급된 후 해당 감정평가가 법률에서 정하는 절차와 방법 등에 따라 타당하게 이루어졌는지를 직권으로 조사할 수 있다.

④ 최근 3년 이내에 실시한 감정평가 타당성조사 결과 감정평가의 부실이 발생한 분야에 대해서는 우선추출방식의 표본조사가 실시될 수 있다.

⑤ 감정평가서에 대한 표본조사는 무작위추출방식으로도 할 수 있다.

16 감정평가 및 감정평가사에 관한 법령상 감정평가법인 등에 관한 설명으로 옳지 <u>않은</u> 것은?

① 부정한 방법으로 감정평가사의 자격을 받았다는 사유로 감정평가사 자격이 취소된 후 1년이 경과되지 아니한 사람은 감정평가법인 등의 사무직원이 될 수 없다.

② 감정평가법인은 국토교통부장관의 허가를 받아 토지 등의 매매업을 직접 할 수 있다.

③ 감정평가법인 등이나 그 사무직원은 업무수행에 따른 수수료와 실비 외에는 어떠한 명목으로도 그 업무와 관련된 대가를 받아서는 아니 된다.

④ 감정평가사가 고의 또는 중대한 과실 없이 감정평가서의 적정성을 잘못 심사한 것은 징계사유가 아니다.

⑤ 한국감정평가사협회는 감정평가를 의뢰하려는 자가 해당 감정평가사에 대한 징계 사실을 확인하기 위하여 징계 정보의 열람을 신청하는 경우에는 그 정보를 제공하여야 한다.

17 6월 10일자로 건축법에 따른 대수선이 된 단독주택에 대하여 부동산 가격공시에 관한 법령에 따라 개별주택가격을 결정·공시하는 경우 공시기준일은?

① 그 해 1월 1일

② 그 해 6월 1일

③ 그 해 7월 1일

④ 그 해 10월 1일

⑤ 다음 해 1월 1일

18 부동산 가격공시에 관한 법령상 개별공시지가에 관한 설명으로 옳지 <u>않은</u> 것은?

① 표준지로 선정된 토지에 대하여는 개별공시지가를 결정·공시하지 아니할 수 있다.

② 개별토지 가격 산정의 타당성에 대한 감정평가법인 등의 검증을 생략하려는 경우 개발사업이 시행되는 토지는 검증 생략 대상 토지로 선정해서는 안 된다.

③ 개별토지 가격 산정의 타당성 검증을 의뢰할 감정평가법인 등을 선정할 때 선정기준일부터 직전 1년간 과태료처분을 2회 받은 감정평가법인 등은 선정에서 배제된다.

④ 개별공시지가 조사·산정의 기준에는 토지가격비준표의 사용에 관한 사항이 포함되어야 한다.

⑤ 개별공시지가에 이의가 있는 자는 그 결정·공시일부터 30일 이내에 서면으로 시장·군수 또는 구청장에게 이의를 신청할 수 있다.

19 부동산 가격공시에 관한 법령상 표준지공시지가에 관한 설명으로 옳은 것을 모두 고른 것은?

> ㄱ. 표준지공시지가의 공시에는 표준지 및 주변토지의 이용상황이 포함되어야 한다.
> ㄴ. 표준지공시지가는 일반적인 토지거래의 지표가 된다.
> ㄷ. 도시개발사업에서 환지를 위하여 지가를 산정할 때에는 표준지공시지가를 기준으로 하지 아니한다.
> ㄹ. 최근 1년간 시·군·구별 지가변동률이 전국 평균 지가변동률 이하인 지역의 표준지에 대해서는 하나의 감정평가법인 등에 의뢰하여 표준지공시지가를 조사·평가할 수 있다.

① ㄱ, ㄴ　　　　　　　　　　　② ㄱ, ㄷ
③ ㄱ, ㄴ, ㄹ　　　　　　　　　④ ㄴ, ㄷ, ㄹ
⑤ ㄱ, ㄴ, ㄷ, ㄹ

20 국유재산법령상 국유재산에 관한 설명으로 옳은 것은?

① 국가가 직접 사무용·사업용으로 사용하는 재산은 공공용재산이다.

② 총괄청은 일반재산을 보존용재산으로 전환하여 관리할 수 있다.

③ 중앙관서의 장등이 필요하다고 인정하는 경우에는 보존용재산에 사권을 설정할 수 있다.

④ 공용재산은 시효취득의 대상이 될 수 있다.

⑤ 영농을 목적으로 하는 토지와 그 정착물의 대부기간은 20년 이내로 한다.

21 국유재산법령상 행정재산에 관한 설명으로 옳은 것은?

① 중앙관서의 장은 사용허가한 행정재산을 지방자치단체가 직접 공용으로 사용하기 위하여 필요하게 된 경우에도 그 허가를 철회할 수 없다.

② 행정재산의 관리위탁을 받은 자가 그 재산의 일부를 사용·수익하는 경우에는 미리 해당 중앙관서의 장의 승인을 받아야 한다.

③ 경작용으로 실경작자에게 행정재산의 사용허가를 하려는 경우에는 일반경쟁에 부쳐야 한다.

④ 수의의 방법으로 한 사용허가는 허가기간이 끝난 후 갱신할 수 없다.

⑤ 행정재산의 사용허가를 한 날부터 3년 내에는 사용료를 조정할 수 없다.

22 국유재산법령상 일반재산의 처분가격에 관한 설명으로 옳은 것은?

① 증권을 처분할 때에는 시가를 고려하여 예정가격을 결정하여야 한다.

② 공공기관에 일반재산을 처분하는 경우에는 두 개의 감정평가법인 등의 평가액을 산술평균한 금액을 예정가격으로 하여야 한다.

③ 감정평가법인 등의 평가액은 평가일부터 2년까지 적용할 수 있다.

④ 국가가 보존·활용할 필요가 없고 대부·매각이나 교환이 곤란하여 일반재산을 양여하는 경우에는 대장가격을 재산가격으로 한다.

⑤ 일단(一團)의 토지 대장가격이 3천만 원 이하인 국유지를 경쟁입찰의 방법으로 처분하는 경우에는 해당 국유지의 개별공시지가를 예정가격으로 할 수 있다.

23 국유재산법령상 지식재산에 관한 설명으로 옳지 <u>않은</u> 것은?

① 「식물신품종 보호법」에 따른 품종보호권은 지식재산에 해당한다.

② 지식재산을 대부 받은 자는 해당 중앙관서의 장등의 승인을 받아 그 지식재산을 다른 사람에게 사용·수익하게 할 수 있다.

③ 상표권의 사용료를 면제하는 경우 그 면제기간은 5년 이내로 한다.

④ 저작권 등의 사용허가를 받은 자는 해당 지식재산을 관리하는 중앙관서의 장등의 승인을 받아 그 저작물의 개작을 할 수 있다.

⑤ 지식재산의 사용허가 등의 기간을 연장하는 경우 최초의 사용허가 등의 기간과 연장된 사용허가 등의 기간을 합산한 기간은 5년을 초과하지 못한다.

24 건축법상 용어의 정의에 관한 조문의 일부이다. ( )에 들어갈 내용으로 옳은 것은?

> • "지하층"이란 건축물의 바닥이 지표면 아래에 있는 층으로서 바닥에서 지표면까지 평균높이가 해당 층 높이의 (ㄱ)분의 1 이상인 것을 말한다.
> • "고층건축물"이란 층수가 (ㄴ)층 이상이거나 높이가 (ㄷ)미터 이상인 건축물을 말한다.

① ㄱ : 2, ㄴ : 20, ㄷ : 100
② ㄱ : 2, ㄴ : 20, ㄷ : 120
③ ㄱ : 2, ㄴ : 30, ㄷ : 120
④ ㄱ : 3, ㄴ : 20, ㄷ : 100
⑤ ㄱ : 3, ㄴ : 30, ㄷ : 120

25 건축법령상 안전영향평가에 관한 설명으로 옳지 <u>않은</u> 것은?

① 허가권자는 초고층 건축물에 대하여 건축허가를 하기 전에 안전영향평가를 안전영향평가기관에 의뢰하여 실시하여야 한다.
② 안전영향평가는 건축물의 구조, 지반 및 풍환경(風環境) 등이 건축물의 구조안전과 인접 대지의 안전에 미치는 영향 등을 평가하는 것이다.
③ 안전영향평가 결과는 건축위원회의 심의를 거쳐 확정한다.
④ 안전영향평가의 대상에는 하나의 건축물이 연면적 10만 제곱미터 이상이면서 16층 이상인 경우도 포함된다.
⑤ 안전영향평가를 실시하여야 하는 건축물이 다른 법률에 따라 구조안전과 인접 대지의 안전에 미치는 영향 등을 평가 받은 경우에는 안전영향평가의 모든 항목을 평가 받은 것으로 본다.

26 건축법령상 건축물의 용도에 따른 건축허가의 승인에 관한 설명이다. ( )에 해당하는 건축물이 <u>아닌</u> 것은?

> 시장·군수가 자연환경이나 수질을 보호하기 위하여 도지사가 지정·공고한 구역에 건축하는 3층 이상 또는 연면적의 합계가 1천제곱미터 이상인 건축물로서 ( )의 건축을 허가하려면 미리 도지사의 승인을 받아야 한다.

① 공동주택
② 제2종 근린생활시설(일반음식점만 해당한다)
③ 업무시설(일반업무시설은 제외한다)
④ 숙박시설
⑤ 위락시설

27 건축법령상 공개 공지 등에 관한 설명으로 옳지 <u>않은</u> 것은? (단, 조례는 고려하지 않음)

① 공개 공지 등은 해당 지역의 환경을 쾌적하게 조성하기 위하여 일반이 사용할 수 있도록 설치하는 소규모 휴식시설 등의 공개 공지 또는 공개 공간을 지칭한다.

② 공개 공지 등은 상업지역에도 설치할 수 있다.

③ 공개 공지는 필로티의 구조로 설치할 수 있다.

④ 숙박시설로서 해당 용도로 쓰는 바닥면적의 합계가 3천 제곱미터인 건축물의 대지에는 공개 공지 또는 공개 공간을 설치하여야 한다.

⑤ 판매시설 중 「농수산물 유통 및 가격안정에 관한 법률」에 따른 농수산물유통시설에는 공개 공지 등을 설치하지 않아도 된다.

28 공간정보의 구축 및 관리 등에 관한 법령상 토지와 지목이 옳게 연결된 것은?

① 묘지의 관리를 위한 건축물의 부지 − 묘지

② 원상회복을 조건으로 흙을 파는 곳으로 허가된 토지 − 잡종지

③ 학교의 교사(校舍)와 이에 접속된 체육장 등 부속시설물의 부지 − 학교용지

④ 자동차 판매 목적으로 설치된 야외전시장의 부지 − 주차장

⑤ 자연의 유수가 있을 것으로 예상되는 소규모 수로부지 − 하천

29 공간정보의 구축 및 관리 등에 관한 법령상 토지소유자가 지적소관청에 토지의 합병을 신청할 수 <u>없는</u> 경우를 모두 고른 것은?

> ㄱ. 합병하려는 토지의 지목이 서로 다른 경우
> ㄴ. 합병하려는 토지의 소유자별 공유지분이 다른 경우
> ㄷ. 합병하려는 토지가 구획정리를 시행하고 있는 지역의 토지와 그 지역 밖의 토지인 경우

① ㄱ   ② ㄷ

③ ㄱ, ㄴ   ④ ㄴ, ㄷ

⑤ ㄱ, ㄴ, ㄷ

30 공간정보의 구축 및 관리 등에 관한 법령상 토지대장의 등록사항 중 이를 변경하는 것이 토지의 이동(異動)에 해당하지 <u>않는</u> 것은?

① 지번

② 지목

③ 면적

④ 토지의 소재

⑤ 소유자의 주소

31 공간정보의 구축 및 관리 등에 관한 법령상 토지대장에 등록하는 토지의 소유자가 둘 이상인 경우 공유지연명부에 등록하여야 하는 사항이 <u>아닌</u> 것은?

① 소유권 지분

② 토지의 고유번호

③ 지적도면의 번호

④ 필지별 공유지연명부의 장번호

⑤ 토지소유자가 변경된 날과 그 원인

32 부동산등기법령상 등기관이 건물 등기기록의 표제부에 기록하여야 하는 사항 중 같은 지번 위에 여러 개의 건물이 있는 경우와 구분건물의 경우에 한정하여 기록하여야 하는 것은?

① 건물의 종류

② 건물의 구조

③ 건물의 면적

④ 표시번호

⑤ 도면의 번호

33 부동산등기법령상 등기신청 및 등기의 효력발생시기에 관한 설명으로 옳은 것을 모두 고른 것은?

> ㄱ. 소유권보존등기 또는 소유권보존등기의 말소등기는 등기명의인으로 될 자 또는 등기명의인이 단독으로 신청한다.
> ㄴ. 대표자가 있는 법인 아닌 사단에 속하는 부동산의 등기 신청에 관하여는 그 사단의 대표자를 등기권리자 또는 등기의무자로 한다.
> ㄷ. 등기신청은 해당 부동산이 다른 부동산과 구별될 수 있게 하는 정보가 전산정보처리조직에 저장된 때 접수된 것으로 본다.
> ㄹ. 등기관이 등기를 마친 경우 그 등기는 등기완료의 통지를 한 때부터 효력을 발생한다.

① ㄱ, ㄴ   ② ㄱ, ㄷ
③ ㄷ, ㄹ   ④ ㄴ, ㄷ, ㄹ
⑤ ㄱ, ㄴ, ㄷ, ㄹ

34 부동산등기법령상 부기로 하여야 하는 등기가 <u>아닌</u> 것은?

① 소유권 외의 권리의 이전등기
② 소유권 외의 권리에 대한 처분제한 등기
③ 소유권 외의 권리를 목적으로 하는 권리에 관한 등기
④ 전체가 말소된 등기에 대한 회복등기
⑤ 등기명의인표시의 변경이나 경정의 등기

35 부동산등기법령상 A(용익권 또는 담보권)와 B(등기원인에 그 약정이 있는 경우에만 기록하여야 하는 사항)의 연결로 옳지 <u>않은</u> 것은?

① A : 지역권,   B : 범위
② A : 전세권,   B : 존속기간
③ A : 저당권,   B : 변제기
④ A : 근저당권,   B : 존속기간
⑤ A : 지상권,   B : 지료와 지급시기

36 동산·채권 등의 담보에 관한 법령상 동산담보권에 관한 설명으로 옳지 <u>않은</u> 것은?

① 담보목적물의 훼손으로 인하여 담보권설정자가 받을 금전에 대하여 동산담보권을 행사하려면 그 지급 전에 압류하여야 한다.

② 담보권자가 담보목적물을 점유한 경우에는 피담보채권을 전부 변제받을 때까지 담보목적물을 유치할 수 있지만, 선순위권리자에게는 대항하지 못한다.

③ 동산담보권을 그 담보할 채무의 최고액만을 정하고 채무의 확정을 장래에 보류하여 설정하는 경우 채무의 이자는 최고액 중에 포함되지 아니한다.

④ 약정에 따른 동산담보권의 득실변경은 담보등기부에 등기를 하여야 그 효력이 생긴다.

⑤ 동일한 동산에 관하여 담보등기부의 등기와 「민법」에 규정된 점유개정이 행하여진 경우에 그에 따른 권리 사이의 순위는 법률에 다른 규정이 없으면 그 선후에 따른다.

37 도시 및 주거환경정비법령상 정비구역에서 허가를 받아야 하는 행위와 그 구체적 내용을 옳게 연결한 것은? (단, 「국토의 계획 및 이용에 관한 법률」에 따른 개발행위허가의 대상이 아닌 것을 전제로 함)

① 건축물의 건축 등 : 「건축법」 제2조 제1항 제2호에 따른 건축물(가설건축물을 포함한다)의 건축, 용도 변경

② 공작물의 설치 : 농림수산물의 생산에 직접 이용되는 것으로서 국토교통부령으로 정하는 간이공작물의 설치

③ 토석의 채취 : 정비구역의 개발에 지장을 주지 아니하고 자연경관을 손상하지 아니하는 범위에서의 토석의 채취

④ 물건을 쌓아놓는 행위 : 정비구역에 존치하기로 결정된 대지에 물건을 쌓아놓는 행위

⑤ 죽목의 벌채 및 식재 : 관상용 죽목의 임시식재(경작지에서의 임시식재는 제외한다)

38 도시 및 주거환경정비법령상 시장·군수 등이 직접 정비사업을 시행하거나 토지주택공사 등을 사업시행 자로 지정하여 정비사업을 시행하게 할 수 있는 경우에 해당하지 <u>않는</u> 것은?

① 천재지변으로 긴급하게 정비사업을 시행할 필요가 있다고 인정하는 때

② 재건축조합이 사업시행 예정일부터 2년 이내에 사업시행계획인가를 신청하지 아니한 때

③ 조합설립추진위원회가 시장·군수등의 구성승인을 받은 날부터 3년 이내에 조합설립인가를 신청하지 아니한 때

④ 지방자치단체의 장이 시행하는 「국토의 계획 및 이용에 관한 법률」에 따른 도시·군계획사업과 병행하여 정비사업을 시행할 필요가 있다고 인정하는 때

⑤ 해당 정비구역의 국·공유지 면적 또는 국·공유지와 토지주택공사등이 소유한 토지를 합한 면적이 전체 토지면적의 2분의 1 이상으로서 토지등소유자의 과반수가 시장·군수등 또는 토지주택공사등을 사업시행자로 지정하는 것에 동의하는 때

39 도시 및 주거환경정비법령상 관리처분계획에 포함되어야 할 사항에 해당하지 <u>않는</u> 것은? (단, 조례는 고려하지 않음)

① 분양대상자별 분양예정인 대지 또는 건축물의 추산액(임대관리 위탁주택에 관한 내용을 포함한다)

② 정비사업비의 추산액(재건축사업의 경우에는 「재건축초과이익 환수에 관한 법률」에 따른 재건축부담금에 관한 사항을 포함하지 아니한다) 및 그에 따른 조합원 분담규모 및 분담시기

③ 분양대상자의 종전 토지 또는 건축물에 관한 소유권 외의 권리명세

④ 세입자별 손실보상을 위한 권리명세 및 그 평가액

⑤ 정비사업의 시행으로 인하여 새롭게 설치되는 정비기반시설의 명세와 용도가 폐지되는 정비기반시설의 명세

40 도시 및 주거환경정비법령상 도시 · 주거환경정비기본계획에 포함되어야 할 사항을 모두 고른 것은?

> ㄱ. 녹지 · 조경 · 에너지공급 · 폐기물처리 등에 관한 환경계획
> ㄴ. 사회복지시설 및 주민문화시설 등의 설치계획
> ㄷ. 건폐율 · 용적률 등에 관한 건축물의 밀도계획
> ㄹ. 주거지 관리계획

① ㄱ

② ㄱ, ㄴ

③ ㄷ, ㄹ

④ ㄴ, ㄷ, ㄹ

⑤ ㄱ, ㄴ, ㄷ, ㄹ

03 2021년 제32회 기출문제

01 국토의 계획 및 이용에 관한 법령상 기반시설과 그 해당시설의 연결로 옳지 <u>않은</u> 것은?

① 공간시설 – 연구시설

② 방재시설 – 유수지

③ 유통·공급시설 – 시장

④ 보건위생시설 – 도축장

⑤ 교통시설 – 주차장

02 국토의 계획 및 이용에 관한 법령상 국토교통부장관이 단독으로 광역도시계획을 수립하는 경우는?

① 시·도지사가 협의를 거쳐 요청하는 경우

② 광역계획권을 지정한 날부터 3년이 지날 때까지 관할 시·도지사로부터 광역도시계획의 승인 신청이 없는 경우

③ 광역계획권이 둘 이상의 시·도의 관할 구역에 걸쳐 있는 경우

④ 광역계획권이 같은 도의 관할 구역에 속하여 있는 경우

⑤ 중앙행정기관의 장이 요청하는 경우

03 국토의 계획 및 이용에 관한 법령상 도시·군기본계획에 관한 설명으로 옳은 것은?

① 특별시장·광역시장·특별자치시장·도지사·특별자치도지사는 관할 구역에 대하여 도시·군기본계획을 수립하여야 한다.

② 시장 또는 군수가 도시·군기본계획을 변경하려면 지방의회의 승인을 받아야 한다.

③ 도시·군기본계획을 변경하기 위하여 공청회를 개최한 경우, 공청회에서 제시된 의견이 타당하다고 인정하더라도 도시·군기본계획에 반영하지 않을 수 있다.

④ 도시·군기본계획 입안일부터 5년 이내에 토지적성평가를 실시한 경우에는 도시·군 기본계획의 수립을 위한 기초조사의 내용에 포함되어야 하는 토지적성평가를 하지 아니할 수 있다.

⑤ 도지사는 시장 또는 군수가 수립한 도시·군기본계획에 대하여 관계 행정기관의 장과 협의하였다면, 지방도시계획위원회의 심의를 거치지 아니하고 승인할 수 있다.

04 국토의 계획 및 이용에 관한 법령상 개발행위에 대한 도시계획위원회의 심의를 거쳐야 하는 사항에 관한 조문의 일부이다. (   )에 들어갈 내용으로 각각 옳은 것은?

〈시·군·구도시계획위원회의 심의를 거쳐야 하는 사항〉
• 면적이 (ㄱ)만 제곱미터 미만인 토지의 형질변경
• 부피 (ㄴ)만 세제곱미터 이상 50만 세제곱미터 미만의 토석채취

① ㄱ : 30, ㄴ : 3
② ㄱ : 30, ㄴ : 5
③ ㄱ : 30, ㄴ : 7
④ ㄱ : 50, ㄴ : 3
⑤ ㄱ : 50, ㄴ : 5

05 국토의 계획 및 이용에 관한 법령상 용도지역·용도지구·용도구역에 관한 설명으로 옳지 않은 것은?

① 제2종일반주거지역은 중층주택을 중심으로 편리한 주거환경을 조성하기 위하여 필요한 지역을 말한다.

② 시·도지사는 대통령령으로 주거지역·공업지역·관리지역에 복합용도지구를 지정할 수 있다.

③ 경관지구는 자연경관지구, 시가지경관지구, 특화경관지구로 세분할 수 있다.

④ 관리지역에서 「농지법」에 따른 농업진흥지역으로 지정·고시된 지역은 농림지역으로 결정·고시된 것으로 본다.

⑤ 시가화조정구역의 지정에 관한 도시·군관리계획의 결정은 시가화 유보기간이 끝난 날부터 그 효력을 잃는다.

06 국토의 계획 및 이용에 관한 법령상 도시·군계획시설 부지의 매수청구에 관한 설명으로 옳은 것을 모두 고른 것은? (단, 조례는 고려하지 않음)

> ㄱ. 도시·군계획시설채권의 상환기간은 10년 이내로 한다.
> ㄴ. 시장 또는 군수가 해당 도시·군계획시설사업의 시행자로 정하여진 경우에는 시장 또는 군수가 매수의무자이다.
> ㄷ. 매수의무자는 매수하기로 결정한 토지를 매수 결정을 알린 날부터 3년 이내에 매수하여야 한다.
> ㄹ. 매수 청구를 한 토지의 소유자는 매수의무자가 매수하지 아니하기로 결정한 경우 개발행위허가를 받아 대통령령으로 정하는 건축물을 설치할 수 있다.

① ㄱ, ㄴ
② ㄱ, ㄷ
③ ㄷ, ㄹ
④ ㄱ, ㄴ, ㄹ
⑤ ㄴ, ㄷ, ㄹ

07 국토의 계획 및 이용에 관한 법령상 사업시행자가 공동구를 설치하여야 하는 지역 등에 해당하지 <u>않는</u> 것은? (단, 지역 등의 규모는 200만 제곱미터를 초과함)

① 「지역개발 및 지원에 관한 법률」에 따른 지역개발사업구역
② 「도시개발법」에 따른 도시개발구역
③ 「경제자유구역의 지정 및 운영에 관한 특별법」에 따른 경제자유구역
④ 「도시 및 주거환경정비법」에 따른 정비구역
⑤ 「도청이전을 위한 도시건설 및 지원에 관한 특별법」에 따른 도청이전신도시

08 국토의 계획 및 이용에 관한 법령상 지구단위계획에 관한 설명이다. (   )에 들어갈 내용으로 각각 옳은 것은?

> 주민의 입안제안에 따른 지구단위계획에 관한 (ㄱ) 결정의 고시일부터 (ㄴ) 이내에 이 법 또는 다른 법률에 따라 허가·인가·승인 등을 받아 사업이나 공사에 착수하지 아니하면 그 (ㄴ)이 된 날의 다음날에 그 지구단위계획에 관한 (ㄱ) 결정은 효력을 잃는다.

① ㄱ : 도시·군기본계획,   ㄴ : 3년
② ㄱ : 도시·군기본계획,   ㄴ : 5년
③ ㄱ : 도시·군관리계획,   ㄴ : 1년
④ ㄱ : 도시·군관리계획,   ㄴ : 3년
⑤ ㄱ : 도시·군관리계획,   ㄴ : 5년

09 국토의 계획 및 이용에 관한 법령상 용도지역안에서의 건폐율의 최대한도가 가장 큰 것은? (단, 조례 및 기타 강화·완화조건은 고려하지 않음)

① 제1종일반주거지역
② 일반상업지역
③ 계획관리지역
④ 준공업지역
⑤ 준주거지역

10 국토의 계획 및 이용에 관한 법령상 조례로 따로 정할 수 있는 것에 해당하지 <u>않는</u> 것은? (단, 조례에 대한 위임은 고려하지 않음)

① 도시·군계획시설의 설치로 인하여 토지 소유권 행사에 제한을 받는 자에 대한 보상에 관한 사항
② 도시·군관리계획 입안시 주민의 의견 청취에 필요한 사항
③ 대도시 시장이 지역여건상 필요하며 정하는 용도지구의 명칭 및 지정목적에 관한 사항
④ 기반시설부담구역별 특별회계 설치에 필요한 사항
⑤ 공동구의 점용료 또는 사용료 납부에 관한 사항

11 국토의 계획 및 이용에 관한 법령상 과태료 부과 대상에 해당하는 것은?

① 도시·군관리계획의 결정이 없이 기반시설을 설치한 자
② 공동구에 수용하여야 하는 시설을 공동구에 수용하지 아니한 자
③ 정당한 사유 없이 지가의 동향 및 토지거래의 상황에 관한 조사를 방해한 자
④ 지구단위계획에 맞지 아니하게 건축물을 건축하거나 용도를 변경한 자
⑤ 기반시설설치비용을 면탈·경감하게 할 목적으로 거짓 자료를 제출한 자

12 국토의 계획 및 이용에 관한 법령상 국토교통부장관이 지구단위계획의 수립기준을 정할 때 고려하여야 하는 사항으로 옳지 <u>않은</u> 것은?

① 도시지역 외의 지역에 지정하는 지구단위계획구역은 해당 구역의 중심기능에 따라 주거형, 산업·유통형, 관광·휴양형 또는 복합형 등으로 지정 목적을 구분할 것
② 「택지개발촉진법」에 따라 지정된 택지개발지구에서 시행되는 사업이 끝난 후 10년이 지난 지역에 수립하는 지구단위계획의 내용 중 건축물의 용도제한의 사항은 해당 지역에 시행된 사업이 끝난 때의 내용을 유지함을 원칙으로 할 것
③ 「문화재보호법」에 따른 역사문화환경 보존지역에서 지구단위계획을 수립하는 경우에는 문화재 및 역사문화환경과 조화되도록 할 것
④ 건폐율·용적률 등의 완화 범위를 포함하여 지구단위계획을 수립하도록 할 것
⑤ 개발제한구역에 지구단위계획을 수립할 때에는 개발제한구역의 지정 목적이나 주변환경이 훼손되지 아니하도록 하고, 「개발제한구역의 지정 및 관리에 관한 특별조치법」을 우선하여 적용할 것

13 국토의 계획 및 이용에 관한 법령상 도시·군관리계획에 해당하는 것을 모두 고른 것은?

> ㄱ. 정비사업에 관한 계획
> ㄴ. 수산자원보호구역의 지정에 관한 계획
> ㄷ. 기반시설의 개량에 관한 계획
> ㄹ. 시범도시사업의 재원조달에 관한 계획

① ㄱ, ㄷ
② ㄴ, ㄹ
③ ㄱ, ㄴ, ㄷ
④ ㄴ, ㄷ, ㄹ
⑤ ㄱ, ㄴ, ㄷ, ㄹ

14 부동산 가격공시에 관한 법령상 개별공시지가에 관한 설명으로 옳지 <u>않은</u> 것은?

① 시장·군수 또는 구청장은 개별공시지가에 토지가격비준표의 적용에 오류가 있음을 발견한 때에는 지체없이 이를 정정하여야 한다.
② 표준지로 설정된 토지에 대하여 개별공시지가를 결정·공시하지 아니하는 경우에는 해당 토지의 표준지공시지가를 개별공시지가로 본다.
③ 개별공시지가에 이의가 있는 자는 그 결정·공시일부터 60일 이내에 서면 또는 구두로 이의를 신청할 수 있다.
④ 개별공시지가의 결정·공시에 소요되는 비용 중 국고에서 보조할 수 있는 비용은 개별공시지가의 결정·공시에 드는 비용의 50퍼센트 이내로 한다.
⑤ 개별공시지가의 단위면적은 1제곱미터로 한다.

15 부동산 가격공시에 관한 법령상 표준지공시지가에 관한 설명으로 옳지 <u>않은</u> 것은?

① 국토교통부장관은 표준지를 선정할 때에는 일단의 토지 중에서 해당 일단의 토지를 대표할 수 있는 필지의 토지를 선정하여야 한다.

② 국토교통부장관은 표준지공시지가를 공시하기 위하여 표준지의 가격을 조사·평가할 때에는 해당 토지 소유자의 의견을 들어야 한다.

③ 국토교통부장관은 표준지공시지가의 조사·평가액 중 최고평가액이 최저평가액의 1.3배를 초과하는 경우에는 해당 감정평가법인등에게 조사·평가보고서를 시정하여 다시 제출하게 할 수 있다.

④ 감정평가법인등은 표준지공시지가에 대하여 조사·평가보고서를 작성하는 경우에는 미리 해당 표준지를 관할하는 시·도지사 및 시장·군수·구청장의 의견을 들어야 한다.

⑤ 표준지공시지가는 감정평가법인등이 제출한 조사·평가보고서에 따른 조사·평가액의 최저치를 기준으로 한다.

16 부동산 가격공시에 관한 법령상 표준주택가격의 공시사항에 포함되어야 하는 것을 모두 고른 것은?

ㄱ. 표준주택의 지번
ㄴ. 표준주택의 임시사용승인일
ㄷ. 표준주택의 대지면적 및 형상
ㄹ. 용도지역

① ㄱ, ㄴ
② ㄷ, ㄹ
③ ㄱ, ㄴ, ㄷ
④ ㄱ, ㄷ, ㄹ
⑤ ㄱ, ㄴ, ㄷ, ㄹ

17 감정평가 및 감정평가사에 관한 법령상 감정평가사에 관한 설명으로 옳지 <u>않은</u> 것은?

① 감정평가사 결격사유는 감정평가사 등록의 거부사유와 취소사유가 된다.

② 등록한 감정평가사는 5년마다 그 등록을 갱신하여야 한다.

③ 등록한 감정평가사가 징계로 감정평가사 자격이 취소된 후 5년이 지나지 아니한 경우 국토교통부장관은 그 등록을 취소할 수 있다.

④ 감정평가사는 감정평가업을 하기 위하여 1개의 사무소만을 설치할 수 있다.

⑤ 부정한 방법으로 감정평가사 자격을 받은 이유로 그 자격이 취소된 후 3년이 지나지 아니한 사람은 감정평가사가 될 수 없다.

18 감정평가 및 감정평가사에 관한 법령상 감정평가사의 권리와 의무에 관한 설명으로 옳지 <u>않은</u> 것은?

① 등록을 한 감정평가사가 감정평가업을 하려는 경우에는 국토교통부장관에게 감정평가사사무소의 개설 신고를 하여야 한다.

② 감정평가사는 다른 사람에게 자격증·등록증을 양도·대여하여서는 아니 된다.

③ 감정평가사는 2명 이상의 감정평가사로 구성된 감정평가합동사무소를 설치할 수 있다.

④ 감정평가사는 둘 이상의 감정평가법인 또는 감정평가사사무소에 소속될 수 없다.

⑤ 감정평가법인등은 그 직무의 수행을 보조하기 위하여 피성년후견인을 사무직원으로 둘 수 있다.

19 감정평가 및 감정평가사에 관한 법령상 감정평가법인에 관한 설명으로 옳지 <u>않은</u> 것은?

① 감정평가법인은 토지등의 이용 및 개발 등에 대한 조언이나 정보 등의 제공을 행한다.

② 감정평가법인은 토지등의 매매업을 직접 하여서는 아니 된다.

③ 감정평가법인이 합병으로 해산한 때에는 이를 국토교통부장관에게 신고하여야 한다.

④ 국토교통부장관은 감정평가법인이 업무정지처분 기간 중에 감정평가업무를 한 경우에는 그 설립인가 를 취소할 수 있다.

⑤ 감정평가법인의 자본금은 2억원 이상이어야 한다.

20 국유재산법령상 국유재산에 관한 설명으로 옳지 <u>않은</u> 것은?

① 국유재산책임관의 임명은 중앙관서의 장이 소속 관서에 설치된 직위를 지정하는 것으로 갈음할 수 있다.

② 확정판결에 따라 일반재산에 대하여 사권을 설정할 수 있다.

③ 총괄청은 국가에 기부하려는 재산이 재산가액 대비 유지·보수 비용이 지나치게 많은 경우에는 기부받 아서는 아니 된다.

④ 국가 외의 자는 기부를 조건으로 하더라도 국유재산에 영구시설물을 축조할 수 없다.

⑤ 중앙관서의 장은 국유재산의 관리·처분에 관련된 법령을 개정하려면 그 내용에 관하여 총괄청 및 감사 원과 협의하여야 한다.

21 국유재산법령상 행정재산에 관한 설명으로 옳지 <u>않은</u> 것은?

① 중앙관서의 장은 행정재산을 직접 공공용으로 사용하려는 지방자치단체에 사용허가하는 경우에는 사용료를 면제할 수 있다.

② 중앙관서의 장은 사용허가를 받은 행정재산을 천재지변으로 사용하지 못하게 되면 그 사용하지 못한 기간에 대한 사용료를 면제할 수 있다.

③ 중앙관서의 장은 행정재산의 사용허가를 철회하려는 경우에는 「행정절차법」 제27조의 의견제출을 거쳐야 한다.

④ 중앙관서의 장은 행정재산으로 사용하기로 결정한 날부터 5년이 지난 날까지 행정재산으로 사용되지 아니한 경우에는 지체 없이 그 용도를 폐지하여야 한다.

⑤ 행정재산은 「민법」 제245조에도 불구하고 시효취득의 대상이 되지 아니 한다.

22 국유재산법령상 행정재산의 사용허가에 관한 설명으로 옳은 것은?

① 중앙관서의 장은 보존용 행정재산의 용도나 목적에 장애가 되지 아니하는 범위에서만 그에 대한 사용허가를 할 수 있다.

② 행정재산을 주거용으로 사용허가를 하는 경우에는 일반경쟁의 방법으로 사용허가를 받을 자를 결정하여야 한다.

③ 중앙관서의 장은 사용허가한 행정재산을 지방자치단체가 직접 공공용으로 사용하기 위하여 필요하게 된 경우에는 그 허가를 철회할 수 있다.

④ 행정재산으로 할 목적으로 기부를 받은 재산에 대하여 기부자에게 사용허가하는 경우에는 그 사용허가 기간은 5년 이내로 한다.

⑤ 행정재산의 사용허가에 관하여는 「국유재산법」에서 정한 것을 제외하고는 「민법」의 규정을 준용한다.

23 국유재산법령상 일반재산에 관한 설명으로 옳은 것은?

① 정부는 정부출자기업체를 새로 설립하려는 경우에는 일반재산을 현물출자할 수 있다.

② 총괄청은 5년 이상 활용되지 아니한 일반재산을 민간사업자와 공동으로 개발할 수 없다.

③ 중앙관서의 장은 다른 법률에 따라 그 처분이 제한되는 경우에도 일반재산을 매각할 수 있다.

④ 국가가 직접 행정재산으로 사용하기 위하여 필요한 경우에도 일반재산인 동산과 사유재산인 동산을 교환할 수 없다.

⑤ 일반재산을 매각하는 경우 해당 매각재산의 소유권 이전은 매각대금의 완납 이전에도 할 수 있다.

24 건축법령상 용이에 관한 설명으로 옳지 <u>않은</u> 것은?

① "지하층"이란 건축물의 바닥이 지표면 아래에 있는 층으로서 바닥에서 지표면까지 평균높이가 해당 층 높이의 3분의 1 이상인 것을 말한다.

② "거실"이란 건축물 안에서 거주, 집무, 작업, 집회, 오락, 그 밖에 이와 유사한 목적을 위하여 사용되는 방을 말한다.

③ "고층건축물"이란 층수가 30층 이상이거나 높이가 120미터 이상인 건축물을 말한다.

④ "초고층 건축물"이란 층수가 50층 이상이거나 높이가 200미터 이상인 건축물을 말한다.

⑤ "이전"이란 건축물의 주요구조부를 해체하지 아니하고 같은 대지의 다른 위치로 옮기는 것을 말한다.

25 건축법령상 이행강제금에 관한 설명으로 옳은 것은?

① 이행강제금은 건축신고 대상 건축물에 대하여 부과할 수 없다.

② 이행강제금의 징수절차는 「지방세법」을 준용한다.

③ 허가권자는 이행강제금을 부과하기 전에 이행강제금을 부과·징수한다는 뜻을 미리 문서로써 계고하여야 한다.

④ 허가권자는 위반 건축물에 대한 시정명령을 받은 자가 이를 이행하면 이미 부과된 이행강제금의 징수를 즉시 중지하여야 한다.

⑤ 허가권자는 최초의 시정명령이 있었던 날을 기준으로 하여 1년에 5회 이내의 범위에서 그 시정명령이 이행될 때까지 반복하여 이행강제금을 부과·징수할 수 있다.

26 건축법령상 건축허가에 관한 설명으로 옳은 것은? (단, 조례는 고려하지 않음)

① 21층 이상의 건축물을 특별시나 광역시에 건축하려면 국토교통부장관의 허가를 받아야 한다.

② 주거환경이나 교육환경 등 주변 환경을 보호하기 이하여 도지사가 필요하다고 인정하여 지정·공고한 구역에 건축하는 위락시설에 해당하는 건축물의 건축을 시장·군수가 허가하려면 도지사의 승인을 받아야 한다.

③ 허가권자는 숙박시설에 해당하는 건축물의 건축을 허가하는 경우 해당 대지에 건축하려는 건축물의 용도·규모가 주거환경 등 주변환경을 고려할 때 부적합하다고 인정되는 경우에는 건축위원회의 심의를 거치지 않고 건축허가를 하지 아니할 수 있다.

④ 허가권자는 허가를 받은 자가 허가를 받은 날부터 4년 이내에 공사에 착수하지 아니한 경우라도 정당한 사유가 있다고 인정되면 2년의 범위에서 공사 기간을 연장할 수 있다.

⑤ 분양을 목적으로 하는 공동주택의 건축허가를 받으려는 자는 대지의 소유권을 확보하지 않아도 된다.

27 건축법령상 도시·군계획시설에서 가설건축물을 건축하는 경우 그 허가권자로 옳지 않은 것은?

① 특별자치시장
② 광역시장
③ 특별자치도지사
④ 시장
⑤ 군수

28 공간정보의 구축 및 관리 등에 관한 법령상 용어에 관한 설명으로 옳지 <u>않은</u> 것은?

① 공공측량과 지적측량은 일반측량에 해당한다.
② 연속지적도는 측량에 활용할 수 없는 도면이다.
③ 토지의 이동이란 토지의 표시를 새로 정하거나 변경 또는 말소하는 것을 말한다.
④ 「지방자치법」에 따라 자치구가 아닌 구를 두는 시의 시장은 지적소관청에 해당하지 않는다.
⑤ 「도시개발법」에 따른 도시개발사업이 끝나 토지의 표시를 새로 정하기 위하여 실시하는 지적측량은
지적확정측량에 해당한다.

29 공간정보의 구축 및 관리 등에 관한 법령상 지목에 관한 설명으로 옳지 <u>않은</u> 것은?

① 축산업 및 낙농업을 하기 위하여 초지를 조성한 토지와 접속된 주거용 건축물의 부지는 "대"로 한다.
② 지목이 유원지인 토지를 지적도에 등록하는 때에는 "유"로 표기하여야 한다.
③ 물을 상시적으로 이용하지 않고 관상수를 주고 재배하는 토지의 지목은 "전"으로 한다.
④ 1필지가 둘 이상의 용도로 활용되는 경우에는 주된 용도에 따라 지목을 설정한다.
⑤ 토지가 임시적인 용도로 사용될 때에는 지목을 변경하지 아니한다.

30 공간정보의 구축 및 관리 등에 관한 법령상 지목변경 신청 및 축척변경에 관한 설명이다. (   )에 들어갈 내용으로 각각 옳은 것은?

> • 토지소유자는 지목변경을 할 토지가 있으면 그 사유가 발생한 날부터 (ㄱ) 이내에 지적소관청에 지목변경을 신청하여야 한다.
> • 지적소관청은 축척변경을 하려면 축척변경 시행지역의 토지소유자 (ㄴ) 이상의 동의를 받아야 한다.

① ㄱ : 30일, ㄴ : 2분의 1
② ㄱ : 30일, ㄴ : 3분의 2
③ ㄱ : 60일, ㄴ : 2분의 1
④ ㄱ : 60일, ㄴ : 3분의 2
⑤ ㄱ : 90일, ㄴ : 3분의 2

31 공간정보의 구축 및 관리 등에 관한 법령상 지적소관청이 지적공부의 등록사항을 직권으로 조사·측량하여 정정할 수 있는 경우가 <u>아닌</u> 것은?

① 지적측량성과와 다르게 정리된 경우
② 지적공부의 작성 당시 잘못 정리된 경우
③ 지적공부의 등록사항이 잘못 입력된 경우
④ 합병하려는 토지의 소유자별 공유지분이 다른 경우
⑤ 토지이동정리 결의서의 내용과 다르게 정리된 경우

32 부동산등기법령상 등기절차에 관한 설명으로 옳은 것은?

① 법인의 합병에 따른 등기는 등기권리자와 등기의무자가 공동으로 신청하여야 한다.
② 등기의무자는 공유물을 분할하는 판결에 의한 등기를 단독으로 신청할 수 없다.
③ 토지의 분할이 있는 경우에는 그 토지 소유권의 등기명의인은 그 사실이 있는 때부터 1개월 이내에 그 등기를 신청하여야 한다.
④ 등기관이 직권에 의한 표시변경등기를 하였을 때에는 소유권의 등기명의인은 지체 없이 그 사실을 지적소관청에게 알려야 한다.
⑤ 토지가 멸실된 경우에는 그 토지 소유권의 등기명의인은 그 사실이 있는 때부터 14일 이내에 그 등기를 신청하여야 한다.

33 부동산등기법령상 권리에 관한 등기에 관한 설명으로 옳지 **않은** 것은?

① 지방자치단체의 부동산등기용등록번호는 국토교통부장관이 지정·고시한다.

② 등기관이 권리의 변경이나 경정의 등기를 할 때에는 등기상 이해관계 있는 제3자의 승낙이 없는 경우에도 부기로 하여야 한다.

③ 등기관이 전세금반환채권의 일부 양도를 원인으로 한 전세권 일부이전등기를 할 때에는 양도액을 기록한다.

④ 등기관이 환매특약의 등기를 할 경우 매매비용은 필요적 기록사항이다.

⑤ 국가가 등기권리자인 경우, 등기관이 새로운 권리에 관한 등기를 마쳤을 때에는 등기필정보를 작성하여 등기권리자에게 통지하지 않아도 된다.

34 부동산등기법령상 신탁에 관한 등기에 관한 설명으로 옳은 것을 모두 고른 것은?

> ㄱ. 수탁자가 여러 명인 경우 등기관은 신탁재산이 합유인 뜻을 기록하여야 한다.
> ㄴ. 위탁자가 수탁자를 대위하여 신탁등기를 신청하는 경우 신탁등기의 신청은 해당 부동산에 관한 권리의 설정등기의 신청과 동시에 하여야 한다.
> ㄷ. 수익자나 위탁자는 수탁자를 대위하여 신탁등기의 말소등기를 신청할 수 없다.
> ㄹ. 법원은 수탁자 해임의 재판을 한 경우 지체 없이 신탁원부 기록의 변경등기를 등기소에 촉탁하여야 한다.

① ㄱ, ㄷ
② ㄱ, ㄹ
③ ㄴ, ㄷ
④ ㄱ, ㄴ, ㄹ
⑤ ㄴ, ㄷ, ㄹ

35 부동산등기법령상 가등기에 관한 설명으로 옳지 **않은** 것은?

① 가등기를 명하는 가처분명령의 관할법원은 부동산의 소재지를 관할하는 지방법원이다.

② 가등기권리자는 가등기를 명하는 법원의 가처분명령이 있을 때에는 단독으로 가등기를 신청할 수 있다.

③ 가등기를 명하는 가처분명령의 신청을 각하하는 결정에 대하여는 즉시항고를 할 수 있다.

④ 가등기에 의한 본등기를 한 경우 본등기의 순위는 가등기의 순위에 따른다.

⑤ 가등기의무자는 가등기명의인의 동의 없이도 단독으로 가등기의 말소를 신청할 수 있다.

36 동산·채권 등의 담보에 관한 법령상 담보등기에 관한 설명으로 옳은 것은?

① 판결에 의한 등기는 등기권리자와 등기의무자가 공동으로 신청하여야 한다.

② 등기관이 등기를 마친 경우 그 등기는 등기신청을 접수한 날의 다음 날부터 효력을 발생한다.

③ 등기관의 결정에 대한 이의신청은 집행정지의 효력이 있다.

④ 등기관은 자신의 결정 또는 처분에 대한 이의가 이유 없다고 인정하면 3일 이내에 의견서를 붙여 사건을 관할 지방법원에 송부하여야 한다.

⑤ 「동산·채권 등의 담보에 관한 법률」에 따른 담보권의 존속기간은 7년을 초과하지 않는 기간으로 이를 갱신할 수 있다.

37 도시 및 주거환경정비법령상 정비계획 입안을 위하여 주민의견 청취절차를 거쳐야 하는 경우는? (단, 조례는 고려하지 않음)

① 공동이용시설 설치계획을 변경하는 경우

② 재난방지에 관한 계획을 변경하는 경우

③ 정비사업시행 예정시기를 3년의 범위에서 조정하는 경우

④ 건축물의 최고 높이를 변경하는 경우

⑤ 건축물의 용적률을 20퍼센트 미만의 범위에서 확대하는 경우

38 도시 및 주거환경정비법령상 조합설립추진위원회(이하 '추진위원회')에 관한 설명으로 옳지 <u>않은</u> 것은?

① 국토교통부장관은 추진위원회의 공정한 운영을 위하여 추진위원회의 운영규정을 정하여 고시하여야 한다.

② 추진위원회는 운영규정에 따라 운영하여야 하며, 토지등소유자는 운영에 필요한 경비를 운영규정에 따라 납부하여야 한다.

③ 추진위원회는 사용경비를 기재한 회계장부 및 관계 서류를 조합설립인가일부터 30일 이내에 조합에 인계하여야 한다.

④ 추진위원회는 조합설립에 필요한 동의를 받기 전에 추정분담금 등 대통령령으로 정하는 정보를 토지등소유자에게 제공하여야 한다.

⑤ 조합이 시행하는 재건축사업에서 추진위원회가 추진위원회 승인일부터 1년이 되는 날까지 조합설립인가를 신청하지 아니하는 경우에는 정비구역의 지정권자는 정비구역 등을 해제하여야 한다.

39 도시 및 주거환경정비법령상 다음 설명에 해당하는 사업은?

> 도시 저소득 주민이 집단거주하는 지역으로서 정비기반시설이 극히 열악하고 노후·불량건축물이 과도하게 밀집한 지역의 주거환경을 개선하거나 단독주택 및 다세대주택이 밀집한 지역에서 정비기반시설과 공동이용시설 확충을 통하여 주거환경을 보전·정비·개량하기 위한 사업

① 도시재개발사업
② 주택재건축사업
③ 가로주택정비사업
④ 주거환경개선사업
⑤ 도시재생사업

40 도시 및 주거환경정비법령상 정비기반시설이 <u>아닌</u> 것을 모두 고른 것은? (단, 주거환경개선사업을 위하여 지정·고시된 정비구역이 아님)

ㄱ. 광장	ㄴ. 구거
ㄷ. 놀이터	ㄹ. 녹지
ㅁ. 공동구	ㅂ. 마을회관

① ㄱ, ㄴ
② ㄴ, ㄷ
③ ㄷ, ㅂ
④ ㄹ, ㅁ
⑤ ㅁ, ㅂ

04 2020년 제31회 기출문제

01 국토의 계획 및 이용에 관한 법령상 도시·군관리계획에 관한 설명으로 옳은 것은?

① 도시·군관리계획 결정의 효력은 지형도면을 고시한 날의 다음날부터 발생한다.

② 시·도지사는 국토교통부장관이 입안하여 결정한 도시·군관리계획을 변경하려면 미리 환경부장관과 협의하여야 한다.

③ 도시·군관리계획을 입안할 수 있는 자가 입안을 제안받은 경우 그 처리 결과를 제안자에게 알려야 한다.

④ 도시·군관리계획도서 및 계획설명서의 작성기준·작성방법 등은 조례로 정한다.

⑤ 도지사가 도시·군관리계획을 직접 입안하는 경우 지형도면을 작성할 수 없다.

02 국토의 계획 및 이용에 관한 법령상 도시·군기본계획에 관한 설명으로 옳지 <u>않은</u> 것은?

① 다른 법률에 따른 지역·지구 등의 지정으로 인하여 도시·군기본계획의 변경이 필요한 경우에는 토지적성평가를 하지 아니할 수 있다.

② 광역시장은 도시·군기본계획을 변경하려면 관계 행정기관의 장과 협의한 후 지방도시계획위원회의 심의를 거쳐야 한다.

③ 시장 또는 군수는 도시·군기본계획을 변경하려면 도지사의 승인을 받아야 한다.

④ 시장 또는 군수는 10년마다 관할 구역의 도시·군기본계획에 대하여 그 타당성 여부를 전반적으로 재검토하여 정비하여야 한다.

⑤ 「수도권정비계획법」에 의한 수도권에 속하지 아니하고 광역시와 경계를 같이하지 아니한 시로서 인구 10만명 이하인 시의 시장은 도시기본계획을 수립하지 아니할 수 있다.

03 국토의 계획 및 이용에 관한 법령상 개발행위의 허가 등에 관한 설명으로 옳은 것은?

① 재난수습을 위한 응급조치인 경우에도 개발행위허가를 받고 하여야 한다.

② 시장 또는 군수가 개발행위허가에 경관에 관한 조치를 할 것을 조건으로 붙이는 경우 미리 개발행위허가를 신청한 자의 의견을 들어야 한다.

③ 성장관리방안을 수립한 지역에서 하는 개발행위는 중앙도시계획위원회와 지방도시계획위원회의 심의를 거쳐야 한다.

④ 지방자치단체는 자신이 시행하는 개발행위의 이행을 보증하기 위하여 이행보증금을 예치하여야 한다.

⑤ 기반시설부담구역으로 지정된 지역은 중앙도시계획위원회의 심의를 거쳐 10년 이내의 기간 동안 개발행위허가를 제한할 수 있다.

04 국토의 계획 및 이용에 관한 법령상 용도지역·용도지구·용도구역에 관한 설명으로 옳지 <u>않은</u> 것은?

① 녹지지역과 공업지역은 도시지역에 속한다.

② 용도지구 중 보호지구는 주거 및 교육 환경 보호나 청소년 보호 등의 목적으로 청소년 유해시설 등 특정시설의 입지를 제한할 필요가 있는 지구이다.

③ 국토교통부장관은 국방부장관의 요청이 있어 보안상 도시의 개발을 제한할 필요가 있다고 인정되면 개발제한구역의 지정을 도시·군관리계획으로 결정할 수 있다.

④ 해양수산부장관은 수산자원을 보호·육성하기 위하여 필요한 공유수면이나 그에 인접한 토지에 대한 수산자원보호구역의 지정을 도시·군관리계획으로 결정할 수 있다.

⑤ 공유수면매립구역이 둘 이상의 용도지역에 걸쳐 있거나 이웃하고 있는 경우 그 매립구역이 속할 용도지역은 도시·군관리계획결정으로 지정하여야 한다.

05 국토의 계획 및 이용에 관한 법령상 입지규제최소구역 지정에 관한 설명으로 옳은 것을 모두 고른 것은?

> ㄱ. 지역의 거점 역할을 수행하는 철도역사를 중심으로 주변지역을 집중적으로 정비할 필요가 있는 지역은 입지규제최소구역으로 지정될 수 있다.
> ㄴ. 세 개 이상의 노선이 교차하는 대중교통 결절지로부터 3킬로미터에 위치한 지역은 입지규제최소구역으로 지정될 수 있다.
> ㄷ. 「도시 및 주거환경정비법」상 노후·불량 건축물이 밀집한 공업지역으로 정비가 시급한 지역은 입지규제최소구역으로 지정될 수 있다.
> ㄹ. 입지규제최소구역계획에는 건축물의 건폐율·용적률·높이에 관한 사항이 포함되어야 한다.

① ㄱ, ㄴ   ② ㄱ, ㄷ

③ ㄴ, ㄹ   ④ ㄱ, ㄷ, ㄹ

⑤ ㄴ, ㄷ, ㄹ

06 국토의 계획 및 이용에 관한 법령상 도시·군계획 등에 관한 설명으로 옳은 것은?

① 광역도시계획은 광역계획권의 장기발전방향을 제시하는 계획을 말한다.

② 도시·군기본계획의 내용이 광역도시계획의 내용과 다를 때에는 도시·군기본계획의 내용이 우선한다.

③ 도시·군관리계획으로 결정하여야 할 사항은 국가계획에 포함될 수 없다.

④ 시장 또는 군수가 관할 구역에 대하여 다른 법률에 따른 환경에 관한 부문별 계획을 수립할 때에는 도시·군관리계획의 내용에 부합되게 하여야 한다.

⑤ 이해관계자가 도시·군관리계획의 입안을 제안한 경우, 그 입안 및 결정에 필요한 비용의 전부를 이해관계자가 부담하여야 한다.

07 국토의 계획 및 이용에 관한 법령상 '법률 등의 위반자에 대한 처분'을 함에 있어서 청문을 실시해야 하는 경우로 명시된 것을 모두 고른 것은?

> ㄱ. 개발행위허가의 취소
> ㄴ. 개발행위의 변경허가
> ㄷ. 토지거래계약 허가의 취소
> ㄹ. 실시계획인가의 취소
> ㅁ. 도시·군계획시설사업의 시행자 지정의 취소

① ㄱ, ㄴ
② ㄴ, ㄷ
③ ㄱ, ㄹ, ㅁ
④ ㄷ, ㄹ, ㅁ
⑤ ㄱ, ㄴ, ㄷ, ㄹ

08 국토의 계획 및 이용에 관한 법령상 개발밀도관리구역에 관한 설명으로 옳지 <u>않은</u> 것은?

① 개발밀도관리구역의 지정권자는 특별시장·광역시장·특별자치시장·특별자치도지사·시장 또는 군수이다.

② 개발밀도관리구역은 기반시설의 설치가 용이한 지역을 대상으로 건폐율·용적률을 강화하여 적용하기 위해 지정한다.

③ 개발밀도관리구역에서는 해당 용도지역에 적용되는 용적률 최대한도의 50퍼센트 범위에서 용적률을 강화하여 적용한다.

④ 지정권자가 개발밀도관리구역을 지정하려면 해당 지방자치단체에 설치된 지방도시계획위원회의 심의를 거쳐야 한다.

⑤ 지정권자는 개발밀도관리구역을 지정·변경한 경우에는 그 사실을 당해 지방자치단체의 공보에 게재하는 방법으로 고시하여야 한다.

09 국토의 계획 및 이용에 관한 법령상 광역도시계획에 관한 설명으로 옳은 것은?

① 광역도시계획에는 경관계획에 관한 사항 중 광역계획권의 지정목적을 이루는 데 필요한 사항에 대한 정책 방향이 포함되어야 한다.

② 도지사가 광역계획권을 지정하려면 관계 중앙행정기관의 장의 의견을 들은 후 지방의회의 동의를 얻어야 한다.

③ 광역도시계획을 공동으로 수립하는 시·도지사는 그 내용에 관하여 서로 협의가 되지 아니하는 경우 공동으로 국토교통부장관에게 조정을 신청하여야 한다.

④ 광역계획권이 둘 이상의 시·도의 관할 구역에 걸쳐 있는 경우에는 국토교통부장관이 당해 광역도시계획의 수립권자가 된다.

⑤ 도지사는 시장 또는 군수가 요청하는 경우에는 단독으로 광역도시계획을 수립할 수 있으며, 이 경우 국토교통부장관의 승인을 받아야 한다.

10 국토의 계획 및 이용에 관한 법령상 개발행위 규모의 제한을 받는 경우 용도지역과 그 용도지역에서 허용되는 토지형질변경면적을 옳게 연결한 것은?

① 상업지역 - 3만 제곱미터 미만

② 공업지역 - 3만 제곱미터 미만

③ 보전녹지지역 - 1만 제곱미터 미만

④ 관리지역 - 5만 제곱미터 미만

⑤ 자연환경보전지역 - 1만 제곱미터 미만

11 국토의 계획 및 이용에 관한 법령상 기반시설 중 유통·공급시설에 해당하는 것은?

① 재활용시설

② 방수설비

③ 공동구

④ 주차장

⑤ 도축장

12 국토의 계획 및 이용에 관한 법령상 용도지역별 용적률의 범위로 옳지 <u>않은</u> 것은? (단, 조례 및 기타 강화 · 완화조건은 고려하지 않음)

① 제2종일반주거지역 : 100퍼센트 이상 250퍼센트 이하
② 유통상업지역 : 200퍼센트 이상 1천100퍼센트 이하
③ 생산녹지지역 : 50퍼센트 이상 100퍼센트 이하
④ 준공업지역 : 150퍼센트 이상 500퍼센트 이하
⑤ 농림지역 : 50퍼센트 이상 80퍼센트 이하

13 국토의 계획 및 이용에 관한 법령상 도시계획위원회에 관한 설명으로 옳은 것은?

① 시 · 도 도시계획위원회는 위원장 및 부위원장 각 1명을 포함한 20명 이상 25명 이하의 위원으로 구성한다.
② 시 · 도 도시계획위원회의 위원장과 부위원장은 위원 중에서 해당 시 · 도지사가 임명 또는 위촉한다.
③ 중앙도시계획위원회의 회의는 재적위원 과반수의 출석으로 개의하고, 출석위원 과반수의 찬성으로 의결한다.
④ 시 · 군 · 구 도시계획위원회에는 분과위원회를 둘 수 없다.
⑤ 중앙도시계획위원회 회의록은 심의 종결 후 3개월 이내에 공개 요청이 있는 경우 원본을 제공하여야 한다.

14 감정평가 및 감정평가사에 관한 법령상 감정평가에 관한 설명으로 옳지 <u>않은</u> 것은?

① 감정평가업자가 토지를 감정평가하는 경우 적정한 실거래가가 있는 경우에는 이를 기준으로 할 수 있다.
② 감정평가업자는 해산 또는 폐업하는 경우에도 감정평가서 관련 서류를 발급일부터 5년 이상 보존하여야 한다.
③ 국토교통부장관은 감정평가 타당성조사를 할 경우 해당 감정평가를 의뢰한 자에게 의견진술기회를 주어야 한다.
④ 감정평가법인은 감정평가서를 의뢰인에게 발급하기 전에 같은 법인 소속의 다른 감정평가사에게 감정평가서의 적정성을 심사하게 하여야 한다.
⑤ 토지 및 건물의 가격에 관한 정보 및 자료는 감정평가정보체계의 관리대상에 해당한다.

15 감정평가 및 감정평가사에 관한 법령상 감정평가사의 권리와 의무 등에 관한 설명으로 옳지 <u>않은</u> 것은?

① 감정평가사합동사무소에 두는 감정평가사의 수는 2명 이상으로 한다.

② 감정평가사사무소의 폐업신고와 관련하여 국토교통부장관은 폐업신고의 접수업무를 한국감정평가사협회에 위탁한다.

③ 감정평가업자는 소속 감정평가사의 고용관계가 종료된 때에는 한국감정원에 신고하여야 한다.

④ 감정평가업자는 고의 또는 중대한 과실로 잘못된 평가를 하여서는 아니 된다.

⑤ 감정평가업자가 감정평가를 하면서 고의 또는 과실로 감정평가 당시의 적정가격과 현저한 차이가 있게 감정평가를 함으로써 선의의 제3자에게 손해를 발생하게 하였을 때에는 그 손해를 배상할 책임이 있다.

16 감정평가 및 감정평가사에 관한 법령상 감정평가사의 징계사유에 해당하지 <u>않는</u> 것은?

① 등록을 한 감정평가사가 감정평가사사무소의 개설신고를 하지 아니하고 감정평가업을 한 경우

② 수수료의 요율 및 실비에 관한 기준을 지키지 아니한 경우

③ 토지등의 매매업을 직접 한 경우

④ 친족 소유 토지등에 대해서 감정평가한 경우

⑤ 직무와 관련하여 과실범으로 금고 이상의 형을 선고받아 그 형이 확정된 경우

17 부동산 가격공시에 관한 법령상 비주거용 부동산가격의 공시에 관한 설명으로 옳지 <u>않은</u> 것은?

① 국토교통부장관이 비주거용 표준부동산을 선정할 경우 미리 해당 비주거용 표준부동산이 소재하는 시·도지사의 의견을 들어야 하나, 이를 시장·군수·구청장의 의견으로 대신할 수 있다.

② 국토교통부장관은 중앙부동산가격공시위원회의 심의를 거쳐 비주거용 표준부동산가격을 공시할 수 있다.

③ 비주거용 표준부동산가격의 공시에는 비주거용 표준부동산의 대지면적 및 형상이 포함되어야 한다.

④ 국토교통부장관은 비주거용 개별부동산가격의 산정을 위하여 필요하다고 인정하는 경우에는 비주거용 부동산가격비준표를 작성하여 시장·군수 또는 구청장에게 제공하여야 한다.

⑤ 공시기준일이 따로 정해지지 않은 경우, 비주거용 집합부동산가격의 공시기준일은 1월 1일로 한다.

18 부동산 가격공시에 관한 법령상 주택가격의 공시에 관한 설명으로 옳은 것은?

① 국토교통부장관은 표준주택을 선정할 때에는 일반적으로 유사하다고 인정되는 일단의 공동주택 중에서 해당 일단의 공동주택을 대표할 수 있는 주택을 선정하여야 한다.

② 국토교통부장관은 표준주택가격을 조사·산정하고자 할 때에는 한국감정원 또는 둘 이상의 감정평가업자에게 의뢰한다.

③ 표준주택가격은 국가·지방자치단체 등이 과세업무와 관련하여 주택의 가격을 산정하는 경우에 그 기준으로 활용하여야 한다.

④ 표준주택가격의 공시사항에는 지목, 도로 상황이 포함되어야 한다.

⑤ 개별주택가격 결정·공시에 소요되는 비용은 75퍼센트 이내에서 지방자치단체가 보조할 수 있다.

19 부동산 가격공시에 관한 법령상 개별공시지가의 검증을 의뢰받은 감정평가업자가 검토·확인하여야 하는 사항에 해당하지 <u>않는</u> 것은?

① 비교표준지 선정의 적정성에 관한 사항

② 산정한 개별토지가격과 표준지공시지가의 균형 유지에 관한 사항

③ 산정한 개별토지가격과 인근토지의 지가 및 전년도 지가와의 균형 유지에 관한 사항

④ 토지가격비준표 작성의 적정성에 관한 사항

⑤ 개별토지가격 산정의 적정성에 관한 사항

20 국유재산법령상 행정재산에 관한 설명으로 옳지 <u>않은</u> 것은?

① 행정재산은 사유재산과 교환할 수 없다.

② 행정재산을 경쟁입찰의 방법으로 사용허가하는 경우 1개 이상의 유효한 입찰이 있으면 최고가격으로 응찰한 자를 낙찰자로 한다.

③ 두 번에 걸쳐 유효한 입찰이 성립되지 아니한 행정재산의 경우 수의의 방법으로 사용허가를 받을 자를 결정할 수 있다.

④ 중앙관서의 장이 행정재산의 사용허가를 철회하려는 경우에는 청문을 하여야 한다.

⑤ 중앙관서의 장은 행정재산으로 사용하기로 결정한 날부터 5년이 지난 날까지 행정재산으로 사용되지 아니한 행정재산은 지체 없이 그 용도를 폐지하여야 한다.

21 국유재산법령상 중앙관서의 장이 행정재산의 사용료를 면제할 수 있는 경우에 해당하지 <u>않는</u> 것은?

① 행정재산으로 할 목적으로 기부를 받은 재산에 대하여 기부자의 상속인에게 사용허가하는 경우

② 건물 등을 신축하여 기부채납을 하려는 자가 신축기간에 그 부지를 사용하는 경우

③ 행정재산을 직접 공공용으로 사용하려는 지방자치단체에 사용허가하는 경우

④ 사용허가를 받은 행정재산을 천재지변으로 사용하지 못하게 되었을 때 그 사용하지 못한 기간에 대한 사용료의 경우

⑤ 법령에 따라 정부가 자본금의 50퍼센트 이상을 출자하는 법인이 행정재산을 직접 비영리공익사업용으로 사용하고자 하여 사용허가하는 경우

22 국유재산법령상 일반재산에 관한 설명으로 옳은 것은?

① 총괄청은 일반재산의 관리·처분에 관한 사무의 일부를 위탁받을 수 없다.

② 증권을 제외한 일반재산을 지방자치단체에 처분할 때 처분재산의 예정가격은 두 개의 감정평가업자의 평가액을 산술평균한 금액으로 결정한다.

③ 조림을 목적으로 하는 토지의 대부기간은 25년 이상으로 한다.

④ 중앙관서의 장은 일반재산을 교환하려면 그 내용을 감사원에 보고하여야 한다.

⑤ 일반재산을 매각하면서 매각대금을 한꺼번에 납부하기로 한 경우 매각대금의 완납 이전에도 해당 매각재산의 소유권 이전이 가능하다.

23 국유재산법령상 국유재산에 관한 설명으로 옳은 것은?

① 행정재산은 「민법」에 따른 시효취득의 대상이 된다.

② 판결에 따라 취득하는 경우에도 사권(私權)이 소멸되지 않은 재산은 국유재산으로 취득하지 못한다.

③ 총괄청은 일반재산을 보존용재산으로 전환하여 관리할 수 있다.

④ 직접 공공용으로 사용하기 위하여 국유재산을 관리전환하는 경우에는 유상으로 하여야 한다.

⑤ 중앙관서의 장이 국유재산으로 취득한 소유자 없는 부동산은 등기일부터 20년간은 처분할 수 없다.

24 건축법령상 건축허가권자로부터 건축 관련 입지와 규모의 사전결정 통지를 받은 경우 허가를 받은 것으로 보는 것이 <u>아닌</u> 것은?

① 「국토의 계획 및 이용에 관한 법률」에 따른 개발행위허가
② 「산지관리법」에 따른 산지전용허가(보전산지가 아님)
③ 「농지법」에 따른 농지전용허가
④ 「하천법」에 따른 하천점용허가
⑤ 「도로법」에 따른 도로점용허가

25 건축법령상 시설군과 그에 속하는 건축물의 용도를 옳게 연결한 것은?

① 자동차 관련 시설군 - 운수시설
② 산업 등 시설군 - 자원순환 관련 시설
③ 전기통신시설군 - 공장
④ 문화 및 집회시설군 - 수련시설
⑤ 교육 및 복지시설군 - 종교시설

26 건축법령상 면적이 200제곱미터 이상인 대지에 건축을 하는 건축주는 용도지역 및 건축물의 규모에 따라 해당 지방자치단체의 조례로 정하는 기준에 따라 대지에 조경이나 그 밖에 필요한 조치를 하여야 한다. 다만, 건축법령은 예외적으로 조경 등의 조치를 필요로 하지 않는 건축물을 허용하고 있다. 이러한 예외에 해당하는 것을 모두 고른 것은? (단, 그 밖의 조례, 「건축법」 제73조에 따른 적용 특례, 건축협정은 고려하지 않음)

ㄱ. 축사
ㄴ. 녹지지역에 건축하는 건축물
ㄷ. 「건축법」상 일부 가설건축물
ㄹ. 면적 4천 제곱미터인 대지에 건축하는 공장
ㅁ. 상업지역에 건축하는 연면적 합계가 1천 500제곱미터인 물류시설

---

① ㄱ, ㄴ, ㄹ
② ㄱ, ㄴ, ㅁ
③ ㄷ, ㄹ, ㅁ
④ ㄱ, ㄴ, ㄷ, ㄹ
⑤ ㄴ, ㄷ, ㄹ, ㅁ

27 건축법령상 건축물의 구조 및 재료 등에 관한 설명으로 옳지 않은 것은?

① 건축물은 고정하중, 적재하중, 적설하중, 풍압, 지진, 그 밖의 진동 및 충격 등에 대하여 안전한 구조를 가져야 한다.

② 지방자치단체의 장은 구조 안전 확인 대상 건축물에 대하여 건축허가를 하는 경우 내진성능 확보 여부를 확인하여야 한다.

③ 국토교통부장관은 지진으로부터 건축물의 구조 안전을 확보하기 위하여 건축물의 용도, 규모 및 설계구조의 중요도에 따라 내진등급을 설정하여야 한다.

④ 연면적이 200제곱미터인 목구조 건축물을 건축하고자 하는 자는 사용승인을 받는 즉시 내진능력을 공개하여야 한다.

⑤ 국가 또는 지방자치단체는 건축물의 소유자나 관리자에게 피난시설 등의 설치, 개량·보수등 유지·관리에 대한 기술지원을 할 수 있다.

28 공간정보의 구축 및 관리 등에 관한 법령상 지목의 구분과 그에 속하는 내용의 연결로 옳지 <u>않은</u> 것은?

① 도로 - 고속도로의 휴게소 부지

② 하천 - 자연의 유수가 있거나 있을 것으로 예상되는 토지

③ 제방 - 방조제의 부지

④ 대 - 묘지 관리를 위한 건축물의 부지

⑤ 전 - 물을 상시적으로 직접 이용하여 미나리를 주로 재배하는 토지

29 공간정보의 구축 및 관리 등에 관한 법령상 지적공부에 관한 내용으로 옳지 <u>않은</u> 것은?

① 지적소관청은 관할 시·도지사의 승인을 받은 경우 지적서고에 보존되어 있는 지적공부를 해당 청사 밖으로 반출할 수 있다.

② 지적공부를 정보처리시스템을 통하여 기록·저장한 경우 관할 시·도지사, 시장·군수 또는 구청장은 그 지적공부를 지적정보관리체계에 영구히 보존하여야 한다.

③ 지적소관청은 부동산의 효율적 이용과 부동산과 관련된 정보의 종합적 관리·운영을 위하여 부동산종합공부를 관리·운영한다.

④ 부동산종합공부를 열람하거나 부동산종합증명서를 발급받으려는 자는 지적소관청이나 읍·면·동의 장에게 신청할 수 있다.

⑤ 지적전산자료를 신청하려는 자는 지적전산자료의 이용 또는 활용 목적 등에 관하여 미리 중앙지적위원회의 심사를 받아야 한다.

30 공간정보의 구축 및 관리 등에 관한 법령상 지적도에 등록하여야 하는 사항이 <u>아닌</u> 것은?

① 토지의 소재

② 소유권 지분

③ 도곽선(圖廓線)과 그 수치

④ 삼각점 및 지적기준점의 위치

⑤ 지목

31 공간정보의 구축 및 관리 등에 관한 법령상 토지소유자가 하여야 하는 신청을 대신할 수 있는 자에 해당하지 <u>않는</u> 것은? (단, 등록사항 정정 대상 토지는 제외함)

① 국가가 취득하는 토지인 경우 : 해당 토지를 관리하는 행정기관의 장

② 지방자치단체가 취득하는 토지인 경우 : 해당 지방지적위원회

③ 「주택법」에 따른 공동주택의 부지인 경우 : 「집합건물의 소유 및 관리에 관한 법률」에 따른 관리인 또는 해당 사업의 시행자

④ 「민법」 제404조에 따른 채권자

⑤ 공공사업 등에 따라 지목이 학교용지로 되는 토지인 경우 : 해당사업의 시행자

32 부동산등기법령상 임차권 설정등기의 등기사항 중 등기원인에 그 사항이 없더라도 반드시 기록하여야 하는 사항을 모두 고른 것은?

ㄱ. 등기목적	ㄴ. 권리자
ㄷ. 차임	ㄹ. 차임지급시기
ㅁ. 임차보증금	ㅂ. 존속기간

① ㄱ, ㄴ, ㄷ

② ㄱ, ㄷ, ㄹ

③ ㄴ, ㄷ, ㅁ

④ ㄱ, ㄹ, ㅁ, ㅂ

⑤ ㄴ, ㄹ, ㅁ, ㅂ

33 부동산등기법령상 '변경등기의 신청'에 관한 조문의 일부분이다. 괄호 안에 들어갈 내용으로 각각 옳은 것은?

> • 토지의 분할, 합병이 있는 경우와 제34조의 등기사항에 변경이 있는 경우에는 그 토지 소유권의 등기명의인은 그 사실이 있는 때부터 (ㄱ) 이내에 그 등기를 신청하여야 한다.
> • 건물의 분할, 구분, 합병이 있는 경우와 제40조의 등기사항에 변경이 있는 경우에는 그 건물 소유권의 등기명의인은 그 사실이 있는 때부터 (ㄴ) 이내에 그 등기를 신청하여야 한다.

① ㄱ : 30일,　ㄴ : 30일
② ㄱ : 3개월,　ㄴ : 3개월
③ ㄱ : 3개월,　ㄴ : 1개월
④ ㄱ : 1개월,　ㄴ : 3개월
⑤ ㄱ : 1개월,　ㄴ : 1개월

34 부동산등기법령상 등기신청에 관한 설명으로 옳지 <u>않은</u> 것은?
① 법인의 합병에 따른 등기는 등기권리자가 단독으로 신청한다.
② 신탁재산에 속하는 부동산의 신탁등기는 수탁자가 단독으로 신청한다.
③ 수용으로 인한 소유권이전등기는 등기권리자가 단독으로 신청할 수 있다.
④ 채권자는 「민법」 제404조에 따라 채무자를 대위하여 등기를 신청할 수 있다.
⑤ 대표자가 있는 종중에 속하는 부동산의 등기는 대표자의 명의로 신청한다.

35 부동산등기법령상 '권리에 관한 등기'에 관한 설명으로 옳은 것은?
① 권리자가 2인 이상인 경우에는 권리자별 지분을 기록하여야 하고 등기할 권리가 총유(總有)인 때에는 그 뜻을 기록하여야 한다.
② 등기원인에 권리의 소멸에 관한 약정이 있을 경우 신청인은 그 약정에 관한 등기를 신청할 수 있다.
③ 등기관이 소유권 외의 권리에 대한 처분제한 등기를 할 때 등기상 이해관계 있는 제3자의 승낙이 없으면 부기로 할 수 없다.
④ 등기관이 환매특약의 등기를 할 때 매매비용은 기록하지 아니한다.
⑤ 등기관이 소유권보존등기를 할 때 등기원인과 그 연월일을 기록하여야 한다.

36 동산·채권 등의 담보에 관한 법령상 동산담보권에 관한 설명으로 옳은 것은?

① 동산담보권의 효력은 설정행위에 다른 약정이 있더라도 담보목적물에 부합된 물건과 종물(從物)에 미친다.

② 동산담보권은 피담보채권과 분리하여 타인에게 양도할 수 있다.

③ 담보권설정자가 담보목적물을 점유하는 경우에 경매절차는 압류에 의하여 개시한다.

④ 채무자의 변제를 원인으로 동산담보권의 실행을 중지함으로써 담보권자에게 손해가 발생하더라도 채무자가 그 손해를 배상하여야 하는 것은 아니다.

⑤ 담보권자는 자기의 채권을 변제받기 위하여 담보목적물의 경매를 청구할 수 없다.

37 도시 및 주거환경정비법령상 정비기반시설이 <u>아닌</u> 것은?

① 경찰서
② 공용주차장
③ 상수도
④ 하천
⑤ 지역난방시설

38 도시 및 주거환경정비법령상 정비구역의 해제사유에 해당하는 것은?

① 조합의 재건축사업의 경우, 토지등소유자가 정비구역으로 지정·고시된 날부터 1년이 되는 날까지 조합설립추진위원회의 승인을 신청하지 않은 경우

② 조합의 재건축사업의 경우, 토지등소유자가 정비구역으로 지정·고시된 날부터 2년이 되는 날까지 조합설립인가를 신청하지 않은 경우

③ 조합의 재건축사업의 경우, 조합설립추진위원회가 추진위원회 승인일부터 1년이 되는 날까지 조합설립인가를 신청하지 않은 경우

④ 토지등소유자가 재개발사업을 시행하는 경우로서 토지등소유자가 정비구역으로 지정·고시된 날부터 5년이 되는 날까지 사업시행계획인가를 신청하지 않은 경우

⑤ 조합설립추진위원회가 구성된 구역에서 토지등소유자의 100분의 20이 정비구역의 해제를 요청한 경우

39 도시 및 주거환경정비법령상 조합설립추진위원회와 조합에 관한 설명으로 옳지 <u>않은</u> 것은?

① 조합설립추진위원회는 설계자의 선정 및 변경의 업무를 수행할 수 있다.

② 조합설립추진위원회는 추진위원회를 대표하는 추진위원장 1명과 감사를 두어야 한다.

③ 조합장이 자기를 위하여 조합과 계약이나 소송을 할 때에는 이사가 조합을 대표한다.

④ 정비사업전문관리업자의 선정 및 변경의 사항은 조합 총회의 의결을 거쳐야 한다.

⑤ 조합장이 아닌 조합임원은 조합의 대의원이 될 수 없다.

40 도시 및 주거환경정비법령상 조합이 정관의 기재사항을 변경하려고 할 때, 조합원 3분의 2 이상의 찬성을 받아야 하는 것을 모두 고른 것은? (단, 조례는 고려하지 않음)

> ㄱ. 조합의 명칭 및 사무소의 소재지
> ㄴ. 조합원의 자격
> ㄷ. 조합원의 제명 · 탈퇴 및 교체
> ㄹ. 정비사업비의 부담 시기 및 절차
> ㅁ. 조합의 비용부담 및 조합의 회계

① ㄱ, ㄴ, ㄷ   ② ㄱ, ㄹ, ㅁ

③ ㄴ, ㄷ, ㄹ   ④ ㄱ, ㄴ, ㄷ, ㅁ

⑤ ㄴ, ㄷ, ㄹ, ㅁ

05 2019년 제30회 기출문제

01 국토의 계획 및 이용에 관한 법령상 도시·군관리계획에 관한 설명으로 옳지 <u>않은</u> 것은?

① 도시·군관리계획 결정의 효력은 그 결정이 있는 때부터 발생한다.

② 도시·군관리계획은 광역도시계획과 도시 군기본계획에 부합되어야 한다.

③ 수산자원보호구역의 지정에 관한 도시·군관리계획은 해양수산부장관이 결정할 수 있다.

④ 주민은 도시 군관리계획을 입안할 수 있는 자에게 기반시설의 개량에 관한 사항에 대하여 도시·군관리계획의 입안을 제안할 수 있다.

⑤ 국토교통부장관이 직접 지형도면을 작성한 경우에는 이를 고시하여야 한다.

02 국토의 계획 및 이용에 관한 법령상 광역도시계획에 관한 설명으로 옳지 <u>않은</u> 것은?

① 광역계획권이 둘 이상의 인접한 시·도의 관할구역에 걸쳐 있는 경우 국토교통부장관이 광역계획권을 지정한다.

② 광역도시계획에는 광역계획권의 지정목적을 이루는 데 필요한 경관계획에 관한 사항이 포함되어야 한다.

③ 국토교통부장관은 광역도시계획을 수립하거나 변경하려면 미리 공청회를 열어야 한다.

④ 광역도시계획을 공동으로 수립하는 시·도지사는 그 내용에 관하여 서로 협의가 되지 아니하면 공동으로 조정을 신청하여야 한다.

⑤ 광역도시계획협의회에서 광역도시계획의 수립에 관하여 조정을 한 경우에는 그 조정내용을 광역도시계획에 반영하여야 한다.

03 국토의 계획 및 이용에 관한 법령상 기반시설 중 공간시설에 해당하는 것은?

① 학교
② 녹지
③ 하천
④ 주차장
⑤ 빗물저장 및 이용시설

04 국토의 계획 및 이용에 관한 법령상 용도지역별 건폐율의 최대한도가 큰 순서대로 나열된 것은? (단, 조례 및 기타 강화 완화조건은 고려하지 않음)

> ㄱ. 계획관리지역
> ㄴ. 자연녹지지역
> ㄷ. 근린상업지역
> ㄹ. 제2종일반주거지역

① ㄷ - ㄹ - ㄱ - ㄴ
② ㄷ - ㄹ - ㄴ - ㄱ
③ ㄹ - ㄱ - ㄷ - ㄴ
④ ㄹ - ㄷ - ㄱ - ㄴ
⑤ ㄹ - ㄷ - ㄴ - ㄱ

05 국토의 계획 및 이용에 관한 법령상 도시·군계획시설 부지의 매수 청구에 관한 설명이다. 괄호 안에 들어갈 내용을 옳게 연결한 것은?

> • 도시·군계획시설결정의 고시일부터 (ㄱ)년 이내에 그 도시·군계획시설사업이 시행되지 아니하는 경우 (실시계획의 인가나 그에 상당하는 절차가 진행된 경우는 제외한다)에 청구할 수 있다.
> • 도시·군계획시설의 부지로 되어 있는 토지 중 (ㄴ)인 토지(그 토지에 있는 건축물 및 정착물을 포함한다)의 소유자가 청구할 수 있다.

① ㄱ : 10, ㄴ : 지목이 대
② ㄱ : 10, ㄴ : 용도지역이 거주지역
③ ㄱ : 10, ㄴ : 용도지역이 관리지역
④ ㄱ : 20, ㄴ : 지목이 대
⑤ ㄱ : 20, ㄴ : 용도지역이 관리지역

06 국토의 계획 및 이용에 관한 법령상 지구단위계획에 관한 설명으로 옳지 <u>않은</u> 것은?

① 지구단위계획구역의 지정에 관한 고시일부터 5년 이내에 지구단위계획이 결정·고시되지 아니하면 그 5년이 되는 날에 지구단위계획구역의 지정에 관한 도시·군관리계획결정은 효력을 잃는다.

② 지구단위계획에는 건축물의 건축선에 관한 계획이 포함될 수 있다.

③ 지구단위계획구역 및 지구단위계획은 도시·군관리계획으로 결정한다.

④ 국토교통부장관, 시·도지사, 시장 또는 군수는 지구단위계획구역 지정이 효력을 잃으면 지체 없이 그 사실을 고시하여야 한다.

⑤ 국토교통부장관은 용도지구의 전부 또는 일부에 대하여 지구단위계획구역을 지정할 수 있다.

07 국토의 계획 및 이용에 관한 법령상 '도시지역, 관리지역, 농림지역 또는 자연환경보전지역으로 용도가 지정되지 아니한 지역'의 용적률의 최대한도는? (단, 조례 및 기타 강화·완화조건은 고려하지 않음)

① 20퍼센트

② 50퍼센트

③ 80퍼센트

④ 100퍼센트

⑤ 125퍼센트

08 국토의 계획 및 이용에 관한 법령상 무엇에 관한 설명인가?

> 주거 및 교육 환경 보호나 청소년 보호 등의 목적으로 오염물질 배출시설, 청소년 유해시설 등 특정시설의 입지를 제한할 필요가 있는 지구

① 방재지구

② 방화지구

③ 복합용도지구

④ 개발진흥지구

⑤ 특정용도제한지구

09 국토의 계획 및 이용에 관한 법령상 용도지역에 관한 설명이다. 괄호 안에 들어갈 용어가 옳게 연결된 것은?

> • (ㄱ) : 중고층주택을 중심으로 편리한 주거환경을 조성하기 위하여 필요한 지역
> • (ㄴ) : 환경을 저해하지 아니하는 공업의 배치를 위하여 필요한 지역
> • (ㄷ) : 도시의 녹지공간의 확보, 도시확산의 방지, 장래 도시용지의 공급 등을 위하여 보전할 필요가 있는 지역으로서 불가피한 경우에 한하여 제한적인 개발이 허용되는 지역

① ㄱ : 제2종일반주거지역,　ㄴ : 준공업지역,　　ㄷ : 자연녹지지역
② ㄱ : 제2종일반주거지역,　ㄴ : 준공업지역,　　ㄷ : 보전녹지지역
③ ㄱ : 제2종일반주거지역,　ㄴ : 일반공업지역,　ㄷ : 자연녹지지역
④ ㄱ : 제3종일반주거지역,　ㄴ : 일반공업지역,　ㄷ : 보전녹지지역
⑤ ㄱ : 제3종일반주거지역,　ㄴ : 일반공업지역,　ㄷ : 자연녹지지역

10 국토의 계획 및 이용에 관한 법령상 공동구에 관한 설명으로 옳지 <u>않은</u> 것은?

① 「택지개발촉진법」에 따른 100만 제곱미터의 택지개발지구에서 개발사업을 시행하는 자는 공동구를 설치하여야 한다.
② 공동구관리자는 5년마다 해당 공동구의 안전 및 유지관리계획을 수립·시행하여야 한다.
③ 공동구의 관리에 소요되는 비용은 그 공동구를 점용하는 자가 함께 부담하되, 부담비율은 점용면적을 고려하여 공동구관리자가 정한다.
④ 공동구 설치비용 부담액을 완납하지 않은 자가 공동구를 점용하려면 그 공동구를 관리하는 공동구관리자의 허가를 받아야 한다.
⑤ 공동구관리자는 1년에 1회 이상 공동구의 안전점검을 실시하여야 한다.

11 국토의 계획 및 이용에 관한 법률상 다른 법률에 따라 지정·고시된 지역이 이 법에 따른 도시지역으로 결정·고시된 것으로 보는 경우를 모두 고른 것은?

> ㄱ. 「택지개발촉진법」에 따른 택지개발지구
> ㄴ. 「산업입지 및 개발에 관한 법률」에 따른 국가산업단지
> ㄷ. 「어촌·어항법」에 따른 어항구역으로서 도시지역에 연접한 공유수면
> ㄹ. 관리지역의 산림 중 「산지관리법」에 따라 보전산지로 지정·고시된 지역

① ㄱ, ㄴ
② ㄷ, ㄹ
③ ㄱ, ㄴ, ㄷ
④ ㄱ, ㄷ, ㄹ
⑤ ㄴ, ㄷ, ㄹ

12 국토의 계획 및 이용에 관한 법령상 제1종일반주거지역 안에서 건축할 수 있는 건축물에 해당하지 <u>않는</u> 것은? (단, 조례는 고려하지 않음)

① 다가구주택
② 다세대주택
③ 아파트
④ 제1종 근린생활시설
⑤ 노유자시설

13 국토의 계획 및 이용에 관한 법령상 개발행위에 따른 공공시설의 귀속에 관한 설명으로 옳은 것은?

① 개발행위허가를 받은 자가 행정청이 아닌 경우 개발행위로 용도가 폐지되는 공공시설은 새로 설치한 공공시설의 설치비용에 상당하는 범위에서 개발행위허가를 받은 자에게 무상으로 양도할 수 있다.
② 개발행위허가를 받은 자가 행정청이 아닌 경우 개발행위허가를 받은 자가 새로 설치한 공공시설은 그 시설을 관리할 관리청에 유상으로 귀속된다.
③ 개발행위허가를 받은 자가 행정청인 경우 개발행위허가를 받은 자가 새로 설치한 공공시설은 개발행위허가를 받은 행정청에 귀속된다.
④ 군수는 공공시설인 도로의 귀속에 관한 사항이 포함된 개발행위허가를 하려면 미리 기획재정부장관의 의견을 들어야 한다.
⑤ 개발행위허가를 받은 자가 행정청인 경우 개발행위허가를 받은 자가 준공검사를 마쳤다면 해당 시설의 관리청에 공공시설의 종류를 통지할 필요가 없다.

14 감정평가 및 감정평가사에 관한 법령상 감정평가법인에 관한 설명으로 옳은 것은?

① 감정평가법인의 주사무소 및 분사무소에 주재하는 감정평가사가 각각 3명이면 설립기준을 충족하지 못한다.
② 감정평가법인을 해산하려는 경우에는 국토교통부장관의 인가를 받아야 한다.
③ 감정평가법인은 사원 전원의 동의 또는 주주총회의 의결이 있는 때에는 국토교통부장관의 인가를 받아 다른 감정평가법인과 합병할 수 있다.
④ 자본금 미달은 감정평가법인의 해산 사유에 해당한다.
⑤ 국토교통부장관은 감정평가업자가 업무정지처분 기간 중에 법원에 계속 중인 소송 또는 경매를 위한 토지등의 감정평가업무를 한 경우 가중하여 업무의 정지를 명할 수 있다.

15 감정평가 및 감정평가사에 관한 법령상 감정평가사에 관한 설명으로 옳지 <u>않은</u> 것은?

① 감정평가사 자격이 취소된 후 3년이 경과되지 아니한 사람은 감정평가사가 될 수 없다.

② 감정평가사 결격사유는 감정평가사 등록 및 갱신등록의 거부사유가 된다.

③ 감정평가사는 둘 이상의 감정평가법인 또는 감정평가사무소에 소속될 수 없다.

④ 감정평가사 자격이 있는 사람이 국토교통부장관에게 등록하기 위해서는 1년 이상의 실무수습을 마쳐야 한다.

⑤ 감정평가사시험에 합격한 사람은 별도의 연수과정을 마치지 않더라도 감정평가사의 자격이 있다.

16 감정평가 및 감정평가사에 관한 법령상 감정평가업자에 관한 설명으로 옳은 것은?

① 감정평가업자가 토지를 감정평가하는 경우에는 그 토지와 이용가치가 비슷하다고 인정되는 토지의 적정한 실거래가를 기준으로 하여야 한다.

② 감정평가업자는 감정평가서의 원본을 발급일부터 2년 동안 보존하여야 한다.

③ 감정평가업자는 토지의 매매업을 직접 할 수 있다.

④ 감정평가업자의 업무수행에 따른 수수료의 요율은 국토교통부장관이 감정평가관리·징계위원회의 심의를 거치지 아니하고 결정할 수 있다.

⑤ 감정평가업자가 감정평가서 관련 서류를 보관하는 기간과 국토교통부장관이 감정평가업자의 해산이나 폐업 시 제출받은 감정평가서 관련 서류를 보관하는 기간은 동일하다.

17 부동산 가격공시에 관한 법령상 개별공시지가에 관한 설명으로 옳지 <u>않은</u> 것은?

① 개별공시지가에 이의가 있는 자는 그 결정·공시일부터 30일 이내에 서면으로 시장·군수 또는 구청장에게 이의를 신청할 수 있다.

② 시장·군수 또는 구청장은 개별공시지가에 표준지 선정의 착오가 있음을 발견한 때에는 지체 없이 이를 정정하여야 한다.

③ 관계공무원이 표준지가격의 조사·평가를 위하여 택지에 출입하고자 할 때에는 시장·군수 또는 구청장의 허가를 받아 출입할 날의 3일 전에 그 점유자에게 일시와 장소를 통지하여야 한다.

④ 일출 전·일몰 후에는 그 토지의 점유자의 승인 없이 택지 또는 담장이나 울타리로 둘러싸인 타인의 토지에 출입할 수 없다.

⑤ 개별공시지가의 결정·공시에 소요되는 비용은 그 비용의 50퍼센트 이내에서 국고에서 보조할 수 있다.

18 부동산 가격공시에 관한 법령상 공동주택가격의 조사·산정 및 공시에 관한 설명으로 옳지 <u>않은</u> 것은?

① 국토교통부장관이 공동주택가격을 조사·산정하고자 할 때에는 한국감정원에 의뢰한다.

② 국토교통부장관은 3월 31일에 대지가 합병된 공동주택의 공동주택가격을 그 해 6월 1일까지 산정·공시하여야 한다.

③ 공시기준일 이후 「건축법」에 따른 용도변경이 된 공동주택은 공동주택가격의 공시기준일을 다르게 할 수 있는 공동주택에 해당한다.

④ 공동주택가격의 공시에는 공동주택의 면적이 포함되어야 한다.

⑤ 아파트에 해당하는 공동주택은 국세청장이 국토교통부장관과 협의하여 그 공동주택가격을 별도로 결정·고시할 수 있다.

19 부동산 가격공시에 관한 법령상 지가의 공시에 관한 설명으로 옳은 것은?

① 개별공시지가의 단위면적은 3.3제곱미터로 한다.

② 시장·군수 또는 구청장은 농지보전부담금 부과대상인 토지에 대해서는 개별공시지가를 결정·공시하지 아니할 수 있다.

③ 개별공시지가는 토지시장에 지가정보를 제공하고 일반적인 토지거래의 지표가 되며, 감정평가업자가 개별적으로 토지를 감정평가하는 경우에 기준이 된다.

④ 표준지에 지상권이 설정되어 있을 때에는 그 지상권이 존재하지 아니하는 것으로 보고 표준지공시지가를 평가하여야 한다.

⑤ 표준지에 대한 용도지역은 표준지공시지가의 공시사항에 포함되지 않는다.

20 국유재산법령상 국유재산에 관한 설명으로 옳지 <u>않은</u> 것은?

① 사권이 설정된 재산을 판결에 따라 취득하는 경우 그 사권이 소멸된 후가 아니면 국유재산으로 취득하지 못한다.

② 국유재산의 범위에는 선박, 지상권, 광업권, 특허권, 저작권이 포함된다.

③ 총괄청은 다음 연도의 국유재산의 관리·처분에 관한 계획의 작성을 위한 지침을 매년 4월 30일까지 중앙관서의 장에게 통보하여야 한다.

④ 총괄청은 일반재산을 보존용재산으로 전환하여 관리할 수 있다.

⑤ 확정판결에 따라 일반재산에 사권을 설정할 수 있다.

21 국유재산법령상 무단점유자에 관한 설명으로 옳지 <u>않은</u> 것은?

① 행정재산에 대한 사용허가 기간이 끝난 후 다시 사용허가 없이 행정재산을 계속 사용한 자는 무단점유자에 해당한다.

② 정당한 사유 없이 국유재산에 시설물을 설치한 경우 중앙관서의 장등은 「행정대집행법」을 준용하여 철거할 수 있다.

③ 무단점유자가 재해로 재산에 심한 손실을 입은 경우는 중앙관서의 장등이 변상금 징수를 미룰 수 있는 사유에 해당한다.

④ 변상금의 연체료 부과대상이 되는 연체기간은 납기일부터 60개월을 초과할 수 없다.

⑤ 중앙관서의 장등은 행정재산의 무단점유자에 대하여 그 재산에 대한 사용료의 100분의 150에 상당하는 변상금을 징수한다.

22 국유재산법령상 총괄청의 권한에 해당하지 <u>않는</u> 것은?

① 중앙관서의 장에게 해당 국유재산의 관리상황에 관한 보고의 요구

② 중앙관서의 장에게 그 소관 국유재산 용도폐지의 요구

③ 국유재산의 관리·처분에 관한 소관 중앙관서의 장이 분명하지 아니한 국유재산에 대한 그 소관 중앙관서의 장의 지정

④ 중앙관서 소관 국유재산의 관리·처분 업무를 효율적으로 수행하기 위한 국유재산 책임관의 임명

⑤ 국유재산관리기금의 관리·운용을 위하여 필요한 자금의 차입

23 국유재산법령상 일반재산에 관한 설명으로 옳지 <u>않은</u> 것은?

① 일반재산은 대부 또는 처분할 수 있다.

② 총괄청은 3년 이상 활용되지 아니한 일반재산을 민간사업자와 공동으로 개발할 수 있다.

③ 정부출자기업체의 주주 등 출자자에게 해당 기업체의 지분증권을 매각하는 경우에는 일반재산을 수의계약으로 처분할 수 있다.

④ 정부는 정부출자기업체의 운영체제와 경영구조의 개편을 위하여 필요한 경우에는 일반재산을 현물출자 할 수 있다.

⑤ 일반재산인 토지와 사유재산인 토지를 교환할 때 쌍방의 가격이 같이 아니면 그 차액을 금전으로 대납하여야 한다.

24 건축법령상 특별건축구역에 관한 설명으로 옳은 것은?

① 시장·군수·구청장은 특별건축구역의 지정을 신청할 수 없다.

② 「군사기지 및 군사시설 보호법」에 따른 군사기지 및 군사시설 보호구역은 특례 적용이 필요하다고 인정하는 경우에도 특별건축구역으로 지정될 수 없다.

③ 시·도지사는 「도시개발법」에 따른 도시개발구역에 대하여 특별건축구역을 지정할 수 있다.

④ 「주택도시기금법」에 따른 주택도시보증공사가 건축하는 건축물은 특별건축구역에서 특례사항을 적용하여 건축할 수 있는 건축물에 해당된다.

⑤ 지정신청기관은 특별건축구역 지정 이후 특별건축구역의 도시·군관리계획에 관한 사항이 변경되는 경우에는 변경지정을 받지 않아도 된다.

25 건축법령상 건축허가에 관한 설명으로 옳지 <u>않은</u> 것은? (단, 조례는 고려하지 않음)

① 50층의 공동주택을 광역시에 건축하려면 광역시장의 허가를 받아야 한다.

② 자연환경을 보호하기 위하여 도지사가 지정·공고한 구역에 건축하는 3층의 숙박시설에 대하여 시장·군수가 건축허가를 하려면 도지사의 승인을 받아야 한다.

③ 건축허가를 받으면 「자연공원법」에 따른 행위허가를 받은 것으로 본다.

④ 건축허가시 실시하는 건축물 안전영향평가는 건축물이 연면적 10만 제곱미터 이상이고 21층 이상일 것을 요건으로 한다.

⑤ 2층 건축물이 건축허가 대상이라도 증축하려는 부분의 바닥면적의 합계가 80제곱미터인 경우에는 증축에 대한 건축신고를 하면 건축허가를 받은 것으로 본다.

26 건축법령상 허가권자가 가로구역별로 건축물의 높이를 지정·공고할 때 고려하여야 할 사항에 해당하지 <u>않는</u> 것은?

① 도시·군관리계획 등의 토지이용계획

② 해당 가로구역이 접하는 도로의 너비

③ 해당 가로구역의 상·하수도 등 간선시설의 수용능력

④ 도시미관 및 경관계획

⑤ 에너지이용 관리계획

27 건축법령상 건축법을 적용하지 <u>않는</u> 건축물을 모두 고른 것은?

> ㄱ. 「문화재보호법」에 따른 지정문화재나 임시지정 문화재
> ㄴ. 철도나 궤도의 선로 부지에 있는 플랫폼
> ㄷ. 고속도로 통행료 징수시설
> ㄹ. 주거용 건축물의 대지에 설치한 컨테이너를 이용한 간이창고
> ㅁ. 「하천법」에 따른 하천구역 내의 수문조작실

① ㄱ, ㄹ   ② ㄴ, ㄷ

③ ㄱ, ㄴ, ㄷ, ㅁ   ④ ㄱ, ㄷ, ㄹ, ㅁ

⑤ ㄴ, ㄷ, ㄹ, ㅁ

28 공간정보의 구축 및 관리 등에 관한 법령상 지목의 종류에 해당하지 <u>않는</u> 것은?

① 창고용지
② 공장용지
③ 수도용지
④ 주택용지
⑤ 철도용지

29 공간정보의 구축 및 관리 등에 관한 법령상 지적공부에 관한 설명으로 옳지 <u>않은</u> 것은?

① 정보처리시스템을 통하여 기록·저장한 지적공부의 전부가 멸실된 경우에는 국토교통부장관은 지체 없이 이를 복구하여야 한다.
② 국토교통부장관은 정보처리시스템을 통하여 지적정보관리체계에 기록·저장한 지적공부가 멸실될 경우를 대비하여 지적공부를 복제하여 관리하는 정보관리체계를 구축하여야 한다.
③ 지적공부를 정보처리시스템을 통하여 기록·저장한 경우 관할 시·도지사, 시장·군수 또는 구청장은 그 지적공부를 지적정보관리체계에 영구히 보존하여야 한다.
④ 국토교통부장관은 지적공부의 효율적인 관리 및 활용을 위하여 지적정보 전담 관리기구를 설치·운영한다.
⑤ 지방자치단체의 장이 지적전산자료를 신청하는 경우에는 지적전산자료의 이용 목적등에 관하여 미리 관계 중앙행정기관의 심사를 받지 않아도 된다.

30 공간정보의 구축 및 관리 등에 관한 법령상 대지권등록부에 등록하여야 하는 사항에 해당하지 <u>않는</u> 것은?

① 토지의 소재

② 지번

③ 대지의 비율

④ 소유자의 성명 또는 명칭

⑤ 개별공시지가와 그 기준일

31 공간정보의 구축 및 관리 등에 관한 법령상 지적소관청이 토지의 이동에 따라 지상경계를 새로 정한 경우 지상경계점등록부에 등록할 사항에 해당하지 <u>않는</u> 것은?

① 토지의 소재

② 지번

③ 경계점 위치 설명도

④ 경계점의 사진 파일

⑤ 경계점 위치의 토지소유자 성명

32 부동산등기법령상 '이의'에 관한 설명으로 옳지 <u>않은</u> 것은?

① 등기관의 결정 또는 처분에 이의가 있는 자는 관할 지방법원에 이의신청을 할 수 있다.

② 이의의 신청은 대법원규칙으로 정하는 바에 따라 등기소에 이의신청서를 제출하는 방법으로 한다.

③ 관할 지방법원은 이의신청에 대하여 결정하기 전에 등기관에게 가등기 또는 이의가 있다는 뜻의 부기등기를 명령할 수 없다.

④ 이의의 비용에 대하여 「비송사건절차법」을 준용한다.

⑤ 이의에 대한 관할 지방법원의 결정에 대하여는 「비송사건절차법」에 따라 항고할 수 있다.

33 부동산등기법령상 수용으로 인한 등기에 관한 설명으로 옳은 것은?

① 수용으로 인한 소유권이전등기는 등기권리자가 단독으로 신청할 수 없다.

② 등기관이 수용으로 인한 소유권이전등기를 하는 경우 그 부동산의 등기기록 중 소유권 외의 권리에 관한 등기가 있으면 그 등기를 당사자의 신청에 따라 말소하여야 한다.

③ 부동산에 관한 소유권 외의 권리의 수용으로 인한 권리이전등기에 관하여는 수용으로 인한 소유권이전등기 규정이 적용되지 않는다.

④ 등기관이 수용으로 인한 소유권이전등기를 하는 경우 그 부동산의 등기기록 중 그 부동산을 위하여 존재하는 지역권의 등기는 직권으로 말소할 수 없다.

⑤ 수용으로 인한 소유권이전등기를 신청하는 경우에 등기권리자는 포괄승계인을 갈음하여 포괄승계로 인한 소유권이전의 등기를 신청할 수 없다.

34 부동산등기법령상 등기부에 관한 설명으로 옳은 것은?

① 등기부는 토지등기부, 건물등기부, 집합건물등기부로 구분한다.

② 등기부와 폐쇄한 등기기록은 모두 영구히 보존하여야 한다.

③ 등기부는 법관이 발부한 영장에 의하여 압수하는 경우 외에는 등기정보중앙관리소에 보관·관리하여야 한다.

④ 등기기록의 열람 청구는 관할 등기소가 아닌 등기소에 대하여 할 수 없다.

⑤ 1동의 건물을 구분한 건물에 있어서는 1동의 건물에 속하는 전부에 대하여 1개의 등기기록을 사용할 수 없다.

35 부동산등기법령상 등기할 수 있는 권리에 해당하지 <u>않는</u> 것은?

① 소유권
② 지역권
③ 권리질권
④ 유치권
⑤ 채권담보권

36 동산·채권 등의 담보에 관한 법령상 동산담보권의 목적물에 해당하지 <u>않는</u> 것을 모두 고른 것은?

> ㄱ. 무기명채권증서
> ㄴ. 화물상환증이 작성된 동산
> ㄷ. 「선박등기법」에 따라 등기된 선박
> ㄹ. 「자산유동화에 관한 법률」에 따른 유동화증권

① ㄱ
② ㄴ, ㄷ
③ ㄴ, ㄹ
④ ㄱ, ㄷ, ㄹ
⑤ ㄱ, ㄴ, ㄷ, ㄹ

37 도시 및 주거환경정비법령상 조합임원에 관한 설명으로 옳은 것은?

① 조합임원이 금고 이상의 형의 집행유예를 받고 그 유예기간 중에 있는 경우에는 총회의 의결을 거쳐 해임된다.
② 조합임원은 조합원 10분의 1 이상의 요구로 소집된 총회에서 조합원 과반수의 출석과 출석 조합원 과반수의 동의를 받아 해임할 수 있다.
③ 조합장 또는 이사가 자기를 위하여 조합과 계약이나 소송을 할 때에는 대의원회의 의장이 조합을 대표한다.
④ 조합임원의 임기는 정관으로 정하되, 연임할 수 없다.
⑤ 조합의 정관에는 조합임원 업무의 분담 및 대행 등에 관한 사항은 포함되지 아니한다.

38 도시 및 주거환경정비법령상 도시·주거환경정비기본계획(이하 '기본계획')에 관한 설명으로 옳지 <u>않은</u> 것은?

① 도지사가 대도시가 아닌 시로서 기본계획을 수립할 필요가 없다고 인정하는 시에 대하여는 기본계획을 수립하지 아니할 수 있다.
② 정비사업의 계획기간을 단축하는 경우 기본계획의 수립권자는 주민공람과 지방의회의 의견청취 절차를 거쳐야 한다.
③ 기본계획에는 세입자에 대한 주거안정대책도 포함되어야 한다.
④ 대도시의 시장이 아닌 시장은 기본계획을 수립하려면 도지사의 승인을 받아야 한다.
⑤ 기본계획의 수립권자는 기본계획을 수립하는 경우에 14일 이상 주민에게 공람하여 의견을 들어야 한다.

39 도시 및 주거환경정비법령상 정비구역에 관한 설명으로 옳지 <u>않은</u> 것은? (단, 조례는 고려하지 않음)

① 정비구역의 지정권자는 정비구역에서의 건축물의 최고 높이를 변경하는 경우에는 지방도시계획위원회의 심의를 거치지 아니할 수 있다.

② 정비구역의 지정권자는 정비사업의 효율적인 추진을 위하여 필요하다고 인정하는 경우에는 하나의 정비구역을 둘 이상의 정비구역으로 분할하는 방법으로 정비구역을 지정할 수 있다.

③ 정비사업의 시행으로 토지등소유자에게 과도한 부담이 발생할 것으로 예상되는 경우 정비구역의 지정권자는 지방도시계획위원회의 심의를 거치지 아니하고 정비구역등을 해제할 수 있다.

④ 주거환경개선사업은 사업시행자가 정비구역에서 정비기반시설 및 공동이용시설을 새로 설치하거나 확대하고 토지등소유자가 스스로 주택을 보전·정비하거나 개량하는 방법으로 할 수 있다.

⑤ 정비구역등의 추진 상황으로 보아 지정 목적을 달성할 수 없다고 인정되어 정비구역등이 해제된 경우 정비계획으로 변경된 용도지역은 정비구역 지정 이전의 상태로 전환된 것으로 본다.

40 도시 및 주거환경정비법령상 정비사업의 시행에 관한 설명으로 옳지 <u>않은</u> 것은?

① 재건축사업은 조합이 조합원의 과반수의 동의를 받아 시장·군수등과 공동을 시행할 수 있다.

② 토지등소유자가 20인 미만인 경우에는 토지등소유자가 직접 재개발사업을 시행할 수 없다.

③ 조합설립추진위원회도 개략적인 정비사업 시행계획서를 작성할 수 있다.

④ 재개발사업은 정비구역에서 인가받은 관리처분계획에 따라 건축물을 건설하여 공급하거나 환지로 공급하는 방법으로 한다.

⑤ 조합이 사업시행자인 경우 시장·군수등은 특별한 사유가 없으면 사업시행계획서의 제출이 있는 날부터 60일 이내에 인가 여부를 결정하여 사업시행자에게 통보하여야 한다.

06 2018년 제29회 기출문제

01 국토의 계획 및 이용에 관한 법령상 도시·군기본계획에 관한 설명으로 옳은 것은?

① 시장 또는 군수는 도시·군기본계획의 수립을 위한 공청회 개최와 관련한 사항을 일간신문에 공청회 개최예정일 7일 전까지 2회 이상 공고하여야 한다.

② 도시·군기본계획에는 기후변화 대응 및 에너지절약에 관한 사항에 대한 정책 방향이 포함되어야 한다.

③ 시장 또는 군수는 3년마다 관할 구역의 도시·군기본계획에 대하여 그 타당성여부를 전반적으로 재검토하여 정비하여야 한다.

④ 시장 또는 군수가 도시·군기본계획을 변경하려면 지방의회의 승인을 받아야 한다.

⑤ 시장 또는 군수는 대통령령이 정하는 바에 따라 도시·군기본계획의 수립기준을 정한다.

02 국토의 계획 및 이용에 관한 법령상 도시·군관리계획에 관한 설명으로 옳지 <u>않은</u> 것은?

① 도시·군관리계획 결정의 효력은 지형도면을 고시한 날의 다음날부터 발생한다.

② 주민은 기반시설의 설치·정비 또는 개량에 관한 사항에 대하여 도시·군관리계획의 입안을 제안할 수 있다.

③ 도시·군관리계획의 입안 시 주민의 의견을 청취하여야 하는 경우 그에 필요한 사항은 대통령령이 정하는 기준에 따라 해당 지방자치단체의 조례로 정한다.

④ 국가계획과 관련되어 국토교통부장관이 입안한 도시·군관리계획은 국토교통부장관이 결정한다.

⑤ 도시·군관리계획을 조속히 입안하여야 할 필요가 있다고 인정되면 광역도시계획이나 도시·군기본계획을 수립할 때에 도시·군관리계획을 함께 입안할 수 있다.

03 국토의 계획 및 이용에 관한 법령상 기반시설 중 환경기초시설에 해당하지 <u>않는</u> 것은?

① 하수도
② 폐차장
③ 유류저장설비
④ 폐기물처리시설
⑤ 수질오염방지시설

04 국토의 계획 및 이용에 관한 법령상 시설보호지구에 해당하지 <u>않는</u> 것은?

① 학교시설보호지구
② 항만시설보호지구
③ 군사시설보호지구
④ 공용시설보호지구
⑤ 공항시설보호지구

05 국토의 계획 및 이용에 관한 법령상 (   )에 들어갈 용도지역을 옳게 연결한 것은?

> • 환경을 저해하지 아니하는 공업의 배치를 위하여 필요한 지역은 (ㄱ)으로 지정할 수 있다.
> • 관리지역이 세부 용도지역으로 지정되지 아니한 경우에는 용도지역에서의 용적률 규정을 적용할 때에 (ㄴ)
>   에 관한 규정을 적용한다.

① ㄱ : 일반공업지역,   ㄴ : 보전관리지역
② ㄱ : 일반공업지역,   ㄴ : 계획관리지역
③ ㄱ : 일반공업지역,   ㄴ : 생산관리지역
④ ㄱ : 준공업지역,   ㄴ : 보전관리지역
⑤ ㄱ : 준공업지역,   ㄴ : 계획관리지역

06 국토의 계획 및 이용에 관한 법령상 공동구에 관한 설명으로 옳은 것은?

① 「도시개발법」에 따른 도시개발구역이 100만 m²를 초과하는 경우에는 해당구역에서 개발사업을 시행하는 자는 공동구를 설치하여야 한다.

② 공동구가 설치된 경우에 전선로, 통신선로 및 수도관은 공동구에 수용하지 아니할 수 있다.

③ 공동구 설치에 필요한 비용은 「국토의 계획 및 이용에 관한 법률」이나 다른 법률에 특별한 규정이 있는 경우를 제외하고는 사업시행자가 단독으로 부담한다.

④ 공동구의 관리에 소요되는 비용은 그 공동구를 점용하는 자가 함께 부담하되, 부담비율은 점용면적을 고려하여 공동구관리자가 정한다.

⑤ 공동구관리자는 3년마다 해당 공동구의 안전 및 유지관리계획을 수립·시행하여야 한다.

07 국토의 계획 및 이용에 관한 법령상 매수의무자가 도시·군계획시설 부지의 매수 결정을 알린 날부터 2년이 지날 때까지 해당 토지를 매수하지 아니하는 경우 매수청구를 한 토지소유자가 개발행위허가를 받아 건축할 수 있는 것은? (단, 조례는 고려하지 않음)

① 5층의 치과의원

② 4층의 다가구주택

③ 3층의 동물병원

④ 2층의 노래연습장

⑤ 3층의 생활숙박시설

08 국토의 계획 및 이용에 관한 법령상 지구단위계획의 수립 시 고려사항으로 명시하고 있지 <u>않은</u> 것은?

① 지역공동체의 활성화

② 해당 용도지역의 특성

③ 안전하고 지속가능한 생활권의 조성

④ 도시의 자연환경 및 경관보호와 도시민에게 건전한 여가·휴식공간의 제공

⑤ 해당 지역 및 인근 지역의 토지 이용을 고려한 토지이용계획과 건축계획의 조화

09 국토의 계획 및 이용에 관한 법령상 중앙도시계획위원회에 관한 설명으로 옳지 <u>않은</u> 것은?

① 국토교통부장관은 중앙도시계획위원회의 회의를 소집할 수 있다.

② 중앙도시계획위원회는 도시·군계획에 관한 조사·연구 업무를 수행할 수 있다.

③ 중앙도시계획위원회의 회의는 재적위원 과반수의 출석으로 개의(開議)하고, 출석위원 과반수의 찬성으로 의결한다.

④ 중앙도시계획위원회의 위원장과 부위원장이 모두 부득이한 사유로 그 직무를 수행하지 못할 때에는 위원장이 미리 지명한 위원이 그 직무를 대행한다.

⑤ 중앙도시계획위원회의 회의록은 심의 종결 후 3개월이 지난 후에는 공개요청이 있는 경우 이를 공개하여야 한다.

10 국토의 계획 및 이용에 관한 법령상 개발행위의 허가에 관한 설명으로 옳지 <u>않은</u> 것은? (단, 조례는 고려하지 않음)

① 허가권자는 개발행위허가의 신청 내용이 도시·군계획사업의 시행에 지장이 있는 경우에는 개발행위허가를 하여서는 아니된다.

② 개발행위허가를 받은 부지면적을 3퍼센트 확대하는 경우에는 별도의 변경허가를 받지 않아도 된다.

③ 성장관리계획을 수립한 지역에서 개발행위허가를 하는 경우에는 중앙도시계획위원회와 지방도시계획위원회의 심의를 거치지 아니한다.

④ 특별시장, 광역시장, 특별자치시장, 특별자치도지사, 시장 또는 군수는 개발행위 허가내용과 다르게 개발행위를 하는 자에게 그 토지의 원상회복을 명할 수 있다.

⑤ 지구단위계획구역으로 지정된 지역에 대해서는 중앙도시계획위원회나 지방도시계획위원회의 심의를 거치지 아니하고 한 차례만 2년 이내의 기간 동안 개발행위허가의 제한을 연장할 수 있다.

11 국토의 계획 및 이용에 관한 법령상 용도지역별 건폐율의 최대한도가 옳은 것을 모두 고른 것은? (단, 조례와 건축법령상의 예외는 고려하지 않음)

> ㄱ. 제1종일반주거지역 : 60퍼센트 이하
> ㄴ. 준주거지역 : 70퍼센트 이하
> ㄷ. 중심상업지역 : 80퍼센트 이하
> ㄹ. 준공업지역 : 80퍼센트 이하
> ㅁ. 계획관리지역 : 20퍼센트 이하

① ㄱ, ㄴ

② ㄱ, ㄹ

③ ㄱ, ㄴ, ㄹ

④ ㄴ, ㄷ, ㅁ

⑤ ㄷ, ㄹ, ㅁ

12 국토의 계획 및 이용에 관한 법령상 시범도시에 관한 설명으로 옳은 것은?

① 국토교통부장관과 시·도지사는 시장·군수·구청장의 신청을 받아 시범도시를 지정할 수 있다.

② 시범도시사업의 시행을 위하여 필요한 경우에는 시범도시사업의 예산집행에 관한 사항을 도시·군계획조례로 정할 수 있다.

③ 시범도시를 공모할 경우 이에 응모할 수 있는 자는 특별시장·광역시장·특별자치시장·특별자치도지사·시장·군수·구청장 또는 주민자치회이다.

④ 국토교통부장관은 시범도시를 지정하려면 설문조사·열람 등을 통하여 주민의 의견을 들은 후 관계 지방자치단체장의 의견을 들어야 한다.

⑤ 국토교통부장관은 시범도시사업계획의 수립에 소요되는 비용의 전부에 대하여 보조 또는 융자할 수 있다.

13 국토의 계획 및 이용에 관한 법령상 도시·군계획시설사업에 관한 설명으로 옳지 <u>않은</u> 것은?

① 도시·군계획시설사업의 시행자는 사업시행대상지역 또는 대상시설을 둘 이상으로 분할하여 도시·군계획시설사업을 시행할 수 있다.

② 한국토지주택공사가 도시·군계획시설사업시행자로 지정을 받으려면 토지소유자 총수의 2분의 1 이상에 해당하는 자의 동의를 얻어야 한다.

③ 도지사는 광역도시계획과 관련되거나 특히 필요하다고 인정되는 경우에는 관계시장 또는 군수의 의견을 들어 직접 도시·군계획시설사업을 시행할 수 있다.

④ 도시·군계획시설에 대한 단계별 집행계획은 제1단계 집행계획과 제2단계 집행계획으로 구분하여 수립하되, 3년 이내에 시행하는 도시·군계획시설사업은 제1단계 집행계획에 포함되도록 하여야 한다.

⑤ 도시·군계획시설사업의 시행자로 지정받은 「지방공기업법」에 의한 지방공사는 기반시설의 설치가 필요한 경우에 그 이행을 담보하기 위한 이행보증금을 예치하지 않아도 된다.

14 감정평가 및 감정평가사에 관한 법령상 감정평가법인 등의 업무에 해당하는 것을 모두 고른 것은?

> ㄱ. 법원에 계속 중인 소송 또는 경매를 위한 토지등의 감정평가에 부수되는 업무
> ㄴ. 금융기관·보험회사·신탁회사 등 타인의 의뢰에 따른 토지등의 감정평가
> ㄷ. 「자산재평가법」에 따른 토지등의 감정평가
> ㄹ. 토지등의 이용 및 개발 등에 대한 조언이나 정보 등의 제공
> ㅁ. 감정평가와 관련된 상담 및 자문

① ㄹ, ㅁ

② ㄱ, ㄴ, ㄷ

③ ㄱ, ㄴ, ㄷ, ㅁ

④ ㄴ, ㄷ, ㄹ, ㅁ

⑤ ㄱ, ㄴ, ㄷ, ㄹ, ㅁ

15 감정평가 및 감정평가사에 관한 법령상 감정평가법인등(감정평가법인 또는 감정평가사사무소의 소속 감정평가사를 포함한다)의 의무에 관한 설명으로 옳은 것은?

① 자신이 소유한 토지에 대하여 감정평가를 하기 위해서는 국토교통부장관의 허가를 받아야 한다.

② 감정평가업무와 관련하여 필요한 경우에만 국토교통부장관의 허가를 받아 토지의 매매업을 직접 할 수 있다.

③ 감정평가업무의 경쟁력 강화를 위해 필요한 경우 감정평가 수주의 대가로 일정한 재산상의 이익을 제공할 수 있다.

④ 신의와 성실로써 공정하게 감정평가를 하여야 하며, 고의 또는 중대한 과실로 잘못된 평가를 하여서는 아니 된다.

⑤ 공익을 위해 필요한 경우에는 다른 사람에게 자기의 자격증을 대여할 수 있다.

16 감정평가 및 감정평가사에 관한 법령상 감정평가의 대상에 해당하지 <u>않는</u> 것은?

① 어업권
② 유가증권
③ 도로점용허가권한
④ 「입목에 관한 법률」에 따른 입목
⑤ 「공장 및 광업재단 저당법」에 따른 공장재단

17 부동산 가격공시에 관한 법령상 표준지에 관한 사항으로 표준지공시지가의 공시에 포함되어야 하는 것을 모두 고른 것은?

ㄱ. 지목	ㄴ. 지번
ㄷ. 용도지역	ㄹ. 도로 상황
ㅁ. 주변토지의 이용상황	

① ㄱ, ㄴ, ㄷ
② ㄱ, ㄹ, ㅁ
③ ㄱ, ㄴ, ㄷ, ㄹ
④ ㄴ, ㄷ, ㄹ, ㅁ
⑤ ㄱ, ㄴ, ㄷ, ㄹ, ㅁ

18 부동산 가격공시에 관한 법령상 표준지공시지가의 공시방법에 관한 설명으로 옳은 것은?

① 국토교통부장관은 매년 표준지공시지가를 중앙부동산가격공시위원회의의 심의를 거쳐 공시하여야 한다.

② 표준지공시지가를 공시할 때에는 표준지공시지가의 열람방법을 부동산공시가격시스템에 게시하여야 한다.

③ 표준지공시지가를 공시할 때에는 표준지공시지가에 대한 이의신청의 기간·절차 및 방법을 부동산공시가격시스템에 게시하여야 한다.

④ 국토교통부장관은 표준지공시지가와 표준지공시지가의 열람방법을 표준지 소유자에게 개별 통지하여야 한다.

⑤ 국토교통부장관은 표준지공시지가를 관보에 공고하고, 그 공고사실을 방송·신문 등을 통하여 알려야 한다.

19 부동산 가격공시에 관한 법령상 지가의 공시 등에 관한 설명으로 옳지 <u>않은</u> 것은?

① 표준지로 선정되어 개별공시지가를 결정·공시하지 아니하는 토지의 경우 해당 토지의 표준지공시지가를 개별공시지가로 본다.

② 개별공시지가 조사·산정의 기준에는 지가형성에 영향을 미치는 토지 특성조사에 관한 사항이 포함되어야 한다.

③ 관계공무원등이 표준지가격의 조사·평가를 위해 택지에 출입하고자 할 때에는 점유자를 알 수 없거나 부득이한 사유가 있는 경우를 제외하고는 출입할 날의 3일 전에 그 점유자에게 일시와 장소를 통지하여야 한다.

④ 표준지공시지가의 공시기준일은 1월 1일이며, 일부 지역을 지정하여 해당 지역에 대한 공시기준일을 따로 정할 수는 없다.

⑤ 개별공시지가의 결정·공시에 소요되는 비용은 대통령령으로 정하는 바에 따라 그 일부를 국고에서 보조할 수 있다.

20 국유재산법령상 국유재산에 관한 설명으로 옳지 <u>않은</u> 것은?

① 대통령 관저와 국무총리 공관은 공용재산이다.

② 행정재산 외의 모든 국유재산은 일반재산이다.

③ 행정재산의 사용 여부는 「국가재정법」 제6조에 따른 중앙관서의 장의 의견을 들어 기획재정부장관이 결정한다.

④ 국가가 보존할 필요가 있다고 국토교통부장관이 결정한 재산은 보존용재산이다.

⑤ 정부기업이 비상근무에 종사하는 직원에게 제공하는 해당 근무지의 구내 또는 이와 인접한 장소에 설치된 주거용 시설은 기업용재산이다.

21 국유재산법령상 일반재산에 관한 설명으로 옳지 <u>않은</u> 것은?

① 일반재산은 대부 또는 처분할 수 있다.

② 중앙관서의 장은 국가의 활용계획이 없는 건물이 재산가액에 비하여 유지·보수 비용이 과다한 경우 이를 철거할 수 있다.

③ 일반재산은 매립사업을 시행하기 위하여 그 사업의 완성을 조건으로 총괄청과 협의하여 매각을 예약할 수 있다.

④ 일반재산을 매각하는 경우에는 대통령령으로 정하는 바에 따라 매수자에게 그 재산의 용도와 그 용도에 사용하여야 할 기간을 정하여 매각할 수 있다.

⑤ 총괄청은 일반재산을 보존용재산으로 전환하여 관리할 수 없다.

22 국유재산법상 행정재산에 관한 설명으로 옳지 <u>않은</u> 것은?

① 행정재산의 사용허가를 철회하려는 경우에는 청문을 하여야 한다.

② 행정재산의 사용허가에 관하여는 「국유재산법」에서 정한 것을 제외하고는 「민법」의 규정을 준용한다.

③ 행정재산으로 할 목적으로 기부를 받은 재산에 대하여 중앙관서의 장이 기부자에게 사용허가하는 경우 그 사용료를 면제할 수 있다.

④ 행정재산의 사용허가를 받은 자가 해당 재산의 보존을 게을리 한 경우 그 허가를 철회할 수 있다.

⑤ 행정재산으로 사용하기로 결정한 날부터 5년이 지난 날까지 해당 재산이 행정재산으로 사용되지 아니한 경우 지체 없이 행정재산의 용도를 폐지하여야 한다.

23 국유재산법상 국유재산 관리·처분의 기본원칙으로 명시되어 있는 것은?

① 수익과 손실이 균형을 이룰 것

② 보존가치와 활용가치를 고려할 것

③ 투명하고 효율적인 절차를 따를 것

④ 지속가능한 미래의 가치와 비용을 고려할 것

⑤ 국유재산이 소재한 지방자치단체의 이익에 부합되도록 할 것

24 건축법령상 건축 관련 입지와 규모의 사전결정에 관한 설명으로 옳지 <u>않은</u> 것은?

① 건축허가 대상 건축물을 건축하려는 자는 건축허가를 신청하기 전에 허가권자에게 해당 대지에 건축 가능한 건축물의 규모에 대한 사전결정을 신청할 수 있다.

② 사전결정신청자는 건축위원회 심의와 「도시교통정비 촉진법」에 따른 교통영향평가서의 검토를 동시에 신청할 수 있다.

③ 허가권자는 사전결정이 신청된 건축물의 대지면적이 「환경영향평가법」에 따른 소규모 환경영향평가 대상사업인 경우 환경부장관이나 지방환경관서의 장과 소규모 환경영향평가에 관한 협의를 하여야 한다.

④ 사전결정신청자가 사전결정 통지를 받은 경우에는 「하천법」에 따른 하천점용허가를 받은 것으로 본다.

⑤ 사전결정신청자는 사전결정을 통지받은 날부터 2년 이내에 건축허가를 받아야 하며, 이 기간에 건축허가를 받지 아니하면 사전결정의 효력은 상실된다.

25 건축법령상 국토교통부장관이 특별건축구역으로 지정할 수 있는 것은?

① 국가가 국제행사를 개최하는 도시의 사업구역

②「자연공원법」에 따른 자연공원

③「개발제한구역의 지정 및 관리에 관한 특별조치법」에 따른 개발제한구역

④「산지관리법」에 따른 보전산지

⑤「도로법」에 따른 접도구역

26 건축법령상 건축허가 전에 건축물 안전영향평가를 받아야 하는 주요 건축물에 해당하지 <u>않는</u> 것은? (단, 하나의 대지 위에 하나의 건축물이 있는 경우를 전제로 함)

① 층수가 70층인 건축물

② 높이가 250미터인 건축물

③ 연면적 10만 제곱미터인 20층의 건축물

④ 연면적 20만 제곱미터인 30층의 건축물

⑤ 층수가 15층이고 높이가 150미터인 연면적 10만 제곱미터의 건축물

27 건축법령상 건축물의 용도와 그에 부합하는 시설군의 연결로 옳지 <u>않은</u> 것은?

① 묘지 관련 시설 – 교육 및 복지시설군

② 발전시설 – 전기통신시설군

③ 관광휴게시설 – 문화 및 집회시설군

④ 숙박시설 – 영업시설군

⑤ 교정 및 군사시설 – 주거업무시설군

28 공간정보의 구축 및 관리 등에 관한 법령상 지번의 부여 등에 관한 설명으로 옳지 <u>않은</u> 것은?

① 지번은 지적소관청이 지번부여지역별로 차례대로 부여한다.

② 지번은 북서에서 남동으로 순차적으로 부여한다.

③ 지번변경 승인신청을 받은 승인권자는 지번변경 사유 등을 심사한 후 그 결과를 지적소관청에 통지하여야 한다.

④ 지번은 아라비아숫자로 표기하되, 임야대장 및 임야도에 등록하는 토지의 지번은 숫자 앞에 "산"자를 붙인다.

⑤ 지적소관청이 지적공부에 등록된 지번을 변경하려면 국토교통부장관의 승인을 받아야 한다.

29 공간정보의 구축 및 관리 등에 관한 법령상 지목의 구분기준과 종류가 옳게 연결된 것은?

① 자연의 유수(流水)가 있거나 있을 것으로 예상되는 토지 – 하천

② 축산업 및 낙농업을 하기 위하여 초지를 조성한 토지 내의 주거용 건축물의 부지 – 목장용지

③ 지하에서 용출되는 온수를 일정한 장소로 운송하는 송수관 및 저장시설의 부지 – 광천지

④ 자동차 등의 판매 목적으로 설치된 물류장 – 주차장

⑤ 아파트·공장 등 단일 용도의 일정한 단지 안에 설치된 통로 – 도로

30 공간정보의 구축 및 관리 등에 관한 법령상 지적공부에 관한 설명으로 옳지 <u>않은</u> 것은?

① 지적공부를 정보처리시스템을 통하여 기록·저장한 경우 그 지적공부는 지적정보관리체계에 영구히 보존되어야 한다.

② 정보처리시스템을 통하여 기록·저장된 공유지연명부를 열람하려는 경우에는 특별자치시장, 시장·군수 또는 구청장이나 읍·면·동의 장에게 신청할 수 있다.

③ 지방자치단체장이 지적전산자료를 신청하는 경우에는 지적전산자료의 이용에 관하여 미리 관계 중앙행정기관의 심사를 받아야 한다.

④ 정보처리시스템을 통하여 기록·저장된 지적공부 사항 중 소유자에 관한 사항을 복구할 때에는 부동산등기부나 법원의 확정판결에 따라야 한다.

⑤ 시·군·구 단위의 지적전산자료를 이용하거나 활용하려는 자는 지적소관청에 지적전산자료를 신청하여야 한다.

31 공간정보의 구축 및 관리 등에 관한 법령상 공유지연명부에 등록하여야 하는 사항에 해당하지 <u>않는</u> 것은?

① 토지의 소재

② 지번

③ 지목

④ 소유권 지분

⑤ 소유자의 성명 또는 명칭, 주소 및 주민등록번호

32 부동산등기법상 등기신청인에 관한 설명으로 옳지 <u>않은</u> 것은?

① 소유권보존등기 또는 소유권보존등기의 말소등기는 등기명의인으로 될 자 또는 등기명의인이 단독으로 신청한다.

② 상속, 법인의 합병, 그 밖에 대법원규칙으로 정하는 포괄승계에 따른 등기는 등기권리자가 단독으로 신청한다.

③ 판결에 의한 등기는 승소한 등기권리자 또는 등기의무자가 단독으로 신청한다.

④ 신탁재산에 속하는 부동산의 신탁등기는 위탁자가 단독으로 신청한다.

⑤ 등기명의인표시의 변경이나 경정의 등기는 해당 권리의 등기명의인이 단독으로 신청한다.

33 부동산등기법상 등기부 등에 관한 설명으로 옳지 <u>않은</u> 것은?

① 등기부는 토지등기부와 건물등기부로 구분한다.

② 법원의 명령 또는 촉탁이 있는 경우에는 신청서나 그 밖의 부속서류를 등기소 밖으로 옮길 수 있다.

③ 등기관이 등기를 마쳤을 때에는 등기부부본자료를 작성하여야 한다.

④ 폐쇄한 등기기록의 열람 및 등기사항증명서의 발급은 관할 등기소가 아닌 등기소에 청구할 수 없다.

⑤ 등기부의 부속서류가 손상·멸실의 염려가 있을 때에는 대법원장은 그 방지를 위하여 필요한 처분을 명령할 수 있다.

34 부동산등기법상 등기절차에 관한 설명으로 옳지 <u>않은</u> 것은?

① 대표자나 관리인이 있는 법인 아닌 사단이나 재단에 속하는 부동산의 등기에 관하여는 그 대표자나 관리인을 등기권리자 또는 등기의무자로 한다.

② 등기기록에 기록된 사항이 많아 취급하기에 불편하게 되는 등 합리적 사유로 등기기록을 옮겨 기록할 필요가 있는 경우에 등기관은 현재 효력이 있는 등기만을 새로운 등기기록에 옮겨 기록할 수 있다.

③ 채권자는 「민법」의 채권자대위권 규정에 따라 채무자를 대위하여 등기를 신청할 수 있다.

④ 행정구역이 변경되었을 때에는 등기기록에 기록된 행정구역에 대하여 변경등기가 있는 것으로 본다.

⑤ 등기는 법률에 다른 규정이 없는 한 당사자의 신청 또는 관공서의 촉탁에 따라 한다.

35 부동산등기법상 건물의 표시에 관한 등기에 대한 설명으로 옳지 <u>않은</u> 것은?

① 등기관이 대지권등기를 하였을 때에는 직권으로 대지권의 목적인 토지의 등기기록에 소유권, 지상권, 전세권 또는 임차권이 대지권이라는 뜻을 기록하여야 한다.

② 건물이 멸실된 경우에는 그 건물 소유권의 등기명의인은 그 사실이 있는 때부터 2개월 이내에 그 등기를 신청하여야 한다.

③ 존재하지 아니하는 건물에 대한 등기가 있을 때에는 그 소유권의 등기명의인은 지체 없이 그 건물의 멸실등기를 신청하여야 한다.

④ 구분건물로서 그 대지권의 변경이나 소멸이 있는 경우에는 구분건물의 소유권의 등기명의인은 1동의 건물에 속하는 다른 구분건물의 소유권의 등기명의인을 대위하여 그 등기를 신청할 수 있다.

⑤ 1동의 건물에 속하는 구분건물 중 일부만에 관하여 소유권보존등기를 신청하는 경우에는 나머지 구분건물의 표시에 관한 등기를 동시에 신청하여야 한다.

36 동산·채권 등의 담보에 관한 법률상 담보등기에 관한 설명으로 옳지 <u>않은</u> 것은?

① 담보등기는 법률에 다른 규정이 없으면 등기권리자와 등기의무자가 공동으로 신청한다.

② 등기관이 등기를 마친 경우 그 등기는 접수한 때부터 효력을 발생한다.

③ 「동산·채권 등의 담보에 관한 법률」에 따른 담보권의 존속기간은 5년을 초과할 수 없으나, 5년을 초과하지 않는 기간으로 이를 갱신할 수 있다.

④ 등기관의 결정 또는 처분에 대한 이의신청은 집행정지의 효력이 없다.

⑤ 등기관의 결정 또는 처분에 이의가 있는 자는 새로운 사실이나 새로운 증거방법을 근거로 관할 지방법원에 이의신청을 할 수 있다.

37 도시 및 주거환경정비법령상 관리처분계획에 포함되어야 하는 사항으로 명시되지 <u>않은</u> 것은?

① 분양설계

② 분양대상자의 주소 및 성명

③ 세입자의 주거 및 이주대책

④ 기존 건축물의 철거 예정시기

⑤ 세입자별 손실보상을 위한 권리명세 및 그 평가액

38 도시 및 주거환경정비법령상 주거환경개선사업에 관련된 설명으로 옳지 <u>않은</u> 것은?　　**문제 변형**

① 주거환경개선사업은 도시저소득 주민이 집단거주하는 지역으로서 정비기간시설이 극히 열악하고 노후·불량건축물이 과도하게 밀집한 지역의 주거환경을 개선하거나 단독주택 및 다세대주택이 밀집한 지역에서 정비기반시설과 공동이용시설 확충을 통하여 주거환경을 보전·정비·개량하기 위한 사업을 말한다.

② 사업시행자가 정비구역에서 인가받은 관리처분계획에 따라 주택 및 부대시설·복리시설을 건설하여 공급하는 방법으로 시행할 수도 있다.

③ 사업시행자가 정비구역에서 인가받은 관리처분계획에 따라 주택 및 부대시설·복리시설을 건설하여 공급하는 방법에 의한 주거환경개선사업인 경우 정비계획의 공람공고일 현재 해당 정비예정구역 안의 토지 또는 건축물의 소유자 또는 지상권자의 3분의 2 이상의 동의와 세입자 세대수 2분의 1 이상의 동의를 각각 얻어 시장·군수 등이 직접 시행할 수 있다.

④ 사업시행자가 정비구역 안에서 정비기반시설을 새로이 설치하거나 확대하고 토지등소유자가 스스로 주택을 개량하는 방법이나 환지로 공급하는 방법으로도 시행할 수 있다.

⑤ 사업시행자는 주거환경개선사업의 시행으로 철거되는 주택의 소유자 및 세입자에 대하여 당해 정비구역 내외에 소재한 임대주택 등의 시설에 임시로 거주하게 하거나 주택자금의 융자알선 등 임시거주에 상응하는 조치를 하여야 한다.

39 도시 및 주거환경정비법령상 비용부담 등에 관한 설명으로 옳지 <u>않은</u> 것은?

① 정비사업비는 「도시 및 주거환경정비법」 또는 다른 법령에 특별한 규정이 있는 경우를 제외하고는 사업시행자가 부담한다.

② 사업시행자는 토지등소유자로부터 정비사업비용과 정비사업의 시행과정에서 발생한 수입의 차액을 부과금으로 부과·징수할 수 있다.

③ 시장·군수가 아닌 사업시행자는 부과금 또는 연체료를 체납하는 자가 있는 때에는 시장·군수에게 그 부과·징수를 위탁할 수 있다.

④ 국가는 시장·군수가 아닌 사업시행자가 시행하는 정비사업에 소요되는 비용의 일부에 대해 융자를 알선할 수 없다.

⑤ 정비구역 안의 국·공유재산은 정비사업외의 목적으로 매각하거나 양도할 수 없다.

40 도시 및 주거환경정비법령상 조합설립추진위원회가 수행할 수 있는 업무에 해당하지 <u>않는</u> 것은? (단, 조합설립추진위원회 운영규정은 고려하지 않음)

① 정비사업전문관리업자의 선정

② 조합정관의 변경

③ 설계자의 변경

④ 개략적인 정비사업 시행계획서의 작성

⑤ 토지등소유자의 동의서 징구

07 2017년 제28회 기출문제

01 국토의 계획 및 이용에 관한 법령상 도시·군관리계획의 입안 등에 관한 설명으로 옳지 <u>않은</u> 것은?

① 주민은 기반시설의 개량에 관한 사항에 대하여 도시·군관리계획의 입안을 제안할 수 있다.

② 도시·군관리계획의 입안을 제안받은 자는 제안자와 협의하여 제안된 도시·군관리계획의 입안 및 결정에 필요한 비용의 전부 또는 일부를 제안자에게 부담시킬 수 있다.

③ 지구단위계획구역의 지정에 관한 사항에 대하여 도시·군관리계획의 입안을 제안하려는 자는 국·공유지를 제외한 대상토지면적의 3분의 2 이상의 토지소유자의 동의를 받아야 한다.

④ 도시·군관리계획으로 입안하려는 지구단위계획구역이 상업지역에 위치하는 경우에는 재해취약성분석을 실시하여야 한다.

⑤ 도시지역의 축소에 따른 지구단위계획구역의 변경에 대한 도시·군관리계획을 입안할 때에는 주민의 의견청취가 요구되지 아니한다.

02 국토의 계획 및 이용에 관한 법령상 용도지구에 관한 설명으로 옳지 <u>않은</u> 것은?

① 용도지구는 토지의 이용 및 건축물의 용도 등에 대한 용도지역의 제한을 강화하거나 완화하여 적용함으로써 용도지역의 기능을 증진시키고 미관·경관·안전 등을 도모하기 위하여 지정한다.

② 용도지구의 지정 또는 변경은 도시·군관리계획으로 결정한다.

③ 시설보호지구는 학교시설보호지구, 공용시설보호지구, 항만시설보호지구 및 공항시설보호지구로 세분된다.

④ 개발제한구역안의 취락을 정비하기 위하여 필요한 지구는 자연취락지구이다.

⑤ 주거기능, 공업기능, 유통·물류기능 및 관광·휴양기능 중 2 이상의 기능을 중심으로 개발·정비할 필요가 있는 경우 복합개발진흥지구로 지정한다.

03 국토의 계획 및 이용에 관한 법령상 용도지역의 세분에 관한 내용으로 옳게 연결한 것은?

① 제2종전용주거지역 – 단독주택 중심의 양호한 주거환경을 보호하기 위하여 필요한 지역

② 보전녹지지역 – 주로 농업적 생산을 위하여 개발을 유보할 필요가 있는 지역

③ 제3종일반주거지역 – 중고층주택을 중심으로 편리한 주거환경을 조성하기 위하여 필요한 지역

④ 일반상업지역 – 도심·부도심의 상업기능 및 업무기능의 확충을 위하여 필요한 지역

⑤ 전용공업지역 – 경공업 그 밖의 공업을 수용하되, 주거기능·상업기능 및 업무 기능의 보완이 필요한 지역

04 국토의 계획 및 이용에 관한 법령상 '도시지역 및 지구단위계획구역외의 지역'에서 도시·군관리계획으로 결정하지 아니하여도 설치할 수 있는 기반시설에 해당하지 <u>않는</u> 것은?

① 궤도 및 전기공급설비

② 화장시설

③ 주차장

④ 자동차정류장

⑤ 유류저장 및 송유설비

05 국토의 계획 및 이용에 관한 법령상 용도구역에 관한 설명이다. 다음 (   )안에 알맞은 것은?

시·도지사 또는 대도시 시장은 도시의 자연환경 및 경관을 보호하고 도시민에게 건전한 여가·휴식공간을 제공하기 위하여 도시지역 안에서 식생이 양호한 산지(山地)의 개발을 제한할 필요가 있다고 인정하면 (   )의 지정 또는 변경을 도시·군관리계획으로 결정할 수 있다.

① 시가화조정구역

② 개발제한구역

③ 수산자원보호구역

④ 입지규제최소구역

⑤ 도시자연공원구역

06 국토의 계획 및 이용에 관한 법령상 기반시설의 종류와 그 해당시설의 연결로 옳지 <u>않은</u> 것은?

① 유통·공급시설 – 방송·통신시설
② 보건위생시설 – 수질오염방지시설
③ 공공·문화체육시설 – 공공직업훈련시설
④ 방재시설 – 유수지
⑤ 공간시설 – 녹지

07 국토의 계획 및 이용에 관한 법령상 지구단위계획구역에 관한 설명으로 옳지 <u>않은</u> 것은?

① 지구단위계획구역은 도시·군관리계획으로 결정한다.
② 용도지구로 지정된 지역에 대하여는 지구단위계획구역을 지정할 수 없다.
③ 「도시 및 주거환경정비법」에 따라 지정된 정비구역의 일부에 대하여 지구단위계획구역을 지정할 수 있다.
④ 도시지역 외 지구단위계획구역에서는 지구단위계획으로 당해 용도지역 또는 개발진흥지구에 적용되는 건폐율의 150퍼센트 이내에서 건폐율을 완화하여 적용할 수 있다.
⑤ 도시지역 내 지구단위계획구역의 지정목적이 한옥마을을 보존하고자 하는 경우 지구단위계획으로 「주차장법」에 의한 주차장 설치기준을 100퍼센트까지 완화하여 적용할 수 있다.

08 국토의 계획 및 이용에 관한 법령상 공동구에 관한 설명으로 옳지 <u>않은</u> 것은?

① 200만 제곱미터를 초과하는 택지개발지구에서 개발사업을 시행하는 자는 공동구를 설치하여야 한다.
② 공동구가 설치된 경우 가스관은 공동구협의회의 심의를 거쳐 공동구에 수용할 수 있다.
③ 공동구의 설치에 필요한 비용은 공동구 점용예정자가 부담하되, 그 부담액은 사업시행자와 협의하여 정한다.
④ 공동구의 효율적인 관리·운영을 위하여 필요하다고 인정하는 경우에는 지방공사 또는 지방공단에 그 관리·운영을 위탁할 수 있다.
⑤ 공동구관리자는 공동구의 안전점검으로서 매년 1월 1일을 기준으로 6개월에 1회 이상 정기점검을 실시하여야 한다.

09 국토의 계획 및 이용에 관한 법령상 입지규제최소구역 등에 관한 설명으로 옳지 <u>않은</u> 것은?

① 시·도지사는 도시·군기본계획에 따른 도심·부도심 또는 생활권의 중심지역을 입지규제최소구역으로 지정할 수 있다.

② 입지규제최소구역계획에는 입지규제최소구역의 지정 목적을 이루기 위하여 건축물의 건폐율·용적률·높이에 관한 사항이 포함되어야 한다.

③ 입지규제최소구역계획은 도시·군관리계획으로 결정한다.

④ 입지규제최소구역에 대하여는 「주택법」 제35조에 따른 대지조성기준을 적용하지 아니할 수 있다.

⑤ 입지규제최소구역으로 지정된 지역은 「건축법」에 따른 특별건축구역으로 지정된 것으로 본다.

10 국토의 계획 및 이용에 관한 법령상 제3종일반주거지역 안에서 건축할 수 있는 건축물을 모두 고른 것은? (단, 조례는 고려하지 않음)

ㄱ. 다가구주택	ㄴ. 아파트
ㄷ. 공중화장실	ㄹ. 단란주점
ㅁ. 생활숙박시설	

① ㄱ, ㄴ, ㄷ   ② ㄱ, ㄴ, ㄹ

③ ㄱ, ㄹ, ㅁ   ④ ㄴ, ㄷ, ㅁ

⑤ ㄷ, ㄹ, ㅁ

11 국토의 계획 및 이용에 관한 법령상 용도지역에서의 용적률의 최대한도가 큰 순서대로 나열된 것은? (단, 조례는 고려하지 않음)

ㄱ. 제1종일반주거지역	ㄴ. 일반상업지역
ㄷ. 전용공업지역	ㄹ. 자연녹지지역

① ㄱ - ㄴ - ㄷ - ㄹ

② ㄴ - ㄱ - ㄷ - ㄹ

③ ㄴ - ㄷ - ㄱ - ㄹ

④ ㄷ - ㄱ - ㄴ - ㄹ

⑤ ㄷ - ㄴ - ㄱ - ㄹ

12 국토의 계획 및 이용에 관한 법령상 건축물을 건축하려는 자가 그 대지의 일부에 설치하여 국가 또는 지방자치단체에 기부채납하는 경우에 조례로 해당 용도지역에 적용되는 용적률을 완화할 수 있는 시설에 해당하는 것은?

① 「청소년활동진흥법」에 따른 청소년수련관
② 「노인복지법」에 따른 노인복지관
③ 「물류시설의 개발 및 운영에 관한 법률」에 따른 물류터미널
④ 「여객자동차 운수사업법」에 따른 차고
⑤ 「농수산물유통 및 가격안정에 관한 법률」에 따른 농수산물도매시장

13 국토의 계획 및 이용에 관한 법령상 용도지역 미지정 지역의 건폐율의 최대한도(%)는? (단, 조례는 고려하지 않음)

① 20
② 30
③ 40
④ 50
⑤ 60

14 감정평가 및 감정평가사에 관한 법령상 감정평가에 관한 설명으로 옳지 않은 것은?

① 감정평가법인등은 해산하거나 폐업하는 경우 감정평가서의 원본과 그 관련 서류를 국토교통부장관에게 제출하여야 한다.
② 감정평가법인등은 감정평가서의 관련 서류를 발급일로부터 5년 이상 보존하여야 한다.
③ 감정평가 의뢰인이 감정평가서를 분실하거나 훼손하여 감정평가서 재발급을 신청한 경우 감정평가법인등은 정당한 사유가 있을 때를 제외하고는 감정평가서를 재발급해야 한다. 이 경우 감정평가법인등은 재발급에 필요한 실비를 받을 수 있다.
④ 국가가 토지등을 경매하기 위하여 감정평가를 의뢰하려고 한국감정평가사협회에 감정평가업자 추천을 요청한 경우 협회는 요청을 받은 날부터 7일 이내에 감정평가법인등을 추천해야 한다.
⑤ 유가증권도 감정평가의 대상이 된다.

15 감정평가 및 감정평가사에 관한 법령상 감정평가사의 권리와 의무에 관한 설명으로 옳지 <u>않은</u> 것은?

① 감정평가사는 2명 이상의 감정평가사로 구성된 합동사무소를 설치할 수 있다.

② 감정평가사가 감정평가업을 하려는 경우에는 감정평가사무소 개설에 대하여 국토교통부장관의 인가를 받아야 한다.

③ 감정평가사는 감정평가업을 하기 위하여 1개의 사무소만을 설치할 수 있다.

④ 감정평가법인등은 토지등의 매매업을 직접 하여서는 아니 된다.

⑤ 감정평가법인등이 손해배상책임을 보장하기 위하여 보증보험에 가입하는 경우 보험가입 금액은 감정평가사 1인당 1억원 이상으로 한다.

16 감정평가 및 감정평가사에 관한 법령상 감정평가사에 대한 징계의 종류에 해당하지 <u>않는</u> 것은?

① 자격의 취소

② 등록의 취소

③ 경고

④ 2년 이하의 업무정지

⑤ 견책

17 부동산 가격공시에 관한 법령상 표준지공시지가의 효력에 해당하는 것을 모두 고른 것은?

> ㄱ. 토지시장에 지가정보 제공
> ㄴ. 일반적인 토지거래의 지표
> ㄷ. 국가가 그 업무에 관련하여 지가를 산정하는 경우의 기준
> ㄹ. 감정평가법인등이 개별적으로 토지를 감정평가하는 경우의 기준

① ㄱ, ㄷ
② ㄴ, ㄹ
③ ㄱ, ㄴ, ㄷ
④ ㄴ, ㄷ, ㄹ
⑤ ㄱ, ㄴ, ㄷ, ㄹ

18 부동산 가격공시에 관한 법령상 표준주택가격의 공시 등에 관한 설명으로 옳지 <u>않은</u> 것은?

① 국토교통부장관은 표준주택가격을 조사·산정하고자 할 때에는 한국부동산원에 의뢰한다.
② 표준주택가격은 국토교통부장관이 중앙부동산가격공시위원회의 심의를 거쳐 공시하여야 한다.
③ 표준주택의 대지면적 및 형상은 표준주택가격의 공시에 포함되어야 한다.
④ 국토교통부장관이 표준주택가격을 조사·산정하는 경우에는 인근 유사 단독주택의 거래가격·임대료 등을 종합적으로 참작하여야 한다.
⑤ 국토교통부장관은 개별주택가격의 산정을 위하여 필요하다고 인정하는 경우에는 주택가격비준표를 작성하여 시·도지사 또는 대도시 시장에게 제공하여야 한다.

19 부동산 가격공시에 관한 법령상 표준지공시지가에 관한 설명으로 옳지 <u>않은</u> 것은?

① 표준지에 정착물이 있을 때에는 그 정착물이 존재하지 아니하는 것으로 보고 표준지공시지가를 평가하여야 한다.
② 표준지공시지가에 이의가 있는 자는 그 공시일부터 30일 이내에 서면으로 국토교통부장관에게 이의를 신청할 수 있다.
③ 국토교통부장관은 이의신청 기간이 만료된 날부터 30일 이내에 이의신청을 심사하여 그 결과를 신청인에게 서면으로 통지하여야 한다.
④ 표준지에 지상권이 설정되어 있을 때에는 그 권리의 가액을 반영하여 표준지 공시지가를 평가하여야 한다.
⑤ 선정기준일부터 직전 1년간 과태료처분을 3회 이상 받은 감정평가사는 표준지공시지가 조사·평가의 의뢰 대상에서 제외된다.

20 국유재산법령상 행정재산에 관한 설명으로 옳지 <u>않은</u> 것은?

① 중앙관서의 장은 행정재산을 효율적으로 관리하기 위하여 필요하면 국가기관 외의 자에게 그 재산의 관리를 위탁할 수 있다.
② 행정재산을 사용허가하려는 경우 수의(隨意)의 방법으로는 사용허가를 받을 자를 결정할 수 없다.
③ 행정재산의 관리위탁을 받은 자는 미리 해당 중앙관서의 장의 승인을 받아 위탁받은 재산의 일부를 다른 사람에게 사용·수익하게 할 수 있다.
④ 중앙관서의 장은 건물 등을 신축하여 기부채납을 하려는 자가 신축기간에 그 부지를 사용하는 경우 그 사용료를 면제할 수 있다.
⑤ 중앙관서의 장은 행정재산의 사용허가를 철회하려는 경우에는 청문을 하여야 한다.

21 국유재산법령상 일반재산의 대부에 관한 설명으로 옳은 것은?

① 일반재산은 대부는 할 수 있으나 처분은 할 수 없다.

② 영구시설물의 축조를 목적으로 하는 토지와 그 정착물의 대부기간은 50년이 넘도록 정할 수 있다.

③ 대부기간이 끝난 일반재산에 대하여 종전의 대부계약을 갱신할 수 있는 경우에도 수의계약의 방법으로 대부할 수 있는 경우에는 1회만 갱신할 수 있다.

④ 중앙관서의 장등은 연간 대부료의 일부를 대부보증금으로 환산하여 받아야 한다.

⑤ 일반재산을 주거용으로 대부계약을 하는 경우에는 수의(隨意)의 방법으로 대부계약의 상대방을 결정할 수 있다.

22 국유재산법령상 일반재산의 처분가격에 관한 설명으로 옳은 것은?

① 지식재산을 처분할 때의 예정가격은 두 개의 감정평가법인등의 평가액을 산술평균한 금액으로 한다.

② 상장법인이 발행한 주권을 처분할 때의 예정가격은 하나의 감정평가법인등의 평가액으로 한다.

③ 비상장법인이 발행한 지분증권을 처분할 때의 예정가격은 두 개의 감정평가법인등의 평가액을 산술평균한 금액으로 한다.

④ 대장가격이 3천만원인 부동산을 공공기관에 처분할 때의 예정가격은 하나의 감정평가법인등의 평가액으로 결정한다.

⑤ 증권을 제외한 일반재산을 처분할 때의 예정가격에 대한 감정평가법인등의 평가액은 평가일부터 3년 이내에만 적용할 수 있다.

23 국유재산법령상 행정재산의 사용허가의 취소·철회사유에 해당하지 않는 것은?

① 해당 재산의 보존을 게을리한 경우

② 부실한 증명서류를 제시하여 사용허가를 받은 경우

③ 중앙관서의 장이 사용허가 외의 방법으로 해당 재산을 관리·처분할 필요가 있다고 인정되는 경우

④ 납부기한까지 사용료를 납부하지 않은 경우

⑤ 중앙관서의 장의 승인 없이 사용허가를 받은 재산의 원래 상태를 변경한 경우

24 건축법령상 건축허가 등에 관한 설명으로 옳지 <u>않은</u> 것은?

① 광역시에 연면적의 합계가 20만 제곱미터인 공장을 건축하려면 광역시장의 허가를 받아야 한다.

② 허가권자는 숙박시설에 해당하는 건축물의 용도가 교육환경 등 주변 환경을 고려할 때 부적합하다고 인정되는 경우에는 건축위원회의 심의를 거쳐 해당 건축허가를 하지 아니할 수 있다.

③ 건축허가를 받으면 「도로법」에 따른 도로의 점용 허가를 받은 것으로 본다.

④ 건축 관련 입지와 규모에 대한 사전결정을 신청한 자는 사전결정을 통지받은 날부터 2년 이내에 건축허가를 신청하여야 한다.

⑤ 건축허가를 받은 후 건축주를 변경하는 경우에는 신고하여야 한다.

25 건축법령상 건축물의 대지와 도로에 관한 설명으로 옳지 <u>않은</u> 것은? (단, 건축법상 적용제외 규정 및 건축협정에 따른 특례는 고려하지 않음)

① 건축물의 주변에 허가권자가 인정한 유원지가 있는 경우에는 건축물의 대지가 자동차전용도로가 아닌 도로에 2미터 이상 접할 것이 요구되지 아니한다.

② 연면적의 합계가 3천 제곱미터인 작물 재배사의 대지는 너비 6미터 이상의 도로에 4미터 이상 접할 것이 요구되지 아니 한다.

③ 주민이 오랫동안 통행로로 이용하고 있는 사실상의 통로로서 해당 지방자치단체의 조례로 정하는 것인 경우의 「건축법」상 도로는 이해관계인의 동의를 받지 아니하고 건축위원회의 심의를 거쳐 그 도로를 폐지할 수 있다.

④ 면적 5천제곱미터 미만인 대지에 공장을 건축하는 건축주는 대지에 조경 등의 조치를 하지 아니할 수 있다.

⑤ 도로면으로부터 높이 4.5미터 이하에 있는 창문은 열고 닫을 때 건축선의 수직면을 넘지 아니하는 구조로 하여야 한다.

26 건축법령상 공개공지등의 확보에 관한 설명으로 옳지 <u>않은</u> 것은?

① 상업지역에서 업무시설로서 해당 용도로 쓰는 바닥면적의 합계가 5천 제곱미터 이상인 건축물의 대지에는 공개공지등을 확보하여야 한다.

② 공개공지는 필로티의 구조로 설치할 수 있다.

③ 공개공지등에는 물건을 쌓아 놓거나 출입을 차단하는 시설을 설치하지 아니하여야 한다.

④ 공개공지등의 면적은 건축면적의 100분의 10 이하로 한다.

⑤ 공개공지등을 설치하는 경우에는 건축물의 용적률 기준을 완화하여 적용할 수 있다.

27 건축법령상 허가 대상 건축물이라 하더라도 건축신고를 하면 건축허가를 받은 것으로 보는 경우를 모두 고른 것은?

> ㄱ. 연면적이 150제곱미터이고 2층인 건축물의 대수선
>
> ㄴ. 보를 5개 수선하는 것
>
> ㄷ. 내력벽의 면적을 50제곱미터 수선하는 것
>
> ㄹ. 소규모 건축물로서 연면적의 합계가 150제곱미터인 건축물의 신축
>
> ㅁ. 소규모 건축물로서 건축물의 높이를 5미터 증축하는 건축물의 증축

① ㄱ, ㄴ, ㄷ   ② ㄱ, ㄷ, ㄹ

③ ㄱ, ㄹ, ㅁ   ④ ㄴ, ㄷ, ㄹ

⑤ ㄴ, ㄷ, ㄹ, ㅁ

28 공간정보의 구축 및 관리 등에 관한 법령상 지목이 대(垈)에 해당하는 것은?

① 일반 공중의 종교의식을 위하여 법요를 하기 위한 사찰의 부지

② 고속도로의 휴게소 부지

③ 영구적 건축물 중 미술관의 부지

④ 학교의 교사(校舍) 부지

⑤ 물건 등을 보관하거나 저장하기 위하여 독립적으로 설치된 보관시설물의 부지

29 공간정보의 구축 및 관리 등에 관한 법령상 용어에 관한 설명으로 옳지 <u>않은</u> 것은?

① 지적측량은 지적확정측량 및 지적재조사측량을 포함한다.

② 필지를 구획하는 선의 굴곡점으로서 지적도에 도해(圖解) 형태로 등록하는 점은 경계점에 해당한다.

③ 지적공부는 지적측량 등을 통하여 조사된 토지의 표시와 해당 토지의 소유자 등을 기록한 대장 및 도면을 말한다.

④ 축척변경은 지적도에 등록된 경계점의 정밀도를 높이기 위하여 작은 축척을 큰 축척으로 변경하여 등록하는 것을 말한다.

⑤ 등록전환은 토지대장 및 지적도에 등록된 임야를 임야대장 및 임야도에 옮겨 등록하는 것을 말한다.

30 공간정보의 구축 및 관리 등에 관한 법령상 토지의 이동 신청 및 지적정리 등에 관한 설명으로 옳은 것은?

① 토지소유자는 신규등록할 토지가 있으면 그 사유가 발생한 날부터 60일 이내에 지적소관청에 신규등록을 신청하여야 한다.

② 합병하려는 토지의 소유자가 서로 다른 경우에는 합병에 합의한 날로부터 90일 이내에 지적소관청에 합병을 신청하여야 한다.

③ 지적소관청은 바다로 된 토지의 등록말소 신청을 하도록 통지받은 토지소유자가 그 통지를 받은 날로부터 60일 이내에 등록말소 신청을 하지 아니하면 등록을 말소한다.

④ 지적소관청은 축척변경을 하려면 축척변경 시행지역의 토지소유자 과반수의 동의를 받아야 한다.

⑤ 지적소관청은 합병하려는 토지가 축척이 다른 지적도에 각각 등록되어 있어 축척변경을 하는 경우에는 시·도지사의 승인을 받아야 한다.

31 공간정보의 구축 및 관리 등에 관한 법령상 토지의 등록에 관한 설명으로 옳지 <u>않은</u> 것은?

① 국토교통부장관은 모든 토지에 대하여 필지별로 소재·지번·지목·면적·경계 또는 좌표 등을 조사·측량하여 지적공부에 등록하여야 한다.

② 지번은 지적소관청이 지번부여지역별로 차례대로 부여한다.

③ 지적공부에 등록하는 경계 또는 좌표는 토지의 이동이 있을 때 토지소유자의 신청이 없는 경우 지적소관청이 직권으로 조사·측량하여 결정할 수는 없다.

④ 물을 상시적으로 이용하지 않고 약초를 주로 재배하는 토지의 지목은 전(田)이다.

⑤ 지목은 필지마다 하나의 지목을 설정하여야 한다.

32 부동산등기법령상 등기의 순위와 접수 등에 관한 설명으로 옳지 <u>않은</u> 것은?

① 같은 부동산에 관하여 등기한 권리의 순위는 법률에 다른 규정이 없으면 등기한 순서에 따른다.

② 등기의 순서는 등기기록 중 같은 구(區)에서 한 등기 상호간에는 순위번호에 따른다.

③ 같은 주등기에 관한 부기등기 상호간의 순위는 그 등기 순서에 따른다.

④ 등기신청은 대법원규칙으로 정하는 등기신청정보가 전산정보처리조직에 저장된 때 접수된 것으로 본다.

⑤ 등기관이 등기를 마쳤을 때에는 신청인에게 그 사실을 알려야 하며, 신청인이 등기완료의 통지를 받은 때부터 그 등기의 효력이 발생한다.

33 부동산등기법령상 등기부 등에 관한 설명으로 옳지 <u>않은</u> 것은?

① 등기부는 영구히 보존하여야 한다.
② 법관이 발부한 영장에 의하여 신청서나 그 밖의 부속서류를 압수하는 경우에는 이를 등기소 밖으로 옮길 수 있다.
③ 1동의 건물을 구분한 건물에 있어서는 1동의 건물에 속하는 전부에 대하여 1개의 등기기록을 사용한다.
④ 등기기록의 부속서류에 대하여는 이해관계 있는 부분만 열람을 청구할 수 있다.
⑤ 등기관의 중복등기기록 정리는 실체의 권리관계에 영향을 미친다.

34 부동산등기법령상 용익권 및 담보권에 관한 등기에 대한 설명으로 옳은 것은?

① 등기관이 지상권설정의 등기를 할 때 지상권의 범위는 등기원인에 그 약정이 있는 경우에만 기록한다.
② 등기관이 근저당권설정의 등기를 할 때 채권의 최고액은 등기원인에 그 약정이 있는 경우에만 기록한다.
③ 등기관이 전세권설정의 등기를 할 때 위약금 또는 배상금은 등기원인에 그 약정이 있는 경우에만 기록한다.
④ 등기관이 전세금반환채권의 일부 양도를 원인으로 한 전세권 일부이전등기를 할 때 양도액은 기록하지 않는다.
⑤ 등기관이 동일한 채권에 관하여 여러 개의 부동산에 관한 권리를 목적으로 하는 저당권설정의 등기를 할 경우, 부동산이 3개 이상일 때에는 공동담보목록을 작성하여야 한다.

35 부동산등기법령상 '이의'에 관한 설명으로 옳은 것을 모두 고른 것은?

> ㄱ. 이의의 신청은 등기소에 이의신청서를 제출하는 방법으로 한다.
> ㄴ. 새로운 사실이나 새로운 증거방법을 근거로 이의신청을 할 수 있다.
> ㄷ. 이의에는 집행정지의 효력이 없다.
> ㄹ. 등기관은 이의가 이유 없다고 인정하면 이의신청일부터 7일 이내에 의견을 붙여 이의신청서를 관할 지방법원에 보내야 한다.

① ㄱ, ㄴ   ② ㄱ, ㄷ
③ ㄴ, ㄷ   ④ ㄴ, ㄹ
⑤ ㄷ, ㄹ

36 동산 · 채권 등의 담보에 관한 법령상 채권담보권에 관한 설명으로 옳지 <u>않은</u> 것은?

① 법인 등이 담보약정에 따라 금전의 지급을 목적으로 하는 지명채권을 담보로 제공하는 경우에는 담보등기를 할 수 있다.

② 채무자가 특정되지 아니한 여러 개의 채권이더라도 채권의 종류, 발생 원인, 발생연월일을 정하는 등의 방법으로 특정할 수 있는 경우에는 이를 목적으로 하여 담보등기를 할 수 있다.

③ 채권담보권의 목적이 된 채권이 피담보채권보다 먼저 변제기에 이른 경우에는 담보권자는 제3채무자에게 그 변제금액의 공탁을 청구할 수 있다.

④ 담보권자는 「민사집행법」에서 정한 집행방법으로는 채권담보권을 실행할 수 없다.

⑤ 담보권자는 피담보채권의 한도에서 채권담보권의 목적이 된 채권을 직접 청구할 수 있다.

37 도시 및 주거환경정비법령상 조합을 설립하는 경우 토지등소유자의 동의자수 산정방법으로 옳지 <u>않은</u> 것은?

① 주택재건축사업의 경우 1명이 둘 이상의 소유권을 소유하고 있는 경우에는 소유권의 수에 관계없이 토지등소유자를 1명으로 산정한다.

② 주택재개발사업의 경우 하나의 건축물이 수인의 공유에 속하는 때에는 그 수인을 대표하는 1인을 토지등소유자로 산정한다.

③ 국 · 공유지에 대해서는 그 재산관리청을 토지등소유자로 산정한다.

④ 주택재개발사업의 경우 토지에 지상권이 설정되어 있는 경우에는 토지의 소유자와 해당 토지의 지상권자를 대표하는 1인을 토지등소유자로 산정한다.

⑤ 도시환경정비사업의 경우 토지등소유자가 정비구역 지정 후에 정비사업을 목적으로 토지를 추가로 취득하여 1인이 다수 필지의 토지를 소유하게 된 경우에는 필지의 수에 관계없이 토지등소유자를 1인으로 산정한다.

38 도시 및 주거환경정비법령상 관리처분계획에 관한 설명으로 옳은 것은?

① 주택재건축사업에서 주택분양에 관한 권리를 포기하는 토지등소유자에 대한 임대주택의 공급에 따라 관리처분계획을 변경하는 때에는 시장·군수에게 신고하여야 한다.

② 주택재개발사업에서 관리처분계획은 주택단지의 경우 1개의 건축물의 대지는 1필지의 토지가 되도록 정하여야 한다.

③ 주택재건축사업의 관리처분계획에서 분양대상자별 분양예정인 건축물의 추산액을 평가할 때에는 시장·군수가 선정·계약한 2인 이상의 감정평가법인등이 평가한 금액을 산술평균하여 산정한다.

④ 주택재개발사업에서 지방자치단체인 토지등소유자에게는 하나 이상의 주택 또는 토지를 소유한 경우라도 1주택을 공급하도록 관리처분계획을 정한다.

⑤ 주거환경관리사업의 사업시행자는 관리처분계획을 수립하여 시장·군수의 인가를 받아야 한다.

39 도시 및 주거환경정비법령상 도시·주거환경정비기본계획에 포함되어야 하는 사항에 해당하지 <u>않는</u> 것은?

① 도시 및 주거환경 정비를 위한 국가 정책방향

② 정비사업의 기본방향

③ 녹지·조경 등에 관한 환경계획

④ 도시의 광역적 재정비를 위한 기본방향

⑤ 건폐율·용적률 등에 관한 건축물의 밀도계획

40 도시 및 주거환경정비법령상 정비사업 중 정비계획 수립 및 정비구역 지정의 대상이 되지 <u>않는</u> 것은?

복수정답 **문제 변형**

① 주거환경개선사업

② 재개발사업

③ 재건축사업

④ 가로주택정비사업

⑤ 주거환경관리사업

08 2016년 제27회 기출문제

01 국토의 계획 및 이용에 관한 법률에 규정된 도시 · 군관리계획에 해당하지 <u>않는</u> 것은?

① 용도지역 · 용도지구의 지정 또는 변경에 관한 계획
② 수산자원보호구역의 지정 또는 변경에 관한 계획
③ 기반시설의 설치 · 정비 또는 개량에 관한 계획
④ 도시자연공원구역의 행위제한에 관한 계획
⑤ 입지규제최소구역의 지정 또는 변경에 관한 계획

02 국토의 계획 및 이용에 관한 법령상 기반시설의 구분과 시설 종류의 연결이 옳지 <u>않은</u> 것은?

① 공간시설 : 공원, 운동장
② 유통 · 공급시설 : 유통업무설비, 방송 · 통신시설
③ 보건위생시설 : 화장시설, 도축장
④ 환경기초시설 : 하수도, 폐차장
⑤ 방재시설 : 하천, 유수지

03 국토의 계획 및 이용에 관한 법령상 도시 · 군관리계획의 입안권자에 해당하지 <u>않는</u> 자는? (단, 조례는 고려하지 않음)

① 시장
② 군수
③ 구청장
④ 특별자치시장
⑤ 특별자치도지사

04 국토의 계획 및 이용에 관한 법령상 용도구역의 종류이다. 시·도지사가 지정할 수 있는 용도구역을 모두 고른 것은? (단, 구역면적의 변경은 제외함)

ㄱ. 개발제한구역	ㄴ. 도시자연공원구역
ㄷ. 시가화조정구역	ㄹ. 입지규제최소구역

① ㄱ, ㄹ
② ㄴ, ㄷ
③ ㄷ, ㄹ
④ ㄱ, ㄴ, ㄷ
⑤ ㄴ, ㄷ, ㄹ

05 국토의 계획 및 이용에 관한 법령상 도시·군기본계획을 수립하지 않을 수 있는 지방자치단체는? (단, 수도권은 「수도권정비계획법」 상의 수도권을 의미함)

① 수도권에 속하는 인구 10만 명 이하인 군
② 수도권에서 광역시·특별시와 경계를 같이하는 인구 10만 명 이하인 시
③ 수도권외 지역에서 광역시와 경계를 같이하지 아니하는 인구 10만 명 이하인 시
④ 관할구역 일부에 대하여 광역도시계획이 수립되어 있는 시로서 광역도시계획에 도시·군기본계획의 내용이 모두 포함되어 있는 시
⑤ 관할구역 전부에 대하여 광역도시계획이 수립되어 있는 군으로서 광역도시계획에 도시·군기본계획의 내용이 일부 포함되어 있는 군

06 국토의 계획 및 이용에 관한 법령상 도시·군계획시설 부지의 매수 청구에 관한 설명으로 옳지 <u>않은</u> 것은?

① 매수청구대상에는 도시·군계획시설의 부지로 되어 있는 토지 중 지목이 잡종지인 토지는 포함되지 않는다.
② 부재부동산 소유자의 토지로서 매수대금이 2,000만 원을 초과하는 경우 매수의무자는 도시·군계획시설채권을 발행하여 지급할 수 있다.
③ 도시·군계획시설사업의 시행자가 정하여진 경우 매수대상인 토지의 소유자는 시행자에게 그 토지의 매수를 청구할 수 있다.
④ 도시·군계획시설채권의 상환기간은 10년 이내로 한다.
⑤ 매수의무자가 매수하기로 결정한 토지는 매수 결정을 알린 날부터 2년 이내에 매수하여야 한다.

07 국토의 계획 및 이용에 관한 법령상 지구단위계획에 관한 설명으로 옳은 것은?

① 지구단위계획은 도시·군기본계획으로 결정한다.

② 지구단위계획의 수립기준 등은 시·도지사가 정한다.

③ 지구단위계획구역은 계획관리지역에 한하여 지정할 수 있다.

④ 계획관리지역 내에 지정하는 지구단위계획구역에 대해서는 당해 지역에 적용되는 건폐율의 200퍼센트 및 용적률의 150퍼센트 이내에서 완화하여 적용할 수 있다.

⑤ 용도지역을 변경하는 지구단위계획에는 건축물의 용도제한이 반드시 포함되어야 한다.

08 국토의 계획 및 이용에 관한 법령상 개발밀도관리구역에 관한 설명으로 옳지 않은 것은?

① 주거·상업 또는 공업지역에서의 개발행위로 기반시설의 처리능력이 부족할 것이 예상되는 지역 중 기반시설의 설치가 곤란한 지역을 개발밀도관리구역으로 지정할 수 있다.

② 개발밀도관리구역을 지정할 때 개발밀도관리구역에서는 당해 용도지역에 적용되는 건폐율 또는 용적률을 강화하여 적용한다.

③ 개발밀도관리구역을 지정하기 위해서는 지방도시계획위원회의 심의를 거쳐야 한다.

④ 개발밀도관리구역의 경계는 특색 있는 지형지물을 이용하는 등 경계선이 분명하게 구분되도록 하여야 한다.

⑤ 개발밀도관리구역의 지정기준을 정할 때 고려되는 기반시설에 학교는 포함되지 않는다.

09 국토의 계획 및 이용에 관한 법령상 용도지역 미세분 지역에 관한 설명이다. 다음 (   )안의 내용이 옳게 연결된 것은?

> 도시지역 또는 관리지역이 세부 용도지역으로 지정되지 아니한 경우, 용도지역별 건축물의 건축제한에 관한 규정을 적용할 때에 해당 용도지역이 도시지역인 경우에는 (ㄱ)에 관한 규정을 적용하고, 관리지역인 경우에는 (ㄴ)에 관한 규정을 적용한다.

① ㄱ : 생산녹지지역,   ㄴ : 보전관리지역

② ㄱ : 생산녹지지역,   ㄴ : 자연환경보전지역

③ ㄱ : 보전녹지지역,   ㄴ : 보전관리지역

④ ㄱ : 보전녹지지역,   ㄴ : 자연환경보전지역

⑤ ㄱ : 자연환경보전지역, ㄴ : 자연환경보전지역

10 부동산 거래신고 등에 관한 법령상 토지거래계약에 관한 허가구역 내에서 법인 아닌 사인(私人)간에 토지를 매매하는 경우 허가를 요하지 않는 토지의 면적 기준으로 옳지 <u>않은</u> 것은? (단, 국토교통부장관 또는 시·도지사가 기준면적을 따로 정하여 공고하는 경우를 제외함) 문제 변형

① 주거지역 : 60제곱미터

② 공업지역 : 150제곱미터

③ 녹지지역 : 200제곱미터

④ 상업지역 : 330제곱미터

⑤ 도시지역안에서 용도지역의 지정이 없는 구역 : 60제곱미터 이하

11 국토의 계획 및 이용에 관한 법령상 아파트를 건축할 수 있는 용도지역은?

① 준주거지역

② 일반공업지역

③ 유통상업지역

④ 계획관리지역

⑤ 제1종일반주거지역

12 국토의 계획 및 이용에 관한 법령상 도시·군계획시설 부지의 매수 청구에 관한 설명으로 옳은 것은? 문제 변형

① 매수의무자는 매수 청구를 받은 날부터 1년 이내에 매수 여부를 결정하여 토지소유자에게 알려야 한다.

② 지방자치단체인 매수의무자는 부재부동산 소유자의 토지 또는 비업무용 토지로서 매수대금이 2천만 원을 초과하여 그 초과하는 금액을 지급하는 경우에는 도시·군계획시설채권을 발행하여 지급하여야 한다.

③ 도시·군계획시설채권의 구체적인 상환기간은 20년 이내의 범위에서 지방자치단체의 조례로 정한다.

④ 도시·군계획시설을 설치하거나 관리하여야 할 의무가 있는 자가 서로 다른 경우에는 관리하여야 할 의무가 있는 자에게 매수 청구하여야 한다.

⑤ 매수의무자가 매수하기로 결정한 토지는 매수 결정을 알린 날부터 2년 이내에 매수하여야 한다.

13 국토의 계획 및 이용에 관한 법령상 토지에의 출입 등에 관한 설명으로 옳은 것은?

① 도시·군계획에 관한 기초조사를 위해 타인의 토지에 출입하는 행위로 인하여 손실을 입은 자가 있으면, 그 행위자가 손실을 보상하여야 한다.

② 도시·군계획시설사업에 관한 조사를 위하여 필요한 경우 행정청인 도시계획시설사업의 시행자는 허가 없이 타인의 토지에 출입할 수 있다.

③ 도시·군계획시설사업에 관한 조사를 위하여 타인의 토지에 출입하려는 자는 시·도지사의 허가를 받아야 하며, 토지의 소유자·점유자 또는 관리인의 동의를 받아야 한다.

④ 도시·군계획시설사업의 시행자는 타인의 토지를 임시통로로 일시사용하는 경우 토지의 소유자·점유자 또는 관리인의 동의를 받을 필요가 없다.

⑤ 일출 전이나 일몰 후에는 그 토지 점유자의 승낙여부와 관계없이 택지나 담장 또는 울타리로 둘러싸인 타인의 토지에 출입할 수 없다.

14 감정평가 및 감정평가사에 관한 법령상 과징금에 관한 설명이다. 다음 (   )안에 알맞은 것은?

문제 변형

> 국토교통부장관은 감정평가업자의 위반행위에 대해 업무정지처분을 하여야 하는 경우로서 그 업무정지처분이 표준지공시지가의 조사·평가 등의 업무의 정상적인 수행에 지장을 초래하는 등 공익을 해칠 우려가 있는 경우에는 업무정지처분에 갈음하여 감정평가사의 경우에는 (ㄱ) 이하, 감정평가법인인 경우는 (ㄴ) 이하의 과징금을 부과할 수 있다.

① ㄱ : 5천만 원,   ㄴ : 5억 원
② ㄱ : 5천만 원,   ㄴ : 10억 원
③ ㄱ : 7천만 원,   ㄴ : 7억 원
④ ㄱ : 1억 원,   ㄴ : 5억 원
⑤ ㄱ : 1억 원,   ㄴ : 10억 원

15 감정평가 및 감정평가사에 관한 법령상 감정평가사가 될 수 있는 자는? **복수정답** **문제 변형**

① 미성년자

② 파산선고를 받은 자로서 복권되지 아니한 자

③ 금고 이상의 형의 집행유예를 받고 그 유예기간이 만료된 날부터 2년이 경과된 자

④ 금고 이상의 형의 선고유예를 받고 그 선고유예기간 중에 있는 자

⑤ 감정평가사 자격이 취소된 후 2년이 경과된 자

16 부동산가격공시에 관한 법령상 표준지공시지가의 공시사항에 포함되는 것을 모두 고른 것은? **문제 변형**

ㄱ. 표준지 및 주변토지의 이용상황

ㄴ. 표준지의 지리적 위치

ㄷ. 표준지의 도로·교통상황

ㄹ. 표준지의 지세(地勢)

① ㄱ

② ㄱ, ㄹ

③ ㄱ, ㄴ, ㄷ

④ ㄴ, ㄷ, ㄹ

⑤ ㄱ, ㄴ, ㄷ, ㄹ

17 감정평가 및 감정평가사에 관한 법령상 감정평가법인에 관한 설명으로 옳은 것을 모두 고른 것은? **문제 변형**

ㄱ. 감정평가법인에는 5명 이상의 감정평가사를 두어야 한다.

ㄴ. 감정평가법인의 주사무소에 주재하는 최소 감정평가사의 수는 3명이고, 분사무소에 주재하는 최소 감정평가사의 수는 2명이다.

ㄷ. 감정평가법인이 해산하고자 할 때에는 국토교통부장관의 인가를 받아야 한다.

ㄹ. 감정평가법인에 관하여 이 법에서 정한 사항을 제외하고는 「상법」 중 회사에 관한 규정을 준용한다.

① ㄱ, ㄴ

② ㄱ, ㄷ

③ ㄱ, ㄹ

④ ㄴ, ㄷ

⑤ ㄴ, ㄹ

18 부동산 가격공시에 관한 법령상 중앙부동산가격공시위원회에 관한 설명으로 옳은 것은? `문제 변형`

① 위원회는 위원장을 포함한 25명 이내의 위원으로 구성한다.

② 위원회의 위원 중 공무원은 9명 이내이어야 한다.

③ 위원회의 위원장은 국토교통부장관이 된다.

④ 위원회의 회의는 위원장이 이를 소집하고, 개회 3일 전에 의안을 첨부하여 각 위원에게 통지하여야 한다.

⑤ 공무원이 아닌 위원의 임기는 2년으로 한다.

19 부동산 가격공시에 관한 법령상 시장·군수가 개별공시지가를 정정할 수 있는 사유가 <u>아닌</u> 것은? `문제 변형`

① 표준지 선정의 착오

② 개별공시지가를 결정·공시하기 위하여 개별토지가격을 산정한 때에 토지소유자의 의견청취절차를 거치지 아니한 경우

③ 토지가격비준표의 적용에 오류가 있는 경우

④ 용도지역 등 토지가격에 영향을 미치는 주요 요인의 조사를 잘못한 경우

⑤ 토지가격이 전년 대비 급격하게 상승한 경우

20 국유재산법령상 일반재산에 관한 설명으로 옳지 <u>않은</u> 것은?

① 일반재산은 대부 또는 처분할 수 있다.

② 총괄청은 일반재산의 관리·처분에 관한 사무의 일부를 위탁받을 수 있다.

③ 일반재산인 토지의 대장가격이 3천만 원 이상인 경우 처분예정가격은 하나의 감정평가법인의 평가액으로 한다.

④ 일반재산은 개척사업을 시행하기 위하여 그 사업의 완성을 조건으로 대부·매각 또는 양여를 예약할 수 있다.

⑤ 대부계약의 갱신을 받으려는 자는 대부기간이 끝나기 1개월 전에 중앙관서의 장 등에 신청하여야 한다.

21 국유재산법령상 지식재산에 관한 설명으로 옳지 <u>않은</u> 것은?

① 「디자인보호법」에 따라 등록된 디자인권은 지식재산에 해당한다.

② 중앙관서의 장등은 지식재산의 사용허가등을 하려는 경우에는 수의(隨意)의 방법으로 할 수 있다.

③ 상표권의 사용허가등의 기간은 10년 이내로 한다.

④ 중앙관서의 장등은 「중소기업기본법」에 따른 중소기업의 수출증진을 위하여 필요하다고 인정하는 경우 지식재산의 사용허가에 따른 사용료를 면제할 수 있다.

⑤ 저작권등의 사용허가등을 받은 자는 해당 지식재산을 관리하는 중앙관서의 장 등의 승인을 받아 그 저작물을 변형할 수 있다.

22 국유재산법령상 행정재산에 관한 설명으로 옳은 것을 모두 고른 것은?

> ㄱ. 행정재산의 사용허가를 받은 자가 그 행정재산의 관리를 소홀히 하여 재산상의 손해를 발생하게 한 경우에는 사용료 이외에 가산금을 징수할 수 있다.
> ㄴ. 주거용으로 사용허가를 하는 경우에는 수의의 방법으로 사용허가를 받을 자를 결정할 수 없다.
> ㄷ. 행정재산인 부동산에 대한 사용허가기간은 기부받은 재산을 그 기부자 등에게 사용허가하는 경우를 제외하고는 5년 이내로 한다.
> ㄹ. 행정재산인 부동산을 직접 비영리 공익사업용으로 사용하려는 개인에게 사용허가한 경우 중앙관서의 장은 그 사용료를 면제할 수 있다.

① ㄱ, ㄴ
② ㄱ, ㄷ
③ ㄴ, ㄷ
④ ㄴ, ㄹ
⑤ ㄷ, ㄹ

23 국유재산법령상 부동산인 행정재산의 사용료에 관한 설명으로 옳지 <u>않은</u> 것은? `문제 변형`

① 경쟁입찰로 사용허가를 하는 경우 첫 해의 사용료는 최고입찰가로 결정한다.

② 사용료가 100만 원을 초과하는 경우에 연 12회 이내에서 나누어 내게 할 수 있다.

③ 사용료를 나누어 내게 할 때 연간 사용료가 1천만 원 이상인 경우에는 그 허가를 받은 자에게 연간 사용료의 100분의 50에 해당하는 금액의 범위에서 보증금을 예치하게 하거나 이행보증조치를 하도록 하여야 한다.

④ 중앙관서의 장은 행정재산을 공용으로 사용하려는 지방자치단체에 사용허가하는 경우 사용료를 면제하여야 한다.

⑤ 보존용재산을 사용허가하는 경우에 재산의 유지·보존을 위하여 관리비가 특히 필요할 때에는 사용료에서 그 관리비 상당액을 뺀 나머지 금액을 징수할 수 있다.

24 건축법령상 건축허가에 관한 설명으로 옳은 것은?

① 위락시설에 해당하는 건축물의 건축을 허가하는 경우 건축물의 용도·규모가 주거환경 등 주변 환경을 고려할 때 부적합하다고 인정되면 건축위원회의 심의를 거쳐 건축허가를 하지 않을 수 있다.

② 연면적의 합계가 10만 제곱미터 이상인 공장을 광역시에 건축하려면 광역시장의 허가를 받아야 한다.

③ 고속도로 통행료 징수시설을 대수선하려는 자는 시장·군수·구청장의 허가를 받아야 한다.

④ 허가권자는 건축허가를 받은 자가 허가를 받은 날부터 6개월 이내에 공사에 착수하지 아니한 경우 허가를 취소하여야 한다.

⑤ 건축위원회의 심의를 받은 자가 심의 결과를 통지 받은 날부터 1년 이내에 건축허가를 신청하지 아니하면 건축위원회 심의의 효력이 상실된다.

25 건축법령상 용어에 관한 설명으로 옳지 <u>않은</u> 것은?

① '지하층'이란 건축물의 바닥이 지표면 아래에 있는 층으로서 바닥에서 지표면까지 평균높이가 해당 층 높이의 2분의 1 이상인 것을 말한다.

② 건축물을 이전하는 것은 '건축'에 해당하지 않는다.

③ '리모델링'이란 건축물의 노후화를 억제하거나 기능 향상 등을 위하여 대수선하거나 일부 증축하는 행위를 말한다.

④ 층수가 25층이며, 높이가 120미터인 건축물은 '고층건축물'에 해당한다.

⑤ 피뢰침은 '건축설비'에 해당한다.

26 건축법령상 위반 건축물 등에 대한 조치에 관한 설명으로 옳지 <u>않은</u> 것은?   `문제 변형`

① 허가권자는 건축물이 건축법령에 위반되는 경우 그 건축물의 현장관리인에게 공사의 중지를 명할 수 있다.

② 건축물이 용적률을 초과하여 건축된 경우 해당 건축물에 적용되는 시가표준액의 100분의 10에 해당하는 금액으로 이행강제금이 부과된다.

③ 허가권자는 이행강제금을 부과하기 전에 이행강제금을 부과·징수한다는 뜻을 미리 문서로써 계고(戒告)하여야 한다.

④ 허가권자는 이행강제금 부과처분을 받은 자가 이행강제금을 납부기한까지 내지 아니하면 「지방행정제재·부과금의 징수 등에 관한 법률」에 따라 징수한다.

⑤ 허가권자는 시정명령을 받은 자가 이를 이행하면 새로운 이행강제금의 부과를 즉시 중지하되, 이미 부과된 이행강제금은 징수하여야 한다.

27 건축법령상 「행정대집행법」 적용의 특례 사유로 규정되지 <u>않은</u> 것은?

① 어린이를 보호하기 위하여 필요하다고 인정되는 경우
② 재해가 발생할 위험이 절박한 경우
③ 건축물의 구조 안전상 심각한 문제가 있어 붕괴 등 손괴의 위험이 예상되는 경우
④ 허가권자의 공사중지명령을 받고도 불응하여 공사를 강행하는 경우
⑤ 도로통행에 현저하게 지장을 주는 불법건축물인 경우

28 공간정보의 구축 및 관리 등에 관한 법령상 지번의 구성과 부여방법에 관한 설명으로 옳지 <u>않은</u> 것은?

① 지번은 북서에서 남동으로 순차적으로 부여하여야 한다.
② 토지소유자가 합병 전의 필지에 주거·사무실 등의 건축물이 있어서 그 건축물이 위치한 지번을 합병 후의 지번으로 신청한 경우에도 합병 대상 지번 중 선순위의 지번으로 부여하여야 한다.
③ 분할의 경우에는 분할 후의 필지 중 주거·사무실 등의 건축물이 있는 필지에 대해서는 분할 전의 지번을 우선하여 부여하여야 한다.
④ 지번은 아라비아숫자로 표기하되, 임야대장 및 임야도에 등록하는 토지의 지번은 숫자 앞에 "산"자를 붙인다.
⑤ 신규등록 및 등록전환의 경우에 대상토지가 여러 필지로 되어 있는 경우에는 그 지번부여지역의 최종 본번의 다음 순번부터 본번으로 하여 순차적으로 지번을 부여할 수 있다.

29 공간정보의 구축 및 관리 등에 관한 법령상 지적공부와 부동산등기부에 관한 설명으로 옳지 <u>않은</u> 것은?

① 지적소관청은 지적공부의 등록사항 중 지적도 및 임야도에 등록된 필지가 면적의 증감 없이 경계의 위치만 잘못된 경우를 발견하면 직권으로 조사·측량하여 정정할 수 있다.
② 지적소관청 소속 공무원이 지적공부와 부동산등기부의 부합 여부를 확인하기 위하여 등기사항증명서의 발급을 신청하는 경우 그 수수료를 감경할 수 있다.
③ 행정구역의 명칭이 변경되었으면 지적공부에 등록된 토지의 소재는 새로운 행정구역의 명칭으로 변경된 것으로 본다.
④ 지적공부에 신규등록하는 토지의 소유자에 관한 사항은 지적소관청이 직접 조사하여 등록한다.
⑤ 「국유재산법」상 중앙관서의 장이 소유자 없는 부동산에 대한 소유자 등록을 신청하는 때에 지적소관청은 지적공부에 해당 토지의 소유자가 등록되지 아니한 경우에만 등록할 수 있다.

30 공간정보의 구축 및 관리 등에 관한 법령상 지상 경계의 결정기준을 옳게 연결한 것을 모두 고른 것은?

> ㄱ. 연접되는 토지 간에 높낮이 차이가 없는 경우 : 그 구조물 등의 중앙
> ㄴ. 토지가 해면 또는 수면에 접하는 경우 : 최대만조위 또는 최대만수위가 되는 선
> ㄷ. 도로·구거 등의 토지에 절토된 부분이 있는 경우 : 경사면의 중앙
> ㄹ. 공유수면매립지의 토지 중 제방 등을 토지에 편입하여 등록하는 경우 : 바깥쪽 하단부
> ㅁ. 연접되는 토지 간에 높낮이 차이가 있는 경우 : 그 구조물 등의 하단부

① ㄱ, ㄹ　　　　　　　　　　　　　② ㄷ, ㅁ
③ ㄱ, ㄴ, ㄹ　　　　　　　　　　　④ ㄱ, ㄴ, ㅁ
⑤ ㄴ, ㄷ, ㄹ, ㅁ

31 공간정보의 구축 및 관리 등에 관한 법령상 다음의 설명에 해당하는 지목은?

> 용수(用水) 또는 배수(排水)를 위하여 일정한 형태를 갖춘 인공적인 수로·둑 및 그 부속시설물의 부지와 자연의 유수(流水)가 있거나 있을 것으로 예상되는 소규모 수로부지

① 제방　　　　　　　　　　　　　　② 유지
③ 하천　　　　　　　　　　　　　　④ 광천지
⑤ 구거

32 부동산등기법령상 소유권 등기에 관한 설명으로 옳은 것은?

① 등기관이 소유권보존등기를 할 때에는 등기원인과 그 연월일을 기록하지 아니한다.
② 토지대장에 최초의 소유자로 등록되어 있는 자의 상속인은 소유권보존등기를 신청할 수 없다.
③ 등기관이 직권으로 소유권보존등기를 할 수 있는 경우는 없다.
④ 소유권의 일부이전등기를 할 때 이전되는 지분을 표시하지 않아도 된다.
⑤ 소유권의 이전에 관한 사항은 등기기록의 을구에 기록한다.

33 부동산등기법령상 등기절차에 관한 설명으로 옳지 <u>않은</u> 것은?

① 신탁재산에 속하는 부동산의 신탁등기는 수탁자가 단독으로 신청한다.

② 부동산표시의 변경등기는 소유권의 등기명의인이 단독으로 신청한다.

③ 등기관이 등기의 착오가 등기관의 잘못으로 인한 것임을 발견한 경우 등기상 이해관계 있는 제3자가 없다면 지체 없이 그 등기를 직권으로 경정하여야 한다.

④ 등기관은 등기권리자, 등기의무자 또는 등기명의인이 각 2인 이상인 경우에는 직권으로 경정등기를 한 사실을 그 모두에게 알려야 한다.

⑤ 토지가 멸실된 경우에는 그 토지소유권의 등기명의인은 그 사실이 있는 때부터 1개월 이내에 그 등기를 신청하여야 한다.

34 부동산등기법령상 보조기억장치에 저장하여 보존하는 경우 그 보존기간이 나머지 것과 <u>다른</u> 것은?

① 신탁원부

② 공동담보목록

③ 도면

④ 매매목록

⑤ 신청정보 및 첨부정보

35 부동산등기법령상 등기관의 처분에 대한 이의에 관한 설명으로 옳은 것은?

① 이의의 신청은 「민사소송법」이 정하는 바에 따라 관할 지방법원에 이의신청서를 제출하는 방법으로 한다.

② 새로운 사실이나 새로운 증거방법을 근거로 이의신청을 할 수 있다.

③ 등기관은 이의가 이유 있다고 인정하더라도 그에 해당하는 처분을 해서는 아니되고 관할 지방법원에 보내 그 결정에 따라야 한다.

④ 이의에는 집행정지의 효력이 없다.

⑤ 이의에 대한 관할 지방법원의 결정에 대해서는 불복할 수 없다.

36 동산·채권 등의 담보에 관한 법령상 동산담보권에 관한 설명으로 옳지 <u>않은</u> 것은? **문제 변형**

① 창고증권이 작성된 동산은 담보등기의 목적물이 될 수 없다.

② 담보권설정자의 사업자등록이 말소된 경우에도 이미 설정된 동산담보권의 효력에는 영향을 미치지 아니한다.

③ 동산담보권은 피담보채권과 분리하여 타인에게 양도할 수 없다.

④ 담보권자는 채권의 일부를 변제받은 경우에도 담보목적물 전부에 대하여 그 권리를 행사할 수 있다.

⑤ 동산담보권의 효력은 법률에 다른 규정이 없거나 설정행위에 다른 약정이 없다면 담보목적물의 종물에 미치지 않는다.

37 도시저소득 주민이 집단거주하는 지역으로서 정비기반시설이 극히 열악하고 노후·불량건축물이 과도하게 밀집한 지역의 주거환경을 개선하거나 단독주택 및 다세대주택이 밀집한 지역에서 정비기반시설과 공동이용시설 확충을 통하여 주거환경을 보전·정비·개량하기 위한 사업은? **문제 변형**

① 주거환경관리사업

② 주택재개발사업

③ 도시환경정비사업

④ 주거환경개선사업

⑤ 가로주택정비사업

38 도시 및 주거환경정비법령상 정비구역 안에서 시장·군수의 허가를 받아야 하는 행위로 옳은 것만을 모두 고른 것은? (단, 재해복구 또는 재난수습에 필요한 응급조치를 위하여 하는 행위는 고려하지 않으며, 정비구역의 지정 및 고시 당시 이미 행위허가를 받았거나 받을 필요가 없는 행위는 제외함)

> ㄱ. 가설공연장의 용도변경
> ㄴ. 죽목의 벌채
> ㄷ. 토지분할
> ㄹ. 이동이 용이하지 아니한 물건을 3주일 동안 쌓아놓는 행위

① ㄱ, ㄹ 　　　　　　　② ㄷ, ㄹ

③ ㄱ, ㄴ, ㄷ 　　　　　　④ ㄱ, ㄷ, ㄹ

⑤ ㄱ, ㄴ, ㄷ, ㄹ

39 도시 및 주거환경정비법령상 토지등소유자로 구성된 조합이 시행할 수 <u>없는</u> 정비사업은?

① 가로주택정비사업

② 주택재건축사업

③ 도시환경정비사업

④ 주택재개발사업

⑤ 주거환경개선사업

40 도시 및 주거환경정비법령상 비용부담 등에 관한 설명으로 옳지 <u>않은</u> 것은?

① 시장·군수는 시장·군수가 아닌 사업시행자가 시행하는 정비사업의 정비계획에 따라 설치되는 도시·군계획시설 중 녹지에 대하여는 그 건설에 소요되는 비용의 전부 또는 일부를 부담할 수 있다.

② 시장·군수는 그가 시행하는 정비사업으로 인하여 현저한 이익을 받는 정비기반시설의 관리자가 있는 경우에는 그 정비기반시설의 관리자와 협의하여 당해 정비사업비의 3분의 2까지를 그 관리자에게 부담시킬 수 있다.

③ 시장·군수가 아닌 사업시행자는 부과금 또는 연체료를 체납하는 자가 있는 때에는 시장·군수에게 그 부과·징수를 위탁할 수 있다.

④ 공동구에 수용될 전기·가스·수도의 공급시설과 전기통신시설 등의 관리자가 부담할 공동구의 설치에 소요되는 비용의 부담비율은 공동구의 점용예정면적비율에 의한다.

⑤ 사업시행자가 정비사업비의 일부를 정비기반시설의 관리자에게 부담시키고자 하는 때에는 정비사업에 소요된 비용의 명세와 부담 금액을 명시하여 그 비용을 부담시키고자 하는 자에게 통지하여야 한다.

모든 일에 있어서, 시간이 부족하지 않을까를 걱정하지 말고,

다만 내가 마음을 바쳐 최선을 다할 수 있을지, 그것을 걱정하라.

                           - 정조 -

PART 02

정답 및 해설

CHAPTER 01   2023년 제34회 정답 및 해설

CHAPTER 02   2022년 제33회 정답 및 해설

CHAPTER 03   2021년 제32회 정답 및 해설

CHAPTER 04   2020년 제31회 정답 및 해설

CHAPTER 05   2019년 제30회 정답 및 해설

CHAPTER 06   2018년 제29회 정답 및 해설

CHAPTER 07   2017년 제28회 정답 및 해설

CHAPTER 08   2016년 제27회 정답 및 해설

01 2023년 제34회 정답 및 해설

01	02	03	04	05	06	07	08	09	10	11	12	13	14	15	16	17	18	19	20
①	①	④	③	⑤	②	①	②	③	③	①	⑤	⑤	⑤	①	④	②	③	②	③
21	22	23	24	25	26	27	28	29	30	31	32	33	34	35	36	37	38	39	40
⑤	④	②	①	②	③	⑤	④	④	②	④	①	①	⑤	③	②	③	④	⑤	④

01 난도 ★ 답 ①

▌정답해설▐

① 국토교통부장관은 도시의 지속가능하고 균형 있는 발전과 주민의 편리하고 쾌적한 삶을 위하여 도시의 지속가능성 및 생활인프라(교육시설, 문화·체육시설, 교통시설 등의 시설로서 국토교통부장관이 정하는 것을 말한다) 수준을 평가할 수 있다(국토의 계획 및 이용에 관한 법률 제3조의2 제1항).

02 난도 ★★ 답 ①

▌정답해설▐

① 광역계획권이 둘 이상의 시·도의 관할 구역에 걸쳐 있는 경우 : 관할 시·도지사가 공동으로 수립한다(국토의 계획 및 이용에 관한 법률 제11조 제1항 제2호).

▌오답해설▐

② 광역계획권을 지정한 날부터 3년이 지날 때까지 관할 시장 또는 군수로부터 제16조 제1항에 따른 광역도시계획의 승인 신청이 없는 경우 : 관할 도지사가 수립한다(국토의 계획 및 이용에 관한 법률 제11조 제1항 제3호).

③ 중앙행정기관의 장, 시·도지사, 시장 또는 군수는 국토교통부장관이나 도지사에게 광역계획권의 지정 또는 변경을 요청할 수 있다(국토의 계획 및 이용에 관한 법률 제10조 제2항).

④ 도지사는 시장 또는 군수가 요청하는 경우와 그 밖에 필요하다고 인정하는 경우에는 제1항에도 불구하고 관할 시장 또는 군수와 공동으로 광역도시계획을 수립할 수 있으며, 시장 또는 군수가 협의를 거쳐 요청하는 경우에는 단독으로 광역도시계획을 수립할 수 있다(국토의 계획 및 이용에 관한 법률 제11조 제3항).

⑤ 국토교통부장관, 시·도지사, 시장 또는 군수가 제4항에 따라 기초조사정보체계를 구축한 경우에는 등록된 정보의 현황을 5년마다 확인하고 변동사항을 반영하여야 한다(국토의 계획 및 이용에 관한 법률 제13조 제5항).

03 난도 ★★ 답 ④

▌정답해설▐

ㄴ, ㄷ, ㄹ (○) 국토의 계획 및 이용에 관한 법률 제26조 제1항 참고

> **국토의 계획 및 이용에 관한 법률 제26조(도시·군관리계획 입안의 제안)**
>
> ① 주민(이해관계자를 포함한다. 이하 같다)은 다음 각 호의 사항에 대하여 제24조에 따라 도시·군관리계획을 입안할 수 있는 자에게 도시·군관리계획의 입안을 제안할 수 있다. 이 경우 제안서에는 도시·군관리계획도서와 계획설명서를 첨부하여야 한다.
> 1. 기반시설의 설치·정비 또는 개량에 관한 사항
> 2. 지구단위계획구역의 지정 및 변경과 지구단위계획의 수립 및 변경에 관한 사항

3. 다음 각 목의 어느 하나에 해당하는 용도지구의 지정 및 변경에 관한 사항
   가. 개발진흥지구 중 공업기능 또는 유통물류기능 등을 집중적으로 개발·정비하기 위한 개발진흥지구로서 대통령령으로 정하는 개발진흥지구
   나. 제37조에 따라 지정된 용도지구 중 해당 용도지구에 따른 건축물이나 그 밖의 시설의 용도·종류 및 규모 등의 제한을 지구단위계획으로 대체하기 위한 용도지구
4. <u>입지규제최소구역의 지정 및 변경과 입지규제최소구역계획의 수립 및 변경에 관한 사항</u>

04 난도 ★★ 답 ③

▌정답해설▌

③ 계획관리지역 : 100% 이하(국토의 계획 및 이용에 관한 법률 제78조 제1항 제2호)

▌오답해설▌

① 준공업지역 : 150퍼센트 이상 400퍼센트 이하(국토의 계획 및 이용에 관한 법률 시행령 제85조 제1항 제13호)
② 근린상업지역 : 200퍼센트 이상 900퍼센트 이하(국토의 계획 및 이용에 관한 법률 시행령 제85조 제1항 제9호)
④ 자연환경보전지역 : 50퍼센트 이상 80퍼센트 이하(국토의 계획 및 이용에 관한 법률 시행령 제85조 제1항 제21호)
⑤ 제2종일반주거지역 : 100퍼센트 이상 250퍼센트 이하(국토의 계획 및 이용에 관한 법률 시행령 제85조 제1항 제4호)

05 난도 ★ 답 ⑤

▌정답해설▌

⑤ 부지면적 또는 건축물 연면적을 5퍼센트 범위에서 축소하는 경우에는 별도의 변경허가를 받지 않아도 된다(국토의 계획 및 이용에 관한 법률 시행령 제52조 제1항 제2호 가목).

06 난도 ★ 답 ②

▌정답해설▌

② 기반시설부담구역에서 기반시설설치비용의 부과대상인 건축행위는 제2조 제20호에 따른 시설로서 200제곱미터(기존 건축물의 연면적을 포함한다)를 초과하는 건축물의 신축·증축 행위로 한다. 다만, 기존 건축물을 철거하고 신축하는 경우에는 기존 건축물의 건축연면적을 초과하는 건축행위만 부과대상으로 한다(국토의 계획 및 이용에 관한 법률 제68조 제1항).

07 난도 ★★ 답 ①

▌정답해설▌

① 매수청구를 한 토지의 소유자는 매수의무자가 그 토지를 매수하지 아니하기로 결정한 경우 개발행위허가를 받아 3층 이하의 제1종근린생활시설을 설치할 수 있다(국토의 계획 및 이용에 관한 법률 시행령 제41조 제5항 제2호).

국토의 계획 및 이용에 관한 법률 시행령 제41조(도시·군계획시설부지의 매수청구)

⑤ 법 제47조 제7항 각 호 외의 부분 전단에서 "대통령령으로 정하는 건축물 또는 공작물"이란 다음 각 호의 것을 말한다. 다만, 다음 각 호에 규정된 범위에서 특별시·광역시·특별자치시·특별자치도·시 또는 군의 도시·군계획조례로 따로 허용범위를 정하는 경우에는 그에 따른다.
   1. 「건축법 시행령」 [별표 1] 제1호 가목의 단독주택으로서 3층 이하인 것
   2. <u>「건축법 시행령」 [별표 1] 제3호의 제1종근린생활시설로서 3층 이하인 것</u>
   2의2. 「건축법 시행령」 [별표 1] 제4호의 제2종 근린생활시설(같은 호 거목, 더목 및 러목은 제외한다)로서 3층 이하인 것
   3. 공작물

▌정답해설▐

② 지구단위계획(제26조 제1항에 따라 주민이 입안을 제안한 것에 한정한다)에 관한 도시·군관리계획결정의 고시일부터 5년 이내에 이 법 또는 다른 법률에 따라 허가·인가·승인 등을 받아 사업이나 공사에 착수하지 아니하면 그 5년이 된 날의 다음날에 그 지구단위계획에 관한 도시·군관리계획결정은 효력을 잃는다(국토의 계획 및 이용에 관한 법률 제53조 제2항).

▌정답해설▐

③ 「도시 및 주거환경정비법」 제2조 제3호에 따른 노후·불량건축물이 밀집한 주거지역 또는 공업지역으로 정비가 시급한 지역(국토의 계획 및 이용에 관한 법률 제40조의2 제5호).

국토의 계획 및 이용에 관한 법률 제40조의2(입지규제최소구역의 지정 등)

① 제29조에 따른 도시·군관리계획의 결정권자(이하 "도시·군관리계획 결정권자"라 한다)는 도시지역에서 복합적인 토지이용을 증진시켜 도시 정비를 촉진하고 지역 거점을 육성할 필요가 있다고 인정되면 다음 각 호의 어느 하나에 해당하는 지역과 그 주변지역의 전부 또는 일부를 입지규제최소구역으로 지정할 수 있다.

1. 도시·군기본계획에 따른 도심·부도심 또는 생활권의 중심지역
2. 철도역사, 터미널, 항만, 공공청사, 문화시설 등의 기반시설 중 지역의 거점 역할을 수행하는 시설을 중심으로 주변지역을 집중적으로 정비할 필요가 있는 지역
3. 세 개 이상의 노선이 교차하는 대중교통 결절지로부터 1킬로미터 이내에 위치한 지역
4. 「도시 및 주거환경정비법」 제2조 제3호에 따른 노후·불량건축물이 밀집한 주거지역 또는 공업지역으로 정비가 시급한 지역

5. 「도시재생 활성화 및 지원에 관한 특별법」 제2조 제1항 제5호에 따른 도시재생활성화지역 중 같은 법 제2조 제1항 제6호에 따른 도시경제기반형 활성화계획을 수립하는 지역
6. 그 밖에 창의적인 지역개발이 필요한 지역으로 대통령령으로 정하는 지역

▌정답해설▐

③ 건축물의 배치, 형태, 색채 및 높이(국토의 계획 및 이용에 관한 법률 제75조의3 제1항)

국토의 계획 및 이용에 관한 법률 제75조의3(성장관리계획의 수립 등)

① 특별시장·광역시장·특별자치시장·특별자치도지사·시장 또는 군수는 성장관리계획구역을 지정할 때에는 다음 각 호의 사항 중 그 성장관리계획구역의 지정목적을 이루는 데 필요한 사항을 포함하여 성장관리계획을 수립하여야 한다.

1. 도로, 공원 등 기반시설의 배치와 규모에 관한 사항
2. 건축물의 용도제한, 건축물의 건폐율 또는 용적률
3. 건축물의 배치, 형태, 색채 및 높이
4. 환경관리 및 경관계획
5. 그 밖에 난개발의 방지와 체계적인 관리에 필요한 사항으로서 대통령령으로 정하는 사항

국토의 계획 및 이용에 관한 법률 시행령 제70조의14(성장관리계획의 수립 등)

① 법 제75조의3 제1항 제5호에서 "대통령령으로 정하는 사항"이란 다음 각 호의 사항을 말한다.

1. 성장관리계획구역 내 토지개발·이용, 기반시설, 생활환경 등의 현황 및 문제점
2. 그 밖에 난개발의 방지와 체계적인 관리에 필요한 사항으로서 특별시·광역시·특별자치시·특별자치도·시 또는 군의 도시·군계획조례로 정하는 사항

11 난도 ★

┃정답해설┃

① 국토교통부장관이나 도지사가 직접 입안한 도시·군관리계획인 경우 국토교통부장관이나 도지사는 단계별 집행계획을 수립하여 해당 특별시장·광역시장·특별자치시장·특별자치도지사·시장 또는 군수에게 송부할 수 있다(국토의 계획 및 이용에 관한 법률 제85조 제2항).

12 난도 ★★★

답 ⑤

┃정답해설┃

⑤ 국토의 계획 및 이용에 관한 법률 시행령 제96조 제3항 제9호 참고

┃오답해설┃

① 도시·군계획시설사업의 시행자(국토교통부장관, 시·도지사와 대도시 시장은 제외한다. 이하 제3항에서 같다)는 제1항에 따라 실시계획을 작성하면 대통령령으로 정하는 바에 따라 국토교통부장관, 시·도지사 또는 대도시 시장의 인가를 받아야 한다(국토의 계획 및 이용에 관한 법률 제88조 제2항).

② 도시·군계획시설사업이 둘 이상의 특별시·광역시·특별자치시·특별자치도·시 또는 군의 관할 구역에 걸쳐 시행되게 되는 경우에는 관계 특별시장·광역시장·특별자치시장·특별자치도지사·시장 또는 군수가 서로 협의하여 시행자를 정한다(국토의 계획 및 이용에 관한 법률 제86조 제2항).

③ 도시·군계획시설사업의 시행자는 도시·군계획시설사업을 효율적으로 추진하기 위하여 필요하다고 인정되면 사업시행대상지역 또는 대상시설을 둘 이상으로 분할하여 도시·군계획시설사업을 시행할 수 있다(국토의 계획 및 이용에 관한 법률 제87조).

④ 신청서에 자금조달계획이 기재되어 있어야 한다(국토의 계획 및 이용에 관한 법률 시행령 제96조 제1항 제5호).

국토의 계획 및 이용에 관한 법률 시행령 제96조(시행자의 지정)

① 법 제86조 제5항의 규정에 의하여 도시·군계획시설사업의 시행자로 지정받고자 하는 자는 다음 각호의 사항을 기재한 신청서를 국토교통부장관, 시·도지사 또는 시장·군수에게 제출하여야 한다.

1. 사업의 종류 및 명칭
2. 사업시행자의 성명 및 주소(법인인 경우에는 법인의 명칭 및 소재지와 대표자의 성명 및 주소)
3. 토지 또는 건물의 소재지·지번·지목 및 면적, 소유권과 소유권외의 권리의 명세 및 그 소유자·권리자의 성명·주소
4. 사업의 착수예정일 및 준공예정일
5. 자금조달계획

13 난도 ★★

답 ⑤

┃정답해설┃

⑤ ㄱ, ㄴ, ㄷ, ㄹ 모두 해당한다(국토의 계획 및 이용에 관한 법률 제130조 제1항 참고).

국토의 계획 및 이용에 관한 법률 제130조(토지에의 출입 등)

① 국토교통부장관, 시·도지사, 시장 또는 군수나 도시·군계획시설사업의 시행자는 다음 각 호의 행위를 하기 위하여 필요하면 타인의 토지에 출입하거나 타인의 토지를 재료 적치장 또는 임시통로로 일시 사용할 수 있으며, 특히 필요한 경우에는 나무, 흙, 돌, 그 밖의 장애물을 변경하거나 제거할 수 있다.

1. 도시·군계획·광역도시·군계획에 관한 기초조사
2. 개발밀도관리구역, 기반시설부담구역 및 제67조 제4항에 따른 기반시설설치계획에 관한 기초조사
3. 지가의 동향 및 토지거래의 상황에 관한 조사
4. 도시·군계획시설사업에 관한 조사·측량 또는 시행

14 난도 ★   답 ⑤

┃정답해설┃

⑤ 「산림조합법」에 따른 산림조합은 국유지 취득을 위해 표준지공시지가를 산정할 수 있다(부동산 가격공시에 관한 법률 제8조, 동 시행령 제13조 참고).

> **부동산 가격공시에 관한 법률 제8조(표준지공시지가의 적용)**
>
> 제1호 각 목의 자가 제2호 각 목의 목적을 위하여 지가를 산정할 때에는 그 토지와 이용가치가 비슷하다고 인정되는 하나 또는 둘 이상의 표준지의 공시지가를 기준으로 토지가격비준표를 사용하여 지가를 직접 산정하거나 감정평가법인등에 감정평가를 의뢰하여 산정할 수 있다. 다만, 필요하다고 인정할 때에는 산정된 지가를 제2호 각 목의 목적에 따라 가감(加減) 조정하여 적용할 수 있다.
> 1. 지가 산정의 주체
>   가. 국가 또는 지방자치단체
>   나. 「공공기관의 운영에 관한 법률」에 따른 공공기관
>   다. 그 밖에 대통령령으로 정하는 공공단체
>
> > **부동산 가격공시에 관한 법률 시행령 제13조 (표준지공시지가의 적용)**
> >
> > ① 법 제8조 제1호 다목에서 "대통령령으로 정하는 공공단체"란 다음 각 호의 기관 또는 단체를 말한다.
> > 1. 「산림조합법」에 따른 산림조합 및 산림조합중앙회
> > 2. 「농업협동조합법」에 따른 조합 및 농업협동조합중앙회
> > 3. 「수산업협동조합법」에 따른 수산업협동조합 및 수산업협동조합중앙회
> > 4. 「한국농어촌공사 및 농지관리기금법」에 따른 한국농어촌공사
> > 5. 「중소기업진흥에 관한 법률」에 따른 중소벤처기업진흥공단
> > 6. 「산업집적활성화 및 공장설립에 관한 법률」에 따른 산업단지관리공단
>
> 2. 지가 산정의 목적
>   가. 공공용지의 매수 및 토지의 수용·사용에 대한 보상
>   나. 국유지·공유지의 취득 또는 처분
>   다. 그 밖에 대통령령으로 정하는 지가의 산정

> **더 알아보기** ┃ **부동산 가격공시에 관한 법률 제3조(표준지공시지가의 조사·평가 및 공시 등)**
>
> ⑤ 국토교통부장관이 제1항에 따라 표준지공시지가를 조사·평가할 때에는 업무실적, 신인도(信認度) 등을 고려하여 둘 이상의 「감정평가 및 감정평가사에 관한 법률」에 따른 감정평가법인등(이하 "감정평가법인등"이라 한다)에게 이를 의뢰하여야 한다. 다만, 지가 변동이 작은 경우 등 대통령령으로 정하는 기준에 해당하는 표준지에 대해서는 하나의 감정평가법인등에 의뢰할 수 있다.

15 난도 ★★   답 ①

┃정답해설┃

① 국토교통부장관은 토지이용상황이나 주변 환경, 그 밖의 자연적·사회적 조건이 일반적으로 유사하다고 인정되는 일단의 토지 중에서 선정한 표준지에 대하여 매년 공시기준일 현재의 단위면적당 적정가격(이하 "표준지공시지가"라 한다)을 조사·평가하고, 제24조에 따른 중앙부동산가격공시위원회의 심의를 거쳐 이를 공시하여야 한다(부동산 가격공시에 관한 법률 제3조 제1항).

16 난도 ★   답 ④

┃정답해설┃

④ 국토교통부장관은 제1항에 따라 표준주택가격을 조사·산정하고자 할 때에는 「한국부동산원법」에 따른 한국부동산원(이하 "부동산원"이라 한다)에 의뢰한다(부동산 가격공시에 관한 법률 제16조 제4항).

17 난도 ★★   답 ②

┃정답해설┃

② 감정평가서의 원본과 관련 서류의 접수 및 보관은 협회에 위탁한다(감정평가 및 감정평가사에 관한 법률 시행령 제47조 제2항).

감정평가 및 감정평가사에 관한 법률 제46조(업무의 위탁)

① 이 법에 따른 국토교통부장관의 업무 중 다음 각 호의 업무는 「한국부동산원법」에 따른 한국부동산원, 「한국산업인력공단법」에 따른 한국산업인력공단 또는 협회에 위탁할 수 있다. 다만, 제3호 및 제4호에 따른 업무는 협회에만 위탁할 수 있다.

1. 제8조 제1항에 따른 감정평가 타당성조사 및 같은 조 제4항에 따른 감정평가서에 대한 표본조사와 관련하여 대통령령으로 정하는 업무

> 감정평가 및 감정평가사에 관한 법률 시행령 제47조(업무의 위탁)
>
> ① 국토교통부장관은 법 제46조 제1항에 따라 다음 각 호의 업무를 한국부동산원에 위탁한다.
> 1. 제8조 제1항에 따른 타당성조사를 위한 기초자료 수집 및 감정평가 내용 분석
> 2. 제8조의2에 따른 감정평가서에 대한 표본조사
> 3. 법 제9조에 따른 감정평가 정보체계의 구축·운영
>
> ② 국토교통부장관은 법 제46조 제1항에 따라 다음 각 호의 업무를 협회에 위탁한다.
> 1. 법 제6조 제3항 및 이 영 제6조에 따른 감정평가서의 원본과 관련 서류의 접수 및 보관
> 2. 법 제17조에 따른 감정평가사의 등록신청과 갱신등록 신청의 접수 및 이 영 제18조에 따른 갱신등록의 사전통지
> 3. 삭제
> 3의2. 법 제21조의2에 따른 소속 감정평가사 또는 사무직원의 고용 및 고용관계 종료 신고의 접수
> 4. 제23조 제2항에 따른 보증보험 가입통보의 접수
>
> ③ 국토교통부장관은 법 제46조 제1항에 따라 법 제14조에 따른 감정평가사시험의 관리 업무를 「한국산업인력공단법」에 따른 한국산업인력공단에 위탁한다.

2. 제14조에 따른 감정평가사시험의 관리
3. 제17조에 따른 감정평가사 등록 및 등록 갱신

4. 제21조의2에 따른 소속 감정평가사 또는 사무직원의 신고
5. 그 밖에 대통령령으로 정하는 업무

18 난도 ★★   답 ③

정답해설

③ 5억, 10, 납부한 날의 전날

> • 감정평가법인에 대한 과징금부과처분의 경우 과징금 최고액은 (5억)원이다(감정평가 및 감정평가사에 관한 법률 제41조 제1항).
> • 과징금납부의무자가 과징금을 분할납부하려면 납부기한 (10)일 전까지 국토교통부장관에게 신청하여야 한다(감정평가 및 감정평가사에 관한 법률 제43조 제2항).
> • 과징금을 납부기한까지 납부하지 아니한 경우에는 납무기한의 다음 날부터 과징금을 (납부한 날의 전날)까지의 기간에 대하여 가산금을 징수할 수 있다(감정평가 및 감정평가사에 관한 법률 제44조 제1항).

19 난도 ★   답 ②

정답해설

② 제24조 제1항(감정평가법인의 사무직원이 될 수 없는 자)을 위반하여 사무직원을 둔 자에게는 500만 원 이하의 과태료를 부과한다(감정평가 및 감정평가사에 관한 법률 제52조 제1항).

20 난도 ★★   답 ③

정답해설

③ 행정재산 사용 허가기간이 끝난 재산에 대하여 대통령령으로 정하는 경우를 제외하고는 5년을 초과하지 아니하는 범위에서 종전의 사용허가를 갱신할 수 있다. 다만, 수의의 방법으로 사용허가를 할 수 있는 경우가 아니면 1회만 갱신할 수 있다(국유재산법 제35조 제2항).

21 난도 ★★★

▌정답해설▐

⑤ 국유재산법 제15조 제1항 참고

> **국유재산법 제15조(증권의 보관 · 취급)**
> ① 총괄청이나 중앙관서의 장등은 증권을 한국은행이나 대통령령으로 정하는 법인(이하 "한국은행등"이라 한다)으로 하여금 보관 · 취급하게 하여야 한다.
>
> > **국유재산법 시행령 제10조(증권의 보관 · 취급)**
> > ① 법 제15조 제1항에서 "대통령령으로 정하는 법인"이란 다음 각 호의 어느 하나에 해당하는 법인을 말한다.
> > 1. 「은행법」 제2조 제1항 제2호에 따른 은행(같은 법 제5조에 따라 은행으로 보는 것과 외국은행은 제외한다)
> > 2. 한국예탁결제원

▌오답해설▐

① 재판상 화해에 의해 일반재산에 사권(私權)을 설정할 수 없다(국유재산법 제11조 등 참고).

> **국유재산법 제11조(사권 설정의 제한)**
> ② 국유재산에는 사권을 설정하지 못한다. 다만, 일반재산에 대하여 대통령령으로 정하는 경우에는 그러하지 아니하다.
>
> > **국유재산법 시행령 제6조(사권 설정)**
> > 법 제11조 제2항 단서에서 "대통령령으로 정하는 경우"란 다음 각 호의 어느 하나에 해당하는 경우를 말한다.
> > 1. 다른 법률 또는 확정판결(재판상 화해 등 확정판결과 같은 효력을 갖는 것을 포함한다)에 따라 일반재산에 사권(私權)을 설정하는 경우

② 국유재산에 관한 사무에 종사하는 직원은 그 처리하는 국유재산을 취득하거나 자기의 소유재산과 교환하지 못한다. 다만, 해당 총괄청이나 중앙관서의 장의 허가를 받은 경우에는 그러하지 아니하다(국유재산법 제20조 제1항).

③ 국유재산법 제18조 제1항

> **제18조(영구시설물의 축조 금지)**
> ① 국가 외의 자는 국유재산에 건물, 교량 등 구조물과 그 밖의 영구시설물을 축조하지 못한다. 다만, 다음 각 호의 어느 하나에 해당하는 경우에는 그러하지 아니하다.
> 1. 기부를 조건으로 축조하는 경우
> 2. 다른 법률에 따라 국가에 소유권이 귀속되는 공공시설을 축조하는 경우

④ 총괄청은 다음 연도의 국유재산의 관리 · 처분에 관한 계획의 작성을 위한 지침을 매년 4월 30일까지 중앙관서의 장에게 통보하여야 한다(국유재산법 제9조 제1항).

22 난도 ★★

▌정답해설▐

④ ㄱ : 20, ㄴ : 50

> ㄱ : (20) 중앙관서의 장은 행정재산에 대하여 일반경쟁입찰을 두 번 실시하여도 낙찰자가 없는 재산에 대하여는 세 번째 입찰부터 최초 사용료 예정가격의 100분의 20을 최저한도로 하여 매회 100분의 10의 금액만큼 그 예정가격을 낮추는 방법으로 조정할 수 있다(국유재산법 시행령 제27조 제5항).
> ㄴ : (50) 중앙관서의 장등은 일반재산에 대하여 일반경쟁입찰을 두 번 실시하여도 낙찰자가 없는 경우에는 세 번째 입찰부터 최초 매각 예정가격의 100분의 50을 최저한도로 하여 매회 100분의 10의 금액만큼 그 예정가격을 낮출 수 있다(국유재산법 시행령 제42조 제3항).

23 난도 ★

▌정답해설▐

② 총괄청은 일반재산이 5년 이상 활용되지 않은 경우 이 일반재산을 민간사업자인 법인(외국법인 포함)과 공동으로 개발할 수 있다(국유재산법 제59조의2 참고).

국유재산법 제59조의2(민간참여 개발)

① 총괄청은 다음 각 호의 어느 하나에 해당하는 일반재산을 대통령령으로 정하는 민간사업자와 공동으로 개발할 수 있다.
1. 5년 이상 활용되지 아니한 재산
2. 국유재산정책심의위원회의 심의를 거쳐 개발이 필요하다고 인정되는 재산

> 국유재산법 시행령 제64조의2(민간사업자)
> 법 제59조의2 제1항 각 호 외의 부분에서 "대통령령으로 정하는 민간사업자"란 다음 각 호에 해당하는 자를 제외한 법인(외국법인을 포함한다)을 말한다.
> 1. 국가, 지방자치단체 및 공공기관
> 2. 특별법에 따라 설립된 공사 또는 공단

24 난도 ★★

📘답 ①

▌정답해설▌

ㄱ. (○) 허가권자는 제79조 제1항에 따라 시정명령을 받은 자가 이를 이행하면 새로운 이행강제금의 부과를 즉시 중지하되, 이미 부과된 이행강제금은 징수하여야 한다(건축법 제80조 제6항).

▌오답해설▌

ㄴ. (×) 동일인이 「건축법」에 따른 명령을 최근 3년 내에 2회 위반한 경우 부과될 금액을 100분의 100의 범위에서 가중하여야 한다(건축법 제80조 제2항).

건축법 제80조(이행강제금)

② 허가권자는 영리목적을 위한 위반이나 상습적 위반 등 대통령령으로 정하는 경우에 제1항에 따른 금액을 100분의 100의 범위에서 해당 지방자치단체의 조례로 정하는 바에 따라 가중하여야 한다.

> 건축법 시행령 제115조의3(이행강제금의 탄력적 운영)
> 4. 동일인이 최근 3년 내에 2회 이상 법 또는 법에 따른 명령이나 처분을 위반한 경우

ㄷ. (×) 허가권자는 최초의 시정명령이 있었던 날을 기준으로 하여 1년에 2회 이내의 범위에서 해당 지방자치단체의 조례로 정하는 횟수만큼 그 시정명령이 이행될 때까지 반복하여 제1항 및 제2항에 따른 이행강제금을 부과·징수할 수 있다(건축법 제80조 제5항).

25 난도 ★★

📘답 ②

▌정답해설▌

② 건축법 제2조 제1항 제9호, 건축법 시행령 제3조의2 참고

건축법 제2조(정의)

9. "대수선"이란 건축물의 기둥, 보, 내력벽, 주계단 등의 구조나 외부 형태를 수선·변경하거나 증설하는 것으로서 대통령령으로 정하는 것을 말한다.

건축법 시행령 제3조의2(대수선의 범위)

법 제2조 제1항 제9호에서 "대통령령으로 정하는 것"이란 다음 각 호의 어느 하나에 해당하는 것으로서 증축·개축 또는 재축에 해당하지 아니하는 것을 말한다.
1. 내력벽을 증설 또는 해체하거나 그 벽면적을 30제곱미터 이상 수선 또는 변경하는 것
2. 기둥을 증설 또는 해체하거나 세 개 이상 수선 또는 변경하는 것
3. 보를 증설 또는 해체하거나 세 개 이상 수선 또는 변경하는 것
4. 지붕틀(한옥의 경우에는 지붕틀의 범위에서 서까래는 제외한다)을 증설 또는 해체하거나 세 개 이상 수선 또는 변경하는 것
5. 방화벽 또는 방화구획을 위한 바닥 또는 벽을 증설 또는 해체하거나 수선 또는 변경하는 것
6. 주계단·피난계단 또는 특별피난계단을 증설 또는 해체하거나 수선 또는 변경하는 것
7. 삭제
8. 다가구주택의 가구 간 경계벽 또는 다세대주택의 세대 간 경계벽을 증설 또는 해체하거나 수선 또는 변경하는 것
9. 건축물의 외벽에 사용하는 마감재료(법 제52조 제2항에 따른 마감재료를 말한다)를 증설 또는 해체하거나 벽면적 30제곱미터 이상 수선 또는 변경하는 것

26 난도 ★   답 ③

┃정답해설┃

③ 조정안을 제시받은 당사자는 제시를 받은 날부터 15일 이내에 수락 여부를 조정위원회에 알려야 한다(건축법 제96조 제2항).

27 난도 ★   답 ⑤

┃정답해설┃

⑤ ㄱ : 10, ㄴ : 16(건축법 시행령 제10조의3 제1항 제2호)

> **건축법 시행령 제10조의3(건축물 안전영향평가)**
> ① 법 제13조의2 제1항에서 "초고층 건축물 등 대통령령으로 정하는 주요 건축물"이란 다음 각 호의 어느 하나에 해당하는 건축물을 말한다.
> 1. 초고층 건축물
> 2. 다음 각 목의 요건을 모두 충족하는 건축물
> 가. 연면적(하나의 대지에 둘 이상의 건축물을 건축하는 경우에는 각각의 건축물의 연면적을 말한다)이 10만 제곱미터 이상일 것
> 나. 16층 이상일 것

28 난도 ★   답 ④

┃정답해설┃

④ "신규등록"이란 새로 조성된 토지와 지적공부에 등록되어 있지 아니한 토지를 지적공부에 등록하는 것을 말한다. "등록전환"이란 임야대장 및 임야도에 등록된 토지를 토지대장 및 지적도에 옮겨 등록하는 것을 말한다(공간정보의 구축 및 관리 등에 관한 법률 제2조 참고).

29 난도 ★   답 ④

┃정답해설┃

④ 토지소유자는 신규등록할 토지가 있으면 대통령령으로 정하는 바에 따라 그 사유가 발생한날부터 60일 이내에 지적소관청에 신규등록을 신청하여야 한다(공간정보의 구축 및 관리 등에 관한 법률 제77조).

30 난도 ★   답 ②

┃정답해설┃

② 지적소관청은 제2항에 따라 축척변경을 하려면 축척변경 시행지역의 토지소유자 3분의 2 이상의 동의를 받아 제1항에 따른 축척변경위원회의 의결을 거친 후 시·도지사 또는 대도시 시장의 승인을 받아야 한다(공간정보의 구축 및 관리 등에 관한 법률 제83조 제3항).

31 난도 ★★   답 ④

┃정답해설┃

④ 공간정보의 구축 및 관리 등에 관한 법률 시행령 제58조 제14호

> **공간정보의 구축 및 관리 등에 관한 법률 시행령 제58조 (지목의 구분)**
> 14. 도로
> 다음 각 목의 토지. 다만, 아파트·공장 등 단일 용도의 일정한 단지 안에 설치된 통로 등은 제외한다.
> 가. 일반 공중(公衆)의 교통 운수를 위하여 보행이나 차량운행에 필요한 일정한 설비 또는 형태를 갖추어 이용되는 토지
> 나. 「도로법」 등 관계 법령에 따라 도로로 개설된 토지
> 다. 고속도로의 휴게소 부지
> 라. 2필지 이상에 진입하는 통로로 이용되는 토지

32 난도 ★   답 ①

┃정답해설┃

① 등기목적은 갑구 또는 을구에 기재된다(부동산등기법 제48조 제1항 제2호).

> **부동산등기법 제48조(등기사항)**
> ① 등기관이 갑구 또는 을구에 권리에 관한 등기를 할 때에는 다음 각 호의 사항을 기록하여야 한다.
> 1. 순위번호
> 2. 등기목적
> 3. 접수연월일 및 접수번호
> 4. 등기원인 및 그 연월일
> 5. 권리자

33 난도 ★   답 ①

▌정답해설▐

① 국가·지방자치단체·국제기관 및 외국정부의 등록번호는 국토교통부장관이 지정·고시한다(부동산등기법 제49조 제1항 제1호).

34 난도 ★★   답 ⑤

▌정답해설▐

ㄷ. (○) 이의에는 집행정지(執行停止)의 효력이 없다(부동산등기법 제104조).
ㄹ. (○) 송달에 대하여는 「민사소송법」을 준용하고, 이의의 비용에 대하여는 「비송사건절차법」을 준용한다(부동산등기법 제108조).

▌오답해설▐

ㄱ. (✕) 새로운 사실이나 새로운 증거방법을 근거로 이의신청을 할 수는 없다(부동산등기법 제102조).
ㄴ. (✕) 등기관은 이의가 이유 없다고 인정하면 이의신청일부터 3일 이내에 의견을 붙여 이의신청서를 관할 지방법원에 보내야 한다(부동산등기법 제103조 제2항).

35 난도 ★★   답 ③

▌정답해설▐

③ 등기관은 부동산이 5개 이상일 때에는 공동담보목록을 작성하여야 한다(부동산등기법 제78조 제1항 참고).

부동산등기법 제78조(공동저당의 등기)
① 등기관이 동일한 채권에 관하여 여러 개의 부동산에 관한 권리를 목적으로 하는 저당권설정의 등기를 할 때에는 각 부동산의 등기기록에 그 부동산에 관한 권리가 다른 부동산에 관한 권리와 함께 저당권의 목적으로 제공된 뜻을 기록하여야 한다.
② 등기관은 제1항의 경우에 <u>부동산이 5개 이상일 때에는 공동담보목록을 작성하여야 한다.</u>

36 난도 ★★   답 ②

▌정답해설▐

② 도시 및 주거환경정비법 제35조 제4항, 도시 및 주거환경정비법 시행령 제31조 제5호

도시 및 주거환경정비법 제35조(조합설립인가 등)
⑤ 제2항 및 제3항에 따라 설립된 조합이 인가받은 사항을 변경하고자 하는 때에는 총회에서 조합원의 3분의 2 이상의 찬성으로 의결하고, 제2항 각 호의 사항을 첨부하여 시장·군수 등의 인가를 받아야 한다. 다만, <u>대통령령으로 정하는 경미한 사항을 변경하려는 때에는 총회의 의결 없이 시장·군수등에게 신고하고 변경할 수 있다.</u>

도시 및 주거환경정비법 시행령 제31조(조합설립인가내용의 경미한 변경)
법 제35조 제5항 단서에서 "대통령령으로 정하는 경미한 사항"이란 다음 각 호의 사항을 말한다.
5. <u>건설되는 건축물의 설계 개요의 변경</u>

▌오답해설▐

① 조합이 정관의 기재사항인 조합임원의 수를 변경하려는 때에는 시장·군수 등에게 신고하여야 한다(도시 및 주거환경정비법 제40조 제4항 등).
③ 토지 등 소유자의 수가 100인을 초과하는 경우에는 이사의 수를 5명 이상으로 한다(도시 및 주거환경정비법 시행령 제40조).
④ 조합임원의 임기는 3년 이하의 범위에서 정관으로 정하되, 연임할 수 있다(도시 및 주거환경정비법 제41조 제4항).
⑤ 조합장이 아닌 조합임원은 대의원이 될 수 없다(도시 및 주거환경정비법 제46조 제3항).

> ※ 위 문제는 본 도서의 출간시점에서 최종정답이 발표되지 않았으나, 저자와 편집팀의 검수를 통해 문제의 오류가 있다고 판단하여 보다 명확한 취지로 문항을 수정하였습니다. 문항 ②의 원문은 아래와 같습니다. 학습 시 참고 바랍니다.
> ② 건설되는 건축물의 설계 개요를 변경하려면 조합 총회의 의결을 거쳐야 한다.

▌정답해설▌

③ 위치가 변경되는 경우는 제외한다(도시 및 주거환경정비법 시행령 제46조 제2호).

도시 및 주거환경정비법 시행령 제46조(사업시행계획인가의 경미한 변경)

법 제50조 제1항 단서에서 "대통령령으로 정하는 경미한 사항을 변경하려는 때"란 다음 각 호의 어느 하나에 해당하는 때를 말한다.

1. 정비사업비를 10퍼센트의 범위에서 변경하거나 관리처분계획의 인가에 따라 변경하는 때. 다만, 「주택법」 제2조 제5호에 따른 국민주택을 건설하는 사업인 경우에는 「주택도시기금법」에 따른 주택도시기금의 지원금액이 증가되지 아니하는 경우만 해당한다.
2. 건축물이 아닌 부대시설·복리시설의 설치규모를 확대하는 때(위치가 변경되는 경우는 제외한다)
3. 대지면적을 10퍼센트의 범위에서 변경하는 때
4. 세대수와 세대당 주거전용면적을 변경하지 않고 세대당 주거전용면적의 10퍼센트의 범위에서 세대 내부구조의 위치 또는 면적을 변경하는 때
5. 내장재료 또는 외장재료를 변경하는 때
6. 사업시행계획인가의 조건으로 부과된 사항의 이행에 따라 변경하는 때
7. 건축물의 설계와 용도별 위치를 변경하지 아니하는 범위에서 건축물의 배치 및 주택단지 안의 도로선형을 변경하는 때
8. 「건축법 시행령」 제12조 제3항 각 호의 어느 하나에 해당하는 사항을 변경하는 때
9. 사업시행자의 명칭 또는 사무소 소재지를 변경하는 때
10. 정비구역 또는 정비계획의 변경에 따라 사업시행계획서를 변경하는 때
11. 법 제35조 제5항 본문에 따른 조합설립변경 인가에 따라 사업시행계획서를 변경하는 때
12. 그 밖에 시·도조례로 정하는 사항을 변경하는 때

▌정답해설▌

④ ㄱ. (인가), ㄴ. (인가)

ㄱ : (인가) 사업시행자(제25조 제1항 및 제2항에 따른 공동시행의 경우를 포함하되, 사업시행자가 시장·군수 등인 경우는 제외한다)는 정비사업을 시행하려는 경우에는 제52조에 따른 사업시행계획서(이하 "사업시행계획서"라 한다)에 정관등과 그 밖에 국토교통부령으로 정하는 서류를 첨부하여 시장·군수등에게 제출하고 사업시행계획인가를 받아야 하고, 인가받은 사항을 변경하거나 정비사업을 중지 또는 폐지하려는 경우에도 또한 같다. 다만, 대통령령으로 정하는 경미한 사항을 변경하려는 때에는 시장·군수등에게 신고하여야 한다(도시 및 주거환경정비법 제50조 제1항).

ㄴ : (인가) 시장·군수 등이 아닌 사업시행자가 정비사업 공사를 완료한 때에는 대통령령으로 정하는 방법 및 절차에 따라 시장·군수등의 준공인가를 받아야 한다(도시 및 주거환경정비법 제83조 제1항).

▌정답해설▌

⑤ 시장·군수등은 시장·군수등이 아닌 사업시행자가 시행하는 정비사업의 정비계획에 따라 설치되는 임시거주시설에 대하여는 그 건설에 드는 비용의 전부 또는 일부를 부담할 수 있다(제92조 제2항).

도시 및 주거환경정비법 제92조(비용부담의 원칙)

① 정비사업비는 이 법 또는 다른 법령에 특별한 규정이 있는 경우를 제외하고는 사업시행자가 부담한다.

② 시장·군수등은 시장·군수등이 아닌 사업시행자가 시행하는 정비사업의 정비계획에 따라 설치되는 다음 각 호의 시설에 대하여는 그 건설에 드는 비용의 전부 또는 일부를 부담할 수 있다.
1. 도시·군계획시설 중 대통령령으로 정하는 주요 정비기반시설 및 공동이용시설
2. 임시거주시설

40 난도 ★★

답 ④

┃ 정답해설 ┃

④ 동산담보권의 효력은 담보목적물에 대한 압류 또는 제25조 제2항의 인도 청구가 있은 후에 담보권설정자가 그 담보목적물로부터 수취한 과실(果實) 또는 수취할 수 있는 과실에 미친다(동산·채권 등의 담보에 관한 법률 제11조).

┃ 오답해설 ┃

① 창고증권이 작성된 동산을 목적으로 담보등기를 할 수 없다(동산·채권 등의 담보에 관한 법률 제3조 제3항 제2호).

② 담보권설정자의 사업자등록이 말소된 경우에도 이미 설정된 동산담보권의 효력에는 영향을 미치지 아니한다(동산·채권 등의 담보에 관한 법률 제4조).

③ 담보권설정자에게 책임이 있는 사유로 담보목적물의 가액(價額)이 현저히 감소된 경우에는 담보권자는 담보권설정자에게 그 원상회복 또는 적당한 담보의 제공을 청구할 수 있다(동산·채권 등의 담보에 관한 법률 제17조 제2항).

⑤ 약정에 따른 동산담보권의 득실변경(得失變更)은 담보등기부에 등기를 하여야 그 효력이 생긴다(동산·채권 등의 담보에 관한 법률 제7조 제1항).

02 2022년 제33회 정답 및 해설

01	02	03	04	05	06	07	08	09	10	11	12	13	14	15	16	17	18	19	20
⑤	④	①	⑤	②	③	④	①	②	④	④	③	④	④	②	②	⑤	③	①	②
21	22	23	24	25	26	27	28	29	30	31	32	33	34	35	36	37	38	39	40
②	④	③	③	⑤	③	④	③	⑤	⑤	③	⑤	②	④	①	③	①	②	②	⑤

01 난도 ★ 답 ⑤

▌정답해설▐

⑤ 광역계획권의 미래상과 이를 실현할 수 있는 체계화된 전략을 제시하고 국토종합계획 등과 서로 연계되도록 할 것은 광역도시계획의 수립기준 등은 다음 각 호의 사항을 종합적으로 고려하여 국토교통부장관이 정한다(국토의 계획 및 이용에 관한 법 제12조 제2항, 영 제10조).

▌오답해설▐

①·②·③·④ 도시·군관리계획의 수립기준, 도시·군관리계획도서 및 계획설명서의 작성기준·작성방법 등은 국토교통부장관(수산자원보호구역의 경우 해양수산부장관)이 다음 각 호의 사항을 종합적으로 고려하여 정한다(국토의 계획 및 이용에 관한 법 제25조 제4항, 영 제19조).

1. 광역도시계획 및 도시·군기본계획 등에서 제시한 내용을 수용하고 개별 사업계획과의 관계 및 도시의 성장추세를 고려하여 수립하도록 할 것
2. 도시·군기본계획을 수립하지 아니하는 시·군의 경우 당해 시·군의 장기발전구상 및 도시·군기본계획에 포함될 사항 중 도시·군관리계획의 원활한 수립을 위하여 필요한 사항이 포함되도록 할 것
3. 도시·군관리계획의 효율적인 운영 등을 위하여 필요한 경우에는 특정지역 또는 특정부문에 한정하여 정비할 수 있도록 할 것
4. 공간구조는 생활권단위로 적정하게 구분하고 생활권별로 생활·편익시설이 고루 갖추어지도록 할 것

5. 도시와 농어촌 및 산촌지역의 인구밀도, 토지이용의 특성 및 주변환경 등을 종합적으로 고려하여 지역별로 계획의 상세정도를 다르게 하되, 기반시설의 배치계획, 토지용도 등은 도시와 농어촌 및 산촌지역이 서로 연계되도록 할 것
6. 토지이용계획을 수립할 때에는 주간 및 야간활동인구 등의 인구규모, 도시의 성장추이를 고려하여 그에 적합한 개발밀도가 되도록 할 것
7. 녹지축·생태계·산림·경관 등 양호한 자연환경과 우량농지 등을 고려하여 토지이용계획을 수립하도록 할 것
8. 수도권 안의 인구집중유발시설이 수도권 외의 지역으로 이전하는 경우 종전의 대지에 대하여는 그 시설의 지방이전이 촉진될 수 있도록 토지이용계획을 수립하도록 할 것
9. 도시·군계획시설은 집행능력을 고려하여 적정한 수준으로 결정하고, 기존 도시·군계획시설은 시설의 설치현황과 관리·운영상태를 점검하여 규모 등이 불합리하게 결정되었거나 실현가능성이 없는 시설 또는 존치 필요성이 없는 시설은 재검토하여 해제하거나 조정함으로써 토지이용의 활성화를 도모할 것
10. 도시의 개발 또는 기반시설의 설치 등이 환경에 미치는 영향을 미리 검토하는 등 계획과 환경의 유기적 연관성을 높여 건전하고 지속가능한 도시발전을 도모하도록 할 것
11. 「재난 및 안전관리 기본법」에 따른 시·도안전관리계획 및 시·군·구안전관리계획과 「자연재해대책법」에 따른 시·군 자연재해저감 종합계획을 고려하여 재해로 인한 피해가 최소화되도록 할 것

┃정답해설┃

④ 개발행위허가를 받은 자가 행정청이 아닌 경우 개발행위 허가를 받은 자가 새로 설치한 공공시설은 그 시설을 관리할 관리청에 무상으로 귀속되고, 개발행위로 용도가 폐지되는 공공시설은 「국유재산법」과 「공유재산 및 물품 관리법」에도 불구하고 새로 설치한 공공시설의 설치비용에 상당하는 범위에서 개발행위허가를 받은 자에게 <u>무상으로 양도할 수 있다</u>(국토의 계획 및 이용에 관한 법 제65조 제2항).

┃정답해설┃

① 공동구협의회의 심의를 거쳐야 공동구에 수용할 수 있는 시설은 가스관이다.

국토의 계획 및 이용에 관한 법 시행령 제35조의3(공동구에 수용하여야 하는 시설)

공동구가 설치된 경우에는 법 제44조 제3항에 따라 제1호부터 제6호까지의 시설을 공동구에 수용하여야 하며, 제7호 및 제8호의 시설은 법 제44조의2 제4항에 따른 공동구협의회(이하 "공동구협의회"라 한다)의 심의를 거쳐 수용할 수 있다.

1. 전선로
2. 통신선로
3. 수도관
4. 열수송관
5. 중수도관
6. 쓰레기수송관
7. <u>가스관</u>
8. 하수도관, 그 밖의 시설

┃정답해설┃

⑤ ㄱ, ㄴ, ㄷ은 중앙도시계획위원회와 지방도시계획위원회의 심의를 거치지 아니하고 개발행위의 허가를 할 수 있다.

국토의 계획 및 이용에 관한 법 제59조(개발행위에 대한 도시계획위원회의 심의)

① 관계 행정기관의 장은 제56조 제1항 제1호부터 제3호까지의 행위 중 어느 하나에 해당하는 행위로서 대통령령으로 정하는 행위를 이 법에 따라 허가 또는 변경허가를 하거나 다른 법률에 따라 인가·허가·승인 또는 협의를 하려면 대통령령으로 정하는 바에 따라 중앙도시계획위원회나 지방도시계획위원회의 심의를 거쳐야 한다.

② 제1항에도 불구하고 다음 각 호의 어느 하나에 해당하는 개발행위는 중앙도시계획위원회와 지방도시계획위원회의 심의를 거치지 아니한다.

1. 제8조, 제9조 또는 <u>다른 법률에 따라 도시계획위원회의 심의를 받는 구역에서 하는 개발행위</u>
2. 지구단위계획 또는 성장관리계획을 수립한 지역에서 하는 개발행위
3. 주거지역·상업지역·공업지역에서 시행하는 개발행위 중 특별시·광역시·특별자치시·특별자치도·시 또는 군의 조례로 정하는 규모·위치 등에 해당하지 아니하는 개발행위
4. 「환경영향평가법」에 따라 환경영향평가를 받은 개발행위
5. 「도시교통정비 촉진법」에 따라 교통영향평가에 대한 검토를 받은 개발행위
6. 「농어촌정비법」 제2조 제4호에 따른 농어촌정비사업 중 대통령령으로 정하는 사업을 위한 개발행위
7. <u>「산림자원의 조성 및 관리에 관한 법률」에 따른 산림사업 및 「사방사업법」에 따른 사방사업을 위한 개발행위</u>

05 난도 ★★

▌정답해설▌

② 기반시설이 부족할 것으로 예상되나 기반시설을 설치하기 곤란한 지역을 대상으로 건폐율이나 용적률을 강화하여 적용하기 위한 지역은 성장관리계획구역을 지정할 수 있는 지역에 속하지 않는다.

> **국토의 계획 및 이용에 관한 법 제75조의2(성장관리계획구역의 지정 등)**
> ① 특별시장·광역시장·특별자치시장·특별자치도지사·시장 또는 군수는 녹지지역, 관리지역, 농림지역 및 자연환경보전지역 중 다음 각 호의 어느 하나에 해당하는 지역의 전부 또는 일부에 대하여 성장관리계획구역을 지정할 수 있다.
> 1. 개발수요가 많아 무질서한 개발이 진행되고 있거나 진행될 것으로 예상되는 지역
> 2. 주변의 토지이용이나 교통여건 변화 등으로 향후 시가화가 예상되는 지역
> 3. 주변지역과 연계하여 체계적인 관리가 필요한 지역
> 4. 「토지이용규제 기본법」 제2조 제1호에 따른 지역·지구 등의 변경으로 토지이용에 대한 행위제한이 완화되는 지역
> 5. 그 밖에 난개발의 방지와 체계적인 관리가 필요한 지역으로서 대통령령으로 정하는 지역

06 난도 ★★

▌정답해설▌

② ㄱ : 100, ㄴ : 200, ㄷ : 250, ㄹ : 300

> **국토의 계획 및 이용에 관한 법 시행령 제85조(용도지역 안에서의 용적률)**
> ① 법 제78조 제1항 및 제2항에 따른 용적률은 다음 각 호의 범위에서 관할구역의 면적, 인구규모 및 용도지역의 특성 등을 고려하여 특별시·광역시·특별자치시·특별자치도·시 또는 군의 도시·군계획조례가 정하는 비율을 초과할 수 없다.
> 1. 제1종전용주거지역 : 50퍼센트 이상 100퍼센트 이하
> 2. 제2종전용주거지역 : 50퍼센트 이상 150퍼센트 이하
> 3. 제1종일반주거지역 : 100퍼센트 이상 200퍼센트 이하
> 4. 제2종일반주거지역 : 100퍼센트 이상 250퍼센트 이하
> 5. 제3종일반주거지역 : 100퍼센트 이상 300퍼센트 이하
> 6. 준주거지역 : 200퍼센트 이상 500퍼센트 이하
> 7. 중심상업지역 : 200퍼센트 이상 1천500퍼센트 이하
> 8. 일반상업지역 : 200퍼센트 이상 1천300퍼센트 이하
> 9. 근린상업지역 : 200퍼센트 이상 900퍼센트 이하
> 10. 유통상업지역 : 200퍼센트 이상 1천100퍼센트 이하

07 난도 ★

▌정답해설▌

④ 도시지역·관리지역·농림지역 또는 자연환경보전지역으로 용도가 지정되지 아니한 지역에 대하여는 용도지역별 건축제한, 건폐율, 용적률의 규정을 적용함에 있어서 (자연환경보전지역)에 관한 규정을 적용한다.

> **국토의 계획 및 이용에 관한 법 제79조(용도지역 미지정 또는 미세분 지역에서의 행위 제한 등)**
> ① 도시지역, 관리지역, 농림지역 또는 자연환경보전지역으로 용도가 지정되지 아니한 지역에 대하여는 제76조부터 제78조까지의 규정을 적용할 때에 자연환경보전지역에 관한 규정을 적용한다.
> ② 제36조에 따른 도시지역 또는 관리지역이 같은 조 제1항 각 호 각 목의 세부 용도지역으로 지정되지 아니한 경우에는 제76조부터 제78조까지의 규정을 적용할 때에 해당 용도지역이 도시지역인 경우에는 녹지지역 중 대통령령으로 정하는 지역에 관한 규정을 적용하고, 관리지역인 경우에는 보전관리지역에 관한 규정을 적용한다.

▌정답해설▌

① 시 또는 군의 관할 구역에 대하여 기본적인 공간구조와 장기발전방향을 제시하는 종합계획은 '도시·군기본계획'이다.

국토의 계획 및 이용에 관한 법 제2조(정의)
　3. "도시·군기본계획"이란 특별시·광역시·특별자치시·특별자치도·시 또는 군의 관할 구역에 대하여 기본적인 공간구조와 장기발전방향을 제시하는 종합계획으로서 도시·군관리계획 수립의 지침이 되는 계획을 말한다.
　4. "도시·군관리계획"이란 특별시·광역시·특별자치시·특별자치도·시 또는 군의 개발·정비 및 보전을 위하여 수립하는 토지 이용, 교통, 환경, 경관, 안전, 산업, 정보통신, 보건, 복지, 안보, 문화 등에 관한 다음 각 목의 계획을 말한다.
　　가. 용도지역·용도지구의 지정 또는 변경에 관한 계획
　　나. 개발제한구역, 도시자연공원구역, 시가화조정구역(市街化調整區域), 수산자원보호구역의 지정 또는 변경에 관한 계획
　　다. 기반시설의 설치·정비 또는 개량에 관한 계획
　　라. 도시개발사업이나 정비사업에 관한 계획
　　마. 지구단위계획구역의 지정 또는 변경에 관한 계획과 지구단위계획
　　바. 입지규제최소구역의 지정 또는 변경에 관한 계획과 입지규제최소구역계획

▌정답해설▌

② 이행보증금은 개발행위허가를 받은 자가 준공검사를 받은 때에는 즉시 이를 반환하여야 한다.

국토의 계획 및 이용에 관한 법 시행령 제59조(개발행위허가의 이행담보 등)
① 법 제60조 제1항 각 호 외의 부분 본문에서 "대통령령으로 정하는 경우"란 다음 각 호의 어느 하나에 해당하는 경우를 말한다.

　1. 법 제56조 제1항 제1호 내지 제3호의1에 해당하는 개발행위로서 당해 개발행위로 인하여 도로·수도공급설비·하수도 등 기반시설의 설치가 필요한 경우
　2. 토지의 굴착으로 인하여 인근의 토지가 붕괴될 우려가 있거나 인근의 건축물 또는 공작물이 손괴될 우려가 있는 경우
　3. 토석의 발파로 인한 낙석·먼지 등에 의하여 인근지역에 피해가 발생할 우려가 있는 경우
　4. 토석을 운반하는 차량의 통행으로 인하여 통행로 주변의 환경이 오염될 우려가 있는 경우
　5. 토지의 형질변경이나 토석의 채취가 완료된 후 비탈면에 조경을 할 필요가 있는 경우
② 법 제60조 제1항에 따른 이행보증금(이하 "이행보증금"이라 한다)의 예치금액은 기반시설의 설치나 그에 필요한 용지의 확보, 위해의 방지, 환경오염의 방지, 경관 및 조경에 필요한 비용의 범위 안에서 산정하되 총공사비의 20퍼센트 이내(산지에서의 개발행위의 경우 「산지관리법」 제38조에 따른 복구비를 합하여 총공사비의 20퍼센트 이내)가 되도록 하고, 그 산정에 관한 구체적인 사항 및 예치방법은 특별시·광역시·특별자치시·특별자치도·시 또는 군의 도시·군계획조례로 정한다. 이 경우 산지에서의 개발행위에 대한 이행보증금의 예치금액은 「산지관리법」 제38조에 따른 복구비를 포함하여 정하되, 복구비가 이행보증금에 중복하여 계상되지 아니하도록 하여야 한다.
③ 이행보증금은 현금으로 납입하되, 「국가를 당사자로 하는 계약에 관한 법률 시행령」 제37조 제2항 각 호 및 「지방자치단체를 당사자로 하는 계약에 관한 법률 시행령」 제37조 제2항 각 호의 보증서 등 또는 「한국광해광업공단법」 제8조 제1항 제6호에 따라 한국광해광업공단이 발행하는 이행보증서 등으로 이를 갈음할 수 있다.
④ 이행보증금은 개발행위허가를 받은 자가 법 제62조 제1항의 규정에 의한 준공검사를 받은 때에는 즉시 이를 반환하여야 한다.
⑤ 법 제60조 제1항 제2호에서 "대통령령으로 정하는 기관"이란 「공공기관의 운영에 관한 법률」 제5조 제4항 제1호 또는 제2호 나목에 해당하는 기관을 말한다.

⑥ 특별시장·광역시장·특별자치시장·특별자치도지사·시장 또는 군수는 개발행위허가를 받은 자가 법 제60조 제3항의 규정에 의한 원상회복명령을 이행하지 아니하는 때에는 이행보증금을 사용하여 동조 제4항의 규정에 의한 대집행에 의하여 원상회복을 할 수 있다. 이 경우 잔액이 있는 때에는 즉시 이를 이행보증금의 예치자에게 반환하여야 한다.
⑦ 특별시장·광역시장·특별자치시장·특별자치도지사·시장 또는 군수는 법 제60조 제3항에 따라 원상회복을 명하는 경우에는 국토교통부령으로 정하는 바에 따라 구체적인 조치내용·기간 등을 정하여 서면으로 통지해야 한다.

10 난도 ★ 답 ④

▌정답해설▐

④ ㄱ : 20년, ㄴ : 20년이 되는 날의 다음 날

국토의 계획 및 이용에 관한 법 제48조(도시·군계획시설결정의 실효 등)
① 도시·군계획시설결정이 고시된 도시·군계획시설에 대하여 그 고시일부터 (ㄱ : 20년)이 지날 때까지 그 시설의 설치에 관한 도시·군계획시설사업이 시행되지 아니하는 경우 그 도시·군계획시설결정은 그 고시일부터 (ㄴ : 20년이 되는 날의 다음날)에 그 효력을 잃는다.

11 난도 ★★ 답 ④

▌정답해설▐

④ 도지사가 광역계획권을 지정하거나 변경하려면 관계 중앙행정기관의 장, 관계 시·도지사, 시장 또는 군수의 의견을 들은 후 지방도시계획위원회의 심의를 거쳐야 한다(국토의 계획 및 이용에 관한 법 제10조).

▌오답해설▐

① 국토의 계획 및 이용에 관한 법 제11조 제2항
② 국토의 계획 및 이용에 관한 법 제14조 제1항
③ 국토의 계획 및 이용에 관한 법 제13조 제2항
⑤ 국토의 계획 및 이용에 관한 법 시행령 제13조 제1항

12 난도 ★ 답 ③

▌정답해설▐

③ 고등교육법 제2조에 따른 학교(대학교)는 제외된다.

국토의 계획 및 이용에 관한 법 시행령 제4조의2(기반시설부담구역에 설치가 필요한 기반시설)
법 제2조 제19호에서 "도로, 공원, 녹지 등 대통령령으로 정하는 기반시설"이란 다음 각 호의 기반시설(해당 시설의 이용을 위하여 필요한 부대시설 및 편의시설을 포함한다)을 말한다.
  1. 도로(인근의 간선도로로부터 기반시설부담구역까지의 진입도로를 포함한다)
  2. 공원
  3. 녹지
  4. 학교(「고등교육법」 제2조에 따른 학교는 제외한다)
  5. 수도(인근의 수도로부터 기반시설부담구역까지 연결하는 수도를 포함한다)
  6. 하수도(인근의 하수도로부터 기반시설부담구역까지 연결하는 하수도를 포함한다)
  7. 폐기물처리 및 재활용시설
  8. 그 밖에 특별시장·광역시장·특별자치시장·특별자치도지사·시장 또는 군수가 법 제68조 제2항 단서에 따른 기반시설부담계획에서 정하는 시설

13 난도 ★ 답 ④

▌정답해설▐

④ 방송·통신시설은 유통·공급시설이다.

국토의 계획 및 이용에 관한 법 시행령 제2조(기반시설)
① 국토의 계획 및 이용에 관한 법률(이하 "법"이라 한다) 제2조 제6호 각 목 외의 부분에서 "대통령령으로 정하는 시설"이란 다음 각 호의 시설(당해 시설 그 자체의 기능발휘와 이용을 위하여 필요한 부대시설 및 편익시설을 포함한다)을 말한다.
  1. 교통시설 : 도로·철도·항만·공항·주차장·자동차정류장·궤도·차량 검사 및 면허시설
  2. 공간시설 : 광장·공원·녹지·유원지·공공공지

3. 유통·공급시설 : 유통업무설비, 수도·전기·가스·열공급설비, 방송·통신시설, 공동구·시장, 유류저장 및 송유설비
4. 공공·문화체육시설 : 학교·공공청사·문화시설·공공필요성이 인정되는 체육시설·연구시설·사회복지시설·공공직업훈련시설·청소년수련시설
5. 방재시설 : 하천·유수지·저수지·방화설비·방풍설비·방수설비·사방설비·방조설비
6. 보건위생시설 : 장사시설·도축장·종합의료시설
7. 환경기초시설 : 하수도·폐기물처리 및 재활용시설·빗물저장 및 이용시설·수질오염방지시설·폐차장

14 난도 ★ 답 ④

▌정답해설▐

④ 법원에 계속 중인 소송을 위한 감정평가 중 보상과 관련된 감정평가는 고려대상이 아니다.

감정평가 및 감정평가사에 관한 법 제3조(기준)

① 감정평가법인 등이 토지를 감정평가하는 경우에는 그 토지와 이용가치가 비슷하다고 인정되는 「부동산 가격공시에 관한 법률」에 따른 표준지공시지가를 기준으로 하여야 한다. 다만, 적정한 실거래가가 있는 경우에는 이를 기준으로 할 수 있다.

② 제1항에도 불구하고 감정평가법인 등이 「주식회사 등의 외부감사에 관한 법률」에 따른 재무제표 작성 등 기업의 재무제표 작성에 필요한 감정평가와 담보권의 설정·경매 등 대통령령으로 정하는 감정평가를 할 때에는 해당 토지의 임대료, 조성비용 등을 고려하여 감정평가를 할 수 있다.

> **감정평가 및 감정평가사에 관한 법 시행령 제3조(토지의 감정평가)**
>
> 법 제3조 제2항에서 "「주식회사 등의 외부감사에 관한 법률」에 따른 재무제표 작성 등 기업의 재무제표 작성에 필요한 감정평가와 담보권의 설정·경매 등 대통령령으로 정하는 감정평가"란 법 제10조 제3호·제4호(법원에 계속 중인 소송을 위한 감정평가 중 보상과 관련된 감정평가는 제외한다) 및 제5호에 따른 감정평가를 말한다.

15 난도 ★ 답 ②

▌정답해설▐

② 감정평가법인 등이 해산하거나 폐업하는 경우 국토교통부장관은 감정평가서의 원본을 발급일부터 5년 동안 보관해야 한다.

감정평가 및 감정평가사에 관한 법 시행령 제6조(감정평가서 등의 보존)

① 감정평가법인 등은 해산하거나 폐업하는 경우 법 제6조 제3항에 따른 보존을 위하여 감정평가서의 원본과 그 관련 서류를 국토교통부장관에게 제출해야 한다. 이 경우 법 제6조 제3항 후단에 따라 감정평가서의 원본과 관련 서류를 전자적 기록매체에 수록하여 보존하고 있으면 감정평가서의 원본과 관련 서류의 제출을 갈음하여 그 전자적 기록매체를 제출할 수 있다.

② 감정평가법인 등은 제1항 전단에 따른 감정평가서의 원본과 관련 서류(같은 항 후단에 따라 전자적 기록매체를 제출하는 경우에는 전자적 기록매체로 한다. 이하 이 조에서 같다)를 해산하거나 폐업한 날부터 30일 이내에 제출해야 한다.

③ 국토교통부장관은 제1항에 따라 제출받은 감정평가서의 원본과 관련 서류를 다음 각 호의 구분에 따른 기간 동안 보관해야 한다.
1. 감정평가서 원본 : 발급일부터 5년
2. 감정평가서 관련 서류 : 발급일부터 2년

16 난도 ★ 답 ②

▌정답해설▐

② 감정평가법인은 국토교통부장관의 허가를 받아 토지 등의 매매업을 직접 할 수 없다.

감정평가 및 감정평가사에 관한 법 제25조(성실의무 등)

① 감정평가법인 등(감정평가법인 또는 감정평가사사무소의 소속 감정평가사를 포함한다. 이하 이 조에서 같다)은 제10조에 따른 업무를 하는 경우 품위를 유지하여야 하고, 신의와 성실로써 공정하게 하여야 하며, 고의 또는 중대한 과실로 업무를 잘못하여서는 아니된다.

② 감정평가법인 등은 자기 또는 친족 소유, 그 밖에 불공정하게 제10조에 따른 업무를 수행할 우려가 있다고 인정되는 토지등에 대해서는 그 업무를 수행하여서는 아니 된다.

③ 감정평가법인 등은 토지 등의 매매업을 직접 하여서 는 아니 된다.

④ 감정평가법인 등이나 그 사무직원은 제23조에 따른 수수료와 실비 외에는 어떠한 명목으로도 그 업무와 관련된 대가를 받아서는 아니 되며, 감정평가 수주의 대가로 금품 또는 재산상의 이익을 제공하거나 제공 하기로 약속하여서는 아니 된다.

⑤ 감정평가사, 감정평가사가 아닌 사원 또는 이사 및 사무직원은 둘 이상의 감정평가법인(같은 법인의 주 ·분사무소를 포함한다) 또는 감정평가사사무소에 소속될 수 없으며, 소속된 감정평가법인 이외의 다른 감정평가법인의 주식을 소유할 수 없다.

⑥ 감정평가법인 등이나 사무직원은 제28조의2에서 정 하는 유도 또는 요구에 따라서는 아니 된다.

17 난도 ★★ 　　　　　　　　　　　 답 ⑤

▌정답해설▌

⑤ 다음 해 1월 1일이 공시기준일이다.

부동산 가격공시에 관한 법률 시행령 제34조(개별주택 가격 공시기준일을 다르게 할 수 있는 단독주택)

① 법 제17조 제4항에 따라 개별주택가격 공시기준일을 다르게 할 수 있는 단독주택은 다음 각 호의 어느 하 나에 해당하는 단독주택으로 한다.

1. 「공간정보의 구축 및 관리 등에 관한 법률」에 따 라 그 대지가 분할 또는 합병된 단독주택

2. 「건축법」에 따른 건축·대수선 또는 용도변경이 된 단독주택

3. 국유·공유에서 매각 등에 따라 사유로 된 단독주 택으로서 개별주택가격이 없는 단독주택

② 법 제17조 제4항에서 "대통령령으로 정하는 날"이란 다음 각 호의 구분에 따른 날을 말한다.

1. 1월 1일부터 5월 31일까지의 사이에 제항 각 호의 사유가 발생한 단독주택 : 그 해 6월 1일

2. 6월 1일부터 12월 31일까지의 사이에 제항 각 호 의 사유가 발생한 단독주택 : 다음 해 1월 1일

18 난도 ★★★ 　　　　　　　　　 답 ③

▌정답해설▌

③ 개별토지 가격 산정의 타당성 검증을 의뢰할 감정평가법 인 등을 선정할 때 선정기준일부터 직전 1년간 과태료처 분을 3회 받은 감정평가법인 등은 선정에서 배제된다.

부동산 가격공시에 관한 법률 시행령 제7조(표준지공시 지가 조사·평가의 의뢰)

① 국토교통부장관은 법 제3조 제5항에 따라 다음 각 호의 요건을 모두 갖춘 감정평가법인 등 중에서 표준지 공시지가 조사·평가를 의뢰할 자를 선정해야 한다.

1. 표준지공시지가 조사·평가 의뢰일부터 30일 이 전이 되는 날(이하 "선정기준일"이라 한다)을 기 준으로 하여 직전 1년간의 업무실적이 표준지 적 정가격 조사·평가업무를 수행하기에 적정한 수 준일 것

2. 회계감사절차 또는 감정평가서의 심사체계가 적 정할 것

3. 「감정평가 및 감정평가사에 관한 법률」에 따른 업무정지처분, 과태료 또는 소속 감정평가사에 대한 징계처분 등이 다음 각 목의 기준 어느 하나 에도 해당하지 아니할 것

가. 선정기준일부터 직전 2년간 업무정지처분을 3회 이상 받은 경우

나. 선정기준일부터 직전 1년간 과태료처분을 3 회 이상 받은 경우

다. 선정기준일부터 직전 1년간 징계를 받은 소속 감정평가사의 비율이 선정기준일 현재 소속 전체 감정평가사의 10퍼센트 이상인 경우

라. 선정기준일 현재 업무정지기간이 만료된 날 부터 1년이 지나지 아니한 경우

19 난도 ★ 　　　　　　　　　　　 답 ①

▌정답해설▌

ㄱ. (○) 부동산 가격공시에 관한 법률 제5조 제4호

부동산 가격공시에 관한 법률 제5조(표준지공시지가의 공시사항)

제3조에 따른 공시에는 다음 각 호의 사항이 포함되어야 한다.

1. 표준지의 지번

2. 표준지의 단위면적당 가격

3. 표준지의 면적 및 형상
4. 표준지 및 주변토지의 이용상황
5. 그 밖에 대통령령으로 정하는 사항

ㄴ. (○) 부동산 가격공시에 관한 법률 제9조

부동산 가격공시에 관한 법률 제9조(표준지공시지가의 효력)
표준지공시지가는 토지시장에 지가정보를 제공하고 일반적인 토지거래의 지표가 되며, 국가·지방자치단체 등이 그 업무와 관련하여 지가를 산정하거나 감정평가법인 등이 개별적으로 토지를 감정평가하는 경우에 기준이 된다.

▌오답해설▌

ㄷ. (×) 표준지공시지가를 기준으로 한다.

부동산 가격공시에 관한 법률 시행령 제13조(표준지공시지가의 적용)
② 법 제8조 제2호 다목에서 "대통령령으로 정하는 지가의 산정"이란 다음 각 호의 목적을 위한 지가의 산정을 말한다.
  1. 「국토의 계획 및 이용에 관한 법률」 또는 그 밖의 법령에 따라 조성된 용지 등의 공급 또는 분양
  2. 다음 각 목의 어느 하나에 해당하는 사업을 위한 환지·체비지(替費地)의 매각 또는 환지신청
    가. 「도시개발법」 제2조 제1항 제2호에 따른 도시개발사업
    나. 「도시 및 주거환경정비법」 제2조 제2호에 따른 정비사업
    다. 「농어촌정비법」 제2조 제5호에 따른 농업생산기반 정비사업

ㄹ. (×) 최근 1년간 읍·면·동별 지가변동률이 전국 평균 지가변동률 이하인 지역이다.

부동산 가격공시에 관한 법률 시행령 제7조(표준지공시지가 조사·평가의 의뢰)
④ 법 제3조 제5항 단서에서 "지가 변동이 작은 경우 등 대통령령으로 정하는 기준에 해당하는 표준지"란 다음 각 호의 요건을 모두 갖춘 지역의 표준지를 말한다.
  1. 최근 1년간 읍·면·동별 지가변동률이 전국 평균 지가변동률 이하인 지역
  2. 개발사업이 시행되거나 「국토의 계획 및 이용에 관한 법률」 제2조 제15호에 따른 용도지역(이하 "용도지역"이라 한다) 또는 같은 조 제16호에 따른 용도지구(이하 "용도지구"라 한다)가 변경되는 등의 사유가 없는 지역

20 난도 ★★　　　답 ②

▌정답해설▌
② 총괄청은 일반재산을 보존용재산으로 전환하여 관리할 수 있다(국유재산법 제8조 제2항).

▌오답해설▌
① 국가가 직접 사무용·사업용으로 사용하는 재산은 공용재산이다(국유재산법 제6조 제2항 제1호).
③ 국유재산에는 사권을 설정하지 못한다(국유재산법 제11조 제2항).
④ 행정재산은 민법 제245조에도 불구하고 시효취득의 대상이 되지 아니한다(국유재산법 제7조 제2항).
⑤ 조림을 목적으로 하는 토지와 그 정착물의 대부기간은 20년 이내로 한다(국유재산법 제46조 제1항 제1호).

21 난도 ★★　　　답 ②

▌정답해설▌
② 행정재산의 관리위탁을 받은 자가 그 재산의 일부를 사용·수익하는 경우에는 미리 해당 중앙관서의 장의 승인을 받아야 한다(국유재산법 제29조 제1항).

▌오답해설▌
① 중앙관서의 장은 사용허가한 행정재산을 지방자치단체가 직접 공용으로 사용하기 위하여 필요하게 된 경우에도 그 허가를 철회할 수 있다(국유재산법 제36조 제2항).
③ 경작용으로 실경작자에게 행정재산의 사용허가를 하려는 경우에는 수의방법으로 결정할 수 있다.
④ 수의의 방법으로 한 사용허가는 허가기간이 끝난 후 갱신할 수 있다(국유재산법 시행령 제27조 제3항).
⑤ 중앙관서의 장은 동일인(상속인이나 그 밖의 포괄승계인은 피승계인과 동일인으로 본다)이 같은 행정재산을 사용허가기간 내에서 1년을 초과하여 계속 사용·수익하는 경우로서 대통령령으로 정하는 경우에는 사용료를 조정할 수 있다(국유재산법 제33조 제1항).

22 난도 ★★★　　　　　　　　　　답 ④

▮ 정답해설 ▮

④ 국가가 보존·활용할 필요가 없고 대부·매각이나 교환이 곤란하여 일반재산을 양여하는 경우에는 대장가격을 재산가격으로 한다(국유재산법 시행령 제42조 제8항).

▮ 오답해설 ▮

① 증권을 제외한 일반재산을 처분할 때에는 시가를 고려하여 해당 재산의 예정가격을 결정하여야 한다(국유재산법 시행령 제42조 제1항).

② 공공기관에 일반재산을 처분하는 경우에는 하나의 감정평가법인 등의 평가액을 산술평균한 금액을 예정가격으로 하여야 한다(국유재산법 시행령 제42조 제1항 제2호).

③ 감정평가법인 등의 평가액은 평가일부터 1년이 지나면 적용할 수 없다(국유재산법 시행령 제42조 제2항).

⑤ 일단(一團)의 토지 대장가격이 1천만 원 이하인 국유지를 경쟁입찰의 방법으로 처분하는 경우에는 해당 국유지의 개별공시지가를 예정가격으로 할 수 있다(국유재산법시행령 제42조 제10항 제2호).

23 난도 ★★★　　　　　　　　　　답 ③

▮ 정답해설 ▮

③ '지식재산(「상표법」에 따라 등록된 특허권, 실용신안권, 디자인권 및 상표권)'의 사용료 면제기간은 20년으로 한다(국유재산법 시행령 제32조 제2항).

국유재산법 시행령 제32조(사용료의 감면)

① 법 제34조 제1항 제1호에 따라 사용료를 면제할 때에는 사용료 총액이 기부받은 재산의 가액이 될 때까지 면제할 수 있되, 그 기간은 20년을 넘을 수 없다.

② 제1항에도 불구하고 법 제5조 제1항 제6호의 재산(이하 "지식재산"이라 한다)의 사용료 면제기간은 20년으로 한다.

국유재산법 제5조(국유재산의 범위)

6. 다음 각 목의 어느 하나에 해당하는 권리(이하 "지식재산"이라 한다)

가. 「특허법」·「실용신안법」·「디자인보호법」 및 「상표법」에 따라 등록된 특허권, 실용신안권, 디자인권 및 상표권

24 난도 ★　　　　　　　　　　답 ③

▮ 정답해설 ▮

③ ㄱ : 2, ㄴ : 30, ㄷ : 120

건축법 제2조(정의)

① 이 법에서 사용하는 용어의 뜻은 다음과 같다.

5. "지하층"이란 건축물의 바닥이 지표면 아래에 있는 층으로서 바닥에서 지표면까지 평균높이가 해당 층 높이의 2분의 1 이상인 것을 말한다.

19. "고층건축물"이란 층수가 30층 이상이거나 높이가 120미터 이상인 건축물을 말한다.

25 난도 ★★　　　　　　　　　　답 ⑤

▮ 정답해설 ▮

⑤ 안전영향평가를 실시하여야 하는 건축물이 다른 법률에 따라 구조안전과 인접 대지의 안전에 미치는 영향 등을 평가 받은 경우에는 안전영향평가의 해당 항목을 평가 받은 것으로 본다(건축법 제13조의2 제7항).

건축법 제13조의2(건축물 안전영향평가)

① 허가권자는 초고층 건축물 등 대통령령으로 정하는 주요 건축물에 대하여 제11조에 따른 건축허가를 하기 전에 건축물의 구조, 지반 및 풍환경(風環境) 등이 건축물의 구조안전과 인접 대지의 안전에 미치는 영향 등을 평가하는 건축물 안전영향평가(이하 "안전영향평가"라 한다)를 안전영향평가기관에 의뢰하여 실시하여야 한다.

② 안전영향평가기관은 국토교통부장관이 「공공기관의 운영에 관한 법률」 제4조에 따른 공공기관으로서 건축 관련 업무를 수행하는 기관 중에서 지정하여 고시한다.

③ 안전영향평가 결과는 건축위원회의 심의를 거쳐 확정한다. 이 경우 제4조의2에 따라 건축위원회의 심의를 받아야 하는 건축물은 건축위원회 심의에 안전영향평가 결과를 포함하여 심의할 수 있다.

④ 안전영향평가 대상 건축물의 건축주는 건축허가 신청 시 제출하여야 하는 도서에 안전영향평가 결과를 반영하여야 하며, 건축물의 계획상 반영이 곤란하다고 판단되는 경우에는 그 근거 자료를 첨부하여 허가권자에게 건축위원회의 재심의를 요청할 수 있다.

⑤ 안전영향평가의 검토 항목과 건축주의 안전영향평가 의뢰, 평가 비용 납부 및 처리 절차 등 그 밖에 필요한 사항은 대통령령으로 정한다.

⑥ 허가권자는 제3항 및 제4항의 심의 결과 및 안전영향평가 내용을 국토교통부령으로 정하는 방법에 따라 즉시 공개하여야 한다.

⑦ 안전영향평가를 실시하여야 하는 건축물이 다른 법률에 따라 구조안전과 인접 대지의 안전에 미치는 영향 등을 평가받은 경우에는 안전영향평가의 해당 항목을 평가받은 것으로 본다.

26 난도 ★★★   답 ③

▌정답해설▐

③ 업무시설(일반업무시설은 제외한다)이다.

건축법 제11조(건축허가)

② 시장·군수는 제1항에 따라 다음 각 호의 어느 하나에 해당하는 건축물의 건축을 허가하려면 미리 건축계획서와 국토교통부령으로 정하는 건축물의 용도, 규모 및 형태가 표시된 기본설계도서를 첨부하여 도지사의 승인을 받아야 한다.

2. 자연환경이나 수질을 보호하기 위하여 도지사가 지정·공고한 구역에 건축하는 3층 이상 또는 연면적의 합계가 1천제곱미터 이상인 건축물로서 위락시설과 숙박시설 등 대통령령으로 정하는 용도에 해당하는 건축물

③ 법 제11조 제2항 제2호에서 "위락시설과 숙박시설 등 대통령령으로 정하는 용도에 해당하는 건축물"이란 다음 각 호의 건축물을 말한다.

1. 공동주택
2. 제2종 근린생활시설(일반음식점만 해당한다)
3. 업무시설(일반업무시설만 해당한다)
4. 숙박시설
5. 위락시설

27 난도 ★★   답 ④

▌정답해설▐

④ 숙박시설로서 해당 용도로 쓰는 바닥면적의 합계가 5천 제곱미터인 건축물의 대지에는 공개 공지 또는 공개 공간을 설치하여야 한다.

건축법 시행령 제27조의2(공개 공지 등의 확보)

① 법 제43조 제1항에 따라 다음 각 호의 어느 하나에 해당하는 건축물의 대지에는 공개 공지 또는 공개 공간(이하 이 조에서 "공개 공지 등"이라 한다)을 설치해야 한다. 이 경우 공개 공지는 필로티의 구조로 설치할 수 있다.

1. 문화 및 집회시설, 종교시설, 판매시설(「농수산물 유통 및 가격안정에 관한 법률」에 따른 농수산물 유통시설은 제외한다), 운수시설(여객용 시설만 해당한다), 업무시설 및 숙박시설로서 해당 용도로 쓰는 바닥면적의 합계가 5천 제곱미터 이상인 건축물
2. 그 밖에 다중이 이용하는 시설로서 건축조례로 정하는 건축물

28 난도 ★   답 ③

▌정답해설▐

③ 학교의 교사(校舍)와 이에 접속된 체육장 등 부속시설물의 부지 – 학교용지

▌오답해설▐

① 묘지의 관리를 위한 건축물의 부지 – 대
② 원상회복을 조건으로 흙을 파는 곳으로 허가된 토지 – 잡종지에서 제외
④ 자동차 판매 목적으로 설치된 야외전시장의 부지 – 주차장에서 제외
⑤ 자연의 유수가 있을 것으로 예상되는 소규모 수로부지 – 구거

▌정답해설▐

⑤ ㄱ, ㄴ, ㄷ 모두 합병할 수 없다.

> **공간정보의 구축 및 관리 등에 관한 법률 제80조(합병 신청)**
> ① 토지소유자는 토지를 합병하려면 대통령령으로 정하는 바에 따라 지적소관청에 합병을 신청하여야 한다.
> ② 토지소유자는 「주택법」에 따른 공동주택의 부지, 도로, 제방, 하천, 구거, 유지, 그 밖에 대통령령으로 정하는 토지로서 합병하여야 할 토지가 있으면 그 사유가 발생한 날부터 60일 이내에 지적소관청에 합병을 신청하여야 한다.
> ③ 다음 각 호의 어느 하나에 해당하는 경우에는 합병 신청을 할 수 없다.
> 　1. 합병하려는 토지의 지번부여지역, 지목 또는 소유자가 서로 다른 경우
> 　2. 합병하려는 토지에 다음 각 목의 등기 외의 등기가 있는 경우
> 　　가. 소유권·지상권·전세권 또는 임차권의 등기
> 　　나. 승역지(承役地)에 대한 지역권의 등기
> 　　다. 합병하려는 토지 전부에 대한 등기원인(登記原因) 및 그 연월일과 접수번호가 같은 저당권의 등기
> 　　라. 합병하려는 토지 전부에 대한 「부동산등기법」 제81조 제3항 각 호의 등기사항이 동일한 신탁등기
> 　3. 그 밖에 합병하려는 토지의 지적도 및 임야도의 축척이 서로 다른 경우 등 대통령령으로 정하는 경우

> **공간정보의 구축 및 관리 등에 관한 법률 시행령 제66조(합병 신청)**
> ③ 법 제80조 제3항 제3호에서 "합병하려는 토지의 지적도 및 임야도의 축척이 서로 다른 경우 등 대통령령으로 정하는 경우"란 다음 각 호의 경우를 말한다.
> 　5. 합병하려는 토지의 소유자별 공유지분이 다르거나 소유자의 주소가 서로 다른 경우
> 　6. 합병하려는 토지가 구획정리, 경지정리 또는 축척변경을 시행하고 있는 지역의 토지와 그 지역 밖의 토지인 경우

▌정답해설▐

⑤ 소유자의 주소는 토지이동사유가 아니다.

> **공간정보의 구축 및 관리 등에 관한 법률 제2조(정의)**
> 이 법에서 사용하는 용어의 뜻은 다음과 같다.
> 　20. "토지의 표시"란 지적공부에 토지의 소재·지번(地番)·지목(地目)·면적·경계 또는 좌표를 등록한 것을 말한다.
> 　28. "토지의 이동(異動)"이란 토지의 표시를 새로 정하거나 변경 또는 말소하는 것을 말한다.

▌정답해설▐

③ 지적도면의 번호는 등록사항이 아니다.

> **공간정보의 구축 및 관리 등에 관한 법률 제71조(토지대장 등의 등록사항)**
> ③ 토지대장이나 임야대장에 등록하는 토지가 「부동산등기법」에 따라 대지권 등기가 되어 있는 경우에는 대지권등록부에 다음 각 호의 사항을 등록하여야 한다.
> 　1. 토지의 소재
> 　2. 지번
> 　3. 대지권 비율
> 　4. 소유자의 성명 또는 명칭, 주소 및 주민등록번호
> 　5. 그 밖에 국토교통부령으로 정하는 사항

32 난도 ★★★

▋정답해설▋

⑤ 도면의 번호를 기록한다.

부동산등기법 제40조(등기사항)
① 등기관은 건물 등기기록의 표제부에 다음 각 호의 사항을 기록하여야 한다.
1. 표시번호
2. 접수연월일
3. 소재, 지번 및 건물번호. 다만, 같은 지번 위에 1개의 건물만 있는 경우에는 건물번호는 기록하지 아니한다.
4. 건물의 종류, 구조와 면적. 부속건물이 있는 경우에는 부속건물의 종류, 구조와 면적도 함께 기록한다.
5. 등기원인
6. 도면의 번호[같은 지번 위에 여러 개의 건물이 있는 경우와「집합건물의 소유 및 관리에 관한 법률」제2조 제1호의 구분소유권(區分所有權)의 목적이 되는 건물(이하 "구분건물"이라 한다)인 경우로 한정한다]

33 난도 ★★

답 ②

▋정답해설▋

ㄱ. (○) 소유권보존등기 또는 소유권보존등기의 말소등기는 등기명의인으로 될 자 또는 등기명의인이 단독으로 신청한다.
ㄷ. (○) 등기신청은 해당 부동산이 다른 부동산과 구별될 수 있게 하는 정보가 전산정보처리조직에 저장된 때 접수된 것으로 본다.

▋오답해설▋

ㄴ. (×) 대표자가 있는 법인 아닌 사단에 속하는 부동산의 등기 신청에 관하여는 그 사단의 대표자는 단지 등기신청인에 불과하다.
ㄹ. (×) 등기관이 등기를 마친 경우 그 등기는 접수한 때부터 효력을 발생한다.

34 난도 ★★

답 ④

▋정답해설▋

④ 전체가 말소된 등기에 대한 회복등기는 주등기에 의하고, 일부말소회복등기는 부기등기에 의한다.

▋오답해설▋

① 소유권 외의 권리의 이전등기, ② 소유권 외의 권리에 대한 처분제한 등기, ③ 소유권 외의 권리를 목적으로 하는 권리에 관한 등기, ⑤ 등기명의인표시의 변경이나 경정의 등기는 부기등기에 의한다.

35 난도 ★★★

답 ①

▋정답해설▋

① A : 지역권, B : 범위는 필요적 기록사항이다.

▋오답해설▋

② A : 전세권, B : 존속기간
③ A : 저당권, B : 변제기
④ A : 근저당권, B : 존속기간
⑤ A : 지상권, B : 지료와 지급시기는 약정이 있으면 기록하여야 한다.

36 난도 ★★

답 ③

▋정답해설▋

③ 동산담보권을 그 담보할 채무의 최고액만을 정하고 채무의 확정을 장래에 보류하여 설정하는 경우 채무의 이자는 최고액 중에 포함되어야 한다.

동산·채권 등의 담보에 관한 법률 제5조(근담보권)
① 동산담보권은 그 담보할 채무의 최고액만을 정하고 채무의 확정을 장래에 보류하여 설정할 수 있다. 이 경우 그 채무가 확정될 때까지 채무의 소멸 또는 이전은 이미 설정된 동산담보권에 영향을 미치지 아니한다.
② 제1항의 경우 채무의 이자는 최고액 중에 포함된 것으로 본다.

37 난도 ★★★　　　　　답 ①

┃정답해설┃

① 도시 및 주거환경정비법 시행령 제15조 제1항

> **도시 및 주거환경정비법 시행령 제15조(행위허가의 대상 등)**
> ① 법 제19조 제1항에 따라 시장·군수등의 허가를 받아야 하는 행위는 다음 각 호와 같다.
>   1. 건축물의 건축 등 :「건축법」제2조 제1항 제2호에 따른 건축물(가설건축물을 포함한다)의 건축, 용도변경
>   2. 공작물의 설치 : 인공을 가하여 제작한 시설물(「건축법」제2조 제항 제2호에 따른 건축물을 제외한다)의 설치
>   3. 토지의 형질변경 : 절토(땅깎기)·성토(흙쌓기)·정지(땅고르기)·포장 등의 방법으로 토지의 형상을 변경하는 행위, 토지의 굴착 또는 공유수면의 매립
>   4. 토석의 채취 : 흙·모래·자갈·바위 등의 토석을 채취하는 행위. 다만, 토지의 형질변경을 목적으로 하는 것은 제3호에 따른다.
>   5. 토지분할
>   6. 물건을 쌓아놓는 행위 : 이동이 쉽지 아니한 물건을 1개월 이상 쌓아놓는 행위
>   7. 죽목의 벌채 및 식재

38 난도 ★★★　　　　　답 ②

┃정답해설┃

② 재건축조합이 사업시행 예정일부터 2년 이내에 사업시행계획인가를 신청하지 아니한 때는 재개발사업·재건축사업의 지정개발자가 시행한다.

> **도시 및 주거환경정비법 제27조(재개발사업·재건축사업의 지정개발자)**
> ① 시장·군수 등은 재개발사업 및 재건축사업이 다음의 어느 하나에 해당하는 때에는 토지등소유자,「사회기반시설에 대한 민간투자법」제2조 제12호에 따른 민관합동법인 또는 신탁업자로서 대통령령으로 정하는 요건을 갖춘 자(이하 "지정개발자"라 한다)를 사업시행자로 지정하여 정비사업을 시행하게 할 수 있다(법 제27조 제1항).

>   1. 천재지변,「재난 및 안전관리 기본법」제27조 또는「시설물의 안전 및 유지관리에 관한 특별법」제23조에 따른 사용제한·사용금지, 그 밖의 불가피한 사유로 긴급하게 정비사업을 시행할 필요가 있다고 인정하는 때
>   2. 제16조 제2항 전단에 따라 고시된 정비계획에서 정한 정비사업시행 예정일부터 2년 이내에 사업시행계획인가를 신청하지 아니하거나 사업시행계획인가를 신청한 내용이 위법 또는 부당하다고 인정하는 때(재건축사업의 경우는 제외한다)
>   3. 제35조에 따른 재개발사업 및 재건축사업의 조합설립을 위한 동의요건 이상에 해당하는 자가 신탁업자를 사업시행자로 지정하는 것에 동의하는 때

> **도시 및 주거환경정비법 시행령 제21조(지정개발자의 요건)**
> 법 제27조 제항 각 호 외의 부분에서 "대통령령으로 정하는 요건을 갖춘 자"란 다음 각 호의 어느 하나에 해당하는 자를 말한다.
>   1. 정비구역의 토지 중 정비구역 전체 면적 대비 50퍼센트 이상의 토지를 소유한 자로서 토지등소유자의 50퍼센트 이상의 추천을 받은 자
>   2. 「사회기반시설에 대한 민간투자법」제2조 제12호에 따른 민관합동법인(민간투자사업의 부대사업으로 시행하는 경우에만 해당한다)으로서 토지등소유자의 50퍼센트 이상의 추천을 받은 자
>   3. 신탁업자로서 정비구역의 토지 중 정비구역 전체 면적 대비 3분의 1 이상의 토지를 신탁받은 자

39 난도 ★★★

▍정답해설▍

② 정비사업비의 추산액(재건축사업의 경우에는 「재건축초과이익 환수에 관한 법률」에 따른 재건축부담금에 관한 사항을 포함한다)(도시 및 주거환경정비법 제74조 제1항 제6호)

도시 및 주거환경정비법 제74조(관리처분계획의 인가 등)

① 사업시행자는 제72조에 따른 분양신청기간이 종료된 때에는 분양신청의 현황을 기초로 다음 각 호의 사항이 포함된 관리처분계획을 수립하여 시장·군수 등의 인가를 받아야 하며, 관리처분계획을 변경·중지 또는 폐지하려는 경우에도 또한 같다. 다만, 대통령령으로 정하는 경미한 사항을 변경하려는 경우에는 시장·군수 등에게 신고하여야 한다.

1. 분양설계
2. 분양대상자의 주소 및 성명
3. 분양대상자별 분양예정인 대지 또는 건축물의 추산액(임대관리 위탁주택에 관한 내용을 포함한다)
4. 다음 각 목에 해당하는 보류지 등의 명세와 추산액 및 처분방법. 다만, 나목의 경우에는 제30조 제1항에 따라 선정된 임대사업자의 성명 및 주소(법인인 경우에는 법인의 명칭 및 소재지와 대표자의 성명 및 주소)를 포함한다.
   가. 일반 분양분
   나. 공공지원민간임대주택
   다. 임대주택
   라. 그 밖에 부대시설·복리시설 등
5. 분양대상자별 종전의 토지 또는 건축물 명세 및 사업시행계획인가 고시가 있은 날을 기준으로 한 가격(사업시행계획인가 전에 제81조 제3항에 따라 철거된 건축물은 시장·군수등에게 허가를 받은 날을 기준으로 한 가격)
6. 정비사업비의 추산액(재건축사업의 경우에는 「재건축초과이익 환수에 관한 법률」에 따른 재건축부담금에 관한 사항을 포함한다) 및 그에 따른 조합원 분담규모 및 분담시기
7. 분양대상자의 종전 토지 또는 건축물에 관한 소유권 외의 권리명세
8. 세입자별 손실보상을 위한 권리명세 및 그 평가액

9. 그 밖에 정비사업과 관련한 권리 등에 관하여 대통령령으로 정하는 사항

도시 및 주거환경정비법 시행령 제62조(관리처분계획의 내용)

4. 정비사업의 시행으로 인하여 새롭게 설치되는 정비기반시설의 명세와 용도가 폐지되는 정비기반시설의 명세

40 난도 ★★

▍정답해설▍

⑤ ㄱ, ㄴ, ㄷ, ㄹ 모두 포함된다.

도시 및 주거환경정비법 제5조(기본계획의 내용)

① 기본계획에는 다음 각 호의 사항이 포함되어야 한다.

1. 정비사업의 기본방향
2. 정비사업의 계획기간
3. 인구·건축물·토지이용·정비기반시설·지형 및 환경 등의 현황
4. 주거지 관리계획
5. 토지이용계획·정비기반시설계획·공동이용시설설치계획 및 교통계획
6. 녹지·조경·에너지공급·폐기물처리 등에 관한 환경계획
7. 사회복지시설 및 주민문화시설 등의 설치계획
8. 도시의 광역적 재정비를 위한 기본방향
9. 제16조에 따라 정비구역으로 지정할 예정인 구역(이하 "정비예정구역"이라 한다)의 개략적 범위
10. 단계별 정비사업 추진계획(정비예정구역별 정비계획의 수립시기가 포함되어야 한다)
11. 건폐율·용적률 등에 관한 건축물의 밀도계획
12. 세입자에 대한 주거안정대책
13. 그 밖에 주거환경 등을 개선하기 위하여 필요한 사항으로서 대통령령으로 정하는 사항

② 기본계획의 수립권자는 기본계획에 다음 각 호의 사항을 포함하는 경우에는 제1항 제9호 및 제10호의 사항을 생략할 수 있다.

1. 생활권의 설정, 생활권별 기반시설 설치계획 및 주택수급계획
2. 생활권별 주거지의 정비·보전·관리의 방향

③ 기본계획의 작성기준 및 작성방법은 국토교통부장관이 정하여 고시한다.

03 2021년 제32회 정답 및 해설

01	02	03	04	05	06	07	08	09	10	11	12	13	14	15	16	17	18	19	20
①	②	④	①	⑤	④	①	⑤	②	①	③	②	③	③	⑤	⑤	③	⑤	④	④

21	22	23	24	25	26	27	28	29	30	31	32	33	34	35	36	37	38	39	40
③	③	①	①	③	②	②	①	②	④	④	③	②	②	⑤	④	⑤	⑤	④	③

01 난도 ★★ 　　　　답 ①

┃정답해설┃

연구시설은 공간시설이 아니라, 공공문화체육시설이다.

┃오답해설┃

② 방재시설 – 유수지
③ 유통·공급시설 – 시장
④ 보건위생시설 – 도축장
⑤ 교통시설 – 주차장

02 난도 ★★ 　　　　답 ②

┃정답해설┃

광역계획권을 지정한 날부터 3년이 지날 때까지 관할 시·도지사로부터 광역도시계획의 승인 신청이 없는 경우는 국토교통부장관이 단독으로 광역도시계획을 수립하는 경우에 해당한다.

> **국토의 계획 및 이용에 관한 법률 제11조(광역도시계획의 수립권자)**
> ① 국토교통부장관, 시·도지사, 시장 또는 군수는 다음 각 호의 구분에 따라 광역도시계획을 수립하여야 한다.
> 1. 광역계획권이 같은 도의 관할 구역에 속하여 있는 경우 : 관할 시장 또는 군수가 공동으로 수립
> 2. 광역계획권이 둘 이상의 시·도의 관할 구역에 걸쳐 있는 경우 : 관할 시·도지사가 공동으로 수립

> 3. 광역계획권을 지정한 날부터 3년이 지날 때까지 관할 시장 또는 군수로부터 제16조 제1항에 따른 광역도시계획의 승인 신청이 없는 경우 : 관할 도지사가 수립
> 4. 국가계획과 관련된 광역도시계획의 수립이 필요한 경우나 광역계획권을 지정한 날부터 3년이 지날 때까지 관할 시·도지사로부터 제16조 제1항에 따른 광역도시계획의 승인 신청이 없는 경우 : 국토교통부장관이 수립
> ② 국토교통부장관은 시·도지사가 요청하는 경우와 그 밖에 필요하다고 인정되는 경우에는 제1항에도 불구하고 관할 시·도지사와 공동으로 광역도시계획을 수립할 수 있다.
> ③ 도지사는 시장 또는 군수가 요청하는 경우와 그 밖에 필요하다고 인정하는 경우에는 제1항에도 불구하고 관할 시장 또는 군수와 공동으로 광역도시계획을 수립할 수 있으며, 시장 또는 군수가 협의를 거쳐 요청하는 경우에는 단독으로 광역도시계획을 수립할 수 있다.

03 난도 ★★ 　　　　답 ④

┃오답해설┃

① 특별시장·광역시장·특별자치시장·특별자치도지사·시장·군수는 관할 구역에 대하여 도시·군기본계획을 수립하여야 한다(국토의 계획 및 이용에 관한 법률 제18조 제1항).

② 시장 또는 군수가 도시·군기본계획을 변경하려면 지방의회의 의견을 들어야 한다(국토의 계획 및 이용에 관한 법률 제28조 제5항).

③ 도시·군기본계획을 변경하기 위하여 공청회를 개최한 경우, 공청회에서 제시된 의견이 타당하다고 인정되면 도시·군기본계획에 반영하여야 한다(국토의 계획 및 이용에 관한 법률 제20조 제1항).

⑤ 도지사는 시장 또는 군수가 수립한 도시·군기본계획에 대하여 관계 행정기관의 장과 협의하였다면, 지방도시계획위원회의 심의를 거쳐야 하며, 승인권자의 승인을 받는다(국토의 계획 및 이용에 관한 법률 제22조의2 제2항).

04 난도 ★★ 답 ①

▮정답해설▮

국토의 계획 및 이용에 관한 법률 시행령 제57조 제4항 제3호(시·군·구도시계획위원회의 심의를 거쳐야 하는 사항)
• 면적이 (30)만 제곱미터 미만인 토지의 형질변경
• 부피 (3)만 세제곱미터 이상 50만 세제곱미터 미만의 토석채취

05 난도 ★★ 답 ⑤

▮정답해설▮

⑤ 시가화조정구역의 지정에 관한 도시·군관리계획의 결정은 시가화 유보기간이 끝난 다음날 부터 그 효력을 잃는다(국토의 계획 및 이용에 관한 법률 제39조 제2항).

06 난도 ★★ 답 ④

▮오답해설▮

ㄷ. (×) 매수의무자는 매수하기로 결정한 토지를 매수 결정을 알린 날부터 2년 이내에 매수하여야 한다(국토의 계획 및 이용에 관한 법률 제47조 제6항).

07 난도 ★ 답 ①

▮정답해설▮

① 「지역개발 및 지원에 관한 법률」에 따른 지역개발사업 구역은 공동구를 설치하여야 하는 지역 등에 해당하지 않는다.

국토의 계획 및 이용에 관한 법률 제44조(공동구의 설치)

① 다음 각 호에 해당하는 지역·지구·구역 등(이하 이 항에서 "지역등"이라 한다)이 대통령령으로 정하는 규모를 초과하는 경우에는 해당 지역등에서 개발사업을 시행하는 자(이하 이 조에서 "사업시행자"라 한다)는 공동구를 설치하여야 한다.
1. 「도시개발법」 제2조 제1항에 따른 도시개발구역
2. 「택지개발촉진법」 제2조 제3호에 따른 택지개발지구
3. 「경제자유구역의 지정 및 운영에 관한 특별법」 제2조 제1호에 따른 경제자유구역
4. 「도시 및 주거환경정비법」 제2조 제1호에 따른 정비구역
5. 그 밖에 대통령령으로 정하는 지역

국토의 계획 및 이용에 관한 법률 시행령 제35조의2(공동구의 설치)

① 법 제44조 제1항 각 호 외의 부분에서 "대통령령으로 정하는 규모"란 200만제곱미터를 말한다.

② 법 제44조 제1항 제5호에서 "대통령령으로 정하는 지역"이란 다음 각 호의 지역을 말한다.
1. 「공공주택 특별법」 제2조 제2호에 따른 공공주택지구
2. 「도청이전을 위한 도시건설 및 지원에 관한 특별법」 제2조 제3호에 따른 도청이전신도시

08 난도 ★ 답 ⑤

▮정답해설▮

주민의 입안제안에 따른 지구단위계획에 관한 (도시·군관리계획)결정의 고시일부터 (5년) 이내에 이 법 또는 다른 법률에 따라 허가·인가·승인 등을 받아 사업이나 공사에 착수하지 아니하면 그 (5년)이 된 날의 다음날에 그 지구단위계획에 관한 (도시·군관리계획) 결정은 효력을 잃는다(국토의 계획 및 이용에 관한 법률 제53조 제2항).

09 난도 ★★

답 ②

┃정답해설┃

국토의 계획 및 이용에 관한 법률 시행령 제84조 제1항 참고
② 일반상업지역(80%)

┃오답해설┃

① 제1종일반주거지역(60%)
③ 계획관리지역(40%)
④ 준공업지역(70%)
⑤ 준주거지역(70%)

10 난도 ★★★

답 ①

┃정답해설┃

① 도시·군계획시설의 설치로 인하여 토지 소유권 행사에 제한을 받는 자에 대한 보상에 관한 사항은 조례가 아닌 국토교통부령으로 정한다.

11 난도 ★★

답 ③

┃정답해설┃

③ 정당한 사유 없이 지가의 동향 및 토지거래의 상황에 관한 조사를 방해한 자는 과태료 부과 대상에 해당한다(국토의 계획 및 이용에 관한 법률 제144조 제1항 제2호).

제130조(토지에의 출입 등)
① 국토교통부장관, 시·도지사, 시장 또는 군수나 도시·군계획시설사업의 시행자는 다음 각 호의 행위를 하기 위하여 필요하면 타인의 토지에 출입하거나 타인의 토지를 재료 적치장 또는 임시통로로 일시 사용할 수 있으며, 특히 필요한 경우에는 나무, 흙, 돌, 그 밖의 장애물을 변경하거나 제거할 수 있다.
  1. 도시·군계획·광역도시·군계획에 관한 기초조사
  2. 개발밀도관리구역, 기반시설부담구역 및 제67조 제4항에 따른 기반시설설치계획에 관한 기초조사
  3. 지가의 동향 및 토지거래의 상황에 관한 조사
  4. 도시·군계획시설사업에 관한 조사·측량 또는 시행

국토의 계획 및 이용에 관한 법률 제144조(과태료)
① 다음 각 호의 어느 하나에 해당하는 자에게는 1천만원 이하의 과태료를 부과한다.
  1. 제44조의3 제2항에 따른 허가를 받지 아니하고 공동구를 점용하거나 사용한 자
  2. 정당한 사유 없이 제130조 제1항에 따른 행위를 방해하거나 거부한 자
  3. 제130조 제2항부터 제4항까지의 규정에 따른 허가 또는 동의를 받지 아니하고 같은 조 제1항에 따른 행위를 한 자
  4. 제137조 제1항에 따른 검사를 거부·방해하거나 기피한 자
② 다음 각 호의 어느 하나에 해당하는 자에게는 500만원 이하의 과태료를 부과한다.
  1. 제56조 제4항 단서에 따른 신고를 하지 아니한 자
  2. 제137조 제1항에 따른 보고 또는 자료 제출을 하지 아니하거나, 거짓된 보고 또는 자료 제출을 한 자

12 난도 ★★

답 ②

┃정답해설┃

'「택지개발촉진법」에 따라 지정된 택지개발지구에서 시행되는 사업이 끝난 후 10년이 지난 지역에 수립하는 지구단위계획의 내용 중 건축물의 용도제한의 사항은 해당 지역에 시행된 사업이 끝난 때의 내용을 유지함을 원칙으로 할 것'은 지구단위계획의 수립기준을 정할 때 고려하여야 하는 사항이 아니라 지정대상지역의 고려 대상이다.

┃오답해설┃

① 국토의 계획 및 이용에 관한 법률 시행령 제42조의3 제2항 제10호
③ 국토의 계획 및 이용에 관한 법률 시행령 제42조의3 제2항 제1호의3
④ 국토의 계획 및 이용에 관한 법률 시행령 제42조의3 제2항 제7호
⑤ 국토의 계획 및 이용에 관한 법률 시행령 제42조의3 제2항 제1호

13 난도 ★

답 ③

▌정답해설▐

'ㄱ. 정비사업에 관한 계획, ㄴ. 수산자원보호구역의 지정에 관한 계획, ㄷ. 기반시설의 개량에 관한 계획'은 도시·군관리계획에 해당한다.

국토의 계획 및 이용에 관한 법률 제2조(정의)
　4. "도시·군관리계획"이란 특별시·광역시·특별자치시·특별자치도·시 또는 군의 개발·정비 및 보전을 위하여 수립하는 토지 이용, 교통, 환경, 경관, 안전, 산업, 정보통신, 보건, 복지, 안보, 문화 등에 관한 다음 각 목의 계획을 말한다.
　　가. 용도지역·용도지구의 지정 또는 변경에 관한 계획
　　나. 개발제한구역, 도시자연공원구역, 시가화조정구역(市街化調整區域), 수산자원보호구역의 지정 또는 변경에 관한 계획
　　다. 기반시설의 설치·정비 또는 개량에 관한 계획
　　라. 도시개발사업이나 정비사업에 관한 계획
　　마. 지구단위계획구역의 지정 또는 변경에 관한 계획과 지구단위계획
　　바. 입지규제최소구역의 지정 또는 변경에 관한 계획과 입지규제최소구역계획

14 난도 ★★

답 ③

▌정답해설▐

③ 개별공시지가에 이의가 있는 자는 그 결정·공시일부터 30일 이내에 서면으로 이의를 신청할 수 있다.

부동산 가격공시에 관한 법률 제11조(개별공시지가에 대한 이의신청)
① 개별공시지가에 이의가 있는 자는 그 결정·공시일부터 30일 이내에 서면으로 시장·군수 또는 구청장에게 이의를 신청할 수 있다.
② 시장·군수 또는 구청장은 제1항에 따라 이의신청 기간이 만료된 날부터 30일 이내에 이의신청을 심사하여 그 결과를 신청인에게 서면으로 통지하여야 한다. 이 경우 시장·군수 또는 구청장은 이의신청의 내용이 타당하다고 인정될 때에는 제10조에 따라 해당 개별공시지가를 조정하여 다시 결정·공시하여야 한다.
③ 제1항 및 제2항에서 규정한 것 외에 이의신청 및 처리절차 등에 필요한 사항은 대통령령으로 정한다.

15 난도 ★★

답 ⑤

▌정답해설▐

⑤ 표준지공시지가는 감정평가법인등이 제출한 조사·평가보고서에 따른 조사·평가액의 산술평균치를 기준으로 한다(부동산 가격공시에 관한 법률 시행령 제8조 제4항).

16 난도 ★★

답 ⑤

▌정답해설▐

표준주택가격의 공시사항에 모두 포함한다.

제16조(표준주택가격의 조사·산정 및 공시 등)
① 국토교통부장관은 용도지역, 건물구조 등이 일반적으로 유사하다고 인정되는 일단의 단독주택 중에서 선정한 표준주택에 대하여 매년 공시기준일 현재의 적정가격(이하 "표준주택가격"이라 한다)을 조사·산정하고, 제24조에 따른 중앙부동산가격공시위원회의 심의를 거쳐 이를 공시하여야 한다.
② 제1항에 따른 공시에는 다음 각 호의 사항이 포함되어야 한다.
　1. 표준주택의 지번
　2. 표준주택가격
　3. 표준주택의 대지면적 및 형상
　4. 표준주택의 용도, 연면적, 구조 및 사용승인일(임시사용승인일을 포함한다)
　5. 그 밖에 대통령령으로 정하는 사항

부동산 가격공시에 관한 법률 시행령 제29조(표준주택가격의 공시사항)
법 제16조 제2항 제5호에서 "대통령령으로 정하는 사항"이란 다음 각 호의 사항을 말한다.
　1. 지목
　2. 용도지역
　3. 도로 상황
　4. 그 밖에 표준주택가격 공시에 필요한 사항

17 난도 ★★ 답 ③

┃정답해설┃

③ 등록한 감정평가사가 징계로 감정평가사 자격이 취소된 후 5년이 지나지 아니한 경우 국토교통부장관은 그 등록을 취소하여야 한다.

> **감정평가 및 감정평가사에 관한 법률 제12조(결격사유)**
> 다음 각 호의 어느 하나에 해당하는 사람은 감정평가사가 될 수 없다.
> 1. 삭제
> 2. 파산선고를 받은 사람으로서 복권되지 아니한 사람
> 3. 금고 이상의 실형을 선고받고 그 집행이 종료(집행이 종료된 것으로 보는 경우를 포함한다)되거나 그 집행이 면제된 날부터 3년이 지나지 아니한 사람
> 4. 금고 이상의 형의 집행유예를 받고 그 유예기간이 만료된 날부터 1년이 지나지 아니한 사람
> 5. 금고 이상의 형의 선고유예를 받고 그 선고유예기간 중에 있는 사람
> 6. 제13조에 따라 감정평가사 자격이 취소된 후 3년이 지나지 아니한 사람
> 7. 제39조 제1항 제11호 및 제12호에 따라 자격이 취소된 후 5년이 지나지 아니한 사람

> **감정평가 및 감정평가사에 관한 법률 제19조(등록의 취소)**
> ① 국토교통부장관은 제17조에 따라 등록한 감정평가사가 다음 각 호의 어느 하나에 해당하는 경우에는 그 등록을 취소하여야 한다.
> 1. 제12조 각 호의 어느 하나에 해당하는 경우
> 2. 사망한 경우
> 3. 등록취소를 신청한 경우
> 4. 제39조 제2항 제2호에 해당하는 징계를 받은 경우

18 난도 ★★ 답 ⑤

┃정답해설┃

⑤ 감정평가법인 등은 그 직무의 수행을 보조하기 위하여 피성년후견인을 사무직원으로 둘 수 없다.

> **감정평가 및 감정평가사에 관한 법률 제24조(사무직원)**
> ① 감정평가법인등은 그 직무의 수행을 보조하기 위하여 사무직원을 둘 수 있다. 다만, 다음 각 호의 어느 하나에 해당하는 사람은 사무직원이 될 수 없다.

> 1. 미성년자 또는 피성년후견인·피한정후견인
> 2. 이 법 또는 「형법」 제129조부터 제132조까지, 「특정범죄 가중처벌 등에 관한 법률」 제2조 또는 제3조, 그 밖에 대통령령으로 정하는 법률에 따라 유죄 판결을 받은 사람으로서 다음 각 목의 어느 하나에 해당하는 사람
>   가. 징역 이상의 형을 선고받고 그 집행이 끝나거나 그 집행을 받지 아니하기로 확정된 후 3년이 지나지 아니한 사람
>   나. 징역형의 집행유예를 선고받고 그 유예기간이 지난 후 1년이 지나지 아니한 사람
>   다. 징역형의 선고유예를 받고 그 유예기간 중에 있는 사람
> 3. 제13조에 따라 감정평가사 자격이 취소된 후 1년이 경과되지 아니한 사람
> 4. 제39조 제1항 제11호 및 제12호에 따라 자격이 취소된 후 3년이 경과되지 아니한 사람

19 난도 ★★ 답 ④

┃정답해설┃

⑤ 국토교통부장관은 감정평가법인이 업무정지처분 기간 중에 감정평가업무를 한 경우에는 그 설립인가를 취소하여야 한다.

> **감정평가 및 감정평가사에 관한 법률 제32조(인가취소 등)**
> ① 국토교통부장관은 감정평가법인등이 다음 각 호의 어느 하나에 해당하는 경우에는 그 설립인가를 취소(제29조에 따른 감정평가법인에 한정한다)하거나 2년 이내의 범위에서 기간을 정하여 업무의 정지를 명할 수 있다. 다만, 제2호 또는 제7호에 해당하는 경우에는 그 설립인가를 취소하여야 한다.
> 2. 감정평가법인 등이 업무정지처분 기간 중에 제10조에 따른 업무를 한 경우
> 7. 감정평가법인 등이 제21조 제3항이나 제29조 제3항에 따른 감정평가사의 수에 미달한 날부터 3개월 이내에 감정평가사를 보충하지 아니한 경우

20 난도 ★★

┃ 정답해설 ┃

④ 국가 외의 자는 기부를 조건으로 하더라도 국유재산에 영구시설물을 축조할 수 있다.

국유재산법 제18조(영구시설물의 축조 금지)
① 국가 외의 자는 국유재산에 건물, 교량 등 구조물과 그 밖의 영구시설물을 축조하지 못한다. 다만, 다음 각 호의 어느 하나에 해당하는 경우에는 그러하지 아니하다.
  1. 기부를 조건으로 축조하는 경우

21 난도 ★★

답 ③

┃ 정답해설 ┃

③ 중앙관서의 장은 행정재산의 사용허가를 철회하려는 경우에는 청문을 하여야 한다.

국유재산법 제37조(청문)
중앙관서의 장은 제36조에 따라 행정재산의 사용허가를 취소하거나 철회하려는 경우에는 청문을 하여야 한다.

22 난도 ★★

답 ③

┃ 오답해설 ┃

① 중앙관서의 장은 행정재산 중 보존용재산에 대해 보존목적의 수행에 필요한 범위에서만 그에 대한 사용허가를 할 수 있다(국유재산법 제30조 제1항).
② 행정재산을 주거용으로 사용허가를 하는 경우에는 수의의 방법으로 사용허가를 받을 자를 결정할 수 있다(국유재산법 시행령 제27조 제3항 제1호).
④ 행정재산으로 할 목적으로 기부를 받은 재산에 대하여 기부자나 그 상속인, 그 밖의 포괄승계인에게 사용허가하는 경우 사용료의 총액이 기부를 받은 재산의 가액에 이르는 기간 이내로 한다(국유재산법 제35조 제1항 단서).
⑤ 행정재산의 사용허가에 관하여는 「국유재산법」에서 정한 것을 제외하고는 「국가를 당사자로 하는 계약에 관한 법률」의 규정을 준용한다(국유재산법 제31조 제3항).

23 난도 ★★

답 ①

┃ 정답해설 ┃

① 정부는 정부출자기업체를 새로 설립하려는 경우에는 일반재산을 현물출자할 수 있다(국유재산법 제60조 제1호).

┃ 오답해설 ┃

② 총괄청은 5년 이상 활용되지 아니한 일반재산을 민간사업자와 공동으로 개발할 수 있다(제59조의2 제1항 제1호).
③ 중앙관서의 장은 다른 법률에 따라 그 처분이 제한되는 경우 일반재산을 매각할 수 없다(국유재산법 제48조 제1항 제2호).
④ 국가가 직접 행정재산으로 사용하기 위하여 필요한 경우 일반재산인 동산과 사유재산인 동산을 교환할 수 있다(국유재산법 제54조 제1항 제1호).
⑤ 일반재산을 매각하는 경우 해당 매각재산의 소유권 이전은 매각대금의 완납 이전에 할 수 없다(국유재산법 제51조 제1항).

24 난도 ★

답 ①

┃ 정답해설 ┃

① "지하층"이란 건축물의 바닥이 지표면 아래에 있는 층으로서 바닥에서 지표면까지 평균높이가 해당 층 높이의 2분의 1 이상인 것을 말한다.

25 난도 ★★★

답 ③

┃ 오답해설 ┃

① 이행강제금은 건축신고 대상 건축물에 대하여 부과할 수 있다(건축법 제80조 제1항 제1호).
② 이행강제금의 징수절차는 「지방행정제재 부과금의 징수 등에 관한 법」에 따라 징수한다(건축법 제80조 제7항).
④ 허가권자는 위반 건축물에 대한 시정명령을 받은 자가 이를 이행하면 새로운 이행강제금의 부과를 즉시 중지하되, 이미 부과된 이행강제금은 징수하여야 한다(건축법 제80조 제6항).
⑤ 허가권자는 최초의 시정명령이 있었던 날을 기준으로 하여 1년에 2회 이내의 범위에서 해당 지방자치단체의 조례로 정하는 횟수만큼 그 시정명령이 이행될 때까지 반복하여 이행강제금을 부과·징수할 수 있다(건축법 제80조 제5항).

26 난도 ★★★ 답 ②

오답해설

① 21층 이상의 건축물을 특별시나 광역시에 건축하려면 특별시장, 광역시장의 허가를 받아야 한다(건축법 제11조 제1항 단서).

③ 허가권자는 숙박시설에 해당하는 건축물의 건축을 허가하는 경우 해당 대지에 건축하려는 건축물의 용도·규모가 주거환경 등 주변환경을 고려할 때 부적합하다고 인정되는 경우에는 건축위원회의 심의를 거쳐 건축허가를 하지 아니할 수 있다(건축법 제11조 제4항 제1호).

④ 허가권자는 허가를 받은 자가 허가를 받은 날부터 2년 이내에 공사에 착수하지 아니한 경우라도 정당한 사유가 있다고 인정되면 1년의 범위에서 공사 기간을 연장할 수 있다(건축법 제11조 제7항 제1호).

⑤ 분양을 목적으로 하는 공동주택의 건축허가를 받으려는 자는 대지의 소유권을 확보하여야 한다(건축법 제11조 제11항 제1호).

27 난도 ★ 답 ②

정답해설

광역시장은 도시·군계획시설에서 가설건축물을 건축하는 경우 그 허가권자에 해당하지 않는다.

> **건축법 제20조(가설건축물)**
> ① 도시·군계획시설 및 도시·군계획시설예정지에서 가설건축물을 건축하려는 자는 특별자치시장·특별자치도지사 또는 시장·군수·구청장의 허가를 받아야 한다.

28 난도 ★ 답 ①

정답해설

"일반측량"이란 기본측량, 공공측량 및 지적측량 외의 측량을 말한다.

> **공간정보의 구축 및 관리 등에 관한 법률 제2조(정의)**
> 이 법에서 사용하는 용어의 뜻은 다음과 같다.
> 6. "일반측량"이란 기본측량, 공공측량 및 지적측량 외의 측량을 말한다.

29 난도 ★ 답 ②

정답해설

② 지목이 유원지인 토지를 지적도에 등록하는 때에는 '원'으로 표기하여야 한다.

> **공간정보의 구축 및 관리 등에 관한 법률 시행규칙 제64조(지목의 표기방법)**
> 지목을 지적도 및 임야도(이하 "지적도면"이라 한다)에 등록하는 때에는 다음의 부호로 표기하여야 한다.

지목	부호	지목	부호
전	전	철도용지	철
답	답	제방	제
과수원	과	하천	천
목장용지	목	구거	구
임야	임	유지	유
광천지	광	양어장	양
염전	염	수도용지	수
대	대	공원	공
공장용지	장	체육용지	체
학교용지	학	유원지	원
주차장	차	종교용지	종
주유소용지	주	사적지	사
창고용지	창	묘지	묘
도로	도	잡종지	잡

30 난도 ★★

답 ④

▌정답해설▌

- 토지소유자는 지목변경을 할 토지가 있으면 그 사유가 발생한 날부터 (60일)이내에 지적소관청에 지목변경을 신청하여야 한다(공간정보의 구축 및 관리 등에 관한 법률 제81조).
- 지적소관청은 축척변경을 하려면 축척변경 시행지역의 토지소유자 (3분의 2) 이상의 동의를 받아야 한다(공간정보의 구축 및 관리 등에 관한 법률 제83조 제3항).

31 난도 ★★

답 ④

▌정답해설▌

④ 합병하려는 토지의 소유자별 공유지분이 다른 경우가 아니라, 지적소관청이 착오로 합병을 잘못한 경우에 직권정정사유가 된다.

공간정보의 구축 및 관리 등에 관한 법률 시행령 제82조 (등록사항의 직권정정 등)

① 지적소관청이 법 제84조 제2항에 따라 지적공부의 등록사항에 잘못이 있는지를 직권으로 조사·측량하여 정정할 수 있는 경우는 다음 각 호와 같다.

1. 제84조 제2항에 따른 토지이동정리 결의서의 내용과 다르게 정리된 경우
2. 지적도 및 임야도에 등록된 필지가 면적의 증감 없이 경계의 위치만 잘못된 경우
3. 1필지가 각각 다른 지적도나 임야도에 등록되어 있는 경우로서 지적공부에 등록된 면적과 측량한 실제면적은 일치하지만 지적도나 임야도에 등록된 경계가 서로 접합되지 않아 지적도나 임야도에 등록된 경계를 지상의 경계에 맞추어 정정하여야 하는 토지가 발견된 경우
4. 지적공부의 작성 또는 재작성 당시 잘못 정리된 경우
5. 지적측량성과와 다르게 정리된 경우
6. 법 제29조 제10항에 따라 지적공부의 등록사항을 정정하여야 하는 경우
7. 지적공부의 등록사항이 잘못 입력된 경우
8. 「부동산등기법」 제37조 제2항에 따른 통지가 있는 경우(지적소관청의 착오로 잘못 합병한 경우만 해당한다)
9. 법률 제2801호 지적법개정법률 부칙 제3조에 따른 면적 환산이 잘못된 경우

32 난도 ★★

답 ③

▌오답해설▌

① 법인의 합병에 따른 등기는 단독으로 신청하여야 한다(부동산등기법 제23조 제3항).
② 등기의무자는 공유물을 분할하는 판결에 의한 등기를 단독으로 신청할 수 있다(부동산등기법 제23조 제4항).
④ 등기관이 직권에 의한 표시변경등기를 하였을 때에는 등기관은 지체 없이 그 사실을 지적소관청과 소유권의 등기명의인에게 알려야 한다. 다만, 등기명의인이 2인 이상인 경우에는 그 중 1인에게 통지하면 된다(부동산등기법 제36조 제2항).
⑤ 토지가 멸실된 경우에는 그 토지 소유권의 등기명의인은 그 사실이 있는 때부터 1개월 이내에 그 등기를 신청하여야 한다(부동산등기법 제39조).

33 난도 ★★

답 ②

▌정답해설▌

② 등기관이 권리의 변경이나 경정의 등기를 할 때에는 등기상 이해관계 있는 제3자의 승낙이 없는 경우에 주등기로 하여야 한다(부동산등기법 제52조).

부동산등기법 제52조(부기로 하는 등기)

등기관이 다음 각 호의 등기를 할 때에는 부기로 하여야 한다. 다만, 제5호의 등기는 등기상 이해관계 있는 제3자의 승낙이 없는 경우에는 그러하지 아니하다.

1. 등기명의인표시의 변경이나 경정의 등기
2. 소유권 외의 권리의 이전등기
3. 소유권 외의 권리를 목적으로 하는 권리에 관한 등기
4. 소유권 외의 권리에 대한 처분제한 등기
5. 권리의 변경이나 경정의 등기
6. 제53조의 환매특약등기
7. 제54조의 권리소멸약정등기
8. 제67조 제1항 후단의 공유물 분할금지의 약정 등기
9. 그 밖에 대법원규칙으로 정하는 등기

34 난도 ★★★　답 ②

▌정답해설▐

ㄴ. (×) 위탁자가 수탁자를 대위하여 신탁등기를 신청하는 경우 신탁등기의 신청은 해당 부동산에 관한 권리의 설정등기의 신청과 동시에 할 필요가 없다.

ㄷ. (×) 수익자나 위탁자는 수탁자를 대위하여 신탁등기의 말소등기를 신청할 수 있다.

부동산등기법 제82조(신탁등기의 신청방법)
① 신탁등기의 신청은 해당 부동산에 관한 권리의 설정등기, 보존등기, 이전등기 또는 변경등기의 신청과 동시에 하여야 한다.
② 수익자나 위탁자는 수탁자를 대위하여 신탁등기를 신청할 수 있다. 이 경우 제1항은 적용하지 아니한다.
③ 제2항에 따른 대위등기의 신청에 관하여는 제28조 제2항을 준용한다.

35 난도 ★★★　답 ⑤

▌정답해설▐

⑤ 가등기의무자는 가등기명의인의 동의가 있는 경우에만 단독으로 가등기의 말소를 신청할 수 있다.

부동산등기법 제93조(가등기의 말소)
① 가등기명의인은 제23조 제1항에도 불구하고 단독으로 가등기의 말소를 신청할 수 있다.
② 가등기의무자 또는 가등기에 관하여 등기상 이해관계 있는 자는 제23조 제1항에도 불구하고 가등기명의인의 승낙을 받아 단독으로 가등기의 말소를 신청할 수 있다.

36 난도 ★★　답 ④

▌오답해설▐

① 판결에 의한 등기는 승소한 등기권리자와 등기의무자가 단독으로 신청하여야 한다(동산·채권 등의 담보에 관한 법률 제41조 제3항).
② 등기관이 등기를 마친 경우 그 등기는 등기신청을 접수한 때 효력을 발생한다(동산·채권 등의 담보에 관한 법률 제45조 제2항).
③ 등기관의 결정에 대한 이의신청은 집행정지의 효력이 없다(동산·채권 등의 담보에 관한 법률 제53조 제3항).
⑤ 「동산·채권 등의 담보에 관한 법률」에 따른 담보권의 존속기간은 5년을 초과하지 않는 기간으로 이를 갱신할 수 있다(동산·채권 등의 담보에 관한 법률 제49조 제1항).

37 난도 ★★　답 ⑤

▌정답해설▐

⑤ 건축물의 건폐율 또는 용적률을 10퍼센트 미만의 범위에서 확대하는 경우는 주민의견 청취절차를 거치지 않아도 되나, 건축물의 용적률을 20퍼센트 미만의 범위에서 확대하는 경우는 주민의견 청취절차를 거쳐야 한다(도시 및 주거환경정비법 시행령 제13조 제4항 제7호).

도시 및 주거환경정비법 시행령 제13조(정비구역의 지정을 위한 주민공람 등)
④ 법 제15조 제3항에서 "대통령령으로 정하는 경미한 사항을 변경하는 경우"란 다음 각 호의 어느 하나에 해당하는 경우를 말한다.
1. 정비구역의 면적을 10퍼센트 미만의 범위에서 변경하는 경우(법 제18조에 따라 정비구역을 분할, 통합 또는 결합하는 경우를 제외한다)
2. 정비기반시설의 위치를 변경하는 경우와 정비기반시설 규모를 10퍼센트 미만의 범위에서 변경하는 경우
3. 공동이용시설 설치계획을 변경하는 경우
4. 재난방지에 관한 계획을 변경하는 경우
5. 정비사업시행 예정시기를 3년의 범위에서 조정하는 경우
6. 「건축법 시행령」 [별표 1] 각 호의 용도범위에서 건축물의 주용도(해당 건축물의 가장 넓은 바닥면적을 차지하는 용도를 말한다. 이하 같다)를 변경하는 경우

7. 건축물의 건폐율 또는 용적률을 축소하거나 10퍼센트 미만의 범위에서 확대하는 경우
8. 건축물의 최고 높이를 변경하는 경우
9. 법 제66조에 따라 용적률을 완화하여 변경하는 경우
10. 「국토의 계획 및 이용에 관한 법률」 제2조 제3호에 따른 도시·군기본계획, 같은 조 제4호에 따른 도시·군관리계획 또는 기본계획의 변경에 따라 정비계획을 변경하는 경우
11. 「도시교통정비 촉진법」에 따른 교통영향평가 등 관계법령에 의한 심의결과에 따른 변경인 경우
12. 그 밖에 제1호부터 제8호까지, 제10호 및 제11호와 유사한 사항으로서 시·도조례로 정하는 사항을 변경하는 경우

38 답 ⑤

정답해설

⑤ 조합이 시행하는 재건축사업에서 추진위원회가 추진위원회 승인일부터 2년이 되는 날까지 조합설립인가를 신청하지 아니하는 경우에는 정비구역의 지정권자는 정비구역 등을 해제하여야 한다(도시 및 주거환경정비법 제20조 제1항 제2호 다목).

39 답 ④

정답해설

도시 및 주거환경정비법 제2조(정의)
2. "정비사업"이란 이 법에서 정한 절차에 따라 도시기능을 회복하기 위하여 정비구역에서 정비기반시설을 정비하거나 주택 등 건축물을 개량 또는 건설하는 다음 각 목의 사업을 말한다.
   가. 주거환경개선사업 : 도시저소득 주민이 집단 거주하는 지역으로서 정비기반시설이 극히 열악하고 노후·불량건축물이 과도하게 밀집한 지역의 주거환경을 개선하거나 단독주택 및 다세대주택이 밀집한 지역에서 정비기반시설과 공동이용시설 확충을 통하여 주거환경을 보전·정비·개량하기 위한 사업

40 답 ③

정답해설

도시 및 주거환경정비법 제2조(정의)
4. "정비기반시설"이란 도로·상하수도·구거(溝渠 : 도랑)·공원·공용주차장·공동구(「국토의 계획 및 이용에 관한 법률」 제2조 제9호에 따른 공동구를 말한다. 이하 같다), 그 밖에 주민의 생활에 필요한 열·가스 등의 공급시설로서 대통령령으로 정하는 시설을 말한다.

도시 및 주거환경정비법 시행령 제3조(정비기반시설)
법 제2조 제4호에서 "대통령령으로 정하는 시설"이란 다음 각 호의 시설을 말한다.
1. 녹지
2. 하천
3. 공공공지
4. 광장
5. 소방용수시설
6. 비상대피시설
7. 가스공급시설
8. 지역난방시설
9. 주거환경개선사업을 위하여 지정·고시된 정비구역에 설치하는 공동이용시설로서 법 제52조에 따른 사업시행계획서(이하 "사업시행계획서"라 한다)에 해당 특별자치시장·특별자치도지사·시장·군수 또는 자치구의 구청장(이하 "시장·군수 등"이라 한다)이 관리하는 것으로 포함된 시설

04 2020년 제31회 정답 및 해설

01	02	03	04	05	06	07	08	09	10	11	12	13	14	15	16	17	18	19	20
③	④	②	②	④	①	③	②	①	②	③	④	③	②	③	⑤	①	④	④	①

21	22	23	24	25	26	27	28	29	30	31	32	33	34	35	36	37	38	39	40
⑤	④	③	⑤	②	④	④	⑤	⑤	②	②	①	⑤	⑤	②	③	①	④	③	⑤

01 난도 ★★   답 ③

┃정답해설┃

③ 도시·군관리계획을 입안할 수 있는 자가 입안을 제안받은 경우 그 처리 결과를 제안자에게 알려야 한다.

┃오답해설┃

① 지형도면을 고시한 날부터 효력이 발생한다.
② 국토교통부장관과 협의를 하여야 한다.
④ 국토교통부장관이 정한다.
⑤ 지형도면은 입안권자가 작성한다.

02 난도 ★   답 ④

┃정답해설┃

④ 5년마다 타당성 여부를 재검토하여 정비하여야 한다.

> **국토의 계획 및 이용에 관한 법률 제23조(도시·군기본계획의 정비)**
> ① 특별시장·광역시장·특별자치시장·특별자치도지사·시장 또는 군수는 5년마다 관할 구역의 도시·군기본계획에 대하여 타당성을 전반적으로 재검토하여 정비하여야 한다.

03 난도 ★★   답 ②

┃정답해설┃

② 시장 또는 군수가 개발행위허가에 경관에 관한 조치를 할 것을 조건으로 붙이는 경우 미리 개발행위허가를 신청한 자의 의견을 들어야 한다.

┃오답해설┃

① 응급조치인 경우에는 허가 없이 선 조치 후 1개월 이내에 신고하여야 한다.
③ 성장관리방안을 수립한 지역에서 그 성장관리방안을 수립하는 경우에 심의를 거친 경우이고, 그 성장관리방안에 맞게 행위를 하는 경우에 한하여 허가를 받을 수 있기 때문에 따로 개발행위에 대하여 심의를 거치지 않는다.
④ 이행보증금의 예치는 공공이 아닌 민간개발자에 한하여 예치케 할 수 있다.
⑤ 최대 5년까지 제한할 수 있다.

04 난도 ★★   답 ②

┃정답해설┃

② 주거 및 교육 환경 보호나 청소년 보호 등의 목적으로 청소년 유해시설 등 특정시설의 입지를 제한할 필요가 있는 지구는 특정용도제한지구이다(법 제37조 제1항 제8호).

05 난도 ★★   답 ④

┃오답해설┃

ㄴ. (×) 1킬로미터 이내에 위치한 지역이다.

06 난도 ★★   답 ①

┃오답해설┃

② 광역도시계획이 우선한다.

③ 국가계획에 포함될 수 있다. 국가에서 정책적인 목적의 실천을 위한 토지이용계획으로서 도시·군관리계획으로 결정할 사항이 포함될 수 있다.

④ 도시 단위에서의 부문별 계획은 도시·군기본계획에 부합하여야 한다.

⑤ 비용을 부담하게 할 수 있는 것이지, 부담하게 하여야 하는 것이 아니다.

07 난도 ★★   답 ③

┃오답해설┃

ㄴ·ㄷ. (×) 청문은 취소 또는 말소처분하는 경우에 실시하는 절차이며, 토지거래계약 허가는 국토의 계획 및 이용에 관한 법령에서 규정하는 사항이 아니다.

08 난도 ★   답 ②

┃정답해설┃

② 기반시설의 설치가 곤란한 지역을 대상으로 지정한다(법 제66조 제1항).

국토의 계획 및 이용에 관한 법률 제66조(개발밀도관리구역)
① 특별시장·광역시장·특별자치시장·특별자치도지사·시장 또는 군수는 주거·상업 또는 공업지역에서의 개발행위로 기반시설(도시·군계획시설을 포함한다)의 처리·공급 또는 수용능력이 부족할 것으로 예상되는 지역 중 기반시설의 설치가 곤란한 지역을 개발밀도관리구역으로 지정할 수 있다.

09 난도 ★★   답 ①

┃오답해설┃

② 광역계획권의 지정에는 지방의회의 의견 및 동의를 받아야 하는 절차는 없다.

③ 조정은 공동 또는 단독으로 신청이 가능하다.

④ 시·도지사가 공동으로 수립하는 것이 원칙이다. 광역계획권의 지정 3년 이내에 승인신청을 하지 않거나, 국가계획상 필요한 경우에 국토교통부장관이 수립한다.

⑤ 도지사가 승인권자인 경우이다.

10 난도 ★   답 ②

┃오답해설┃

① 상업지역 - 1만 제곱미터 미만

③ 보전녹지지역 - 5천 제곱미터 미만

④ 관리지역 - 3만 제곱미터 미만

⑤ 자연환경보전지역 - 5천 제곱미터 미만

11 난도 ★   답 ③

┃오답해설┃

① 재활용시설 - 환경기초시설

② 방수설비 - 방재시설

④ 주차장 - 교통시설

⑤ 도축장 - 보건위생시설

12 난도 ★   답 ④

┃정답해설┃

④ 준공업지역의 용적률 상한선은 400퍼센트 이하이고, 준주거지역이 500퍼센트 이하이다.

13 난도 ★★★   답 ③

┃오답해설┃

① 중앙도시계획위원회와 시·도 도시계획위원회는 25명 이상 30명 이하의 위원으로 구성한다.

② 시·도 도시계획위원회의 위원장은 위원 중에서 해당 시·도지사가 임명 또는 위촉하며, 부위원장은 위원 중에서 호선한다.

④ 지방 도시계획위원회에도 분과위원회를 둔다.

⑤ 중앙도시계획위원회 및 지방도시계획위원회의 심의 일시·장소·안건·내용·결과 등이 기록된 회의록은 중앙도시계획위원회의 경우에는 심의 종결 후 6개월, 지방도시계획위원회의 경우에는 6개월 이하의 범위에서 해당 지방자치단체의 도시·군계획조례로 정하는 기간이 지난 후에는 공개 요청이 있는 경우 대통령령으로 정하는 바에 따라 공개하여야 한다.

14 난도 ★   답 ②

┃정답해설┃

② 원본의 경우는 발급일부터 5년, 관련 서류의 경우는 2년 이상 보존하여야 한다.

15 난도 ★★   답 ③

┃정답해설┃

③ 감정평가법인등은 소속 감정평가사 또는 사무직원을 고용하거나 고용관계가 종료된 때에는 국토교통부장관에게 신고하여야 한다.

16 난도 ★★   답 ⑤

┃정답해설┃

⑤ 감정평가사의 직무와 관련하여 금고 이상의 형을 2회 이상 선고받아(집행유예 포함) 그 형이 확정된 경우이다. 다만, 과실범의 경우는 제외한다.

17 난도 ★★   답 ①

┃정답해설┃

① 해당 비주거용 표준부동산이 소재하는 시·도지사 및 시장·군수·구청장의 의견을 들어야 한다.

18 난도 ★★   답 ④

┃오답해설┃

① 단독주택 중에서 선정한다.

② 한국감정원에 의뢰하여야 한다.

③ 표준주택가격은 개별주택가격을 산정하는 경우에 그 기준이 되며, 개별주택가격 및 공동주택가격은 주택시장의 가격정보를 제공하고, 국가·지방자치단체 등이 과세 등의 업무와 관련하여 주택의 가격을 산정하는 경우에 그 기준으로 활용될 수 있다.

⑤ 50퍼센트 이내이다.

19 난도 ★★   답 ④

┃정답해설┃

④ 토지가격비준표 작성의 적정성에 관한 사항은 감정평가업자가 검토·확인하여야 하는 사항에 해당하지 않는다.

20 난도 ★★   답 ①

┃정답해설┃

① 행정재산은 처분하지 못한다. 다만, 다음 어느 경우에는 교환하거나 양여할 수 있다(법 제27조 제1항).

> **국유재산법 제27조(처분의 제한)**
> ① 행정재산은 처분하지 못한다. 다만, 다음 각 호의 어느 하나에 해당하는 경우에는 교환하거나 양여할 수 있다.
> 1. 공유(公有) 또는 사유재산과 교환하여 그 교환받은 재산을 행정재산으로 관리하려는 경우
> 2. 대통령령으로 정하는 행정재산을 직접 공용이나 공공용으로 사용하려는 지방자치단체에 양여하는 경우

21 난도 ★★   답 ⑤

▮ 정답해설 ▮

⑤ 정부가 자본금의 전액을 출자하는 법인이거나 기본재산의 전액을 출연하는 법인이 행정재산을 직접 비영리공익사업용으로 사용하고자 하여 사용허가하는 경우이다.

22 난도 ★★   답 ④

▮ 오답해설 ▮

① 총괄청은 일반재산 관리·처분 사무의 일부를 위탁받을 수 있다.

② 구분하여야 한다. 대장가격이 3천만 원 이상인 경우는 두 개의 감정평가업자의 평가액을 산술평균한 금액으로, 3천만 원 미만인 경우나 지자체 또는 공공기관에 처분하는 경우는 하나의 감정평가업자의 평가액으로 결정한다.

③ 조림을 목적으로 하는 토지와 그 정착물의 대부기간은 20년 이상으로 한다.

⑤ 일반재산을 매각하는 경우 소유권 이전은 매각대금이 완납된 후에 하여야 한다. 다만, 매각대금을 나누어 내게 하는 경우에는 매각대금이 완납되기 전에 소유권을 이전할 수 있다.

23 난도 ★★   답 ③

▮ 오답해설 ▮

① 행정재산은 시효취득의 대상이 아니다.

② 사권이 설정된 재산은 그 사권이 소멸된 후가 아니면 국유재산으로 취득하지 못한다. 다만, 판결에 따라 취득하는 경우에는 그러하지 아니하다.

④ 직접 도로, 하천, 항만, 공항, 철도, 공유수면, 그 밖의 공공용으로 사용하기 위하여 필요한 경우에는 무상으로 관리전환할 수 있다.

⑤ 등기일부터 10년간은 처분할 수 없다.

24 난도 ★★   답 ⑤

▮ 정답해설 ▮

⑤ 「도로법」에 따른 도로점용허가는 의제사항이 아니다.

25 난도 ★★   답 ②

▮ 정답해설 ▮

② 산업 등 시설군 – 자원순환 관련 시설

▮ 오답해설 ▮

① 운수시설은 산업 등 시설군에 해당한다.

③ 공장은 산업 등 시설군에 해당한다.

④ 수련시설은 교육 및 복지시설군에 해당한다.

⑤ 종교시설은 문화 및 집회시설군에 해당한다.

26 난도 ★★   답 ④

▮ 오답해설 ▮

ㅁ. (×) 상업지역과 주거지역에서의 물류시설의 경우에는 대지면적이 200제곱미터 이상인 경우에 조경을 설치하여야 한다.

27 난도 ★★   답 ④

▮ 정답해설 ▮

④ 기둥과 보가 목구조인 경우에는 연면적 500제곱미터 이상인 경우이다.

28 난도 ★   답 ⑤

▮ 정답해설 ▮

⑤ 전이 아니라 답에 대한 설명이다. 전은 물을 상시적으로 이용하지 않고, 곡물·원예작물(과수류는 제외한다)·약초·뽕나무·닥나무·묘목·관상수 등의 식물을 주로 재배하는 토지와 식용으로 죽순을 재배하는 토지이다.

29 난도 ★★   답 ⑤

▮ 정답해설 ▮

⑤ 지적전산자료를 신청하려는 자는 지적전산자료의 이용 또는 활용 목적 등에 관하여 미리 관계 중앙행정기관의 심사를 받아야 한다.

30 난도 ★★　　　　　　　　　답 ②

┃정답해설┃

② 소유권의 지분은 공유지연명부와 대지권등록부의 등록 사항이다.

> **공간정보의 구축 및 관리 등에 관한 법률 제72조(지적도 등의 등록사항)**
> 지적도 및 임야도에는 다음 각 호의 사항을 등록하여야 한다.
> 1. 토지의 소재
> 2. 지번
> 3. 지목
> 4. 경계
> 5. 그 밖에 국토교통부령으로 정하는 사항
>
> **공간정보의 구축 및 관리 등에 관한 법률 시행규칙 제69조 (지적도면 등의 등록사항 등)**
> ① 법 제72조에 따른 지적도 및 임야도는 각각 별지 제67 호 서식 및 별지 제68호 서식과 같다.
> ② 법 제72조 제5호에서 "그 밖에 국토교통부령으로 정 하는 사항"이란 다음 각 호의 사항을 말한다.
> 1. 지적도면의 색인도(인접도면의 연결 순서를 표시 하기 위하여 기재한 도표와 번호를 말한다)
> 2. 지적도면의 제명 및 축척
> 3. 도곽선(圖廓線)과 그 수치
> 4. 좌표에 의하여 계산된 경계점 간의 거리(경계점 좌표등록부를 갖춰 두는 지역으로 한정한다)
> 5. 삼각점 및 지적기준점의 위치
> 6. 건축물 및 구조물 등의 위치
> 7. 그 밖에 국토교통부장관이 정하는 사항

31 난도 ★★　　　　　　　　　답 ②

┃정답해설┃

② 국가나 지방자치단체가 취득하는 토지인 경우 : 해당 토 지를 관리하는 행정기관의 장 또는 지방자치단체의 장이 토지소유자가 하여야 하는 신청을 대신할 수 있다. 다만, 등록사항 정정 대상 토지는 제외한다.

32 난도 ★★　　　　　　　　　답 ①

┃오답해설┃

차임지급시기, 임차보증금, 존속기간, 임차권의 양도 또는 임차물의 전대에 대한 임대인의 동의사항은 등기원인에 그 사항이 있는 경우에만 기록하는 사항이다.

33 난도 ★★　　　　　　　　　답 ⑤

┃정답해설┃

⑤ 제시문의 두 경우 모두 1개월 이내에 신청하여야 한다.

34 난도 ★★　　　　　　　　　답 ⑤

┃정답해설┃

⑤ 종중, 문중, 그 밖에 대표자나 관리인이 있는 법인 아닌 사단이나 재단에 속하는 부동산의 등기에 관하여는 그 사단이나 재단을 등기권리자 또는 등기의무자로 하여 그 사단이나 재단의 명의로 그 대표자나 관리인이 신청한다.

35 난도 ★★★　　　　　　　　답 ②

┃오답해설┃

① 권리자가 2인 이상인 경우에는 권리자별 지분을 기록하 여야 하고 등기할 권리가 합유인 때에는 그 뜻을 기록하 여야 한다.
③ 등기관이 소유권 외의 권리에 대한 처분제한 등기를 할 때 부기로 하여야 한다.
④ 등기관이 환매특약의 등기를 할 때 매수인이 지급한 대 금, 매매비용, 환매기간을 기록하여야 한다. 다만, 환매기 간은 등기원인에 그 사항이 정하여져 있는 경우에만 기록 한다.
⑤ 등기관이 소유권보존등기를 할 때 등기원인과 그 연월일 을 기록하지 아니한다.

36 난도 ★★ 답 ③

┃오답해설┃

① 동산담보권의 효력은 담보목적물에 부합된 물건과 종물에 미친다. 다만, 법률에 다른 규정이 있거나 설정행위에 다른 약정이 있으면 그러하지 아니하다.

② 동산담보권은 피담보채권과 분리하여 타인에게 양도할 수 없다.

④ 동산담보권의 실행을 중지함으로써 담보권자에게 손해가 발생하는 경우에 채무자 등은 그 손해를 배상하여야 한다.

⑤ 담보권자는 자기의 채권을 변제받기 위하여 담보목적물의 경매를 청구할 수 있다.

37 난도 ★★ 답 ①

┃정답해설┃

① 정비기반시설에 경찰서는 해당하지 않는다.

38 난도 ★★★ 답 ④

┃오답해설┃

① 1년이 아니라 2년이다.

② 조합설립추진위원회의 승인을 신청하지 아니하는 경우이다.

③ 1년이 아니라 2년이다.

⑤ 100분의 30이다.

39 난도 ★ 답 ③

┃정답해설┃

③ 감사가 조합을 대표한다.

40 난도 ★★ 답 ⑤

┃정답해설┃

도시 및 주거환경정비법 제40조(정관의 기재사항 등)

① 조합의 정관에는 다음 각 호의 사항이 포함되어야 한다.
1. 조합의 명칭 및 사무소의 소재지
2. 조합원의 자격
3. 조합원의 제명·탈퇴 및 교체
4. 정비구역의 위치 및 면적
5. 제41조에 따른 조합의 임원(이하 "조합임원"이라 한다)의 수 및 업무의 범위
6. 조합임원의 권리·의무·보수·선임방법·변경 및 해임
7. 대의원의 수, 선임방법, 선임절차 및 대의원회의 의결방법
8. 조합의 비용부담 및 조합의 회계
9. 정비사업의 시행연도 및 시행방법
10. 총회의 소집 절차·시기 및 의결방법
11. 총회의 개최 및 조합원의 총회소집 요구
12. 제73조 제3항에 따른 이자 지급
13. 정비사업비의 부담 시기 및 절차
14. 정비사업이 종결된 때의 청산절차
15. 청산금의 징수·지급의 방법 및 절차
16. 시공자·설계자의 선정 및 계약서에 포함될 내용
17. 정관의 변경절차
18. 그 밖에 정비사업의 추진 및 조합의 운영을 위하여 필요한 사항으로서 대통령령으로 정하는 사항

② 시·도지사는 제1항 각 호의 사항이 포함된 표준정관을 작성하여 보급할 수 있다.

③ 조합이 정관을 변경하려는 경우에는 제35조 제2항부터 제5항까지의 규정에도 불구하고 총회를 개최하여 조합원 과반수의 찬성으로 시장·군수등의 인가를 받아야 한다. 다만, 제1항 제2호·제3호·제4호·제8호·제13호 또는 제16호의 경우에는 조합원 3분의 2 이상의 찬성으로 한다.

┃오답해설┃

ㄱ. (×) 조합의 명칭 및 사무소의 소재지의 경우에는 조합원 과반수의 찬성으로 시장·군수등의 인가를 받아야 한다.

05 2019년 제30회 정답 및 해설

01	02	03	04	05	06	07	08	09	10	11	12	13	14	15	16	17	18	19	20
①	④	②	①	①	①	③	⑤	⑤	①	③	③	①	③	④	⑤	③	②	④	①

21	22	23	24	25	26	27	28	29	30	31	32	33	34	35	36	37	38	39	40
⑤	④	②	③	④	⑤	③	④	①	⑤	⑤	③	④	②	④	⑤	②	②	③	②

01 난도 ★　　　　　답 ①

┃정답해설┃

① 도시·군관리계획 결정의 효력은 지형도면을 고시한 날부터 발생한다(국토의 계획 및 이용에 관한 법률 제31조 제1항).

국토의 계획 및 이용에 관한 법률 제31조(도시·군관리계획 결정의 효력)
① 도시·군관리계획 결정의 효력은 제32조 제4항에 따라 지형도면을 고시한 날부터 발생한다.
② 도시·군관리계획 결정 당시 이미 사업이나 공사에 착수한 자(이 법 또는 다른 법률에 따라 허가·인가·승인 등을 받아야 하는 경우에는 그 허가·인가·승인 등을 받아 사업이나 공사에 착수한 자를 말한다)는 그 도시·군관리계획 결정과 관계없이 그 사업이나 공사를 계속할 수 있다. 다만, 시가화조정구역이나 수산자원보호구역의 지정에 관한 도시·군관리계획 결정이 있는 경우에는 대통령령으로 정하는 바에 따라 특별시장·광역시장·특별자치시장·특별자치도지사·시장 또는 군수에게 신고하고 그 사업이나 공사를 계속할 수 있다.
③ 제1항에서 규정한 사항 외에 도시·군관리계획 결정의 효력 발생 및 실효 등에 관하여는 「토지이용규제 기본법」 제8조 제3항부터 제5항까지의 규정에 따른다.

02 난도 ★★　　　　　답 ④

┃정답해설┃

④ 광역도시계획을 공동으로 수립하는 시·도지사는 그 내용에 관하여 서로 협의가 되지 아니하면 공동이나 단독으로 국토교통부장관에게 조정을 신청할 수 있다(국토의 계획 및 이용에 관한 법률 제17조 제1항).

┃오답해설┃

① 국토의 계획 및 이용에 관한 법률 제10조 제1항 제1호
② 국토의 계획 및 이용에 관한 법률 제12조 제1항 제4호
③ 국토의 계획 및 이용에 관한 법률 제14조 제1항
⑤ 국토의 계획 및 이용에 관한 법률 제17조의2 제2항

> **더 알아보기**
>
> 광역도시계획이란 광역계획권의 장기발전방향을 제시하는 계획을 말한다. 법적 성질은 비구속적 행정계획이다.

▮ 정답해설 ▮

② 공간시설 : 광장·공원·녹지·유원지·공공공지(국토
의 계획 및 이용에 관한 법률 제2조 제6호, 영 제2조 제1항
제2호)

▮ 오답해설 ▮

① 공공·문화체육시설 : 학교·공공청사·문화시설·공
공필요성이 인정되는 체육시설·연구시설·사회복지시
설·공공직업훈련시설·청소년수련시설(국토의 계획
및 이용에 관한 법률 제2조 제6호, 영 제2조 제1항 제4호)

③ 방재시설 : 하천·유수지·저수지·방화설비·방풍설
비·방수설비·사방설비·방조설비(국토의 계획 및 이
용에 관한 법률 제2조 제6호, 영 제2조 제1항 제1호)

④ 교통시설 : 도로·철도·항만·공항·주차장·자동차
정류장·궤도·자동차 및 건설기계검사시설(국토의 계
획 및 이용에 관한 법률 제2조 제6호, 영 제2조 제1항
제1호)

⑤ 환경기초시설 : 하수도·폐기물처리 및 재활용시설·빗
물저장 및 이용시설·수질오염방지시설·폐차장(국토
의 계획 및 이용에 관한 법률 제2조 제6호, 영 제2조 제1항
제7호)

▮ 정답해설 ▮

ㄱ. 계획관리지역 : 40퍼센트 이하
ㄴ. 자연녹지지역 : 20퍼센트 이하
ㄷ. 근린상업지역 : 70퍼센트 이하
ㄹ. 제2종일반주거지역 : 60퍼센트 이하
→ ㄷ - ㄹ - ㄱ - ㄴ(국토의 계획 및 이용에 관한 법률
제77조 제1항, 영 제84조 제1항)

▮ 정답해설 ▮

① ㄱ : 10, ㄴ : 지목이 대(국토의 계획 및 이용에 관한 법률
제47조 제1항)

**국토의 계획 및 이용에 관한 법률 제47조(도시·군계획
시설 부지의 매수 청구)**

① 도시·군계획시설에 대한 도시·군관리계획의 결정
(이하 "도시·군계획시설결정"이라 한다)의 고시일
부터 10년 이내에 그 도시·군계획시설의 설치에 관
한 도시·군계획시설사업이 시행되지 아니하는 경우
(제88조에 따른 실시계획의 인가나 그에 상당하는 절
차가 진행된 경우는 제외한다. 이하 같다) 그 도시·
군계획시설의 부지로 되어 있는 토지 중 지목(地目)
이 대(垈)인 토지(그 토지에 있는 건축물 및 정착물을
포함한다. 이하 이 조에서 같다)의 소유자는 대통령
령으로 정하는 바에 따라 특별시장·광역시장·특별
자치시장·특별자치도지사·시장 또는 군수에게 그
토지의 매수를 청구할 수 있다.

▮ 정답해설 ▮

① 지구단위계획구역의 지정에 관한 도시·군관리계획결
정의 고시일부터 3년 이내에 그 지구단위계획구역에 관
한 지구단위계획이 결정·고시되지 아니하면 그 3년이
되는 날의 다음날에 그 지구단위계획구역의 지정에 관
한 도시·군관리계획결정은 효력을 잃는다(법 제53조
제1항).

▰ 더 알아보기

도시지역과 지구단위계획구역의 의제는 도시개발구역이
지정·고시된 경우 해당 도시개발구역은 도시지역과 지
구단위계획구역으로 결정되어 고시된 것으로 본다. 다만,
도시지역 외의 지역에 지정하는 지구단위계획구역 및 취
락지구로 지정된 지역인 경우에는 그러하지 아니하다.

07 난도 ★★

▌정답해설▌

③ 도시지역, 관리지역, 농림지역 또는 자연환경보전지역으로 용도가 지정되지 아니한 지역에 대하여는 자연환경보전지역에 관한 규정을 적용하므로, 용적률의 최대한도는 80퍼센트다(국토의 계획 및 이용에 관한 법률 제79조 제1항, 영 제85조 제1항 제21호).

더 알아보기	용도지역 미지정 또는 미세분지역에서의 행위제한 등
용도지역 미지정	도시지역·관리지역·농림지역 또는 자연환경보전지역으로 용도가 지정되지 아니한 지역에 대하여는 건축제한, 건폐율, 용적률의 규정을 적용함에 있어서 자연환경보전지역에 관한 규정을 적용한다.
용도지역 미세분	도시지역 또는 관리지역이 세부용도지역으로 지정되지 아니한 경우에는 건축제한, 건폐율, 용적률의 규정을 적용함에 있어서 당해 용도지역이 도시지역인 경우에는 보전녹지지역에 관한 규정을 적용하고, 관리지역인 경우에는 보전관리지역에 관한 규정을 적용한다.

08 난도 ★★

▌정답해설▌

⑤ 국토의 계획 및 이용에 관한 법률 제37조 제1항 제8호

국토의 계획 및 이용에 관한 법률 제37조(용도지구의 지정)

① 국토교통부장관, 시·도지사 또는 대도시 시장은 다음 각 호의 어느 하나에 해당하는 용도지구의 지정 또는 변경을 도시·군관리계획으로 결정한다.
   1. 경관지구 : 경관의 보전·관리 및 형성을 위하여 필요한 지구
   2. 고도지구 : 쾌적한 환경 조성 및 토지의 효율적 이용을 위하여 건축물 높이의 최고한도를 규제할 필요가 있는 지구
   3. 방화지구 : 화재의 위험을 예방하기 위하여 필요한 지구
   4. 방재지구 : 풍수해, 산사태, 지반의 붕괴, 그 밖의 재해를 예방하기 위하여 필요한 지구

   5. 보호지구 : 문화재, 중요 시설물(항만, 공항 등 대통령령으로 정하는 시설물을 말한다) 및 문화적·생태적으로 보존가치가 큰 지역의 보호와 보존을 위하여 필요한 지구
   6. 취락지구 : 녹지지역·관리지역·농림지역·자연환경보전지역·개발제한구역 또는 도시자연공원구역의 취락을 정비하기 위한 지구
   7. 개발진흥지구 : 주거기능·상업기능·공업기능·유통물류기능·관광기능·휴양기능 등을 집중적으로 개발·정비할 필요가 있는 지구
   8. 특정용도제한지구 : 주거 및 교육 환경 보호나 청소년 보호 등의 목적으로 오염물질 배출시설, 청소년 유해시설 등 특정시설의 입지를 제한할 필요가 있는 지구
   9. 복합용도지구 : 지역의 토지이용 상황, 개발 수요 및 주변 여건 등을 고려하여 효율적이고 복합적인 토지이용을 도모하기 위하여 특정시설의 입지를 완화할 필요가 있는 지구
   10. 그 밖에 대통령령으로 정하는 지구

09 난도 ★★

▌정답해설▌

⑤ ㄱ : 제3종일반주거지역, ㄴ : 일반공업지역, ㄷ : 자연녹지지역(영 제30조 제1항)

국토의 계획 및 이용에 관한 법률 시행령 제30조(용도지역의 세분)

① 국토교통부장관, 시·도지사 또는 대도시의 시장(이하 "대도시 시장"이라 한다)은 법 제36조 제2항에 따라 도시·군관리계획결정으로 주거지역·상업지역·공업지역 및 녹지지역을 다음 각 호와 같이 세분하여 지정할 수 있다.
   1. 주거지역
      가. 전용주거지역 : 양호한 주거환경을 보호하기 위하여 필요한 지역
         (1) 제1종전용주거지역 : 단독주택 중심의 양호한 주거환경을 보호하기 위하여 필요한 지역
         (2) 제2종전용주거지역 : 공동주택 중심의 양호한 주거환경을 보호하기 위하여 필요한 지역

나. 일반주거지역 : 편리한 주거환경을 조성하기 위하여 필요한 지역
  (1) 제1종일반주거지역 : 저층주택을 중심으로 편리한 주거환경을 조성하기 위하여 필요한 지역
  (2) 제2종일반주거지역 : 중층주택을 중심으로 편리한 주거환경을 조성하기 위하여 필요한 지역
  (3) 제3종일반주거지역 : 중고층주택을 중심으로 편리한 주거환경을 조성하기 위하여 필요한 지역
다. 준주거지역 : 주거기능을 위주로 이를 지원하는 일부 상업기능 및 업무기능을 보완하기 위하여 필요한 지역

2. 상업지역
  가. 중심상업지역 : 도심·부도심의 상업기능 및 업무기능의 확충을 위하여 필요한 지역
  나. 일반상업지역 : 일반적인 상업기능 및 업무기능을 담당하게 하기 위하여 필요한 지역
  다. 근린상업지역 : 근린지역에서의 일용품 및 서비스의 공급을 위하여 필요한 지역
  라. 유통상업지역 : 도시내 및 지역간 유통기능의 증진을 위하여 필요한 지역

3. 공업지역
  가. 전용공업지역 : 주로 중화학공업, 공해성 공업 등을 수용하기 위하여 필요한 지역
  나. 일반공업지역 : 환경을 저해하지 아니하는 공업의 배치를 위하여 필요한 지역
  다. 준공업지역 : 경공업 그 밖의 공업을 수용하되, 주거기능·상업기능 및 업무기능의 보완이 필요한 지역

4. 녹지지역
  가. 보전녹지지역 : 도시의 자연환경·경관·산림 및 녹지공간을 보전할 필요가 있는 지역
  나. 생산녹지지역 : 주로 농업적 생산을 위하여 개발을 유보할 필요가 있는 지역
  다. 자연녹지지역 : 도시의 녹지공간의 확보, 도시확산의 방지, 장래 도시용지의 공급 등을 위하여 보전할 필요가 있는 지역으로서 불가피한 경우에 한하여 제한적인 개발이 허용되는 지역

10 난도 ★★　　　답 ①

▌정답해설▌
① 200만 제곱미터를 초과하는 경우에 공동구를 설치해야 한다(법 제44조 제1항 제2호, 영 제35조의2 제1항).

▌오답해설▌
② 국토의 계획 및 이용에 관한 법률 제44조의2 제2항
③ 국토의 계획 및 이용에 관한 법률 제44조의3 제1항
④ 국토의 계획 및 이용에 관한 법률 제44조의3 제2항
⑤ 국토의 계획 및 이용에 관한 법률 제44조의2 제3항

11 난도 ★★　　　답 ③

▌정답해설▌
ㄱ·ㄴ·ㄷ. 도시지역으로 결정·고시된 것으로 본다(국토의 계획 및 이용에 관한 법률 제42조 제1항).

▌오답해설▌
ㄹ. 관리지역의 산림 중 「산지관리법」에 따라 보전산지로 지정·고시된 지역은 그 고시에서 구분하는 바에 따라 이 법에 따른 농림지역 또는 자연환경보전지역으로 결정·고시된 것으로 본다(국토의 계획 및 이용에 관한 법률 제42조 제2항).

국토의 계획 및 이용에 관한 법률 제42조(다른 법률에 따라 지정된 지역의 용도지역 지정 등의 의제)
① 다음 각 호의 어느 하나의 구역 등으로 지정·고시된 지역은 이 법에 따른 도시지역으로 결정·고시된 것으로 본다.
  1. 「항만법」 제2조 제4호에 따른 항만구역으로서 도시지역에 연접한 공유수면
  2. 「어촌·어항법」 제17조 제1항에 따른 어항구역으로서 도시지역에 연접한 공유수면
  3. 「산업입지 및 개발에 관한 법률」 제2조 제8호 가목부터 다목까지의 규정에 따른 국가산업단지, 일반산업단지 및 도시첨단산업단지
  4. 「택지개발촉진법」 제3조에 따른 택지개발지구
  5. 「전원개발촉진법」 제5조 및 같은 법 제11조에 따른 전원개발사업구역 및 예정구역(수력발전소 또는 송·변전설비만을 설치하기 위한 전원개발사업구역 및 예정구역은 제외한다. 이하 이 조에서 같다)

② 관리지역에서 「농지법」에 따른 농업진흥지역으로 지정·고시된 지역은 이 법에 따른 농림지역으로, 관리지역의 산림 중 「산지관리법」에 따라 보전산지로 지정·고시된 지역은 그 고시에서 구분하는 바에 따라 이 법에 따른 농림지역 또는 자연환경보전지역으로 결정·고시된 것으로 본다.

12 난도 ★★   답 ③

▌정답해설▌

③ 제1종일반주거지역은 저층주택을 중심으로 편리한 주거환경을 조성하기 위하여 필요한 지역이므로, 아파트를 건축할 수 없다(국토의 계획 및 이용에 관한 법률 시행령 제30조 제1항 제1호 나목, [별표 4]).

13 난도 ★★★   답 ①

▌정답해설▌

① 법 제65조 제2항

▌오답해설▌

② 무상으로 귀속된다(국토의 계획 및 이용에 관한 법률 제65조 제2항).

③ 개발행위허가를 받은 행정청에 귀속되는 것이 아니고, 새로 설치된 공공시설을 관리할 관리청에 무상으로 귀속된다(국토의 계획 및 이용에 관한 법률 제65조 제1항).

④ 기획재정부장관이 아닌 공공시설이 속한 관리청의 의견을 들어야 한다(국토의 계획 및 이용에 관한 법률 제65조 제3항).

⑤ 개발행위허가를 받은 자가 행정청인 경우 개발행위허가를 받은 자는 개발행위가 끝나 준공검사를 마친 때에는 해당 시설의 관리청에 공공시설의 종류와 토지의 세목을 통지하여야 한다(국토의 계획 및 이용에 관한 법률 제65조 제5항).

14 난도 ★★   답 ③

▌정답해설▌

③ 감정평가 및 감정평가사에 관한 법률 제29조 제7항

▌오답해설▌

① 감정평가법인과 그 주사무소 및 분사무소에는 대통령령으로 정하는 수(5명) 이상의 감정평가사를 두어야 하며, 주사무소와 분사무소에 주재하는 최소 감정평가사의 수는 각각 2명이다. 그러므로 지문의 경우 설립기준을 충족한다.

감정평가 및 감정평가사에 관한 법률 제29조(설립 등)
④ 감정평가법인과 그 주사무소(主事務所) 및 분사무소(分事務所)에는 대통령령으로 정하는 수 이상의 감정평가사를 두어야 한다. 이 경우 감정평가법인의 소속 감정평가사는 제18조 제1항 각 호의 어느 하나 및 제21조 제2항 제2호에 해당하는 사람이 아니어야 한다.

> **감정평가 및 감정평가사에 관한 법률 시행령 제24조(감정평가법인의 구성)**
> ③ 법 제29조 제4항 전단에서 "대통령령으로 정하는 수"란 5명을 말한다.
> ④ 법 제29조 제4항에 따른 감정평가법인의 주사무소 및 분사무소에 주재하는 최소 감정평가사의 수는 다음 각 호와 같다.
> 1. 주사무소 : 2명
> 2. 분사무소 : 2명

② 국토교통부장관에게 신고하여야 한다.

④ 자본금 미달은 해산 사유에 해당하지 않는다. 감정평가법인은 직전 사업연도 말 재무상태표의 자산총액에서 부채총액을 차감한 금액이 2억 원에 미달하면 미달한 금액을 매 사업연도가 끝난 후 6개월 이내에 사원의 증여로 보전하거나 증자하여야 한다.

⑤ 설립인가를 취소하여야 한다.

▌정답해설▐

④ 1차 시험을 면제받고 감정평가사 자격을 취득한 사람인 경우에는 4주 이상의 실무수습을 마치면 된다.

감정평가 및 감정평가사에 관한 법률 시행규칙 제12조 (실무수습의 시행)

① 실무수습은 감정평가에 관한 이론과 직업윤리를 습득하는 이론교육과정 및 감정평가에 관한 실무를 습득하는 실무훈련과정으로 나누어 시행한다.

② 이론교육과정은 4개월간, 실무훈련과정은 8개월간 시행하며, 실무훈련과정은 이론교육과정의 이수 후 시행한다. 다만, 이론교육과정과 실무훈련과정의 기간을 조정할 필요가 있을 때에는 협회에서 그 기간을 따로 정할 수 있다.

③ 이론교육과정은 강의 · 논문제출 등의 방법으로 시행하며, 실무훈련과정은 현장실습근무의 방법으로 시행한다.

④ 제3항에 따른 현장실습근무지는 협회 및 감정평가법인등의 사무소로 한다.

⑤ 제1항부터 제4항까지의 규정에도 불구하고 법 제15조 제1항에 따라 <u>제1차 시험을 면제받고 감정평가사 자격을 취득한 사람에 대해서는 4주간의 이론교육과정을 시행한다.</u>

▌오답해설▐

① 감정평가 및 감정평가사에 관한 법률 제12조 제6호
② 감정평가 및 감정평가사에 관한 법률 제18조 제1항 제1호
③ 감정평가 및 감정평가사에 관한 법률 제25조 제5항
⑤ 감정평가 및 감정평가사에 관한 법률 제11조

▌정답해설▐

⑤ 감정평가 및 감정평가사에 관한 법률 제6조 제3항, 영 제6조 제2항, 규칙 제3조

▌오답해설▐

① 감정평가업자가 토지를 감정평가하는 경우에는 그 토지와 이용가치가 비슷하다고 인정되는「부동산 가격공시에 관한 법률」에 따른 표준지공시지가를 기준으로 하여야 한다. 다만, 적정한 실거래가가 있는 경우에는 이를 기준으로 할 수 있다.

② 원본은 5년 이상 보존하여야 하며, 관련 서류는 2년 이상 보존하여야 한다.

③ 감정평가업자는 토지등의 매매업을 직접 하여서는 아니 된다.

④ 심의를 거쳐야 한다.

▌정답해설▐

③ 관계공무원등이 택지 또는 담장이나 울타리로 둘러싸인 타인의 토지에 출입하고자 할 때에는 시장 · 군수 또는 구청장의 허가(부동산가격공시업무를 의뢰 받은 자에 한정한다)를 받아 출입할 날의 3일 전에 그 점유자에게 일시와 장소를 통지하여야 한다(법 제13조 제2항).

부동산 가격공시에 관한 법률 제13조(타인토지에의 출입 등)

① 관계 공무원 또는 부동산가격공시업무를 의뢰받은 자(이하 "관계공무원등"이라 한다)는 제3조 제4항에 따른 표준지가격의 조사 · 평가 또는 제10조 제4항에 따른 토지가격의 산정을 위하여 필요한 때에는 타인의 토지에 출입할 수 있다.

② 관계공무원등이 제1항에 따라 택지 또는 담장이나 울타리로 둘러싸인 타인의 토지에 출입하고자 할 때에는 시장 · 군수 또는 구청장의 허가(부동산가격공시업무를 의뢰 받은 자에 한정한다)를 받아 출입할 날의 3일 전에 그 점유자에게 일시와 장소를 통지하여야 한다. 다만, 점유자를 알 수 없거나 부득이한 사유가 있는 경우에는 그러하지 아니하다.

18 난도 ★★   답 ②

┃정답해설┃

② 그 해 6월 1일을 기준으로 결정·공시하여야 한다(부동
산 가격공시에 관한 법률 제18조 제4항, 영 제44조 제2항
제1호).

19 난도 ★★   답 ④

┃정답해설┃

④ 표준지에 건물 또는 그 밖의 정착물이 있거나 지상권 또
는 그 밖의 토지의 사용·수익을 제한하는 권리가 설정되
어 있을 때에는 그 정착물 또는 권리가 존재하지 아니하
는 것으로 보고 표준지공시지가를 평가하여야 한다(부동
산 가격공시에 관한 법률 시행령 제6조 제2항).

┃오답해설┃

① 개별공시지가의 단위면적은 1제곱미터로 한다(부동산 가
격공시에 관한 법률 제10조 제1항, 영 제14조).
② 농지보전부담금 부과대상이 아닌 토지에 대해서는 개별
공시지가를 결정·공시하지 아니할 수 있다(부동산 가격
공시에 관한 법률 제10조 제2항, 영 제15조 제1항 제2호).
③ 표준지공시지가는 토지시장에 지가정보를 제공하고 일
반적인 토지거래의 지표가 되며, 국가·지방자치단체 등
이 그 업무와 관련하여 지가를 산정하거나 감정평가업자
가 개별적으로 토지를 감정평가하는 경우에 기준이 된다
(부동산 가격공시에 관한 법률 제9조).
⑤ 표준지공시지가의 공시사항 : 표준지의 지번, 표준지의
단위면적당 가격, 표준지의 면적 및 형상, 표준지 및 주변
토지의 이용상황, 지목, 용도지역, 도로 상황, 그 밖에 표
준지공시지가 공시에 필요한 사항(부동산 가격공시에 관
한 법률 제5조, 영 제10조 제2항)

20 난도 ★★   답 ①

┃정답해설┃

① 사권이 설정된 재산은 그 사권이 소멸된 후가 아니면 국유
재산으로 취득하지 못한다. 다만, 판결에 따라 취득하는
경우에는 그러하지 아니하다(국유재산법 제11조 제1항).

┃오답해설┃

② 국유재산법 제5조 제1항
③ 국유재산법 제9조 제1항
④ 국유재산법 제8조 제2항
⑤ 국유재산법 제11조 제2항, 영 제6조 제1호

21 난도 ★★   답 ⑤

┃정답해설┃

⑤ 중앙관서의 장등은 무단점유자에 대하여 대통령령으로
정하는 바에 따라 그 재산에 대한 사용료나 대부료의 100
분의 120에 상당하는 변상금을 징수한다(국유재산법 제
72조 제1항).

> **국유재산법 제72조(변상금의 징수)**
> ① 중앙관서의 장등은 무단점유자에 대하여 대통령령으
> 로 정하는 바에 따라 그 재산에 대한 사용료나 대부료
> 의 100분의 120에 상당하는 변상금을 징수한다. 다
> 만, 다음 각 호의 어느 하나에 해당하는 경우에는 변
> 상금을 징수하지 아니한다.
> 1. 등기사항증명서나 그 밖의 공부(公簿)상의 명의
>   인을 정당한 소유자로 믿고 적절한 대가를 지급하
>   고 권리를 취득한 자(취득자의 상속인이나 승계
>   인을 포함한다)의 재산이 취득 후에 국유재산으
>   로 밝혀져 국가에 귀속된 경우
> 2. 국가나 지방자치단체가 재해대책 등 불가피한 사
>   유로 일정 기간 국유재산을 점유하게 하거나 사용
>   ·수익하게 한 경우

22 난도 ★★ 답 ④

▋정답해설▋

④ 중앙관서의 장은 소관 국유재산의 관리·처분 업무를 효율적으로 수행하기 위하여 그 관서의 고위공무원으로서 기획 업무를 총괄하는 직위에 있는 자를 국유재산책임관으로 임명하여야 한다(국유재산법 제27조의2 제1항).

▋오답해설▋

① 국유재산법 제21조 제1항
② 국유재산법 제22조 제1항
③ 국유재산법 제24조
⑤ 국유재산법 제26조의4 제1항

23 난도 ★★ 답 ②

▋정답해설▋

② 총괄청은 5년 이상 활용되지 아니한 일반재산을 민간사업자와 공동으로 개발할 수 있다(국유재산법 제59조의2 제1항 제1호).

▋오답해설▋

① 국유재산법 제41조 제1항
③ 국유재산법 제43조 제1항 단서, 영 제40조 제3항 제19호
④ 국유재산법 제60조 제3호
⑤ 국유재산법 제54조 제3항

24 난도 ★★ 답 ③

▋정답해설▋

③ 건축법 제69조 제1항 제2호 나목, 영 제105조 제2항 제4호

▋오답해설▋

① 시장·군수·구청장은 특별시장·광역시장·도지사에게 각각 특별건축구역의 지정을 신청할 수 있다(건축법 제71조 제1항).
② 국토교통부장관 또는 시·도지사는 특별건축구역으로 지정하고자 하는 지역이 「군사기지 및 군사시설 보호법」에 따른 군사기지 및 군사시설 보호구역에 해당하는 경우에는 국방부장관과 사전에 협의하여야 한다(건축법 제69조 제3항).

④ 한국토지주택공사, 한국수자원공사, 한국도로공사, 한국철도공사, 국가철도공단, 한국관광공사, 한국농어촌공사 공공기관이 건축하는 건축물은 특별건축구역에서 특례사항을 적용하여 건축할 수 있는 건축물에 해당된다(건축법 제70조, 영 제106조 제1항).
⑤ 건축법 제71조 제9항

25 난도 ★★ 답 ④

▋정답해설▋

④ 건축허가시 실시하는 건축물 안전영향평가는 건축물이 연면적 10만 제곱미터 이상이고 16층 이상일 것을 요건으로 한다.

건축법 시행령 제10조의3(건축물 안전영향평가)
① 법 제13조의2 제1항에서 "초고층 건축물 등 대통령령으로 정하는 주요 건축물"이란 다음 각 호의 어느 하나에 해당하는 건축물을 말한다.
  1. 초고층 건축물
  2. 다음 각 목의 요건을 모두 충족하는 건축물
    가. 연면적(하나의 대지에 둘 이상의 건축물을 건축하는 경우에는 각각의 건축물의 연면적을 말한다)이 10만 제곱미터 이상일 것
    나. 16층 이상일 것

26 난도 ★ 답 ⑤

▋정답해설▋

⑤ 에너지이용 관리계획은 고려할 사항에 해당하지 않는다(건축법 제60조 제1항, 영 제82조 제1항).

건축법 시행령 제82조(건축물의 높이 제한)
① 허가권자는 법 제60조 제1항에 따라 가로구역별로 건축물의 높이를 지정·공고할 때에는 다음 각 호의 사항을 고려하여야 한다.
  1. 도시·군관리계획 등의 토지이용계획
  2. 해당 가로구역이 접하는 도로의 너비
  3. 해당 가로구역의 상·하수도 등 간선시설의 수용 능력
  4. 도시미관 및 경관계획
  5. 해당 도시의 장래 발전계획

27 난도 ★★   답 ③

┃정답해설┃

③ 건축법 제3조 제1항

> **건축법 제3조(적용 제외)**
> ① 다음 각 호의 어느 하나에 해당하는 건축물에는 이 법을 적용하지 아니한다.
> 1. 「문화재보호법」에 따른 지정문화재나 임시지정 문화재
> 2. 철도나 궤도의 선로 부지(敷地)에 있는 다음 각 목의 시설
>   가. 운전보안시설
>   나. 철도 선로의 위나 아래를 가로지르는 보행 시설
>   다. 플랫폼
>   라. 해당 철도 또는 궤도사업용 급수(給水)·급탄(給炭) 및 급유(給油) 시설
> 3. 고속도로 통행료 징수시설
> 4. 컨테이너를 이용한 간이창고(「산업집적활성화 및 공장설립에 관한 법률」 제2조 제1호에 따른 공장의 용도로만 사용되는 건축물의 대지에 설치하는 것으로서 이동이 쉬운 것만 해당된다)
> 5. 「하천법」에 따른 하천구역 내의 수문조작실

28 난도 ★   답 ④

┃정답해설┃

④ 지목의 종류에 주택용지는 포함되지 않는다.

> **공간정보의 구축 및 관리 등에 관한 법률 제67조(지목의 종류)**
> ① 지목은 전·답·과수원·목장용지·임야·광천지·염전·대(垈)·공장용지·학교용지·주차장·주유소용지·창고용지·도로·철도용지·제방(堤防)·하천·구거(溝渠)·유지(溜池)·양어장·수도용지·공원·체육용지·유원지·종교용지·사적지·묘지·잡종지로 구분하여 정한다.
> ② 제1항에 따른 지목의 구분 및 설정방법 등에 필요한 사항은 대통령령으로 정한다.

29 난도 ★★   답 ①

┃정답해설┃

① 지적소관청(정보처리시스템을 통하여 기록·저장한 지적공부의 경우에는 시·도지사, 시장·군수 또는 구청장)은 지적공부의 전부 또는 일부가 멸실되거나 훼손된 경우에는 대통령령으로 정하는 바에 따라 지체 없이 이를 복구하여야 한다(공간정보의 구축 및 관리 등에 관한 법률 제74조).

30 난도 ★★   답 ⑤

┃정답해설┃

⑤ 법 제71조

> **공간정보의 구축 및 관리 등에 관한 법률 제71조(토지대장 등의 등록사항)**
> ③ 토지대장이나 임야대장에 등록하는 토지가 「부동산등기법」에 따라 대지권 등기가 되어 있는 경우에는 대지권등록부에 다음 각 호의 사항을 등록하여야 한다.
> 1. 토지의 소재
> 2. 지번
> 3. 대지권 비율
> 4. 소유자의 성명 또는 명칭, 주소 및 주민등록번호
> 5. 그 밖에 국토교통부령으로 정하는 사항

31 난도 ★★   답 ⑤

┃정답해설┃

⑤ '경계점 위치의 토지소유자 성명'은 지상경계점등록부에 등록할 사항이 아니다(공간정보의 구축 및 관리 등에 관한 법률 제65조 제2항, 영 제60조 제2항).

> **더 알아보기   지상경계점등록부의 등록사항**
> • 토지의 소재
> • 지번
> • 경계점 좌표(경계점좌표등록부 시행지역에 한정한다)
> • 경계점 위치 설명도
> • 공부상 지목과 실제 토지이용 지목
> • 경계점의 사진 파일
> • 경계점표시의 종류 및 경계점 위치

32 난도 ★★★

답 ③

┃정답해설┃

③ 관할 지방법원은 이의신청에 대하여 결정하기 전에 등기관에게 가등기 또는 이의가 있다는 뜻의 부기등기를 명령할 수 있다(부동산등기법 제106조).

33 난도 ★★

답 ④

┃정답해설┃

④ 부동산등기법 제99조 제4항

┃오답해설┃

① 수용으로 인한 소유권이전등기는 등기권리자가 단독으로 신청할 수 있다(부동산등기법 제99조 제1항).
② 등기관이 수용으로 인한 소유권이전등기를 하는 경우 그 부동산의 등기기록 중 소유권, 소유권 외의 권리, 그 밖의 처분제한에 관한 등기가 있으면 그 등기를 직권으로 말소하여야 한다(부동산등기법 제99조 제4항).
③ 수용으로 인한 소유권이전등기 규정이 적용된다(부동산등기법 제99조 제5항).
⑤ 등기권리자는 수용으로 인한 소유권이전등기를 신청하는 경우에 등기명의인이나 상속인, 그 밖의 포괄승계인을 갈음하여 부동산의 표시 또는 등기명의인의 표시의 변경, 경정 또는 상속, 그 밖의 포괄승계로 인한 소유권이전의 등기를 신청할 수 있다(부동산등기법 제99조 제2항).

부동산등기법 제99조(수용으로 인한 등기)
① 수용으로 인한 소유권이전등기는 제23조 제1항에도 불구하고 등기권리자가 단독으로 신청할 수 있다.
② 등기권리자는 제1항의 신청을 하는 경우에 등기명의인이나 상속인, 그 밖의 포괄승계인을 갈음하여 부동산의 표시 또는 등기명의인의 표시의 변경, 경정 또는 상속, 그 밖의 포괄승계로 인한 소유권이전의 등기를 신청할 수 있다.
③ 국가 또는 지방자치단체가 제1항의 등기권리자인 경우에는 국가 또는 지방자치단체는 지체 없이 제1항과 제2항의 등기를 등기소에 촉탁하여야 한다.
④ 등기관이 제1항과 제3항에 따라 수용으로 인한 소유권이전등기를 하는 경우 그 부동산의 등기기록 중 소유권, 소유권 외의 권리, 그 밖의 처분제한에 관한 등기가 있으면 그 등기를 직권으로 말소하여야 한다. 다만, 그 부동산을 위하여 존재하는 지역권의 등기 또는 토지수용위원회의 재결(裁決)로써 존속(存續)이 인정된 권리의 등기는 그러하지 아니하다.
⑤ 부동산에 관한 소유권 외의 권리의 수용으로 인한 권리이전등기에 관하여는 제1항부터 제4항까지의 규정을 준용한다.

34 난도 ★★

답 ②

┃정답해설┃

② 부동산등기법 제14조 제2항, 제20조 제2항

┃오답해설┃

① 등기부는 토지등기부와 건물등기부로 구분한다(부동산등기법 제14조 제1항).
③ 등기부는 중앙관리소에 보관·관리하여야 하며, 전쟁·천재지변이나 그 밖에 이에 준하는 사태를 피하기 위한 경우 외에는 그 장소 밖으로 옮기지 못한다(부동산등기법 제14조 제3항). 등기부의 부속서류는 전쟁·천재지변이나 그 밖에 이에 준하는 사태를 피하기 위한 경우 외에는 등기소 밖으로 옮기지 못한다. 다만, 신청서나 그 밖의 부속서류에 대하여는 법원의 명령 또는 촉탁이 있거나 법관이 발부한 영장에 의하여 압수하는 경우에는 그러하지 아니하다(부동산등기법 제14조 제4항).
④ 등기기록의 열람 및 등기사항증명서의 발급 청구는 관할 등기소가 아닌 등기소에 대하여도 할 수 있다(부동산등기법 제19조 제2항).
⑤ 1동의 건물을 구분한 건물에 있어서는 1동의 건물에 속하는 전부에 대하여 1개의 등기기록을 사용한다(부동산등기법 제15조 단서).

35 난도 ★

┃ 정답해설 ┃

④ 유치권은 법정담보물권으로 등기능력이 없다.

┃ 오답해설 ┃

①·②·③·⑤ 소유권, 지역권, 권리질권, 채권담보권은
등기능력이 있다.

36 난도 ★★

답 ⑤

┃ 정답해설 ┃

⑤ 모두 동산담보권의 목적물에 해당하지 않는다(동산·채
권 등의 담보에 관한 법률 제3조 제1항, 영 제2조).

**동산·채권 등의 담보에 관한 법률 제3조(동산담보권의
목적물)**

③ 제1항 및 제2항에도 불구하고 다음 각 호의 어느 하나
에 해당하는 경우에는 이를 목적으로 하여 담보등기
를 할 수 없다.
 1. 「선박등기법」에 따라 등기된 선박, 「자동차 등 특
  정동산 저당법」에 따라 등록된 건설기계·자동
  차·항공기·소형선박, 「공장 및 광업재단 저당
  법」에 따라 등기된 기업재산, 그 밖에 다른 법률에
  따라 등기되거나 등록된 동산
 2. 화물상환증, 선하증권, 창고증권이 작성된 동산
 3. 무기명채권증서 등 대통령령으로 정하는 증권

**동산·채권 등의 담보에 관한 법률 시행령 제2조(동산담
보권의 목적물에서 제외되는 증권)**

「동산·채권 등의 담보에 관한 법률」(이하 "법"이라 한
다) 제3조 제3항 제3호에서 "무기명채권증서 등 대통령
령으로 정하는 증권"이란 다음 각 호와 같다.
 1. 무기명채권증서
 2. 「자산유동화에 관한 법률」 제2조 제4호에 따른
  유동화증권
 3. 「자본시장과 금융투자업에 관한 법률」 제4조에
  따른 증권

37 난도 ★★

답 ②

┃ 정답해설 ┃

② 도시 및 주거환경정비법 제43조 제4항

┃ 오답해설 ┃

① 당연 퇴임사유다(도시 및 주거환경정비법 제43조 제1항
 및 제2항).
③ 조합장 또는 이사가 자기를 위하여 조합과 계약이나 소송
 을 할 때에는 감사가 조합을 대표한다(도시 및 주거환경
 정비법 제42조 제3항).
④ 조합임원의 임기는 3년 이하의 범위에서 정관으로 정하되,
 연임할 수 있다(도시 및 주거환경정비법 제41조 제4항).
⑤ 포함된다(도시 및 주거환경정비법 제40조 제1항 제18호,
 영 제38조 제2호).

38 난도 ★★

답 ②

┃ 정답해설 ┃

② '정비사업의 계획기간을 단축하는 경우'는 경미한 사항의
 변경에 해당하므로, 기본계획의 수립권자는 주민공람과
 지방의회의 의견청취 절차를 거치지 아니할 수 있다(도시
 및 주거환경정비법 제6조 제3항, 영 제6조 제4항).

**도시 및 주거환경정비법 제6조(기본계획 수립을 위한 주
민의견청취 등)**

① 기본계획의 수립권자는 기본계획을 수립하거나 변경
 하려는 경우에는 14일 이상 주민에게 공람하여 의견
 을 들어야 하며, 제시된 의견이 타당하다고 인정되면
 이를 기본계획에 반영하여야 한다.
② 기본계획의 수립권자는 제1항에 따른 공람과 함께 지
 방의회의 의견을 들어야 한다. 이 경우 지방의회는
 기본계획의 수립권자가 기본계획을 통지한 날부터
 60일 이내에 의견을 제시하여야 하며, 의견제시 없이
 60일이 지난 경우 이의가 없는 것으로 본다.
③ 제1항 및 제2항에도 불구하고 대통령령으로 정하는
 경미한 사항을 변경하는 경우에는 주민공람과 지방
 의회의 의견청취 절차를 거치지 아니할 수 있다.

▌정답해설▐

③ 정비사업의 시행으로 토지등소유자에게 과도한 부담이 발생할 것으로 예상되는 경우 정비구역의 지정권자는 지방도시계획위원회의 심의를 거쳐 정비구역등을 해제할 수 있다(도시 및 주거환경정비법 제21조 제1항 제1호).

도시 및 주거환경정비법 제21조(정비구역등의 직권해제)
① 정비구역의 지정권자는 다음 각 호의 어느 하나에 해당하는 경우 지방도시계획위원회의 심의를 거쳐 정비구역등을 해제할 수 있다. 이 경우 제1호 및 제2호에 따른 구체적인 기준 등에 필요한 사항은 시·도조례로 정한다.
  1. 정비사업의 시행으로 토지등소유자에게 과도한 부담이 발생할 것으로 예상되는 경우
  2. 정비구역등의 추진 상황으로 보아 지정 목적을 달성할 수 없다고 인정되는 경우
  3. 토지등소유자의 100분의 30 이상이 정비구역등(추진위원회가 구성되지 아니한 구역으로 한정한다)의 해제를 요청하는 경우
  4. 제23조 제1항 제1호에 따른 방법으로 시행 중인 주거환경개선사업의 정비구역이 지정·고시된 날부터 10년 이상 지나고, 추진 상황으로 보아 지정 목적을 달성할 수 없다고 인정되는 경우로서 토지등소유자의 과반수가 정비구역의 해제에 동의하는 경우
  5. 추진위원회 구성 또는 조합 설립에 동의한 토지등소유자의 2분의 1 이상 3분의 2 이하의 범위에서 시·도조례로 정하는 비율 이상의 동의로 정비구역의 해제를 요청하는 경우(사업시행계획인가를 신청하지 아니한 경우로 한정한다)
  6. 추진위원회가 구성되거나 조합이 설립된 정비구역에서 토지등소유자 과반수의 동의로 정비구역의 해제를 요청하는 경우(사업시행계획인가를 신청하지 아니한 경우로 한정한다)

▌정답해설▐

② 토지등소유자가 20인 미만인 경우에는 토지등소유자가 시행하거나 토지등소유자가 토지등소유자의 과반수의 동의를 받아 시장·군수등, 토지주택공사등, 건설업자, 등록사업자 또는 대통령령으로 정하는 요건을 갖춘 자와 공동으로 재개발사업을 시행할 수 있다(도시 및 주거환경정비법 제25조 제1항 제2호).

도시 및 주거환경정비법 제25조(재개발사업·재건축사업의 시행자)
① 재개발사업은 다음 각 호의 어느 하나에 해당하는 방법으로 시행할 수 있다.
  1. 조합이 시행하거나 조합이 조합원의 과반수의 동의를 받아 시장·군수등, 토지주택공사등, 건설업자, 등록사업자 또는 대통령령으로 정하는 요건을 갖춘 자와 공동으로 시행하는 방법
  2. 토지등소유자가 20인 미만인 경우에는 토지등소유자가 시행하거나 토지등소유자가 토지등소유자의 과반수의 동의를 받아 시장·군수등, 토지주택공사등, 건설업자, 등록사업자 또는 대통령령으로 정하는 요건을 갖춘 자와 공동으로 시행하는 방법
② 재건축사업은 조합이 시행하거나 조합이 조합원의 과반수의 동의를 받아 시장·군수등, 토지주택공사등, 건설업자 또는 등록사업자와 공동으로 시행할 수 있다.

06 2018년 제29회 정답 및 해설

01	02	03	04	05	06	07	08	09	10	11	12	13	14	15	16	17	18	19	20
②	①	③	③	①	④	③	④	⑤	②	①	②	②	⑤	④	③	⑤	①	④	④
21	22	23	24	25	26	27	28	29	30	31	32	33	34	35	36	37	38	39	40
⑤	②	③	⑤	①	⑤	①	⑤	①	③	③	④	④	①	③	⑤	③	③	④	②

01 난도 ★★ 답 ②

오답해설

① 14일 전까지 1회 이상 공고하여야 한다(영 제12조).
③ 5년마다 재검토하여야 한다(법 제23조 제1항).
④ 도지사의 승인을 받아야 한다(법 제22조의2 제1항).
⑤ 국토교통부장관이 수립기준을 정한다(법 제19조 제3항).

02 난도 ★★ 답 ①

정답해설

① 도시·군관리계획 결정의 효력은 지형도면을 고시한 날부터 발생한다.

국토의 계획 및 이용에 관한 법률 제31조(도시·군관리계획 결정의 효력)
① 도시·군관리계획 결정의 효력은 제32조 제4항에 따라 지형도면을 고시한 날부터 발생한다.

03 난도 ★ 답 ③

정답해설

③ 유류저장설비는 환경기초시설에 해당하지 않는다(국토의 계획 및 이용에 관한 법률 시행령 제2조).

국토의 계획 및 이용에 관한 법률 시행령 제2조(기반시설)
① 「국토의 계획 및 이용에 관한 법률」(이하 "법"이라 한다) 제2조 제6호 각 목 외의 부분에서 "대통령령으로 정하는 시설"이란 다음 각 호의 시설(당해 시설 그 자체의 기능발휘와 이용을 위하여 필요한 부대시설 및 편익시설을 포함한다)을 말한다.
   3. 유통·공급시설 : 유통업무설비, 수도·전기·가스·열공급설비, 방송·통신시설, 공동구·시장, 유류저장 및 송유설비
   7. 환경기초시설 : 하수도·폐기물처리 및 재활용시설·빗물저장 및 이용시설·수질오염방지시설·폐차장

04 난도 ★★ 답 ③

정답해설

③ 국토의 계획 및 이용에 관한 법률 부칙 제4조 참조

국토의 계획 및 이용에 관한 법률 부칙 제4조(시설보호지구에 관한 경과조치)
① 이 법 시행 당시 종전의 규정에 따라 공용시설·항만 또는 공항시설 보호를 위하여 지정된 시설보호지구는 제37조 제1항 제5호에 따른 보호지구로 지정된 것으로 본다.
② 이 법 시행 당시 종전의 규정에 따라 학교시설 보호를 위하여 지정된 시설보호지구는 제37조 제1항 제8호에 따른 특정용도제한지구로 지정된 것으로 본다.

▌정답해설▐

① ㄱ. 환경을 저해하지 아니하는 공업의 배치를 위하여 필요한 지역은 (일반공업지역)으로 지정할 수 있다.

국토의 계획 및 이용에 관한 법률 시행령 제30조(용도지역의 세분)

① 국토교통부장관, 시·도지사 또는 대도시의 시장(이하 "대도시 시장"이라 한다)은 법 제36조 제2항에 따라 도시·군관리계획결정으로 주거지역·상업지역·공업지역 및 녹지지역을 다음 각 호와 같이 세분하여 지정할 수 있다.

3. 공업지역

가. 전용공업지역 : 주로 중화학공업, 공해성 공업 등을 수용하기 위하여 필요한 지역

나. 일반공업지역 : 환경을 저해하지 아니하는 공업의 배치를 위하여 필요한 지역

다. 준공업지역 : 경공업 그 밖의 공업을 수용하되, 주거기능·상업기능 및 업무기능의 보완이 필요한 지역

ㄴ. 관리지역이 세부 용도지역으로 지정되지 아니한 경우에는 용도지역에서의 용적률 규정을 적용할 때에 (보전관리지역)에 관한 규정을 적용한다.

국토의 계획 및 이용에 관한 법률 제79조(용도지역 미지정 또는 미세분 지역에서의 행위 제한 등)

① 도시지역, 관리지역, 농림지역 또는 자연환경보전지역으로 용도가 지정되지 아니한 지역에 대하여는 제76조부터 제78조까지의 규정을 적용할 때에 자연환경보전지역에 관한 규정을 적용한다.

② 제36조에 따른 도시지역 또는 관리지역이 같은 조 제1항 각 호 각 목의 세부 용도지역으로 지정되지 아니한 경우에는 제76조부터 제78조까지의 규정을 적용할 때에 해당 용도지역이 도시지역인 경우에는 녹지지역 중 대통령령으로 정하는 지역에 관한 규정을 적용하고, 관리지역인 경우에는 보전관리지역에 관한 규정을 적용한다.

▌오답해설▐

① 「도시개발법」에 따른 도시개발구역이 200만 m²를 초과하는 경우에는 해당구역에서 개발사업을 시행하는 자는 공동구를 설치하여야 한다.

국토의 계획 및 이용에 관한 법률 제44조(공동구의 설치)

① 다음 각 호에 해당하는 지역·지구·구역 등(이하 이 항에서 "지역등"이라 한다)이 대통령령으로 정하는 규모를 초과하는 경우에는 해당 지역등에서 개발사업을 시행하는 자(이하 이 조에서 "사업시행자"라 한다)는 공동구를 설치하여야 한다.

1. 「도시개발법」 제2조 제1항에 따른 도시개발구역

> **국토의 계획 및 이용에 관한 법률 시행령 제35조의2(공동구의 설치)**
> ① 법 제44조 제1항 각 호 외의 부분에서 "대통령령으로 정하는 규모"란 200만 제곱미터를 말한다.

② 공동구가 설치된 경우에 수도관은 공동구에 수용하여야 한다.

국토의 계획 및 이용에 관한 법률 시행령 제35조의3(공동구에 수용하여야 하는 시설)

공동구가 설치된 경우에는 법 제44조 제3항에 따라 제1호부터 제6호까지의 시설을 공동구에 수용하여야 하며, 제7호 및 제8호의 시설은 법 제44조의2 제4항에 따른 공동구협의회(이하 "공동구협의회"라 한다)의 심의를 거쳐 수용할 수 있다.

1. 전선로
2. 통신선로
3. 수도관
4. 열수송관
5. 중수도관
6. 쓰레기수송관
7. 가스관
8. 하수도관, 그 밖의 시설

③ 공동구 설치에 필요한 비용은 「국토의 계획 및 이용에 관한 법률」이나 다른 법률에 특별한 규정이 있는 경우를 제외하고는 공동구 점용예정자와 사업시행자가 부담한다. 이 경우 공동구 점용예정자는 해당 시설을 개별적으로 매설할 때 필요한 비용의 범위에서 대통령령으로 정하는 바에 따라 부담한다(국토의 계획 및 이용에 관한 법률 제44조 제5항).

⑤ 공동구관리자는 5년마다 해당 공동구의 안전 및 유지관리계획을 수립·시행하여야 한다(국토의 계획 및 이용에 관한 법률 제44조의2 2항).

07 난도 ★★★　　　　　답 ③

❚ 정답해설 ❚

③ 3층의 동물병원은 국토의 계획 및 이용에 관한 법령상 매수의무자가 도시·군계획시설 부지의 매수 결정을 알린 날부터 2년이 지날 때까지 해당 토지를 매수하지 아니하는 경우 매수청구를 한 토지소유자가 개발행위허가를 받아 건축할 수 있다(국토의 계획 및 이용에 관한 법률 제47조 제2항 제2호, 시행령 제41조 제5항).

> **국토의 계획 및 이용에 관한 법률 시행령 제41조(도시·군계획시설부지의 매수청구)**
> ⑤ 법 제47조 제7항 각 호 외의 부분 전단에서 "대통령령으로 정하는 건축물 또는 공작물"이란 다음 각 호의 것을 말한다. 다만, 다음 각 호에 규정된 범위에서 특별시·광역시·특별자치시·특별자치도·시 또는 군의 도시·군계획조례로 따로 허용범위를 정하는 경우에는 그에 따른다.
> 1. 「건축법 시행령」 [별표 1] 제1호 가목의 단독주택으로서 3층 이하인 것
> 2. 「건축법 시행령」 [별표 1] 제3호의 제1종근린생활시설로서 3층 이하인 것
> 2의2. 「건축법 시행령」 [별표 1] 제4호의 제2종 근린생활시설(같은 호 거목, 더목 및 러목은 제외한다)로서 3층 이하인 것
> 3. 공작물

08 난도 ★　　　　　답 ④

❚ 정답해설 ❚

④ 국토의 계획 및 이용에 관한 법률 제49조, 시행령 제42조의3 참조

> **국토의 계획 및 이용에 관한 법률 제49조(지구단위계획의 수립)**
> ① 지구단위계획은 다음 각 호의 사항을 고려하여 수립한다.

1. 도시의 정비·관리·보전·개발 등 지구단위계획구역의 지정 목적
2. 주거·산업·유통·관광휴양·복합 등 지구단위계획구역의 중심기능
3. 해당 용도지역의 특성
4. 그 밖에 대통령령으로 정하는 사항

> **국토의 계획 및 이용에 관한 법률 시행령 제42조의3(지구단위계획의 수립)**
> ① 법 제49조 제1항 제4호에서 "대통령령으로 정하는 사항"이란 다음 각 호의 사항을 말한다.
> 1. 지역 공동체의 활성화
> 2. 안전하고 지속가능한 생활권의 조성
> 3. 해당 지역 및 인근 지역의 토지 이용을 고려한 토지이용계획과 건축계획의 조화

09 난도 ★★　　　　　답 ⑤

❚ 정답해설 ❚

⑤ 3개월이 지난 후가 아닌 6개월이 지난 후이다(국토의 계획 및 이용에 관한 법률 제113조의2, 시행령 제113조의3).

> **국토의 계획 및 이용에 관한 법률 제113조의2(회의록의 공개)**
> 중앙도시계획위원회 및 지방도시계획위원회의 심의 일시·장소·안건·내용·결과 등이 기록된 회의록은 1년의 범위에서 대통령령으로 정하는 기간이 지난 후에는 공개 요청이 있는 경우 대통령령으로 정하는 바에 따라 공개하여야 한다. 다만, 공개에 의하여 부동산 투기 유발 등 공익을 현저히 해칠 우려가 있다고 인정하는 경우나 심의·의결의 공정성을 침해할 우려가 있다고 인정되는 이름·주민등록번호 등 대통령령으로 정하는 개인 식별 정보에 관한 부분의 경우에는 그러하지 아니하다.

> **국토의 계획 및 이용에 관한 법률 시행령 제113조의3(회의록의 공개)**
> ① 법 제113조의2 본문에서 "대통령령으로 정하는 기간"이란 중앙도시계획위원회의 경우에는 심의 종결 후 6개월, 지방도시계획위원회의 경우에는 6개월 이하의 범위에서 해당 지방자치단체의 도시·군계획조례로 정하는 기간을 말한다.

정답해설

② 개발행위허가를 받은 부지면적을 5퍼센트 축소하는 경우에는 별도의 변경허가를 받지 않아도 된다(국토의 계획 및 이용에 관한 법률 시행령 제52조 제1항).

국토의 계획 및 이용에 관한 법률 시행령 제52조(개발행위허가의 경미한 변경)

① 법 제56조 제2항 단서에서 "대통령령으로 정하는 경미한 사항을 변경하는 경우"란 다음 각 호의 어느 하나에 해당하는 경우(다른 호에 저촉되지 않는 경우로 한정한다)를 말한다.

1. 사업기간을 단축하는 경우
2. 다음 각 목의 어느 하나에 해당하는 경우
   가. 부지면적 또는 건축물 연면적을 5퍼센트 범위에서 축소[공작물의 무게, 부피, 수평투영면적(하늘에서 내려다보이는 수평 면적을 말한다) 또는 토석채취량을 5퍼센트 범위에서 축소하는 경우를 포함한다]하는 경우
   나. 관계 법령의 개정 또는 도시·군관리계획의 변경에 따라 허가받은 사항을 불가피하게 변경하는 경우
   다. 「공간정보의 구축 및 관리 등에 관한 법률」 제26조 제2항 및 「건축법」 제26조에 따라 허용되는 오차를 반영하기 위한 변경인 경우
   라. 「건축법 시행령」 제12조 제3항 각 호의 어느 하나에 해당하는 변경(공작물의 위치를 1미터 범위에서 변경하는 경우를 포함한다)인 경우

정답해설

ㄱ. 제1종일반주거지역 : 60퍼센트 이하
ㄴ. 준주거지역 : 70퍼센트 이하

오답해설

ㄷ. 중심상업지역 : 90퍼센트 이하
ㄹ. 준공업지역 : 70퍼센트 이하
ㅁ. 계획관리지역 : 40퍼센트 이하

정답해설

② 국토의 계획 및 이용에 관한 법률 시행령 제129조 제4항 참조

국토의 계획 및 이용에 관한 법률 시행령 제129조(시범도시의 지원기준)

④ 시장·군수 또는 구청장은 시범도시사업의 시행을 위하여 필요한 경우에는 다음 각 호의 사항을 도시·군계획조례로 정할 수 있다.

1. 시범도시사업의 예산집행에 관한 사항
2. 주민의 참여에 관한 사항

오답해설

①·③·④·⑤ 국토의 계획 및 이용에 관한 법률 제127조, 시행령 제127조·제129조 참조

국토의 계획 및 이용에 관한 법률 제127조(시범도시의 지정·지원)

① 국토교통부장관은 도시의 경제·사회·문화적인 특성을 살려 개성 있고 지속가능한 발전을 촉진하기 위하여 필요하면 직접 또는 관계 중앙행정기관의 장이나 시·도지사의 요청에 의하여 경관, 생태, 정보통신, 과학, 문화, 관광, 그 밖에 대통령령으로 정하는 분야별로 시범도시(시범지구나 시범단지를 포함한다)를 지정할 수 있다.

② 국토교통부장관, 관계 중앙행정기관의 장 또는 시·도지사는 제1항에 따라 지정된 시범도시에 대하여 예산·인력 등 필요한 지원을 할 수 있다.

③ 국토교통부장관은 관계 중앙행정기관의 장이나 시·도지사에게 시범도시의 지정과 지원에 필요한 자료를 제출하도록 요청할 수 있다.

④ 시범도시의 지정 및 지원의 기준·절차 등에 관하여 필요한 사항은 대통령령으로 정한다.

국토의 계획 및 이용에 관한 법률 시행령 제127조(시범도시의 공모)

① 국토교통부장관은 법 제127조 제1항의 규정에 의하여 직접 시범도시를 지정함에 있어서 필요한 경우에는 국토교통부령이 정하는 바에 따라 그 대상이 되는 도시를 공모할 수 있다.

② 제1항의 규정에 의한 공모에 응모할 수 있는 자는 특별시장·광역시장·특별자치시장·특별자치도지사·시장·군수 또는 구청장으로 한다.

③ 국토교통부장관은 시범도시의 공모 및 평가 등에 관한 업무를 원활하게 수행하기 위하여 필요한 때에는 전문기관에 자문하거나 조사·연구를 의뢰할 수 있다.

국토의 계획 및 이용에 관한 법률 시행령 제29조 (시범도시의 지원기준)
① 국토교통부장관, 관계 중앙행정기관의 장은 법 제127조 제2항에 따라 시범도시에 대하여 다음 각 호의 범위에서 보조 또는 융자를 할 수 있다.
1. 시범도시사업계획의 수립에 소요되는 비용의 80퍼센트 이하
2. 시범도시사업의 시행에 소요되는 비용(보상비를 제외한다)의 50퍼센트 이하

2. 「부동산 가격공시에 관한 법률」 제8조 제2호에 따른 목적을 위한 토지등의 감정평가
3. 「자산재평가법」에 따른 토지등의 감정평가
4. 법원에 계속 중인 소송 또는 경매를 위한 토지등의 감정평가
5. 금융기관·보험회사·신탁회사 등 타인의 의뢰에 따른 토지등의 감정평가
6. 감정평가와 관련된 상담 및 자문
7. 토지등의 이용 및 개발 등에 대한 조언이나 정보 등의 제공
8. 다른 법령에 따라 감정평가법인등이 할 수 있는 토지등의 감정평가
9. 제1호부터 제8호까지의 업무에 부수되는 업무

15 난도 ★★ 답 ④

▌정답해설▌
④ 감정평가 및 감정평가사에 관한 법률 제25조 제4항 참조

감정평가 및 감정평가사에 관한 법률 제25조(성실의무 등)
④ 감정평가법인등이나 그 사무직원은 제23조에 따른 수수료와 실비 외에는 어떠한 명목으로도 그 업무와 관련된 대가를 받아서는 아니 되며, 감정평가 수주의 대가로 금품 또는 재산상의 이익을 제공하거나 제공하기로 약속하여서는 아니 된다.

▌오답해설▌
감정평가 및 감정평가사에 관한 법률 제25조·제27조 참조

감정평가 및 감정평가사에 관한 법률 제25조(성실의무 등)
① 감정평가법인등(감정평가법인 또는 감정평가사사무소의 소속 감정평가사를 포함한다. 이하 이 조에서 같다)은 제10조에 따른 업무를 하는 경우 품위를 유지하여야 하고, 신의와 성실로써 공정하게 하여야 하며, 고의 또는 중대한 과실로 업무를 잘못하여서는 아니 된다.
② 감정평가법인등은 자기 또는 친족 소유, 그 밖에 불공정하게 제10조에 따른 업무를 수행할 우려가 있다고 인정되는 토지등에 대해서는 그 업무를 수행하여서는 아니 된다.

13 난도 ★★ 답 ②

▌정답해설▌
② 국토의 계획 및 이용에 관한 법률 시행령 제96조 제2항 참조

국토의 계획 및 이용에 관한 법률 시행령 제96조(시행자의 지정)
② 법 제86조 제7항 각 호외의 부분 중 "대통령령으로 정하는 요건"이란 도시계획시설사업의 대상인 토지(국·공유지를 제외한다)면적의 3분의 2 이상에 해당하는 토지를 소유하고, 토지소유자 총수의 2분의 1 이상에 해당하는 자의 동의를 얻는 것을 말한다.

14 난도 ★ 답 ⑤

▌정답해설▌
ㄱ, ㄴ, ㄷ, ㄹ, ㅁ 모두 감정평가법인등의 업무에 해당된다(감정평가 및 감정평가사에 관한 법률 제10조).

감정평가 및 감정평가사에 관한 법률 제10조(감정평가법인등의 업무)
감정평가법인등은 다음 각 호의 업무를 행한다.
1. 「부동산 가격공시에 관한 법률」에 따라 감정평가법인등이 수행하는 업무

③ 감정평가법인등은 토지등의 매매업을 직접 하여서는 아니 된다.

⑤ 감정평가사, 감정평가사가 아닌 사원 또는 이사 및 사무직원은 둘 이상의 감정평가법인(같은 법인의 주·분사무소를 포함한다) 또는 감정평가사사무소에 소속될 수 없으며, 소속된 감정평가법인 이외의 다른 감정평가법인의 주식을 소유할 수 없다.

⑥ 감정평가법인등이나 사무직원은 제28조의2에서 정하는 유도 또는 요구에 따라서는 아니 된다.

제27조(명의대여 등의 금지)

① 감정평가사 또는 감정평가법인등은 다른 사람에게 자기의 성명 또는 상호를 사용하여 제10조에 따른 업무를 수행하게 하거나 자격증·등록증 또는 인가증을 양도·대여하거나 이를 부당하게 행사하여서는 아니 된다.

16 난도 ★ 답 ③

┃정답해설┃

③ 도로점용허가권한은 감정평가의 대상에 해당하지 않는다(감정평가 및 감정평가사에 관한 법률 시행령 제2조 참조).

감정평가 및 감정평가사에 관한 법률 시행령 제2조(기타재산)

「감정평가 및 감정평가사에 관한 법률」(이하 "법"이라 한다) 제2조 제1호에서 "대통령령으로 정하는 재산"이란 다음 각 호의 재산을 말한다.

1. 저작권·산업재산권·어업권·양식업권·광업권 및 그 밖의 물권에 준하는 권리
2. 「공장 및 광업재단 저당법」에 따른 공장재단과 광업재단
3. 「입목에 관한 법률」에 따른 입목
4. 자동차·건설기계·선박·항공기 등 관계 법령에 따라 등기하거나 등록하는 재산
5. 유가증권

17 난도 ★ 답 ⑤

┃정답해설┃

⑤ ㄱ, ㄴ, ㄷ, ㄹ, ㅁ 모두 표준지공시지가의 공시에 포함된다(부동산 가격공시에 관한 법률 제5조, 시행령 제10조 참조).

부동산 가격공시에 관한 법률 제5조(표준지공시지가의 공시사항)

제3조에 따른 공시에는 다음 각 호의 사항이 포함되어야 한다.

1. 표준지의 지번
2. 표준지의 단위면적당 가격
3. 표준지의 면적 및 형상
4. 표준지 및 주변토지의 이용상황
5. 그 밖에 대통령령으로 정하는 사항

> **부동산 가격공시에 관한 법률 시행령 제10조 (표준지공시지가의 공시사항)**
>
> ① 법 제5조 제2호의 단위면적은 1제곱미터로 한다.
> ② 법 제5조 제5호에서 "대통령령으로 정하는 사항"이란 표준지에 대한 다음 각 호의 사항을 말한다.
> 1. 지목
> 2. 용도지역
> 3. 도로 상황
> 4. 그 밖에 표준지공시지가 공시에 필요한 사항

18 난도 ★★ 답 ①

┃정답해설┃

① 부동산 가격공시에 관한 법률 제3조 제1항 참조

부동산 가격공시에 관한 법률 제3조(표준지공시지가의 조사·평가 및 공시 등)

① 국토교통부장관은 토지이용상황이나 주변 환경, 그 밖의 자연적·사회적 조건이 일반적으로 유사하다고 인정되는 일단의 토지 중에서 선정한 표준지에 대하여 매년 공시기준일 현재의 단위면적당 적정가격(이하 "표준지공시지가"라 한다)을 조사·평가하고, 제24조에 따른 중앙부동산가격공시위원회의 심의를 거쳐 이를 공시하여야 한다.

▌오답해설▐

②・③・④・⑤ 부동산 가격공시에 관한 법률 시행령 제4조

> **부동산 가격공시에 관한 법률 시행령 제4조(표준지공시지가의 공시방법)**
> ① 국토교통부장관은 법 제3조 제1항에 따라 표준지공시지가를 공시할 때에는 다음 각 호의 사항을 관보에 공고하고, 표준지공시지가를 국토교통부가 운영하는 부동산공시가격시스템(이하 "부동산공시가격시스템"이라 한다)에 게시하여야 한다.
>   1. 법 제5조 각 호의 사항의 개요
>   2. 표준지공시지가의 열람방법
>   3. 이의신청의 기간・절차 및 방법
> ② 국토교통부장관은 필요하다고 인정하는 경우에는 표준지공시지가와 이의신청의 기간・절차 및 방법을 표준지 소유자(소유자가 여러 명인 경우에는 각 소유자를 말한다. 이하 같다)에게 개별 통지할 수 있다.
> ③ 국토교통부장관은 제2항에 따른 통지를 하지 아니하는 경우에는 제1항에 따른 공고 및 게시사실을 방송・신문 등을 통하여 알려 표준지 소유자가 표준지공시지가를 열람하고 필요한 경우에는 이의신청을 할 수 있도록 하여야 한다.

19 난도 ★

답 ④

▌정답해설▐

④ 부동산 가격공시에 관한 법률 시행령 제3조 참조

> **부동산 가격공시에 관한 법률 시행령 제3조(표준지공시지가의 공시기준일)**
> 법 제3조 제1항에 따른 표준지공시지가(이하 "표준지공시지가"라 한다)의 공시기준일은 1월 1일로 한다. 다만, 국토교통부장관은 표준지공시지가 조사・평가인력 등을 고려하여 부득이하다고 인정하는 경우에는 <u>일부 지역을 지정하여 해당 지역에 대한 공시기준일을 따로 정할 수 있다.</u>

20 난도 ★★

답 ④

▌정답해설▐

④ 국토교통부장관이 결정한 재산이 아닌 총괄청이 결정한 재산이다(국유재산법 제6조, 시행령 제4조 제4항 참조).

> **국유재산법 제6조(국유재산의 구분과 종류)**
> ① 국유재산은 그 용도에 따라 행정재산과 일반재산으로 구분한다.
> ② 행정재산의 종류는 다음 각 호와 같다.
>   1. 공용재산 : 국가가 직접 사무용・사업용 또는 공무원의 주거용(직무 수행을 위하여 필요한 경우로서 대통령령으로 정하는 경우로 한정한다)으로 사용하거나 대통령령으로 정하는 기한까지 사용하기로 결정한 재산
>   2. 공공용재산 : 국가가 직접 공공용으로 사용하거나 대통령령으로 정하는 기한까지 사용하기로 결정한 재산
>   3. 기업용재산 : 정부기업이 직접 사무용・사업용 또는 그 기업에 종사하는 직원의 주거용(직무 수행을 위하여 필요한 경우로서 대통령령으로 정하는 경우로 한정한다)으로 사용하거나 대통령령으로 정하는 기한까지 사용하기로 결정한 재산
>   4. <u>보존용재산 : 법령이나 그 밖의 필요에 따라 국가가 보존하는 재산</u>
> ③ "일반재산"이란 행정재산 외의 모든 국유재산을 말한다.
>
> > **국유재산법 시행령 제4조(국유재산의 구분)**
> > ④ 법 제6조 제2항 제4호에서 "그 밖의 필요에 따라 국가가 보존하는 재산"이란 국가가 보존할 필요가 있다고 <u>총괄청이 결정한 재산</u>을 말한다.

21 난도 ★

┃ 정답해설 ┃

⑤ 국유재산법 제8조 참조

> **국유재산법 제8조(국유재산 사무의 총괄과 관리)**
> ① 총괄청은 국유재산에 관한 사무를 총괄하고 그 국유재산(제3항에 따라 중앙관서의 장이 관리·처분하는 국유재산은 제외한다)을 관리·처분한다.
> ② 총괄청은 일반재산을 보존용재산으로 전환하여 관리할 수 있다.

┃ 오답해설 ┃

① 국유재산법 제41조 제1항
② 국유재산법 제41조 제2항
③ 국유재산법 제45조 제5항
④ 국유재산법 제49조

22 난도 ★★★

답 ②

┃ 정답해설 ┃

② 「민법」이 아닌 「국가를 당사자로 하는 계약에 관한 법률」이다(국유재산법 제31조 제3항).

> **국유재산법 제31조(사용허가의 방법)**
> ③ 행정재산의 사용허가에 관하여는 이 법에서 정한 것을 제외하고는 「국가를 당사자로 하는 계약에 관한 법률」의 규정을 준용한다.

23 난도 ★★

답 ③

┃ 정답해설 ┃

③ 국유재산법 제3조 참조

> **국유재산법 제3조(국유재산 관리·처분의 기본원칙)**
> 국가는 국유재산을 관리·처분할 때에는 다음 각 호의 원칙을 지켜야 한다.
> 1. 국가전체의 이익에 부합되도록 할 것
> 2. 취득과 처분이 균형을 이룰 것
> 3. 공공가치와 활용가치를 고려할 것
> 3의2. 경제적 비용을 고려할 것
> 4. 투명하고 효율적인 절차를 따를 것

24 난도 ★★★

답 ⑤

┃ 정답해설 ┃

⑤ 사전결정신청자는 사전결정을 통지받은 날부터 2년 이내에 건축허가를 신청하여야 하며, 이 기간에 건축허가를 신청하지 아니하면 사전결정의 효력은 상실된다.

> **건축법 제10조(건축 관련 입지와 규모의 사전결정)**
> ① 제11조에 따른 건축허가 대상 건축물을 건축하려는 자는 건축허가를 신청하기 전에 허가권자에게 그 건축물의 건축에 관한 다음 각 호의 사항에 대한 사전결정을 신청할 수 있다.
> ⑨ 사전결정신청자는 제4항에 따른 사전결정을 통지받은 날부터 2년 이내에 제11조에 따른 건축허가를 신청하여야 하며, 이 기간에 건축허가를 신청하지 아니하면 사전결정의 효력이 상실된다.

┃ 오답해설 ┃

① 건축법 제10조 제1항 제2호
② 건축법 제10조 제2항
③ 건축법 제10조 제3항
④ 건축법 제10조 제6항 제4호

25 난도 ★★

답 ①

┃ 정답해설 ┃

① 건축법 제69조 제1항 참조

┃ 오답해설 ┃

②·③·④·⑤ 특별건축구역으로 지정할 수 없다(건축법 제69조 제2항 참조).

> **건축법 제69조(특별건축구역의 지정)**
> ① 국토교통부장관 또는 시·도지사는 다음 각 호의 구분에 따라 도시나 지역의 일부가 특별건축구역으로 특례 적용이 필요하다고 인정하는 경우에는 특별건축구역을 지정할 수 있다.

1. 국토교통부장관이 지정하는 경우
   가. 국가가 국제행사 등을 개최하는 도시 또는 지역의 사업구역
   나. 관계법령에 따른 국가정책사업으로서 대통령령으로 정하는 사업구역
2. 시·도지사가 지정하는 경우
   가. 지방자치단체가 국제행사 등을 개최하는 도시 또는 지역의 사업구역
   나. 관계법령에 따른 도시개발·도시재정비 및 건축문화 진흥사업으로서 건축물 또는 공간환경을 조성하기 위하여 대통령령으로 정하는 사업구역
   다. 그 밖에 대통령령으로 정하는 도시 또는 지역의 사업구역
② 다음 각 호의 어느 하나에 해당하는 지역·구역 등에 대하여는 제1항에도 불구하고 특별건축구역으로 지정할 수 없다.
1. 「개발제한구역의 지정 및 관리에 관한 특별조치법」에 따른 개발제한구역
2. 「자연공원법」에 따른 자연공원
3. 「도로법」에 따른 접도구역
4. 「산지관리법」에 따른 보전산지
5. 삭제

26 난도 ★★ 답 ⑤

┃정답해설┃

⑤ 16층 이상의 건축물인 경우 건축물 안전영향평가를 받아야 한다(건축법 시행령 제10조의3).

건축법 제13조의2(건축물 안전영향평가)

① 허가권자는 초고층 건축물 등 대통령령으로 정하는 주요 건축물에 대하여 제11조에 따른 건축허가를 하기 전에 건축물의 구조, 지반 및 풍환경(風環境) 등이 건축물의 구조안전과 인접 대지의 안전에 미치는 영향 등을 평가하는 건축물 안전영향평가(이하 "안전영향평가"라 한다)를 안전영향평가기관에 의뢰하여 실시하여야 한다.

건축법 시행령 제10조의3(건축물 안전영향평가)

① 법 제13조의2 제1항에서 "초고층 건축물 등 대통령령으로 정하는 주요 건축물"이란 다음 각 호의 어느 하나에 해당하는 건축물을 말한다.
1. 초고층 건축물(※층수가 50층 이상이거나 높이가 200미터 이상인 건축물)
2. 다음 각 목의 요건을 모두 충족하는 건축물
   가. 연면적(하나의 대지에 둘 이상의 건축물을 건축하는 경우에는 각각의 건축물의 연면적을 말한다)이 10만 제곱미터 이상일 것
   나. 16층 이상일 것

27 난도 ★ 답 ①

┃정답해설┃

① 묘지 관련 시설은 산업 등 시설군에 속한다(건축법 시행령 제14조 제5항).

건축법 시행령 제14조(용도변경)

⑤ 법 제19조 제4항 각 호의 시설군에 속하는 건축물의 용도는 다음 각 호와 같다.
1. 자동차 관련 시설군
   자동차 관련 시설
2. 산업 등 시설군
   가. 운수시설
   나. 창고시설
   다. 공장
   라. 위험물저장 및 처리시설
   마. 자원순환 관련 시설
   바. 묘지 관련 시설
   사. 장례시설
3. 전기통신시설군
   가. 방송통신시설
   나. 발전시설
4. 문화집회시설군
   가. 문화 및 집회시설
   나. 종교시설
   다. 위락시설
   라. 관광휴게시설

5. 영업시설군

    가. 판매시설

    나. 운동시설

    다. 숙박시설

    라. 제2종 근린생활시설 중 다중생활시설

6. 교육 및 복지시설군

    가. 의료시설

    나. 교육연구시설

    다. 노유자시설(老幼者施設)

    라. 수련시설

    마. 야영장 시설

7. 근린생활시설군

    가. 제1종 근린생활시설

    나. 제2종 근린생활시설(다중생활시설은 제외
       한다)

8. 주거업무시설군

    가. 단독주택

    나. 공동주택

    다. 업무시설

    라. 교정 및 군사시설

9. 그 밖의 시설군

    가. 동물 및 식물 관련 시설

    나. 삭제

28 난도 ★   답 ⑤

▮정답해설▮

⑤ 지적소관청이 지적공부에 등록된 지번을 변경하려면 시
도지사의 승인을 받아야 한다(공간정보의 구축 및 관리
등에 관한 법률 시행령 제57조).

**공간정보의 구축 및 관리 등에 관한 법률 제66조(지번의
부여 등)**

① 지번은 지적소관청이 지번부여지역별로 차례대로 부
여한다.

② 지적소관청은 지적공부에 등록된 지번을 변경할 필
요가 있다고 인정하면 시·도지사나 대도시 시장의
승인을 받아 지번부여지역의 전부 또는 일부에 대하
여 지번을 새로 부여할 수 있다.

③ 제1항과 제2항에 따른 지번의 부여방법 및 부여절차
등에 필요한 사항은 대통령령으로 정한다.

**공간정보의 구축 및 관리 등에 관한 법률 시행령
제56조(지번의 구성 및 부여방법 등)**

① 지번(地番)은 아라비아숫자로 표기하되, 임
야대장 및 임야도에 등록하는 토지의 지번은
숫자 앞에 "산"자를 붙인다.

② 지번은 본번(本番)과 부번(副番)으로 구성하
되, 본번과 부번 사이에 "-" 표시로 연결한다.
이 경우 "-" 표시는 "의"라고 읽는다.

③ 법 제66조에 따른 지번의 부여방법은 다음 각
호와 같다.

  1. 지번은 북서에서 남동으로 순차적으로 부
     여할 것

  2. 신규등록 및 등록전환의 경우에는 그 지번
     부여지역에서 인접토지의 본번에 부번을
     붙여서 지번을 부여할 것. 다만, 다음 각
     목의 어느 하나에 해당하는 경우에는 그
     지번부여지역의 최종 본번의 다음 순번부
     터 본번으로 하여 순차적으로 지번을 부여
     할 수 있다.

    가. 대상토지가 그 지번부여지역의 최종
       지번의 토지에 인접하여 있는 경우

    나. 대상토지가 이미 등록된 토지와 멀리
       떨어져 있어서 등록된 토지의 본번에
       부번을 부여하는 것이 불합리한 경우

    다. 대상토지가 여러 필지로 되어 있는
       경우

  3. 분할의 경우에는 분할 후의 필지 중 1필지
     의 지번은 분할 전의 지번으로 하고, 나머
     지 필지의 지번은 본번의 최종 부번 다음
     순번으로 부번을 부여할 것. 이 경우 주거
     ·사무실 등의 건축물이 있는 필지에 대
     해서는 분할 전의 지번을 우선하여 부여
     하여야 한다.

  4. 합병의 경우에는 합병 대상 지번 중 선순
     위의 지번을 그 지번으로 하되, 본번으로
     된 지번이 있을 때에는 본번 중 선순위의
     지번을 합병 후의 지번으로 할 것. 이 경우
     토지소유자가 합병 전의 필지에 주거·사
     무실 등의 건축물이 있어서 그 건축물이
     위치한 지번을 합병 후의 지번으로 신청할
     때에는 그 지번을 합병 후의 지번으로 부
     여하여야 한다.

5. 지적확정측량을 실시한 지역의 각 필지에 지번을 새로 부여하는 경우에는 다음 각 목의 지번을 제외한 본번으로 부여할 것. 다만, 부여할 수 있는 종전 지번의 수가 새로 부여할 지번의 수보다 적을 때에는 블록 단위로 하나의 본번을 부여한 후 필지별로 부번을 부여하거나, 그 지번부여 지역의 최종 본번 다음 순번부터 본번으로 하여 차례로 지번을 부여할 수 있다.

    가. 지적확정측량을 실시한 지역의 종전의 지번과 지적확정측량을 실시한 지역 밖에 있는 본번이 같은 지번이 있을 때에는 그 지번

    나. 지적확정측량을 실시한 지역의 경계에 걸쳐 있는 지번

6. 다음 각 목의 어느 하나에 해당할 때에는 제5호를 준용하여 지번을 부여할 것

    가. 법 제66조 제2항에 따라 지번부여지역의 지번을 변경할 때

    나. 법 제85조 제2항에 따른 행정구역 개편에 따라 새로 지번을 부여할 때

    다. 제72조 제1항에 따라 축척변경 시행지역의 필지에 지번을 부여할 때

④ 법 제86조에 따른 도시개발사업 등이 준공되기 전에 사업시행자가 지번부여 신청을 하면 국토교통부령으로 정하는 바에 따라 지번을 부여할 수 있다.

공간정보의 구축 및 관리 등에 관한 법률 시행령 제57조(지번변경 승인신청 등)

① 지적소관청은 법 제66조 제2항에 따라 지번을 변경하려면 지번변경 사유를 적은 승인신청서에 지번변경 대상지역의 지번·지목·면적·소유자에 대한 상세한 내용(이하 "지번등 명세"라 한다)을 기재하여 시·도지사 또는 대도시 시장에게 제출해야 한다. 이 경우 시·도지사 또는 대도시 시장은 「전자정부법」 제36조 제1항에 따른 행정정보의 공동이용을 통하여 지번변경 대상지역의 지적도 및 임야도를 확인해야 한다.

② 제1항에 따라 신청을 받은 시·도지사 또는 대도시 시장은 지번변경 사유 등을 심사한 후 그 결과를 지적소관청에 통지하여야 한다.

---

29 난도 ★★ 답 ①

┃오답해설┃

② 축산업 및 낙농업을 하기 위하여 초지를 조성한 토지 내의 주거용 건축물의 부지 – 대(공간정보의 구축 및 관리 등에 관한 법률 시행령 제58조 제4호)

③ 지하에서 용출되는 온수를 일정한 장소로 운송하는 송수관 및 저장시설의 부지 – 광천지 제외(공간정보의 구축 및 관리 등에 관한 법률 시행령 제58조 제6호)

④ 자동차 등의 판매 목적으로 설치된 물류장 – 주차장 제외(공간정보의 구축 및 관리 등에 관한 법률 시행령 제58조 제11호)

⑤ 아파트·공장 등 단일 용도의 일정한 단지 안에 설치된 통로 – 도로 제외(공간정보의 구축 및 관리 등에 관한 법률 시행령 제58조 제14호)

---

30 난도 ★★ 답 ③

┃정답해설┃

③ 지방자치단체장이 지적전산자료를 신청하는 경우에는 지적전산자료의 이용에 관하여 미리 관계 중앙행정기관의 심사를 받지 아니한다(공간정보의 구축 및 관리 등에 관한 법률 제76조 제2항).

공간정보의 구축 및 관리 등에 관한 법률 제76조(지적전산자료의 이용 등)

① 지적공부에 관한 전산자료(연속지적도를 포함하며, 이하 "지적전산자료"라 한다)를 이용하거나 활용하려는 자는 다음 각 호의 구분에 따라 국토교통부장관, 시·도지사 또는 지적소관청에 지적전산자료를 신청하여야 한다.

    1. 전국 단위의 지적전산자료 : 국토교통부장관, 시·도지사 또는 지적소관청

    2. 시·도 단위의 지적전산자료 : 시·도지사 또는 지적소관청

    3. 시·군·구(자치구가 아닌 구를 포함한다) 단위의 지적전산자료 : 지적소관청

② 제1항에 따라 지적전산자료를 신청하려는 자는 대통령령으로 정하는 바에 따라 지적전산자료의 이용 또는 활용 목적 등에 관하여 미리 관계 중앙행정기관의 심사를 받아야 한다. 다만, 중앙행정기관의 장, 그 소속 기관의 장 또는 지방자치단체의 장이 신청하는 경우에는 그러하지 아니하다.

③ 제2항에도 불구하고 다음 각 호의 어느 하나에 해당하는 경우에는 관계 중앙행정기관의 심사를 받지 아니할 수 있다.
  1. 토지소유자가 자기 토지에 대한 지적전산자료를 신청하는 경우
  2. 토지소유자가 사망하여 그 상속인이 피상속인의 토지에 대한 지적전산자료를 신청하는 경우
  3. 「개인정보 보호법」 제2조 제1호에 따른 개인정보를 제외한 지적전산자료를 신청하는 경우
④ 제1항 및 제3항에 따른 지적전산자료의 이용 또는 활용에 필요한 사항은 대통령령으로 정한다.

┃오답해설┃

① 공간정보의 구축 및 관리 등에 관한 법률 제69조 제2항

공간정보의 구축 및 관리 등에 관한 법률 제69조(지적공부의 보존 등)
② 지적공부를 정보처리시스템을 통하여 기록·저장한 경우 관할 시·도지사, 시장·군수 또는 구청장은 그 지적공부를 지적정보관리체계에 영구히 보존하여야 한다.

31 난도 ★★★   답 ③

┃정답해설┃

③ 지목은 공유지연명부의 등록사항이 아니다(공간정보의 구축 및 관리 등에 관한 법률 제71조 제2항).

공간정보의 구축 및 관리 등에 관한 법률 제71조(토지대장 등의 등록사항)
② 제1항 제5호의 소유자가 둘 이상이면 공유지연명부에 다음 각 호의 사항을 등록하여야 한다.
  1. 토지의 소재
  2. 지번
  3. 소유권 지분
  4. 소유자의 성명 또는 명칭, 주소 및 주민등록번호
  5. 그 밖에 국토교통부령으로 정하는 사항

32 난도 ★★   답 ④

┃정답해설┃

④ 신탁재산에 속하는 부동산의 신탁등기는 수탁자가 단독으로 신청한다(부동산등기법 제23조 제7항).

부동산등기법 제23조(등기신청인)
① 등기는 법률에 다른 규정이 없는 경우에는 등기권리자(登記權利者)와 등기의무자(登記義務者)가 공동으로 신청한다.
② 소유권보존등기(所有權保存登記) 또는 소유권보존등기의 말소등기(抹消登記)는 등기명의인으로 될 자 또는 등기명의인이 단독으로 신청한다.
③ 상속, 법인의 합병, 그 밖에 대법원규칙으로 정하는 포괄승계에 따른 등기는 등기권리자가 단독으로 신청한다.
④ 등기절차의 이행 또는 인수를 명하는 판결에 의한 등기는 승소한 등기권리자 또는 등기의무자가 단독으로 신청하고, 공유물을 분할하는 판결에 의한 등기는 등기권리자 또는 등기의무자가 단독으로 신청한다.
⑤ 부동산표시의 변경이나 경정(更正)의 등기는 소유권의 등기명의인이 단독으로 신청한다.
⑥ 등기명의인표시의 변경이나 경정의 등기는 해당 권리의 등기명의인이 단독으로 신청한다.
⑦ 신탁재산에 속하는 부동산의 신탁등기는 수탁자(受託者)가 단독으로 신청한다.
⑧ 수탁자가 「신탁법」 제3조 제5항에 따라 타인에게 신탁재산에 대하여 신탁을 설정하는 경우 해당 신탁재산에 속하는 부동산에 관한 권리이전등기에 대하여는 새로운 신탁의 수탁자를 등기권리자로 하고 원래 신탁의 수탁자를 등기의무자로 한다. 이 경우 해당 신탁재산에 속하는 부동산의 신탁등기는 제7항에 따라 새로운 신탁의 수탁자가 단독으로 신청한다.

33 난도 ★ 답 ④

┃정답해설┃

④ 폐쇄한 등기기록의 열람 및 등기사항증명서의 발급은 관할 등기소가 아닌 등기소에 청구할 수 있다(부동산등기법 제19조·제20조 참조).

부동산등기법 제20조(등기기록의 폐쇄)
① 등기관이 등기기록에 등기된 사항을 새로운 등기기록에 옮겨 기록한 때에는 종전 등기기록을 폐쇄(閉鎖)하여야 한다.
② 폐쇄한 등기기록은 영구히 보존하여야 한다.
③ <u>폐쇄한 등기기록에 관하여는 제19조를 준용한다.</u>

부동산등기법 제19조(등기사항의 열람과 증명)
① 누구든지 수수료를 내고 대법원규칙으로 정하는 바에 따라 등기기록에 기록되어 있는 사항의 전부 또는 일부의 열람(閱覽)과 이를 증명하는 등기사항증명서의 발급을 청구할 수 있다. 다만, 등기기록의 부속서류에 대하여는 이해관계 있는 부분만 열람을 청구할 수 있다.
② 제1항에 따른 <u>등기기록의 열람 및 등기사항증명서의 발급 청구는 관할 등기소가 아닌 등기소에 대하여도 할 수 있다.</u>

┃오답해설┃

① 부동산등기법 제14조 제1항
② 부동산등기법 제14조 제4항
③ 부동산등기법 제16조
⑤ 부동산등기법 제18조 제1항

34 난도 ★ 답 ①

┃정답해설┃

① 대표자나 관리인이 있는 법인 아닌 사단이나 재단에 속하는 부동산의 등기에 관하여는 법인 아닌 사단이나 재단의 명의로 그 대표자나 관리인이 신청한다(부동산등기법 제26조).

부동산등기법 제26조(법인 아닌 사단 등의 등기신청)
① 종중(宗中), 문중(門中), 그 밖에 대표자나 관리인이 있는 법인 아닌 사단(社團)이나 재단(財團)에 속하는 부동산의 등기에 관하여는 그 사단이나 재단을 등기권리자 또는 등기의무자로 한다.
② 제1항의 등기는 그 사단이나 재단의 명의로 그 대표자나 관리인이 신청한다.

35 난도 ★★ 답 ②

┃정답해설┃

② 2개월 이내가 아닌 1개월 이내에 그 등기를 신청하여야 한다(부동산등기법 제43조 제1항).

부동산등기법 제43조(멸실등기의 신청)
① 건물이 멸실된 경우에는 그 건물 소유권의 등기명의인은 그 사실이 있는 때부터 1개월 이내에 그 등기를 신청하여야 한다. 이 경우 제41조 제2항을 준용한다.

┃오답해설┃

① 부동산등기법 제40조 제4항
③ 부동산등기법 제44조 제1항
④ 부동산등기법 제41조 제3항
⑤ 부동산등기법 제46조 제1항

36 난도 ★★ 답 ⑤

┃정답해설┃

⑤ 등기관의 결정 또는 처분에 이의가 있는 자는 새로운 사실이나 새로운 증거방법을 근거로 관할 지방법원에 이의신청을 할 수 없다(동산·채권 등의 담보에 관한 법률 제54조).

┃오답해설┃

① 동산·채권 등의 담보에 관한 법률 제41조 제1항
② 동산·채권 등의 담보에 관한 법률 제45조 제2항
③ 동산·채권 등의 담보에 관한 법률 제49조 제1항
④ 동산·채권 등의 담보에 관한 법률 제53조 제3항

▎오답해설▎

①·②·④·⑤ 도시 및 주거환경정비법 제62조·제74조 참조

도시 및 주거환경정비법 제62조(관리처분계획의 내용)
법 제74조 제1항 제9호에서 "대통령령으로 정하는 사항"
이란 다음 각 호의 사항을 말한다.

1. 법 제73조에 따라 현금으로 청산하여야 하는 토지등소유자별 기존의 토지·건축물 또는 그 밖의 권리의 명세와 이에 대한 청산방법
2. 법 제79조 제4항 전단에 따른 보류지 등의 명세와 추산가액 및 처분방법
3. 제63조 제1항 제4호에 따른 비용의 부담비율에 따른 대지 및 건축물의 분양계획과 그 비용부담의 한도·방법 및 시기. 이 경우 비용부담으로 분양받을 수 있는 한도는 정관등에서 따로 정하는 경우를 제외하고는 기존의 토지 또는 건축물의 가격의 비율에 따라 부담할 수 있는 비용의 50퍼센트를 기준으로 정한다.
4. 정비사업의 시행으로 인하여 새롭게 설치되는 정비기반시설의 명세와 용도가 폐지되는 정비기반시설의 명세
5. <u>기존 건축물의 철거 예정시기</u>
6. 그 밖에 시·도조례로 정하는 사항

도시 및 주거환경정비법 제74조(관리처분계획의 인가 등)
① 사업시행자는 제72조에 따른 분양신청기간이 종료된 때에는 분양신청의 현황을 기초로 다음 각 호의 사항이 포함된 관리처분계획을 수립하여 시장·군수등의 인가를 받아야 하며, 관리처분계획을 변경·중지 또는 폐지하려는 경우에도 또한 같다. 다만, 대통령령으로 정하는 경미한 사항을 변경하려는 경우에는 시장·군수등에게 신고하여야 한다.
1. <u>분양설계</u>
2. <u>분양대상자의 주소 및 성명</u>
3. 분양대상자별 분양예정인 대지 또는 건축물의 추산액(임대관리 위탁주택에 관한 내용을 포함한다)

4. 다음 각 목에 해당하는 보류지 등의 명세와 추산액 및 처분방법. 다만, 나목의 경우에는 제30조 제1항에 따라 선정된 임대사업자의 성명 및 주소(법인인 경우에는 법인의 명칭 및 소재지와 대표자의 성명 및 주소)를 포함한다.
   가. 일반 분양분
   나. 공공지원민간임대주택
   다. 임대주택
   라. 그 밖에 부대시설·복리시설 등
5. 분양대상자별 종전의 토지 또는 건축물 명세 및 사업시행계획인가 고시가 있는 날을 기준으로 한 가격(사업시행계획인가 전에 제81조 제3항에 따라 철거된 건축물은 시장·군수등에게 허가를 받은 날을 기준으로 한 가격)
6. 정비사업비의 추산액(재건축사업의 경우에는 「재건축초과이익 환수에 관한 법률」에 따른 재건축부담금에 관한 사항을 포함한다) 및 그에 따른 조합원 분담규모 및 분담시기
7. 분양대상자의 종전 토지 또는 건축물에 관한 소유권 외의 권리명세
8. <u>세입자별 손실보상을 위한 권리명세 및 그 평가액</u>
9. 그 밖에 정비사업과 관련한 권리 등에 관하여 대통령령으로 정하는 사항

▎정답해설▎

③ 시장·군수 등이 직접 시행하는 것이 아니라, 시장·군수 등이 제1호에 해당하는 자와 다음 각 목의 어느 하나에 해당하는 자를 공동으로 한다(도시 및 주거환경정비법 제24조 제3항 참조).

도시 및 주거환경정비법 제24조(주거환경개선사업의 시행자)
① 제23조 제1항 제1호에 따른 방법으로 시행하는 주거환경개선사업은 시장·군수등이 직접 시행하되, 토지주택공사등을 사업시행자로 지정하여 시행하게 하려는 경우에는 제15조 제1항에 따른 공람공고일 현재 토지등소유자의 과반수의 동의를 받아야 한다.
② 제23조 제1항 제2호부터 제4호까지의 규정에 따른 방법으로 시행하는 주거환경개선사업은 시장·군수등이 직접 시행하거나 다음 각 호에서 정한 자에게 시행하게 할 수 있다.

1. 시장·군수등이 다음 각 목의 어느 하나에 해당하는 자를 사업시행자로 지정하는 경우
   가. 토지주택공사등
   나. 주거환경개선사업을 시행하기 위하여 국가, 지방자치단체, 토지주택공사등 또는 「공공기관의 운영에 관한 법률」 제4조에 따른 공공기관이 총지분의 100분의 50을 초과하는 출자로 설립한 법인
2. 시장·군수등이 제1호에 해당하는 자와 다음 각 목의 어느 하나에 해당하는 자를 공동시행자로 지정하는 경우
   가. 「건설산업기본법」 제9조에 따른 건설업자 (이하 "건설업자"라 한다)
   나. 「주택법」 제7조 제1항에 따라 건설업자로 보는 등록사업자(이하 "등록사업자"라 한다)
③ 제2항에 따라 시행하려는 경우에는 제15조 제1항에 따른 공람공고일 현재 해당 정비예정구역의 토지 또는 건축물의 소유자 또는 지상권자의 3분의 2 이상의 동의와 세입자(제15조 제1항에 따른 공람공고일 3개월 전부터 해당 정비예정구역에 3개월 이상 거주하고 있는 자를 말한다) 세대수의 과반수의 동의를 각각 받아야 한다. 다만, 세입자의 세대수가 토지등소유자의 2분의 1 이하인 경우 등 대통령령으로 정하는 사유가 있는 경우에는 세입자의 동의절차를 거치지 아니할 수 있다.

┃오답해설┃

① 도시 및 주거환경정비법 제2조 제2호 가목
② 도시 및 주거환경정비법 제23조 제1항 제4호
④ 도시 및 주거환경정비법 제23조 제1항 제1호
⑤ 도시 및 주거환경정비법 제61조 제1항

39 난도 ★★　　　　　　　　답 ④

┃정답해설┃

④ 도시 및 주거환경정비법 제95조 참조

> **도시 및 주거환경정비법 제95조(보조 및 융자)**
> ③ 국가 또는 지방자치단체는 시장·군수등이 아닌 사업시행자가 시행하는 정비사업에 드는 비용의 일부를 보조 또는 융자하거나 융자를 알선할 수 있다.

┃오답해설┃

① 도시 및 주거환경정비법 제92조 제1항
② 도시 및 주거환경정비법 제93조 제1항
③ 도시 및 주거환경정비법 제93조 제4항
⑤ 도시 및 주거환경정비법 제98조 제3항

40 난도 ★★　　　　　　　　답 ②

┃정답해설┃

② 도시 및 주거환경정비법 제32조, 시행령 제26조 참조

> **도시 및 주거환경정비법 제32조(추진위원회의 기능)**
> ① 추진위원회는 다음 각 호의 업무를 수행할 수 있다.
> 1. 제102조에 따른 정비사업전문관리업자(이하 "정비사업전문관리업자"라 한다)의 선정 및 변경
> 2. 설계자의 선정 및 변경
> 3. 개략적인 정비사업 시행계획서의 작성
> 4. 조합설립인가를 받기 위한 준비업무
> 5. 그 밖에 조합설립을 추진하기 위하여 대통령령으로 정하는 업무
>
> > **도시 및 주거환경정비법 시행령 제26조(추진위원회의 업무 등)**
> > 법 제32조 제1항 제5호에서 "대통령령으로 정하는 업무"란 다음 각 호의 업무를 말한다.
> > 1. 법 제31조 제1항 제2호에 따른 추진위원회 운영규정의 작성
> > 2. 토지등소유자의 동의서의 접수
> > 3. 조합의 설립을 위한 창립총회(이하 "창립총회"라 한다)의 개최
> > 4. 조합 정관의 초안 작성
> > 5. 그 밖에 추진위원회 운영규정으로 정하는 업무

01	02	03	04	05	06	07	08	09	10	11	12	13	14	15	16	17	18	19	20
④	④	③	②	⑤	②	②	③	①	①	③	②	①	②	②	③	⑤	⑤	④	②
21	22	23	24	25	26	27	28	29	30	31	32	33	34	35	36	37	38	39	40
⑤	④	③	①	③	④	①	③	⑤	①	③	⑤	⑤	③	②	④	⑤	①	①	④·⑤

01 난도 ★★

답 ④

▍정답해설▍

④ 국토의 계획 및 이용에 관한 법률 제27조 제4항 및 영 제21조 제2항 제4호

국토의 계획 및 이용에 관한 법률 제27조(도시·군관리계획의 입안을 위한 기초조사 등)

④ 도시·군관리계획으로 입안하려는 지역이 도심지에 위치하거나 개발이 끝나 나대지가 없는 등 대통령령으로 정하는 요건에 해당하면 제1항부터 제3항까지의 규정에 따른 기초조사, 환경성 검토, 토지적성평가 또는 재해취약성분석을 하지 아니할 수 있다.

> **국토의 계획 및 이용에 관한 법률 시행령 제21조 (도시·군관리계획의 입안을 위한 기초조사 면제 사유 등)**
>
> ① 법 제27조 제1항 단서에서 "대통령령으로 정하는 경미한"이란 제25조 제3항 각 호 및 같은 조 제4항 각 호의 사항을 말한다.
>
> ② 법 제27조 제4항에서 "대통령령으로 정하는 요건"이란 다음 각 호의 구분에 따른 요건을 말한다.
>
> 1. 기초조사를 실시하지 아니할 수 있는 요건 : 다음 각 목의 어느 하나에 해당하는 경우
>   가. 해당 지구단위계획구역이 도심지(상업지역과 상업지역에 연접한 지역을 말한다)에 위치하는 경우
>   나. 해당 지구단위계획구역 안의 나대지 면적이 구역면적의 2퍼센트에 미달하는 경우
>   다. 해당 지구단위계획구역 또는 도시·군계획시설부지가 다른 법률에 따라 지역·지구 등으로 지정되거나 개발계획이 수립된 경우
>   라. 해당 지구단위계획구역의 지정목적이 해당 구역을 정비 또는 관리하고자 하는 경우로서 지구단위계획의 내용에 너비 12미터 이상 도로의 설비계획이 없는 경우
>   마. 기존의 용도지구를 폐지하고 지구단위계획을 수립 또는 변경하여 그 용도지구에 따른 건축물이나 그 밖의 시설의 용도·종류 및 규모 등의 제한을 그대로 대체하려는 경우
>   바. 해당 도시·군계획시설의 결정을 해제하려는 경우
>   사. 그 밖에 국토교통부령으로 정하는 요건에 해당하는 경우
> 2. 환경성 검토를 실시하지 아니할 수 있는 요건 : 다음 각 목의 어느 하나에 해당하는 경우
>   가. 제1호 가목부터 사목까지의 어느 하나에 해당하는 경우
>   나. 「환경영향평가법」 제9조에 따른 전략환경영향평가 대상인 도시·군관리계획을 입안하는 경우

3. 토지적성평가를 실시하지 아니할 수 있는 요건 : 다음 각 목의 어느 하나에 해당하는 경우
　　가. 제1호 가목부터 사목까지의 어느 하나에 해당하는 경우
　　나. 도시·군관리계획 입안일부터 5년 이내에 토지적성평가를 실시한 경우
　　다. 주거지역·상업지역 또는 공업지역에 도시·군관리계획을 입안하는 경우
　　라. 법 또는 다른 법령에 따라 조성된 지역에 도시·군관리계획을 입안하는 경우
　　마. 「개발제한구역의 지정 및 관리에 관한 특별조치법 시행령」 제2조 제3항 제1호·제2호 또는 제6호(같은 항 제1호 또는 제2호에 따른 지역과 연접한 대지로 한정한다)의 지역에 해당하여 개발제한구역에서 조정 또는 해제된 지역에 대하여 도시·군관리계획을 입안하는 경우
　　바. 「도시개발법」에 따른 도시개발사업의 경우
　　사. 지구단위계획구역 또는 도시·군계획시설부지에서 도시·군관리계획을 입안하는 경우
　　아. 다음의 어느 하나에 해당하는 용도지역·용도지구·용도구역의 지정 또는 변경의 경우
　　　1) 주거지역·상업지역·공업지역 또는 계획관리지역의 그 밖의 용도지역으로의 변경(계획관리지역을 자연녹지지역으로 변경하는 경우는 제외한다)
　　　2) 주거지역·상업지역·공업지역 또는 계획관리지역 외의 용도지역 상호간의 변경(자연녹지지역으로 변경하는 경우는 제외한다)
　　　3) 용도지구·용도구역의 지정 또는 변경(개발진흥지구의 지정 또는 확대지정은 제외한다)

　　자. 다음의 어느 하나에 해당하는 기반시설을 설치하는 경우
　　　1) 제55조 제1항 각 호에 따른 용도지역별 개발행위규모에 해당하는 기반시설
　　　2) 도로·철도·궤도·수도·가스 등 선형으로 된 교통시설 및 공급시설
　　　3) 공간시설(체육공원·묘지공원 및 유원지는 제외한다)
　　　4) 방재시설 및 환경기초시설(폐차장은 제외한다)
　　　5) 개발제한구역 안에 설치하는 기반시설
4. 재해취약성분석을 실시하지 않을 수 있는 요건 : 다음 각 목의 어느 하나에 해당하는 경우
　　가. 제1호 가목부터 사목까지의 어느 하나에 해당하는 경우
　　나. 도시·군관리계획 입안일부터 5년 이내에 재해취약성분석을 실시한 경우
　　다. 제3호 아목에 해당하는 경우(방재지구의 지정·변경은 제외한다)
　　라. 다음의 어느 하나에 해당하는 기반시설을 설치하는 경우
　　　1) 제3호 자목 1)의 기반시설
　　　3) 공간시설 중 녹지·공공공지

┃오답해설┃
① 국토의 계획 및 이용에 관한 법률 제26조 제1항 제1호
② 국토의 계획 및 이용에 관한 법률 제26조 제3항
③ 국토의 계획 및 이용에 관한 법률 제26조 제1항 제2호 및 영 제19조의2 제2항 제2호
⑤ 국토의 계획 및 이용에 관한 법률 제28조 제1항 단서, 영 제22조 제1항 및 제25조 제3항 제4호

02 난도 ★ 답 ④

┃정답해설┃

④ 집단취락지구다(국토의 계획 및 이용에 관한 법률 시행령 제31조 제2항 제7호 나목).

┃오답해설┃

① 국토의 계획 및 이용에 관한 법률 제2조 제16호
② 국토의 계획 및 이용에 관한 법률 제2조 제4호 가목
③ 국토의 계획 및 이용에 관한 법률 제37조 제1항 제5호 및 영 제31조 제2항 제5호
⑤ 국토의 계획 및 이용에 관한 법률 시행령 제31조 제2항 제8호 마목

03 난도 ★★ 답 ③

┃정답해설┃

③ 국토의 계획 및 이용에 관한 법률 시행령 제30조 제1항 제1호 나목

┃오답해설┃

① 제2종전용주거지역 : 공동주택 중심의 양호한 주거환경을 보호하기 위하여 필요한 지역(국토의 계획 및 이용에 관한 법률 시행령 제30조 제1항 제1호 가목)
② 보전녹지지역 : 도시의 자연환경·경관·산림 및 녹지공간을 보전할 필요가 있는 지역(국토의 계획 및 이용에 관한 법률 시행령 제30조 제1항 제4호 가목)
④ 일반상업지역 : 일반적인 상업기능 및 업무기능을 담당하게 하기 위하여 필요한 지역(국토의 계획 및 이용에 관한 법률 시행령 제30조 제1항 제2호 나목)
⑤ 전용공업지역 : 주로 중화학공업, 공해성 공업 등을 수용하기 위하여 필요한 지역(국토의 계획 및 이용에 관한 법률 시행령 제30조 제1항 제3호 가목)

04 난도 ★ 답 ②

┃정답해설┃

② 궤도 및 전기공급설비, 자동차정류장, 광장, 유류저장 및 송유설비 등은 설치할 수 있다(국토의 계획 및 이용에 관한 법률 제43조 제1항 단서, 영 제35조 제2호 및 규칙 제6조 제2항).

05 난도 ★★ 답 ⑤

┃정답해설┃

⑤ 국토의 계획 및 이용에 관한 법률 제38조의2

국토의 계획 및 이용에 관한 법률 제38조의2(도시자연공원구역의 지정)

① 시·도지사 또는 대도시 시장은 도시의 자연환경 및 경관을 보호하고 도시민에게 건전한 여가·휴식공간을 제공하기 위하여 도시지역 안에서 식생(植生)이 양호한 산지(山地)의 개발을 제한할 필요가 있다고 인정하면 도시자연공원구역의 지정 또는 변경을 도시·군관리계획으로 결정할 수 있다.
② 도시자연공원구역의 지정 또는 변경에 필요한 사항은 따로 법률로 정한다.

06 난도 ★★ 답 ②

┃정답해설┃

② 수질오염방지시설은 환경기초시설이다(국토의 계획 및 이용에 관한 법률 제2조 제6호, 영 제2조 제1항).

국토의 계획 및 이용에 관한 법률 제2조(정의)

이 법에서 사용하는 용어의 뜻은 다음과 같다.
6. "기반시설"이란 다음 각 목의 시설로서 대통령령으로 정하는 시설을 말한다.
바. 장사시설 등 보건위생시설
사. 하수도, 폐기물처리 및 재활용시설, 빗물저장 및 이용시설 등 환경기초시설

국토의 계획 및 이용에 관한 법률 시행령 제2조(기반시설)

① 법 제2조 제6호 각 목 외의 부분에서 "대통령령으로 정하는 시설"이란 다음 각 호의 시설(당해 시설 그 자체의 기능발휘와 이용을 위하여 필요한 부대시설 및 편익시설을 포함한다)을 말한다.
6. 보건위생시설 : 장사시설·도축장·종합의료시설
7. 환경기초시설 : 하수도·폐기물처리 및 재활용시설·빗물저장 및 이용시설·수질오염방지시설·폐차장

정답해설

② 지정할 수 있다(국토의 계획 및 이용에 관한 법률 제51조 제1항 제1호).

오답해설

① 국토의 계획 및 이용에 관한 법률 제2조 제4호 마목
③ 국토의 계획 및 이용에 관한 법률 제51조 제1항 제3호
④ 국토의 계획 및 이용에 관한 법률 시행령 제47조 제1항
⑤ 국토의 계획 및 이용에 관한 법률 시행령 제46조 제6항 제1호

정답해설

③ 공동구의 설치(개량하는 경우를 포함한다)에 필요한 비용은 이 법 또는 다른 법률에 특별한 규정이 있는 경우를 제외하고는 공동구 점용예정자와 사업시행자가 부담한다. 이 경우 공동구점용예정자는 해당 시설을 개별적으로 매설할 때 필요한 비용의 범위에서 대통령령으로 정하는 바에 따라 부담한다(국토의 계획 및 이용에 관한 법률 제44조 제5항).

오답해설

① 국토의 계획 및 이용에 관한 법률 제44조 제1항 제2호, 영 제35조의2 제1항
② 가스관, 하수도관, 그 밖의 시설은 공동구협의회의 심의를 거쳐 공동구에 수용할 수 있다(국토의 계획 및 이용에 관한 법률 제44조 제3항, 영 제35조의3 제7호).
④ 국토의 계획 및 이용에 관한 법률 제44조의2 제1항 단서, 영 제39조 제1항 제1호
⑤ 국토의 계획 및 이용에 관한 법률 제44조의2 제3항, 영 제39조 제5항

정답해설

① 국토의 계획 및 이용에 관한 법률 제40조의2 제1항 제1호

국토의 계획 및 이용에 관한 법률 제40조의2(입지규제 최소구역의 지정 등)
① 제29조에 따른 도시·군관리계획의 결정권자(이하 "시·군관리계획 결정권자"라 한다)는 도시지역에서 복합적인 토지이용을 증진시켜 도시 정비를 촉진하고 지역 거점을 육성할 필요가 있다고 인정되면 다음 각 호의 어느 하나에 해당하는 지역과 그 주변지역의 전부 또는 일부를 입지규제최소구역으로 지정할 수 있다.
1. <u>도시·군기본계획에 따른 도심·부도심 또는 생활권의 중심지역</u>
2. 철도역사, 터미널, 항만, 공공청사, 문화시설 등의 기반시설 중 지역의 거점 역할을 수행하는 시설을 중심으로 주변지역을 집중적으로 정비할 필요가 있는 지역
3. 세 개 이상의 노선이 교차하는 대중교통 결절지로부터 1킬로미터 이내에 위치한 지역
4. 「도시 및 주거환경정비법」 제2조 제3호에 따른 노후·불량건축물이 밀집한 주거지역 또는 공업지역으로 정비가 시급한 지역
5. 「도시재생 활성화 및 지원에 관한 특별법」 제2조 제1항 제5호에 따른 도시재생활성화지역 중 같은 법 제2조 제1항 제6호에 따른 도시경제기반형 활성화계획을 수립하는 지역

오답해설

② 국토의 계획 및 이용에 관한 법률 제40조의2 제2항 제2호
③ 국토의 계획 및 이용에 관한 법률 제2조 제4호
④ 국토의 계획 및 이용에 관한 법률 제83조의2 제1항 제1호
⑤ 국토의 계획 및 이용에 관한 법률 제83조의2 제3항

정답해설

① 국토의 계획 및 이용에 관한 법률 제76조 제1항, 영 제71조 제1항 제5호

11 난도 ★
답 ③

┃정답해설┃

③ ㄴ(일반상업지역 1,300%) − ㄷ(전용공업지역 300%) − ㄱ(제1종일반주거지역 200%) − ㄹ(자연녹지지역 100%) (국토의 계획 및 이용에 관한 법률 제78조 제1항, 영 제85조 제1항)

12 난도 ★
답 ②

┃정답해설┃

② 어린이집, 노인복지회관, 도시·군계획조례로 정하는 사회복지시설이 해당된다(국토의 계획 및 이용에 관한 법률 제78조 제6항, 영 제85조 제10항 제2호).

13 난도 ★
답 ①

┃정답해설┃

① 도시지역, 관리지역, 농림지역 또는 자연환경보전지역으로 용도가 지정되지 아니한 지역에 대하여는 법 제76조(건축제한), 법 제77조(건폐율), 법 제78조(용적률)의 규정을 적용할 때에 자연환경보전지역(건폐율 20%)에 관한 규정을 적용한다(국토의 계획 및 이용에 관한 법률 제79조 제1항, 법 제77조 제1항 제4호).

14 난도 ★★
답 ②

┃정답해설┃

② 감정평가서 원본은 5년, 감정평가서의 관련 서류는 2년이다(감정평가 및 감정평가사에 관한 법률 시행령 제6조 제3항).

┃오답해설┃

① 감정평가 및 감정평가사에 관한 법률 제6조 제3항, 영 제6조 제1항
③ 감정평가 및 감정평가사에 관한 법률 시행규칙 제2조 제3항

④ 감정평가 및 감정평가사에 관한 법률 제5조 제3항, 영 제5조 제1항
⑤ 감정평가 및 감정평가사에 관한 법률 제2조 제1호, 영 제2조 제5호

15 난도 ★
답 ②

┃정답해설┃

② 국토교통부장관에게 등록을 한 감정평가사가 감정평가업을 하려는 경우에는 국토교통부장관에게 감정평가사 사무소의 개설신고를 하여야 한다.

┃오답해설┃

① 감정평가 및 감정평가사에 관한 법률 제21조 제3항, 영 제21조 제2항
③ 감정평가 및 감정평가사에 관한 법률 제21조 제4항
④ 감정평가 및 감정평가사에 관한 법률 제25조 제3항
⑤ 감정평가 및 감정평가사에 관한 법률 제28조 제2항, 영 제23조 제3항

16 난도 ★
답 ③

┃정답해설┃

③ 감정평가사에 대한 징계의 종류 : 자격의 취소, 등록의 취소, 2년 이하의 업무정지, 견책(감정평가 및 감정평가사에 관한 법률 제39조 제2항)

17 난도 ★★
답 ⑤

┃정답해설┃

⑤ 표준지공시지가는 토지시장에 지가정보를 제공하고 일반적인 토지거래의 지표가 되며, 국가·지방자치단체 등이 그 업무와 관련하여 지가를 산정하거나 감정평가법인 등이 개별적으로 토지를 감정평가하는 경우에 기준이 된다(부동산 가격공시에 관한 법률 제9조).

18 난도 ★

답 ⑤

▮정답해설▮

⑤ 국토교통부장관은 개별주택가격의 산정을 위하여 필요하다고 인정하는 경우에는 표준주택과 산정대상 개별주택의 가격형성요인에 관한 표준적인 비교표(이하 "주택가격비준표"라 한다)를 작성하여 시장·군수 또는 구청장에게 제공하여야 한다(부동산 가격공시에 관한 법률 제16조 제6항).

> **부동산 가격공시에 관한 법률 제16조(표준주택가격의 조사·산정 및 공시 등)**
> ① 국토교통부장관은 용도지역, 건물구조 등이 일반적으로 유사하다고 인정되는 일단의 단독주택 중에서 선정한 표준주택에 대하여 매년 공시기준일 현재의 적정가격(이하 "표준주택가격"이라 한다)을 조사·산정하고, 제24조에 따른 중앙부동산가격공시위원회의 심의를 거쳐 이를 공시하여야 한다.
> ② 제1항에 따른 공시에는 다음 각 호의 사항이 포함되어야 한다.
> 1. 표준주택의 지번
> 2. 표준주택가격
> 3. 표준주택의 대지면적 및 형상
> 4. 표준주택의 용도, 연면적, 구조 및 사용승인일(임시사용승인일을 포함한다)
> 5. 그 밖에 대통령령으로 정하는 사항
>
> > **부동산 가격공시에 관한 법률 시행령 제29조(표준주택가격의 공시사항)**
> > 법 제16조 제2항 제5호에서 "대통령령으로 정하는 사항"이란 다음 각 호의 사항을 말한다.
> > 1. 지목
> > 2. 용도지역
> > 3. 도로 상황
> > 4. 그 밖에 표준주택가격 공시에 필요한 사항
>
> ③ 제1항에 따른 표준주택의 선정, 공시기준일, 공시의 시기, 조사·산정 기준 및 공시절차 등에 필요한 사항은 대통령령으로 정한다.
> ④ 국토교통부장관은 제1항에 따라 표준주택가격을 조사·산정하고자 할 때에는 「한국부동산원법」에 따른 한국부동산원(이하 "부동산원"이라 한다)에 의뢰한다.
> ⑤ 국토교통부장관이 제1항에 따라 표준주택가격을 조사·산정하는 경우에는 인근 유사 단독주택의 거래가격·임대료 및 해당 단독주택과 유사한 이용가치를 지닌다고 인정되는 단독주택의 건설에 필요한 비용추정액, 인근지역 및 다른 지역과의 형평성·특수성, 표준주택가격 변동의 예측 가능성 등 제반사항을 종합적으로 참작하여야 한다.
> ⑥ 국토교통부장관은 제17조에 따른 개별주택가격의 산정을 위하여 필요하다고 인정하는 경우에는 표준주택과 산정대상 개별주택의 가격형성요인에 관한 표준적인 비교표(이하 "주택가격비준표"라 한다)를 작성하여 시장·군수 또는 구청장에게 제공하여야 한다.
> ⑦ 제3조 제2항·제4조·제6조·제7조 및 제13조는 제1항에 따른 표준주택가격의 공시에 준용한다. 이 경우 제7조 제2항 후단 중 "제3조"는 "제16조"로 본다.

▮오답해설▮

① 부동산 가격공시에 관한 법률 제16조 제4항
② 부동산 가격공시에 관한 법률 제16조 제1항
③ 부동산 가격공시에 관한 법률 제16조 제2항 제3호
④ 부동산 가격공시에 관한 법률 제16조 제5항

19 난도 ★★

답 ④

▮정답해설▮

④ 표준지에 건물 또는 그 밖의 정착물이 있거나 지상권 또는 그 밖의 토지의 사용·수익을 제한하는 권리가 설정되어 있을 때에는 그 정착물 또는 권리가 존재하지 아니하는 것으로 보고 표준지공시지가를 평가하여야 한다(부동산 가격공시에 관한 법률 시행령 제6조 제2항).

▮오답해설▮

① 부동산 가격공시에 관한 법률 시행령 제6조 제2항
② 부동산 가격공시에 관한 법률 제7조 제1항
③ 부동산 가격공시에 관한 법률 제7조 제2항
⑤ 부동산 가격공시에 관한 법률 시행령 제7조 제1항 제3호 나목

20 난도 ★

┃정답해설┃

② 주거용으로 사용허가를 하는 경우 등, 일정한 경우에는 수의의 방법으로 사용허가를 받을 자를 결정할 수 있다(국유재산법 제31조 제1항 단서, 영 제27조 제3항 참조).

국유재산법 제31조(사용허가의 방법)

① 행정재산을 사용허가하려는 경우에는 그 뜻을 공고하여 일반경쟁에 부쳐야 한다. 다만, 사용허가의 목적·성질·규모 등을 고려하여 필요하다고 인정되면 대통령령으로 정하는 바에 따라 참가자의 자격을 제한하거나 참가자를 지명하여 경쟁에 부치거나 수의의 방법으로 할 수 있다.

> **국유재산법 시행령 제27조(사용허가의 방법)**
>
> ③ 행정재산이 다음 각 호의 어느 하나에 해당하는 경우에는 법 제31조 제1항 단서에 따라 수의의 방법으로 사용허가를 받을 자를 결정할 수 있다.
> 1. 주거용으로 사용허가를 하는 경우
> 2. 경작용으로 실경작자에게 사용허가를 하는 경우
> 3. 외교상 또는 국방상의 이유로 사용·수익 행위를 비밀리에 할 필요가 있는 경우
> 4. 천재지변이나 그 밖의 부득이한 사유가 발생하여 재해 복구나 구호의 목적으로 사용허가를 하는 경우
> 4의2. 법 제8조 제1항 제3호에 따른 사회기반시설로 사용하려는 지방자치단체나 지방공기업에 사용허가를 하는 경우
> 5. 법 제34조 제1항 또는 다른 법률에 따라 사용료 면제의 대상이 되는 자에게 사용허가를 하는 경우
> 6. 국가와 재산을 공유하는 자에게 국가의 지분에 해당하는 부분에 대하여 사용허가를 하는 경우
> 7. 국유재산의 관리·처분에 지장이 없는 경우로서 사용목적이나 계절적 요인 등을 고려하여 6개월 미만의 사용허가를 하는 경우
> 8. 두 번에 걸쳐 유효한 입찰이 성립되지 아니한 경우
> 9. 그 밖에 재산의 위치·형태·용도 등이나 계약의 목적·성질 등으로 보아 경쟁입찰에 부치기 곤란하다고 인정되는 경우

┃오답해설┃

① 국유재산법 제29조 제1항
③ 국유재산법 제29조 제2항
④ 국유재산법 제34조 제1항 제1호의2
⑤ 국유재산법 제37조

21 난도 ★★

┃정답해설┃

⑤ 국유재산법 제47조 제1항, 법 제31조 제1항, 영 제27조 제3항 제1호

┃오답해설┃

① 일반재산은 대부 또는 처분할 수 있다(국유재산법 제41조 제1항).
② 5년 이내로 한다(국유재산법 제46조 제1항 제3호).
③ 수의계약의 방법으로 대부할 수 있는 경우가 아니면 1회만 갱신할 수 있다(국유재산법 제46조 제2항 단서).
④ 연간 대부료의 전부 또는 일부를 대부보증금으로 환산하여 받을 수 있다(국유재산법 제47조 제2항).

22 난도 ★★★

┃정답해설┃

④ 국유재산법 시행령 제42조 제1항 참조

국유재산법 시행령 제42조(처분재산의 예정가격)

① 증권을 제외한 일반재산을 처분할 때에는 시가를 고려하여 해당 재산의 예정가격을 결정하여야 한다. 이 경우 예정가격의 결정방법은 다음 각 호와 같다.
1. 대장가격이 3천만원 이상인 경우(제2호의 경우는 제외한다) : 두 개의 감정평가법인등의 평가액을 산출평균한 금액
2. 대장가격이 3천만원 미만인 경우나 지방자치단체 또는 공공기관에 처분하는 경우 : 하나의 감정평가법인등의 평가액

① 지식재산을 처분할 때의 예정가격은 해당 지식재산 존속 기간 중의 사용료 또는 대부료 추정 총액으로 하고, 그렇게 결정할 수 없는 경우에는 감정평가법인등이 평가한 금액으로 한다(법 제44조, 영 제42조의2 제1항).

② 국유재산법 시행령 제43조 제1항 참조

국유재산법 시행령 제43조(상장증권의 예정가격)
① 상장법인이 발행한 주권을 처분할 때에는 그 예정가격은 다음 각 호의 어느 하나의 해당하는 가격 이상으로 한다.
  1. 평가기준일 전 1년 이내의 최근에 거래된 30일간의 증권시장에서의 최종 시세가액을 가중산술평균하여 산출한 가액으로 하되, 거래 실적이 있는 날이 30일 미만일 때에는 거래된 날의 증권시장의 최종 시세가액을 가중산출평균한 가액과 제44조 제1항의 방법에 따른 가액을 고려하여 산출한 가격. 다만, 경쟁입찰의 방법으로 처분하거나 「자본시장과 금융투자업에 관한 법률」 제9조 제9항에 따른 매출의 방법으로 처분하는 경우에는 평가기준일 전 1년 이내의 최근에 거래된 30일간(거래 실적이 있는 날이 30일 미만인 경우에는 거래된 날)의 증권시장에서의 최종 시세가액을 가중산출평균한 가액과 제44조 제1항의 방법에 따른 가액을 고려하여 산출한 가격으로 할 수 있다.
  2. 제41조 제3호에 따라 공개매수에 응모하는 경우에는 그 공개매수 가격
  3. 제41조 제4호에 따라 주식매수청구권을 행사하는 경우에는 「자본시장과 금융투자업에 관한 법률」 제165조의5에 따라 산출한 가격
  4. 제41조 제5호에 따라 매각가격을 특정할 수 있는 경우에는 그 가격

③ 비상장법인이 발행한 지분증권을 처분할 때에는 그 예정가격은 기획재정부령으로 정하는 산출 방식에 따라 비상장법인의 자산가치, 수익가치 및 상대가치를 고려하여 산출한 가격 이상으로 한다. 다만, 기획재정부령으로 정하는 경우에는 수익가치 또는 상대가치를 고려하지 아니할 수 있다(국유재산법 시행령 제44조 제1항).

⑤ 감정평가법인등의 평가액은 평가일부터 1년이 지나면 적용할 수 없다(국유재산법 시행령 제42조 제2항).

23 난도 ★
답 ③

┃ 정답해설 ┃

③ 사용허가의 취소·철회사유에 해당하지 않는다(국유재산법 제36조 제1항 참조).

국유재산법 제36조(사용허가의 취소와 철회)
① 중앙관서의 장은 행정재산의 사용허가를 받은 자가 다음 각 호의 어느 하나에 해당하면 그 허가를 취소하거나 철회할 수 있다.
  1. 거짓 진술을 하거나 부실한 증명서류를 제시하거나 그 밖에 부정한 방법으로 사용허가를 받은 경우
  2. 사용허가 받은 재산을 제30조 제2항을 위반하여 다른 사람에게 사용·수익하게 한 경우
  3. 해당 재산의 보존을 게을리하였거나 그 사용목적을 위배한 경우
  4. 납부기한까지 사용료를 납부하지 아니하거나 제32조 제2항 후단에 따른 보증금 예치나 이행보증조치를 하지 아니한 경우
  5. 중앙관서의 장의 승인 없이 사용허가를 받은 재산의 원래 상태를 변경한 경우

24 난도 ★★
답 ①

┃ 정답해설 ┃

① 받지 않는다(건축법 제11조 제1항, 영 제8조 제1항 단서).

건축법 제11조(건축허가)
① 건축물을 건축하거나 대수선하려는 자는 특별자치시장·특별자치도지사 또는 시장·군수·구청장의 허가를 받아야 한다. 다만, 21층 이상의 건축물 등 대통령령으로 정하는 용도 및 규모의 건축물을 특별시나 광역시에 건축하려면 특별시장이나 광역시장의 허가를 받아야 한다.

> **건축법 시행령 제8조(건축허가)**
> ① 법 제11조 제1항 단서에 따라 특별시장 또는 광역시장의 허가를 받아야 하는 건축물의 건축은 층수가 21층 이상이거나 연면적의 합계가 10만 제곱미터 이상인 건축물의 건축(연면적의 10분의 3 이상을 증축하여 층수가 21층 이상으로 되거나 연면적의 합계가 10만 제곱미터 이상으로 되는 경우를 포함한다)을 말한다. 다음 각 호의 어느 하나에 해당하는 건축물의 건축은 제외한다.

1. 공장
2. 창고
3. 지방건축위원회의 심의를 거친 건축물(특별시 또는 광역시의 건축조례로 정하는 바에 따라 해당 지방건축위원회의 심의사항으로 할 수 있는 건축물에 한정하며, 초고층 건축물은 제외한다)

▌오답해설 ▌

② 건축법 제11조 제4항 제1호
③ 건축법 제11조 제5항 제9호
④ 건축법 제10조 제8항
⑤ 건축법 제16조 제1항, 영 제12조 제1항 제3호

25 난도 ★★　　　　　답 ③

▌정답해설 ▌

③ 이해관계인의 동의를 요한다(건축법 제45조 제1항 제2호 및 제2항).

건축법 제45조(도로의 지정·폐지 또는 변경)
① 허가권자는 제2조 제1항 제11호 나목에 따라 도로의 위치를 지정·공고하려면 국토교통부령으로 정하는 바에 따라 그 도로에 대한 이해관계인의 동의를 받아야 한다. 다만, 다음 각 호의 어느 하나에 해당하면 이해관계인의 동의를 받지 아니하고 건축위원회의 심의를 거쳐 도로를 지정할 수 있다.
1. 허가권자가 이해관계인이 해외에 거주하는 등의 사유로 이해관계인의 동의를 받기가 곤란하다고 인정하는 경우
2. 주민이 오랫동안 통행로로 이행하고 있는 사실상 통로로서 해당 지방자치단체의 조례로 정하는 것인 경우
② 허가권자는 제1항에 따라 지정한 도로를 폐지하거나 변경하려면 그 도로에 대한 이해관계인의 동의를 받아야 한다. 그 도로에 편입된 토지의 소유자, 건축주 등이 허가권자에게 제1항에 따라 지정된 도로의 폐지나 변경을 신청하는 경우에도 또한 같다.

▌오답해설 ▌

① 건축물의 주변에 광장, 공원, 유원지 등 건축이 금지되고 공중의 통행에 지장이 없는 공지로서 허가권자가 인정한 공지가 있는 경우, 해당 대지는 2미터 이상 도로에 접하여야 하는 것은 아니다(건축법 제44조 제1항 제2호, 영 제28조 제1항).
② 건축법 시행령 제28조 제2항

건축법 시행령 제28조(대지와 도로의 관계)
② 법 제44조 제2항에 따라 연면적의 합계 2천 제곱미터(공장인 경우에는 3천 제곱미터) 이상인 건축물(축사, 작물 재배사, 그 밖에 이와 비슷한 건축물로서 건축조례로 정하는 규모의 건축물은 제외한다)의 대지는 너비 6미터 이상의 도로에 4미터 이상 접하여야 한다.

④ 건축법 제42조 제1항, 영 제27조 제1항

건축법 제42조(대지의 조경)
① 면적이 200제곱미터 이상인 대지에 건축을 하는 건축주는 용도지역 및 건축물의 규모에 따라 해당 지방자치단체의 조례로 정하는 기준에 따라 대지에 조경이나 그 밖에 필요한 조치를 하여야 한다. 다만, 조경이 필요하지 아니한 건축물로서 대통령령으로 정하는 건축물에 대하여는 조경 등의 조치를 하지 아니할 수 있으며, 옥상 조경 등 대통령령으로 따로 기준을 정하는 경우에는 그 기준에 따른다.

건축법 시행령 제27조(대지의 조경)
① 법 제42조 제1항 단서에 따라 다음 각 호의 어느 하나에 해당하는 건축물에 대하여는 조경 등의 조치를 하지 아니할 수 있다.
1. 녹지지역에 건축하는 건축물
2. 면적 5천 제곱미터 미만인 대지에 건축하는 공장
3. 연면적의 합계가 1천 500제곱미터 미만인 공장
4. 「산업집적활성화 및 공장설립에 관한 법률」 제2조 제14호에 따른 산업단지의 공장
5. 대지에 염분이 함유되어 있는 경우 또는 건축물 용도의 특성상 조경 등의 조치를 하기가 곤란하거나 조경 등의 조치를 하는 것이 불합리한 경우로서 건축조례로 정하는 건축물
6. 축사
7. 법 제20조 제1항에 따른 가설건축물

8. 연면적의 합계가 1천500제곱미터 미만인 물류시설(주거지역 또는 상업지역에 건축하는 것은 제외한다)로서 국토교통부령으로 정하는 것
9. 「국토의 계획 및 이용에 관한 법률」에 따라 지정된 자연환경보전지역·농림지역 또는 관리지역(지구단위계획구역으로 지정된 지역은 제외한다)의 건축물
10. 다음 각 목의 어느 하나에 해당하는 건축물 중 건축조례로 정하는 건축물
    가. 「관광진흥법」 제2조 제6호에 따른 관광지 또는 같은 조 제7호에 따른 관광단지에 설치하는 관광시설
    나. 「관광진흥법 시행령」 제2조 제1항 제3호 가목에 따른 전문휴양업의 시설 또는 같은 호 나목에 따른 종합휴양업의 시설
    다. 「국토의 계획 및 이용에 관한 법률 시행령」 제48조 제10호에 따른 관광·휴양형 지구단위계획구역에 설치하는 관광시설
    라. 「체육시설의 설치·이용에 관한 법률 시행령」 [별표 1]에 따른 골프장

⑤ 건축법 제47조 제2항

26 난도 ★★★

답 ④

▎정답해설▎

④ 공개공지등의 면적은 대지면적의 100분의 10 이하의 범위에서 건축조례로 정한다(건축법 시행령 제27조의2 제2항).

▎오답해설▎

① 건축법 시행령 제27조의2 제1항 제1호
② 건축법 시행령 제27조의2 제1항
③ 건축법 시행령 제27조의2 제3항
⑤ 건축법 제43조 제2항, 법 제56조

27 난도 ★★

답 ①

▎정답해설▎

① ㄱ·ㄴ·ㄷ(건축법 제14조 제1항, 영 제11조 제2항·제3항)
  ㄹ. 연면적의 합계가 100제곱미터 이내이어야 한다.
  ㅁ. 높이를 3미터 이하로 증축하는 경우이다.

건축법 제14조(건축신고)
① 제11조에 해당하는 허가 대상 건축물이라 하더라도 다음 각 호의 어느 하나에 해당하는 경우에는 미리 특별자치시장·특별자치도지사 또는 시장·군수·구청장에게 국토교통부령으로 정하는 바에 따라 신고를 하면 건축허가를 받은 것으로 본다.
1. 바닥면적의 합계가 85제곱미터 이내의 증축·개축 또는 재축. 다만, 3층 이상 건축물인 경우에는 증축·개축 또는 재축하려는 부분의 바닥면적의 합계가 건축물 연면적의 10분의 1 이내인 경우로 한정한다.
2. 「국토의 계획 및 이용에 관한 법률」에 따른 관리지역, 농림지역 또는 자연환경보전지역에서 연면적이 200제곱미터 미만이고 3층 미만인 건축물의 건축. 다만, 다음 각 목의 어느 하나에 해당하는 구역에서의 건축은 제외한다.
   가. 지구단위계획구역
   나. 방재지구 등 재해취약지역으로서 대통령령으로 정하는 구역
3. 연면적이 200제곱미터 미만이고 3층 미만인 건축물의 대수선
4. 주요구조부의 해체가 없는 등 대통령령으로 정하는 대수선
5. 그 밖에 소규모 건축물로서 대통령령으로 정하는 건축물의 건축

건축법 시행령 제11조(건축신고)
② 법 제14조 제1항 제4호에서 "주요구조부의 해체가 없는 등 대통령령으로 정하는 대수선"이란 다음 각 호의 어느 하나에 해당하는 대수선을 말한다.
1. 내력벽의 면적을 30제곱미터 이상 수선하는 것
2. 기둥을 세 개 이상 수선하는 것
3. 보를 세 개 이상 수선하는 것

4. 지붕틀을 세 개 이상 수선하는 것
5. 방화벽 또는 방화구획을 위한 바닥 또는 벽을 수선하는 것
6. 주계단·피난계단 또는 특별피난계단을 수선하는 것
③ 법 제14조 제1항 제5호에서 "대통령령으로 정하는"이란 다음 각 호의 어느 하나에 해당하는 건축물을 말한다.
1. 연면적의 합계가 100제곱미터 이하인 건축물
2. 건축물의 높이를 3미터 이하의 범위에서 증축하는 건축물
3. 법 제23조 제4항에 따른 표준설계도서(이하 "표준설계도서"라 한다)에 따라 건축하는 건축물로서 그 용도 및 규모가 주위환경이나 미관에 지장이 없다고 인정하여 건축조례로 정하는 건축물
4. 「국토의 계획 및 이용에 관한 법률」 제36조 제1항 제1호 다목에 따른 공업지역, 같은 법 제51조 제3항에 따른 지구단위계획구역(같은 법 시행령 제48조 제10호에 따른 산업·유통형만 해당한다) 및 「산업입지 및 개발에 관한 법률」에 따른 산업단지에서 건축하는 2층 이하인 건축물로서 연면적 합계 500제곱미터 이하인 공장([별표 1] 제4호 너목에 따른 제조업소 등 물품의 제조·가공을 위한 시설을 포함한다)
5. 농업이나 수산업을 경영하기 위하여 읍·면지역(특별자치시장·특별자치도지사·시장·군수가 지역계획 또는 도시·군계획에 지장이 있다고 지정·공고한 구역은 제외한다)에서 건축하는 연면적 200제곱미터 이하의 창고 및 연면적 400제곱미터 이하의 축사, 작물재배사, 종묘배양시설, 화초 및 분재 등의 온실

28 난도 ★   답 ③

┃정답해설┃

③ 공간정보의 구축 및 관리 등에 관한 법률 시행령 제58조 제8호 가목

┃오답해설┃

① 종교용지 : 일반 공중의 종교의식을 위하여 예배·법요·설교·제사 등을 하기 위한 교회·사찰·향교 등 건축물의 부지와 이에 접속된 부속시설물의 부지(공간정보의 구축 및 관리 등에 관한 법률 시행령 제58조 제25호)
② 도로(공간정보의 구축 및 관리 등에 관한 법률 시행령 제58조 제14호 다목)
④ 학교용지 : 학교의 교사와 이에 접속된 체육장 등 부속시설물의 부지(공간정보의 구축 및 관리 등에 관한 법률 시행령 제58조 제10호)
⑤ 창고용지 : 물건 등을 보관하거나 저장하기 위하여 독립적으로 설치된 보관시설물의 부지와 이에 접속된 부속시설물의 부지(공간정보의 구축 및 관리 등에 관한 법률 시행령 제58조 제13호)

29 난도 ★★★   답 ⑤

┃정답해설┃

⑤ "등록전환"이란 임야대장 및 임야도에 등록된 토지를 토지대장 및 지적도에 옮겨 등록하는 것을 말한다(공간정보의 구축 및 관리 등에 관한 법률 제2조 제30호).

┃오답해설┃

① "지적측량"이란 토지를 지적공부에 등록하거나 지적공부에 등록된 경계점을 지상에 복원하기 위하여 제21호에 따른 필지의 경계 또는 좌표와 면적을 정하는 측량을 말하며, 지적확정측량 및 지적재조사측량을 포함한다(공간정보의 구축 및 관리 등에 관한 법률 제2조 제4호).
② "경계점"이란 필지를 구획하는 선의 굴곡점으로서 지적도나 임야도에 도해 형태로 등록하거나 경계점좌표등록부에 좌표 형태로 등록하는 점을 말한다(공간정보의 구축 및 관리 등에 관한 법률 제2조 제25호).
③ "지적공부"란 토지대장, 임야대장, 공유지연명부, 대지권등록부, 지적도, 임야도 및 경계점좌표등록부 등 지적측량 등을 통하여 조사된 토지의 표시와 해당 토지의 소유자 등을 기록한 대장 및 도면(정보처리시스템을 통하여 기록·저장된 것을 포함한다)을 말한다(공간정보의 구축 및 관리 등에 관한 법률 제2조 제19호).

④ "축척변경"이란 지적도에 등록된 경계점의 정밀도를 높이기 위하여 작은 축척을 큰 축척으로 변경하여 등록하는 것을 말한다(공간정보의 구축 및 관리 등에 관한 법률 제2조 제34호).

30 난도 ★

집 ①

┃정답해설┃
① 공간정보의 구축 및 관리 등에 관한 법률 제77조

┃오답해설┃
② 토지의 소유자가 서로 다른 경우에는 합병을 신청할 수 없다(공간정보의 구축 및 관리 등에 관한 법률 제80조 제3항).
③ 60일이 아니라 90일이다(공간정보의 구축 및 관리 등에 관한 법률 제82조 제2항).
④ 축척변경 시행지역의 토지소유자 3분의 2 이상의 동의를 받아야 한다(공간정보의 구축 및 관리 등에 관한 법률 제83조 제3항).
⑤ 합병하려는 토지가 축척이 다른 지적도에 각각 등록되어 있어 축척변경을 하는 경우에는 시·도지사의 승인 없이 할 수 있다(공간정보의 구축 및 관리 등에 관한 법률 제83조 제3항 제1호).

31 난도 ★★

집 ③

┃정답해설┃
③ 지적공부에 등록하는 지번·지목·면적·경계 또는 좌표는 토지의 이동이 있을 때 토지소유자(법인이 아닌 사단이나 재단의 경우에는 그 대표자나 관리인을 말한다)의 신청을 받아 지적소관청이 결정한다. 다만, 신청이 없으면 지적소관청이 직권으로 조사·측량하여 결정할 수 있다(공간정보의 구축 및 관리 등에 관한 법률 제64조 제2항).

┃오답해설┃
① 공간정보의 구축 및 관리 등에 관한 법률 제64조 제1항
② 공간정보의 구축 및 관리 등에 관한 법률 제66조 제1항
④ 공간정보의 구축 및 관리 등에 관한 법률 시행령 제58조 제1호
⑤ 공간정보의 구축 및 관리 등에 관한 법률 시행령 제59조 제1항 제1호

32 난도 ★

집 ⑤

┃정답해설┃
⑤ 등기관이 등기를 마친 경우 그 등기는 접수한 때부터 효력을 발생한다(부동산등기법 제6조 제2항).

┃오답해설┃
① 부동산등기법 제4조 제1항
② 부동산등기법 제4조 제2항
③ 부동산등기법 제5조 단서
④ 부동산등기법 제6조 제1항

33 난도 ★

집 ⑤

┃정답해설┃
⑤ 중복등기기록의 정리는 실체의 권리관계에 영향을 미치지 아니한다(부동산등기규칙 제33조 제2항).

┃오답해설┃
① 부동산등기법 제14조 제2항
② 부동산등기법 제14조 제4항 단서
③ 부동산등기법 제15조 제1항 단서
④ 부동산등기법 제19조 제1항 단서

34 난도 ★★★

집 ③

┃정답해설┃
③ 부동산등기법 제72조 제1항 단서

┃오답해설┃
① 약정여부와 관계 없이 반드시 기록해야 한다(부동산등기법 제69조).
② 약정여부와 관계 없이 반드시 기록해야 한다(부동산등기법 제75조 제2항).
④ 등기관이 전세금반환채권의 일부 양도를 원인으로 한 전세권 일부이전등기를 할 때에는 양도액을 기록한다(부동산등기법 제73조 제1항).
⑤ 부동산이 5개 이상일 때에는 공동담보목록을 작성하여야 한다(부동산등기법 제78조 제1항 및 제2항).

35 난도 ★★ 답 ②

┃정답해설┃

ㄱ. (○) 부동산등기법 제101조
ㄷ. (○) 부동산등기법 제104조

┃오답해설┃

ㄴ. (×) 이의신청을 할 수 없다(부동산등기법 제102조).
ㄹ. (×) 이의신청일부터 3일 이내에 의견을 붙여 이의신청서를 관할 지방법원에 보내야 한다(부동산등기법 제103조 제2항).

36 난도 ★ 답 ④

┃정답해설┃

④ 담보권자는 「민사집행법」에서 정한 집행방법으로 채권담보권을 실행할 수 있다(동산·채권 등의 담보에 관한 법률 제36조 제3항).

┃오답해설┃

① 동산·채권 등의 담보에 관한 법률 제34조 제1항
② 동산·채권 등의 담보에 관한 법률 제34조 제2항
③ 동산·채권 등의 담보에 관한 법률 제36조 제2항
⑤ 동산·채권 등의 담보에 관한 법률 제36조 제1항

37 난도 ★★★ 답 ⑤

┃정답해설┃

⑤ 소유권 또는 구분소유권을 여럿이서 공유하는 경우에는 그 여럿을 대표하는 1인을 토지등소유자로 산정할 것(영 제33조 제1항 제2호 가목)

영 제33조(토지등소유자의 동의자수 산정방법 등)
① 법 제12조 제2항, 제28조 제1항, 제36조 제1항, 이 영 제12조, 제14조 제2항 및 제27조에 따른 토지등소유자(토지면적에 관한 동의자 수를 산정하는 경우에는 토지소유자를 말한다. 이하 이 조에서 같다)의 동의는 다음 각 호의 기준에 따라 산정한다.

1. 주거환경개선사업, 재개발사업의 경우에는 다음 각 목의 기준에 의할 것
   가. 1필지의 토지 또는 하나의 건축물을 여럿이서 공유할 때에는 그 여럿을 대표하는 1인을 토지등소유자로 산정할 것. 다만, 재개발구역의「전통시장 및 상점가 육성을 위한 특별법」제2조에 따른 전통시장 및 상점가로서 1필지의 토지 또는 하나의 건축물을 여럿이서 공유하는 경우에는 해당 토지 또는 건축물의 토지등소유자의 4분의 3 이상의 동의를 받아 이를 대표하는 1인을 토지등소유자로 산정할 수 있다.
   나. 토지에 지상권이 설정되어 있는 경우 토지의 소유자와 해당 토지의 지상권자를 대표하는 1인을 토지등소유자로 산정할 것
   다. 1인이 다수 필지의 토지 또는 다수의 건축물을 소유하고 있는 경우에는 필지나 건축물의 수에 관계없이 토지등소유자를 1인으로 산정할 것. 다만, 재개발사업으로서 법 제25조 제1항 제2호에 따라 토지등소유자가 재개발사업을 시행하는 경우 토지등소유자가 정비구역 지정 후에 정비사업을 목적으로 취득한 토지 또는 건축물에 대해서는 정비구역 지정 당시의 토지 또는 건축물의 소유자를 토지등소유자의 수에 포함하여 산정하되, 이 경우 동의 여부는 이를 취득한 토지등소유자에 따른다.
   라. 둘 이상의 토지 또는 건축물을 소유한 공유자가 동일한 경우에는 그 공유자 여럿을 대표하는 1인을 토지등소유자로 산정할 것
2. 재건축사업의 경우에는 다음 각 목의 기준에 따를 것
   가. 소유권 또는 구분소유권을 여럿이서 공유하는 경우에는 그 여럿을 대표하는 1인을 토지등소유자로 산정할 것
   나. 1인이 둘 이상의 소유권 또는 구분소유권을 소유하고 있는 경우에는 소유권 또는 구분소유권의 수에 관계없이 토지등소유자를 1인으로 산정할 것
   다. 둘 이상의 소유권 또는 구분소유권을 소유한 공유자가 동일한 경우에는 그 공유자 여럿을 대표하는 1인을 토지등소유자로 할 것
3. 추진위원회의 구성 또는 조합의 설립에 동의한 자로부터 토지 또는 건축물을 취득한 자는 추진위원회의 구성 또는 조합의 설립에 동의한 것으로 볼 것

4. 토지등기부등본·건물등기부등본·토지대장 및 건축물관리대장에 소유자로 등재될 당시 주민등록번호의 기록이 없고 기록된 주소가 현재 주소와 다른 경우로서 소재가 확인되지 아니한 자는 토지등소유자의 수 또는 공유자 수에서 제외할 것
5. 국·공유지에 대해서는 그 재산관리청 각각을 토지등소유자로 산정할 것

38 난도 ★★★   답 ①

▌정답해설▌

① 도시 및 주거환경정비법 제74조 제1항 단서, 영 제61조 제5호

▌오답해설▌

② 재개발사업에서 관리처분계획은 1개의 건축물의 대지는 1필지의 토지가 되도록 정할 것. 다만, 주택단지의 경우에는 그러하지 아니하다(도시 및 주거환경정비법 제74조 제4항, 영 제63조 제1항 제2호).

③ 재건축사업의 관리처분계획에서 분양대상자별 분양예정인 건축물의 추산액을 평가할 때에는 시장·군수가 선정·계약한 1인 이상의 감정평가법인등과 조합총회의 의결로 정하여 선정·계약한 1인 이상의 감정평가법인등이 평가한 금액을 산술평균하여 산정한다(도시 및 주거환경정비법 제74조 제4항 제1호).

④ 재개발사업에서 지방자치단체인 토지등소유자에게는 소유한 주택 수만큼 공급할 수 있다(도시 및 주거환경정비법 제76조 제1항 제7호 나목).

⑤ 전부개정으로 삭제된 내용임.

39 난도 ★   답 ①

▌정답해설▌

① 도시 및 주거환경 정비 기본방침의 수립 시 포함되어야 하는 사항이다(법 제3조 제1호).

도시 및 주거환경정비법 제3조(도시·주거환경정비 기본방침)
국토교통부장관은 도시 및 주거환경을 개선하기 위하여 10년마다 다음 각 호의 사항을 포함한 기본방침을 정하고, 5년마다 타당성을 검토하여 그 결과를 기본방침에 반영하여야 한다.
  1. 도시 및 주거환경 정비를 위한 국가 정책 방향

▌오답해설▌

②·③·④·⑤ 법 제5조 제1항

도시 및 주거환경정비법 제5조(기본계획의 내용)
① 기본계획에는 다음 각 호의 사항이 포함되어야 한다.
  1. 정비사업의 기본방향
  2. 정비사업의 계획기간
  3. 인구·건축물·토지이용·정비기반시설·지형 및 환경 등의 현황
  4. 주거지 관리계획
  5. 토지이용계획·정비기반시설계획·공동이용시설설치계획 및 교통계획
  6. 녹지·조경·에너지공급·폐기물처리 등에 관한 환경계획
  7. 사회복지시설 및 주민문화시설 등의 설치계획
  8. 도시의 광역적 재정비를 위한 기본방향
  9. 제16조에 따라 정비구역으로 지정할 예정인 구역(이하 "정비예정구역"이라 한다)의 개략적 범위
  10. 단계별 정비사업 추진계획(정비예정구역별 정비계획의 수립시기가 포함되어야 한다)
  11. 건폐율·용적률 등에 관한 건축물의 밀도계획
  12. 세입자에 대한 주거안정대책
  13. 그 밖에 주거환경 등을 개선하기 위하여 필요한 사항으로서 대통령령으로 정하는 사항

┃정답해설┃

④·⑤ 「도시 및 주거환경정비법」의 전부개정으로 인하여 가로주택정비사업과 주거환경관리사업은 더 이상 정비사업이 아니다(법 제2조 제2호).

도시 및 주거환경정비법 제2조(정의)

이 법에서 사용하는 용어의 뜻은 다음과 같다.

2. "정비사업"이란 이 법에서 정한 절차에 따라 도시기능을 회복하기 위하여 정비구역에서 정비기반시설을 정비하거나 주택 등 건축물을 개량 또는 건설하는 다음 각 목의 사업을 말한다.

가. 주거환경개선사업 : 도시저소득 주민이 집단 거주하는 지역으로서 정비기반시설이 극히 열악하고 노후·불량건축물이 과도하게 밀집한 지역의 주거환경을 개선하거나 단독주택 및 다세대주택이 밀집한 지역에서 정비기반시설과 공동이용시설 확충을 통하여 주거환경을 보전·정비·개량하기 위한 사업

나. 재개발사업 : 정비기반시설이 열악하고 노후·불량건축물이 밀집한 지역에서 주거환경을 개선하거나 상업지역·공업지역 등에서 도시기능의 회복 및 상권활성화 등을 위하여 도시환경을 개선하기 위한 사업. 이 경우 다음 요건을 모두 갖추어 시행하는 재개발사업을 "공공재개발사업"이라 한다.

1) 특별자치시장, 특별자치도지사, 시장, 군수, 자치구의 구청장(이하 "시장·군수등"이라 한다) 또는 제10호에 따른 토지주택공사등(조합과 공동으로 시행하는 경우를 포함한다)이 제24조에 따른 주거환경개선사업의 시행자, 제25조 제1항 또는 제26조 제1항에 따른 재개발사업의 시행자나 제28조에 따른 재개발사업의 대행자(이하 "공공재개발사업 시행자"라 한다)일 것

2) 건설·공급되는 주택의 전체 세대수 또는 전체 연면적 중 토지등소유자 대상 분양분(제80조에 따른 지분형주택은 제외한다)을 제외한 나머지 주택의 세대수 또는 연면적의 100분의 50 이상을 제80조에 따른 지분형주택, 「공공주택 특별법」에 따른 공공임대주택(이하 "공공임대주택"이라 한다) 또는 「민간임대주택에 관한 특별법」 제2조 제4호에 따른 공공지원민간임대주택(이하 "공공지원민간임대주택"이라 한다)으로 건설·공급할 것. 이 경우 주택 수 산정방법 및 주택 유형별 건설비율은 대통령령으로 정한다.

다. 재건축사업 : 정비기반시설은 양호하나 노후·불량건축물에 해당하는 공동주택이 밀집한 지역에서 주거환경을 개선하기 위한 사업. 이 경우 다음 요건을 모두 갖추어 시행하는 재건축사업을 "공공재건축사업"이라 한다.

1) 시장·군수등 또는 토지주택공사등(조합과 공동으로 시행하는 경우를 포함한다)이 제25조 제2항 또는 제26조 제1항에 따른 재건축사업의 시행자나 제28조 제1항에 따른 재건축사업의 대행자(이하 "공공재건축사업 시행자"라 한다)일 것

2) 종전의 용적률, 토지면적, 기반시설 현황 등을 고려하여 대통령령으로 정하는 세대수 이상을 건설·공급할 것. 다만, 제8조 제1항에 따른 정비구역의 지정권자가 「국토의 계획 및 이용에 관한 법률」 제18조에 따른 도시·군기본계획, 토지이용 현황 등 대통령령으로 정하는 불가피한 사유로 해당하는 세대수를 충족할 수 없다고 인정하는 경우에는 그러하지 아니하다.

08 2016년 제27회 정답 및 해설

01	02	03	04	05	06	07	08	09	10	11	12	13	14	15	16	17	18	19	20
④	①	③	②	③	②	⑤	⑤	③	④	①	⑤	②	①	①·③	①	③	④	⑤	③
21	22	23	24	25	26	27	28	29	30	31	32	33	34	35	36	37	38	39	40
③	②	④	①	②	②	①	②	②	④	⑤	①	④	⑤	④	⑤	④	③	⑤	②

01 난도 ★　　　　　　　답 ④

┃정답해설┃

④ 도시자연공원구역의 지정 또는 변경에 관한 계획이 도시
· 군관리계획에 해당한다(법 제2조 제4호 참조).

국토의 계획 및 이용에 관한 법률 제2조(정의)

4. "도시·군관리계획"이란 특별시·광역시·특별
자치시·특별자치도·시 또는 군의 개발·정비
및 보전을 위하여 수립하는 토지 이용, 교통, 환
경, 경관, 안전, 산업, 정보통신, 보건, 복지, 안보,
문화 등에 관한 다음 각 목의 계획을 말한다.

가. 용도지역·용도지구의 지정 또는 변경에 관
한 계획

나. 개발제한구역, 도시자연공원구역, 시가화조
정구역, 수산자원보호구역의 지정 또는 변경
에 관한 계획

다. 기반시설의 설치·정비 또는 개량에 관한 계획

라. 도시개발사업이나 정비사업에 관한 계획

마. 지구단위계획구역의 지정 또는 변경에 관한
계획과 지구단위계획

바. 입지규제최소구역의 지정 또는 변경에 관한
계획과 입지규제최소구역계획

02 난도 ★★　　　　　　답 ①

┃정답해설┃

① 청소년수련시설은 공공·문화체육시설에 해당한다(국
토의 계획 및 이용에 관한 법률 제2조 제6호 및 국토의
계획 및 이용에 관한 법률 시행령 제2조 제1항 참조).

국토의 계획 및 이용에 관한 법률 제2조(정의)

6. "기반시설"이란 다음 각 목의 시설로서 대통령령
으로 정하는 시설을 말한다.

가. 도로·철도·항만·공항·주차장 등 교통
시설

나. 광장·공원·녹지 등 공간시설

다. 유통업무설지, 수도·전기·가스공급설비,
방송·통신시설, 공동구 등 유통·공급시설

라. 학교·공공청사·문화시설 및 공공필요성이
인정되는 체육시설 등 공공·문화체육시설

마. 하천·유수지·방화설비 등 방재시설

바. 장사시설 등 보건위생시설

사. 하수도, 폐기물처리 및 재활시설, 빗물저장
및 이용시설 등 환경기초시설

**국토의 계획 및 이용에 관한 법률 시행령 제2조
(기반시설)**

① 「국토의 계획 및 이용에 관한 법률」(이하
"법"이라 한다) 제2조 제6호 각 목 외의 부
분에서 "대통령령으로 정하는 시설"이란
다음 각 호의 시설(당해 그 자체의 기능발
휘와 이용을 위하여 필요한 부대시설 및
편익시설을 포함한다)을 말한다.

1. 교통시설 : 도로·철도·항만·공항·주차장·자동차정류장·궤도·자동차 및 건설기계 검사시설
2. 공간시설 : 광장·공원·녹지·유원지·공공공지
3. 유통·공급시설 : 유통업무설비, 수도·전기·가스·열공급설비, 방송·통신시설, 공동구·시장, 유류저장 및 송유설비
4. 공공·문화체육시설 : 학교·공공청사·문화시설·공공필요성이 인정되는 체육시설·연구시설·사회복지시설·공공직업훈련시설·청소년수련시설
5. 방재시설 : 하천·유수지·저수지·방화설비·방풍설비·방수설비·사방설비·방조설비
6. 보건위생시설 : 장사시설·도축장·종합의료시설
7. 환경기초시설 : 하수도·폐기물처리 및 재활용시설·빗물저장 및 이용시설·수질오염방지시설·폐차장

1. 국가계획과 관련된 경우
2. 둘 이상의 시·도에 걸쳐 지정되는 용도지역·용도지구 또는 용도구역과 둘 이상의 시·도에 걸쳐 이루어지는 사업의 계획 중 도시·군관리계획으로 결정하여야 할 사항이 있는 경우
3. 특별시장·광역시장·특별자치시장·특별자치도지사·시장 또는 군수가 제138조에 따른 기한까지 국토교통부장관의 도시·군관리계획 조정 요구에 따라 도시·군관리계획을 정비하지 아니하는 경우
⑥ 도지사는 제1항이나 제2항에도 불구하고 다음 각 호의 어느 하나의 경우에는 직접 또는 시장이나 군수의 요청에 의하여 도시·군관리계획을 입안할 수 있다. 이 경우 도지사는 관계 시장 또는 군수의 의견을 들어야 한다.
1. 둘 이상의 시·군에 걸쳐 지정되는 용도지역·용도지구 또는 용도구역과 둘 이상의 시·군에 걸쳐 이루어지는 사업의 계획 중 도시·군관리계획으로 결정하여야 할 사항이 포함되어 있는 경우
2. 도지사가 직접 수립하는 사업의 계획으로서 도시·군관리계획으로 결정하여야 할 사항이 포함되어 있는 경우

03 난도 ★ 답 ③

┃ 정답해설 ┃

③ 특별시장·광역시장·특별자치시장·특별자치도지사·시장 또는 군수는 원칙적인 입안권자이고, 국토교통부장관과 도지사는 예외적으로 입안권자가 될 수 있다(법 제24조 제1항·제5항·제6항 참조).

국토의 계획 및 이용에 관한 법률 제24조(도시·군관리계획의 입안권자)
① 특별시장·광역시장·특별자치시장·특별자치도지사·시장 또는 군수는 관할 구역에 대하여 도시·군관리계획을 입안하여야 한다.
⑤ 국토교통부장관은 제1항이나 제2항에도 불구하고 다음 각 호의 어느 하나에 해당하는 경우에는 직접 또는 관계 중앙행정기관의 장의 요청에 의하여 도시·군관리계획을 입안할 수 있다. 이 경우 국토교통부장관은 관할 시·도지사 및 시장·군수의 의견을 들어야 한다.

04 난도 ★★★ 답 ②

┃ 정답해설 ┃

ㄴ. 도시자연공원구역의 지정 – 시·도지사 또는 대도시 시장(국토의 계획 및 이용에 관한 법률 제38조의2 제1항)
ㄷ. 시가화조정구역의 지정 – 시·도지사(원칙), 국토교통부장관(예외) (국토의 계획 및 이용에 관한 법률 제39조 제1항)

┃ 오답해설 ┃

ㄱ. 개발제한구역의 지정 – 국토교통부장관(국토의 계획 및 이용에 관한 법률 제38조 제1항)
ㄹ. 입지규제최소구역의 지정 – 국토교통부장관(법 제40조의2 제1항), 시·도지사도 가능(국토의 계획 및 이용에 관한 법률 제12974호의 부칙 제3조)

05 난도 ★★ 답 ③

정답해설

③ 국토의 계획 및 이용에 관한 법률 제18조 제1항 단서 및 영 제14조 제1호

> **국토의 계획 및 이용에 관한 법률 제18조(도시·군기본계획의 수립권자와 대상지역)**
> ① 특별시장·광역시장·특별자치시장·특별자치도지사·시장 또는 군수는 관할 구역에 대하여 도시·군기본계획을 수립하여야 한다. 다만, 시 또는 군의 위치, 인구의 규모, 인구감소율 등을 고려하여 대통령령으로 정하는 시 또는 군은 도시·군기본계획을 수립하지 아니할 수 있다.
>
> > **국토의 계획 및 이용에 관한 법률 시행령 제14조 (도시·군기본계획을 수립하지 아니할 수 있는 지역)**
> > 법 제18조 제1항 단서에서 "대통령령으로 정하는 시 또는 군"이란 다음 각 호의 어느 하나에 해당하는 시 또는 군을 말한다.
> > 1. 「수도권정비계획법」 제2조 제1호의 규정에 의한 수도권(이하 "수도권"이라 한다)에 속하지 아니하고 광역시와 경계를 같이하지 아니한 시 또는 군으로서 인구 10만 명 이하인 시 또는 군
> > 2. 관할구역 전부에 대하여 광역도시계획이 수립되어 있는 시 또는 군으로서 당해 광역도시계획에 법 제19조 제1항 각호의 사항이 모두 포함되어 있는 시 또는 군

06 난도 ★★ 답 ②

정답해설

② 3,000만 원을 초과하는 경우이다(국토의 계획 및 이용에 관한 법률 제47조 제2항, 시행령 제41조 제4항 참조).

> **국토의 계획 및 이용에 관한 법률 제47조(도시·군계획시설 부지의 매수 청구)**
> ② 매수의무자는 제1항에 따라 매수 청구를 받은 토지를 매수할 때에는 현금으로 그 대금을 지급한다. 다만, 다음 각 호의 어느 하나에 해당하는 경우로서 매수의무자가 지방자치단체인 경우에는 채권(이하 "도시·군계획시설채권"이라 한다)을 발행하여 지급할 수 있다.
> 1. 토지 소유자가 원하는 경우
> 2. 대통령령으로 정하는 부재부동산 소유자의 토지 또는 비업무용 토지로서 매수대금이 대통령령으로 정하는 금액을 초과하여 그 초과하는 금액을 지급하는 경우
>
> > **국토의 계획 및 이용에 관한 법률 시행령 제41조**
> > ④ 법 제47조 제2항 제2호에서 "대통령령으로 정하는 금액"이란 3천만 원을 말한다.

오답해설

① 국토의 계획 및 이용에 관한 법률 제47조 제1항

> **국토의 계획 및 이용에 관한 법률 제47조(도시·군계획시설 부지의 매수 청구)**
> ① 도시·군계획시설에 대한 도시·군관리계획의 결정(이하 "도시·군계획시설결정"이라 한다)의 고시일부터 10년 이내에 그 도시·군계획시설의 설치에 관한 도시·군계획시설사업이 시행되지 아니하는 경우(제88조에 따른 실시계획의 인가나 그에 상당하는 절차가 진행된 경우는 제외한다. 이하 같다) 그 도시·군계획시설의 부지로 되어 있는 토지 중 지목(地目)이 대(垈)인 토지(그 토지에 있는 건축물 및 정착물을 포함한다. 이하 이 조에서 같다)의 소유자는 대통령령으로 정하는 바에 따라 특별시장·광역시장·특별자치시장·특별자치도지사·시장 또는 군수에게 그 토지의 매수를 청구할 수 있다. 다만, 다음 각 호의 어느 하나에 해당하는 경우에는 그에 해당하는 자(특별시장·광역시장·특별자치시장·특별자치도지사·시장 또는 군수를 포함한다. 이하 이 조에서 "매수의무자"라 한다)에게 그 토지의 매수를 청구할 수 있다.

③ 국토의 계획 및 이용에 관한 법률 제47조 제1항

④ 국토의 계획 및 이용에 관한 법률 제47조 제3항

⑤ 국토의 계획 및 이용에 관한 법률 제47조 제6항

07 난도 ★★★

정답 ⑤

┃정답해설┃

⑤ 국토의 계획 및 이용에 관한 법률 제52조 제1항 제1호 및 제4호 참조

┃오답해설┃

① 지구단위계획구역 및 지구단위계획은 도시·군관리계획으로 결정한다(국토의 계획 및 이용에 관한 법률 제50조).

② 국토교통부장관이 정한다(국토의 계획 및 이용에 관한 법률 제49조 제2항).

③ 지구단위계획구역은 도시지역 내·외에 요건에 따라 지정할 수 있다(국토의 계획 및 이용에 관한 법률 제51조 제1항 및 제3항 참조).

④ 건폐율의 150퍼센트 및 용적률의 200퍼센트 이내에서 건폐율 및 용적률을 완화하여 적용할 수 있다(국토의 계획 및 이용에 관한 법률 시행령 제47조 제1항 참조).

08 난도 ★

정답 ⑤

┃정답해설┃

⑤ 학교는 포함된다(국토의 계획 및 이용에 관한 법률 시행령 제63조 제1호).

국토의 계획 및 이용에 관한 법률 시행령 제63조(개발밀도관리구역의 지정기준 및 관리방법)
국토교통부장관은 법 제66조 제5항의 규정에 의하여 개발밀도관리구역의 지정기준 및 관리방법을 정할 때에는 다음 각 호의 사항을 종합적으로 고려하여야 한다.

　1. 개발밀도관리구역은 도로·수도공급설비·하수도·학교 등 기반시설의 용량이 부족할 것으로 예상되는 지역 중 기반시설의 설치가 곤란한 지역으로서 다음 각 목의 1에 해당하는 지역에 대하여 지정할 수 있도록 할 것

　　가. 당해 지역의 도로서비스 수준이 낮아 차량통행이 현저하게 지체되는 지역. 이 경우 도로서비스 수준의 측정에 관하여는 「도시교통정비 촉진법」에 따른 교통영향평가의 예에 따른다.

　　나. 당해 지역의 도로율이 국토교통부령이 정하는 용도지역별 도로율에 20퍼센트 이상 미달하는 지역

　　다. 향후 2년 이내에 당해 지역의 수도에 대한 수요량이 수도시설의 시설용량을 초과할 것으로 예상되는 지역

　　라. 향후 2년 이내에 당해 지역의 하수발생량이 하수시설의 시설용량을 초과할 것으로 예상되는 지역

　　마. 향후 2년 이내에 당해 지역의 학생수가 학교 수용능력을 20퍼센트 이상 초과할 것으로 예상되는 지역

　2. 개발밀도관리구역의 경계는 도로·하천 그 밖에 특색있는 지형지물을 이용하거나 용도지역의 경계선을 따라 설정하는 등 경계선이 분명하게 구분되도록 할 것

　3. 용적률의 강화범위는 제62조 제1항의 규정에 의한 범위 안에서 제1호 각목에 규정된 기반시설의 부족정도를 감안하여 결정할 것

　4. 개발밀도관리구역안의 기반시설의 변화를 주기적으로 검토하여 용적률을 강화 또는 완화하거나 개발밀도관리구역을 해제하는 등 필요한 조치를 취하도록 할 것

┃오답해설┃

① 국토의 계획 및 이용에 관한 법률 제66조 제1항

② 국토의 계획 및 이용에 관한 법률 제66조 제2항

③ 국토의 계획 및 이용에 관한 법률 제66조 제3항

④ 국토의 계획 및 이용에 관한 법률 시행령 제63조 제2호

09 난도 ★

정답 ③

┃정답해설┃

③ 국토의 계획 및 이용에 관한 법률 제79조 제2항

국토의 계획 및 이용에 관한 법률 제79조(용도지역 미지정 또는 미세분 지역에서의 행위 제한 등)
① 도시지역, 관리지역, 농림지역 또는 자연환경보전지역으로 용도가 지정되지 아니한 지역에 대하여는 제76조부터 제78조까지의 규정을 적용할 때에 자연환경보전지역에 관한 규정을 적용한다.

② 제36조에 따른 도시지역 또는 관리지역이 같은 조 제1항 각 호 각목의 세부 용도지역으로 지정되지 아니한 경우에는 제76조부터 제78조까지의 규정을 적용할 때에 해당 용도지역이 도시지역인 경우에는 녹지지역 중 대통령령으로 정하는 지역에 관한 규정을 적용하고, 관리지역인 경우에는 보전관리지역에 관한 규정을 적용한다.

> **국토의 계획 및 이용에 관한 법률 시행령 제86조 (용도지역 미세분지역에서의 행위제한 등)**
> 법 제79조 제2항에서 "대통령령으로 정하는 지역"이란 보전녹지지역을 말한다.

10 난도 ★★
 ④

┃정답해설┃

④ 부동산 거래신고 등에 관한 법률 시행령 제9조

> **부동산 거래신고 등에 관한 법률 시행령 제9조(토지거래 계약허가 면제 대상 토지면적 등)**
> ① 법 제11조 제2항에서 "대통령령으로 정하는 용도별 면적"이란 다음 각 호의 구분에 따른 면적을 말한다. 다만, 국토교통부장관 또는 시·도지사가 허가구역을 지정할 당시 해당 지역에서의 거래실태 등을 고려하여 다음 각 호의 면적으로 하는 것이 타당하지 않다고 인정하여 해당 기준면적의 10퍼센트 이상 300퍼센트 이하의 범위에서 따로 정하여 공고한 경우에는 그에 따른다.
>   1. 「국토의 계획 및 이용에 관한 법률」 제36조 제1항 제1호에 따른 도시지역(이하 "도시지역"이라 한다) : 다음 각 목의 세부 용도지역별 구분에 따른 면적
>   가. 주거지역 : 60제곱미터
>   나. 상업지역 : 150제곱미터
>   다. 공업지역 : 150제곱미터
>   라. 녹지지역 : 200제곱미터
>   마. 가목부터 라목까지의 구분에 따른 용도지역의 지정이 없는 구역 : 60제곱미터
>   2. 도시지역 외의 지역 : 250제곱미터. 다만, 농지의 경우에는 500제곱미터로 하고, 임야의 경우에는 1천제곱미터로 한다.

11 난도 ★★★
 ①

┃정답해설┃

① 준주거지역 : 주거기능을 위주로 이를 지원하는 일부 상업기능 및 업무기능을 보완하기 위하여 필요한 지역(국토의 계획 및 이용에 관한 법률 시행령 제30조 제1호 다목 및 [별표 7] 참조)

┃오답해설┃

② 일반공업지역 : 환경을 저해하지 아니하는 공업의 배치를 위하여 필요한 지역(국토의 계획 및 이용에 관한 법률 시행령 제30조 제3호 나목)
③ 유통상업지역 : 도시 내 및 지역 간 유통기능의 증진을 위하여 필요한 지역(국토의 계획 및 이용에 관한 법률 시행령 제30조 제2호 라목)
④ 계획관리지역 : 도시지역으로의 편입이 예상되는 지역이나 자연환경을 고려하여 제한적인 이용개발을 하려는 지역으로서 계획적·체계적인 관리가 필요한 지역(국토의 계획 및 이용에 관한 법률 제36조 제1항 제2호 다목)
⑤ 제1종 일반주거지역 : 저층주택을 중심으로 편리한 주거환경을 조성하기 위하여 필요한 지역(국토의 계획 및 이용에 관한 법률 시행령 제30조 제1호 나목)

12 난도 ★★★
 ⑤

┃정답해설┃

⑤ 법 제47조 제6항

┃오답해설┃

① 6개월이다(법 제47조 제6항).
② 3천만 원이다(법 제47조 제2항 및 영 제41조 제4항).
③ 도시·군계획시설채권의 상환기간은 10년 이내로 하며, 그 이율은 채권 발행 당시 「은행법」에 따른 인가를 받은 은행 중 전국을 영업으로 하는 은행이 적용하는 1년 만기 정기예금금리의 평균 이상이어야 하며, 구체적인 상환기간과 이율은 특별시·광역시·특별자치시·특별자치도·시 또는 군의 조례로 정한다(법 제47조 제3항).
④ 설치하여야 할 의무가 있는 자에게 매수 청구하여야 한다(법 제47조 제1항 제2호).

13 난도 ★   답 ②

▮ 정답해설 ▮

② 국토의 계획 및 이용에 관한 법률 제130조 제2항 단서

▮ 오답해설 ▮

① 그 행위자가 속한 행정청이나 도시·군계획시설사업의
시행자가 그 손실을 보상하여야 한다(국토의 계획 및 이
용에 관한 법률 제131조 제1항).

> **국토의 계획 및 이용에 관한 법률 제131조(토지에의 출입
> 등에 따른 손실 보상)**
> ① 제130조 제1항에 따른 행위로 인하여 손실을 입은 자
> 가 있으면 그 행위자가 속한 행정청이나 도시·군계
> 획시설사업의 시행자가 그 손실을 보상하여야 한다.

③ 타인의 토지에 출입하려는 자는 특별시장·광역시장·
특별자치시장·특별자치도지사·시장 또는 군수의 허
가를 받아야 하며, 출입하려는 날의 7일 전까지 그 토지의
소유자·점유자 또는 관리인에게 그 일시와 장소를 알려
야 한다(국토의 계획 및 이용에 관한 법률 제130조 제2항
본문).

④ 타인의 토지를 재료 적치장 또는 임시통로로 일시사용하
거나 나무, 흙, 돌, 그 밖의 장애물을 변경 또는 제거하려
는 자는 토지의 소유자·점유자 또는 관리인의 동의를
받아야 한다(국토의 계획 및 이용에 관한 법률 제130조
제3항).

⑤ 일출 전이나 일몰 후에는 그 토지 점유자의 승낙 없이
택지나 담장 또는 울타리로 둘러싸인 타인의 토지에 출입
할 수 없다(국토의 계획 및 이용에 관한 법률 제130조
제6항).

14 난도 ★★   답 ①

▮ 정답해설 ▮

① ㄱ : 5천만 원, ㄴ : 5억 원(법 제41조 제1항)

> **감정평가 및 감정평가사에 관한 법률 제41조(과징금의
> 부과)**
> ① 국토교통부장관은 감정평가업자가 제32조 제1항 각
> 호의 어느 하나에 해당하게 되어 업무정지처분을 하
> 여야 하는 경우로서 그 업무정지처분이「부동산 가격
> 공시에 관한 법률」제3조에 따른 표준지공시지가의
> 공시 등의 업무를 정상적으로 수행하는 데에 지장을
> 초래하는 등 공익을 해칠 우려가 있는 경우에는 업무
> 정지처분을 갈음하여 5천만 원(감정평가법인인 경우
> 는 5억 원) 이하의 과징금을 부과할 수 있다.

15 난도 ★★   답 ①·③

▮ 정답해설 ▮

① 미성년자 또는 피성년후견인·피한정후견인은 감정평가
사가 될 수 없다는 조항은 2021.7.20. 삭제되었다.

③ 금고 이상의 형의 집행유예를 받고 그 유예기간이 만료된
날부터 1년이 지나지 아니한 사람은 감정평가사가 될 수
없으므로, 지문에 해당하는 자는 감정평가사가 될 수 있
다(감정평가 및 감정평가사에 관한 법률 제12조 제4호).

> **감정평가 및 감정평가사에 관한 법률 제12조(결격사유)**
> ① 다음 각 호의 어느 하나에 해당하는 사람은 감정평가
> 사가 될 수 없다.
> 1. 삭제
> 2. 파산선고를 받은 사람으로서 복권되지 아니한 사람
> 3. 금고 이상의 실형을 선고받고 그 집행이 종료(집
> 행이 종료된 것으로 보는 경우를 포함한다)되거
> 나 그 집행이 면제된 날부터 3년이 지나지 아니한
> 사람
> 4. <u>금고 이상의 형의 집행유예를 받고 그 유예기간이
> 만료된 날부터 1년이 지나지 아니한 사람</u>
> 5. 금고 이상의 형의 선고유예를 받고 그 선고유예기
> 간 중에 있는 사람
> 6. 제13조에 따라 감정평가사 자격이 취소된 후 3년
> 이 지나지 아니한 사람
> 7. 제39조 제1항 제11호 및 제2호에 따라 자격이 취
> 소된 후 5년이 지나지 아니한 사람

16 난도 ★

답 ①

┃ 정답해설 ┃

① 보기에 주어진 내용 모두 과거의 법(「부동산 가격공시 및 감정평가에 관한 법률」 제6조)과 시행령(「부동산 가격공시 및 감정평가에 관한 법률 시행령」 제9조)에 규정되었던 내용이다. 그러므로 과거의 법령을 기준으로 하면 답은 ⑤번이지만, 현행 법령을 기준으로 하면, ㉠을 제외하고는 공시사항에 포함한다고 단정할 수 없다.

> **부동산 가격공시에 관한 법률 제5조(표준지공시지가의 공시사항)**
> 제3조에 따른 공시에는 다음 각 호의 사항이 포함되어야 한다.
> 1. 표준지의 지번
> 2. 표준지의 단위면적당 가격
> 3. 표준지의 면적 및 형상
> 4. 표준지 및 주변토지의 이용상황
> 5. 그 밖에 대통령령으로 정하는 사항
>
> > **부동산 가격공시에 관한 법률 시행령 제10조 (표준지공시지가의 공시사항)**
> > ① 법 제5조 제2호의 단위면적은 1제곱미터로 한다.
> > ② 법 제5조 제5호에서 "대통령령으로 정하는 사항"이란 표준지에 대한 다음 각 호의 사항을 말한다.
> >   1. 지목
> >   2. 용도지역
> >   3. 도로 상황
> >   4. 그 밖에 표준지공시지가 공시에 필요한 사항

17 난도 ★★

답 ③

┃ 정답해설 ┃

ㄱ. (○) 감정평가 및 감정평가사에 관한 법률 제29조 제3항 및 영 제24조 제3항

ㄹ. (○) 감정평가 및 감정평가사에 관한 법률 제29조 제13항

┃ 오답해설 ┃

ㄴ. (×) 주사무소 및 분사무소에 주재하는 최소 감정평가사의 수는 각각 2명이다(감정평가 및 감정평가사에 관한 법률 시행령 제24조 제4항).

ㄷ. (×) 감정평가법인이 해산한 때에는 국토교통부령으로 정하는 바에 따라 이를 국토교통부장관에게 신고하여야 한다(감정평가 및 감정평가사에 관한 법률 제30조 제2항).

18 난도 ★

답 ④

┃ 정답해설 ┃

④ 위원장은 중앙부동산가격공시위원회의 회의를 소집할 때에는 개회 3일 전까지 의안을 첨부하여 위원에게 개별 통지하여야 한다(부동산 가격공시에 관한 법률 시행령 제71조 제8항).

┃ 오답해설 ┃

① 위원회는 위원장을 포함한 20명 이내의 위원으로 구성한다(부동산 가격공시에 관한 법률 제24조 제2항).

② 6명 이내이어야 한다(부동산 가격공시에 관한 법률 제24조 제4항).

> **부동산 가격공시에 관한 법률 제24조(중앙부동산가격공시위원회)**
> ④ 위원회의 위원은 대통령령으로 정하는 중앙행정기관의 장이 지명하는 6명 이내의 공무원과 다음 각 호의 어느 하나에 해당하는 사람 중 국토교통부장관이 위촉하는 사람이 된다.
> 1. 「고등교육법」에 따른 대학에서 토지·주택 등에 관한 이론을 가르치는 조교수 이상으로 재직하고 있거나 재직하였던 사람
> 2. 판사, 검사, 변호사 또는 감정평가사의 자격이 있는 사람
> 3. 부동산가격공시 또는 감정평가 관련 분야에서 10년 이상 연구 또는 실무경험이 있는 사람

③ 위원회의 위원장은 국토교통부 제1차관이 된다(부동산 가격공시에 관한 법률 제24조 제3항).

⑤ 공무원이 아닌 위원의 임기는 2년으로 하되, 한차례 연임할 수 있다(부동산 가격공시에 관한 법률 제24조 제5항).

19 난도 ★★ 답 ⑤

┃정답해설┃

⑤ 부동산 가격공시에 관한 법률 제12조 및 영 제23조 제1항 참조

부동산 가격공시에 관한 법률 제12조(개별공시지가의 정정)

시장 · 군수 또는 구청장은 개별공시지가에 틀린 계산, 오기, 표준지 선정의 착오, 그 밖에 대통령령으로 정하는 명백한 오류가 있음을 발견한 때에는 지체 없이 이를 정정하여야 한다.

> **부동산 가격공시에 관한 법률 시행령 제23조(개별공시지가의 정정사유)**
> ① 법 제12조에서 "대통령령으로 정하는 명백한 오류"란 다음 각 호의 어느 하나에 해당하는 경우를 말한다.
> 1. 법 제10조에 따른 공시절차를 완전하게 이행하지 아니한 경우
> 2. 용도지역 · 용도지구 등 토지가격에 영향을 미치는 주요 요인의 조사를 잘못한 경우
> 3. 토지가격비준표의 적용에 오류가 있는 경우

20 난도 ★★ 답 ③

┃정답해설┃

③ 두 개의 감정평가업자의 평가액을 산술평균한 금액으로 한다(국유재산법 시행령 제42조 제1항).

국유재산법 시행령 제42조(처분재산의 예정가격)

① 증권을 제외한 일반재산을 처분할 때에는 시가를 고려하여 해당 재산의 예정가격을 결정하여야 한다. 이 경우 예정가격의 결정방법은 다음 각 호와 같다.
1. 대장가격이 3천만 원 이상인 경우(제2호의 경우는 제외한다) : 두 개의 감정평가업자의 평가액을 산술평균한 금액
2. 대장가격이 3천만 원 미만인 경우나 지방자치단체 또는 공공기관에 처분하는 경우 : 하나의 감정평가업자의 평가액

┃오답해설┃

① 국유재산법 제41조 제1항
② 국유재산법 제42조 제2항
④ 국유재산법 제45조 제1항
⑤ 국유재산법 제46조 제3항

21 난도 ★ 답 ③

┃정답해설┃

③ 5년 이내로 한다(국유재산법 시행령 제67조의10 제3항).

국유재산법 제65조의11(지식재산의 사용허가등 기간)

① 제35조 또는 제46조에도 불구하고 지식재산의 사용허가기간 또는 대부기간은 5년 이내에서 대통령령으로 정한다.

> **국유재산법 시행령 제67조의10(지식재산의 사용허가등 기간)**
> ① 법 제65조의11 제1항에 따라 지식재산의 사용허가등의 기간은 3년 이내로 한다.
> ② 제1항에도 불구하고 다음 각 호의 어느 하나에 해당하는 경우에는 그 사용허가등의 기간을 다음 각 호의 구분에 따른 기간만큼 연장할 수 있다. 이 경우에도 최초의 사용허가등의 기간과 연장된 사용허가등의 기간을 합산한 기간은 5년을 초과하지 못한다.
> 1. 해당 지식재산을 실시하는 데에 필요한 준비기간이 1년 이상 걸리는 경우 : 그 준비기간
> 2. 해당 지식재산의 존속기간이 계약일부터 4년 이내에 만료되는 경우 : 그 존속기간 만료시까지의 남은 기간
> ③ 상표권의 사용허가등의 기간은 5년 이내로 한다.

┃오답해설┃

① 국유재산법 제5조 제1항 제6호 가목
② 국유재산법 제65조의8 제1항
④ 국유재산법 제65조의10 제1호
⑤ 국유재산법 제65조의7 제2항

┃정답해설┃

ㄱ. (○) 국유재산법 제39조

ㄷ. (○) 국유재산법 제35조 제1항

┃오답해설┃

ㄴ. (×) 수의의 방법으로 결정할 수 있다(영 제27조 제3항).

> **국유재산법 제31조(사용허가의 방법)**
> ① 행정재산을 사용허가하려는 경우에는 그 뜻을 공고하여 일반경쟁에 부쳐야 한다. 다만, 사용허가의 목적·성질·규모 등을 고려하여 필요하다고 인정되면 대통령령으로 정하는 바에 따라 참가자의 자격을 제한하거나 참가자를 지명하여 경쟁에 부치거나 수의의 방법으로 할 수 있다.
>
>> **국유재산법 시행령 제27조(사용허가의 방법)**
>> ③ 행정재산이 다음 각 호의 어느 하나에 해당하는 경우에는 법 제31조 제1항 단서에 따라 수의의 방법으로 사용허가를 받을 자를 결정할 수 있다.
>> 1. 주거용으로 사용허가를 하는 경우
>> 2. 경작용으로 실경작자에게 사용허가를 하는 경우
>> 3. 외교상 또는 국방상의 이유로 사용·수익 행위를 비밀리에 할 필요가 있는 경우
>> 4. 천재지변이나 그 밖의 부득이한 사유가 발생하여 재해 복구나 구호의 목적으로 사용허가를 하는 경우
>> 4의2. 법 제18조 제1항 제3호에 따른 사회기반시설로 사용하려는 지방자치단체나 지방공기업에 사용허가를 하는 경우
>> 5. 법 제34조 제1항 또는 다른 법률에 따라 사용료 면제의 대상이 되는 자에게 사용허가를 하는 경우
>> 6. 국가와 재산을 공유하는 자에게 국가의 지분에 해당하는 부분에 대하여 사용허가를 하는 경우
>> 7. 국유재산의 관리·처분에 지장이 없는 경우로서 사용목적이나 계절적 요인 등을 고려하여 6개월 미만의 사용허가를 하는 경우

> 8. 두 번에 걸쳐 유효한 입찰이 성립되지 아니한 경우
> 9. 그 밖에 재산의 위치·형태·용도 등이나 계약의 목적·성질 등으로 보아 경쟁입찰에 부치기 곤란하다고 인정되는 경우

ㄹ. (×) 개인이 아닌 공공단체에 사용허가하는 경우에 면제할 수 있다(국유재산법 제34조 제1항).

> **국유재산법 제34조(사용료의 감면)**
> ① 중앙관서의 장은 다음 각 호의 어느 하나에 해당하면 대통령령으로 정하는 바에 따라 그 사용료를 면제할 수 있다.
> 1. 행정재산으로 할 목적으로 기부를 받은 재산에 대하여 기부자나 그 상속인, 그 밖의 포괄승계인에게 사용허가하는 경우
> 1의2. 건물 등을 신축하여 기부채납을 하려는 자가 신축기간에 그 부지를 사용하는 경우
> 2. 행정재산을 직접 공용·공공용 또는 비영리 공익사업용으로 사용하려는 지방자치단체에 사용허가하는 경우
> 3. 행정재산을 직접 비영리 공익사업용으로 사용하려는 대통령령으로 정하는 공공단체에 사용허가하는 경우
> ② 사용허가를 받은 행정재산을 천재지변이나 「재난 및 안전관리 기본법」 제3조 제1호의 재난으로 사용하지 못하면 되면 그 사용하지 못한 기간에 대한 사용료를 면제할 수 있다.
> ③ 중앙관서의 장은 행정재산의 형태·규모·내용연수 등을 고려하여 활용성이 낮거나 보수가 필요한 재산 등 대통령령으로 정하는 행정재산을 사용허가하는 경우에는 대통령령으로 정하는 바에 따라 사용료를 감면할 수 있다.

▌정답해설▐

④ 면제할 수 있다(국유재산법 제34조 제1항 제2호).

국유재산법 제34조(사용료의 감면)

① 중앙관서의 장은 다음 각 호의 어느 하나에 해당하면 대통령령으로 정하는 바에 따라 그 사용료를 면제할 수 있다.

1. 행정재산으로 할 목적으로 기부를 받은 재산에 대하여 기부자나 그 상속인, 그 밖의 포괄승계인에게 사용허가하는 경우

1의2. 건물 등을 신축하여 기부채납을 하려는 자가 신축기간에 그 부지를 사용하는 경우

2. 행정재산을 직접 공용·공공용 또는 비영리 공익사업용으로 사용하려는 지방자치단체에 사용허가하는 경우

3. 행정재산을 직접 비영리 공익사업용으로 사용하려는 대통령령으로 정하는 공공단체에 사용허가하는 경우

② 사용허가를 받은 행정재산을 천재지변이나 「재난 및 안전관리 기본법」 제3조 제1호의 재난으로 사용하지 못하면 되면 그 사용하지 못한 기간에 대한 사료료를 면제할 수 있다.

③ 중앙관서의 장은 행정재산의 형태·규모·내용연수 등을 고려하여 활용성이 낮거나 보수가 필요한 재산 등 대통령령으로 정하는 행정재산을 사용허가하는 경우에는 대통령령으로 정하는 바에 따라 사용료를 감면할 수 있다.

▌오답해설▐

① 국유재산법 시행령 제29조 제6항
② 국유재산법 시행령 제30조 제5항
③ 국유재산법 제32조 제2항 및 영 제30조 제6항
⑤ 국유재산법 시행령 제29조 제7항

▌정답해설▐

① 건축법 제11조 제4항 제1호

▌오답해설▐

② 공장은 제외한다(건축법 시행령 제8조 제1항 제1호).

건축법 시행령 제8조(건축허가)

① 법 제11조 제1항 단서에 따라 특별시장 또는 광역시장의 허가를 받아야 하는 건축물의 건축은 층수가 21층 이상이거나 연면적의 합계가 10만 제곱미터 이상인 건축물의 건축(연면적의 10분의 3 이상을 증축하여 층수가 21층 이상으로 되거나 연면적의 합계가 10만 제곱미터 이상으로 되는 경우를 포함한다)을 말한다. 다만, 다음 각 호의 어느 하나에 해당하는 건축물의 건축은 제외한다.

1. 공장
2. 창고
3. 지방건축위원회의 심의를 거친 건축물(특별시 또는 광역시의 건축조례로 정하는 바에 따라 해당 지방건축위원회의 심의사항으로 할 수 있는 건축물에 한정하며, 초고층 건축물은 제외한다)

③ 고속도로 통행료 징수시설에 대해서는 건축법을 적용하지 않는다(건축법 제3조 제1항).

건축법 제3조(적용 제외)

① 다음 각 호의 어느 하나에 해당하는 건축물에는 이 법을 적용하지 아니한다.

1. 「문화재보호법」에 따른 지정문화재나 임시지정문화재 또는 「자연유산의 보존 및 활용에 관한 법률」에 따라 지정된 명승이나 임시지정명승 [시행일 : 2024.3.22.]
2. 철도나 궤도의 선로 부지에 있는 다음 각 목의 시설
   가. 운전보안시설
   나. 철도 선로의 위나 아래를 가로지르는 보행시설
   다. 플랫폼
   라. 해당 철도 또는 궤도사업용 급수·급탄 및 급유 시설
3. 고속도로 통행료 징수시설
4. 컨테이너를 이용한 간이창고(「산업집적활성화 및 공장설립에 관한 법률」 제2조 제1호에 따른 공장의 용도로만 사용되는 건축물의 대지에 설치하는 것으로서 이동이 쉬운 것만 해당된다)
5. 「하천법」에 따른 하천구역 내의 수문조작실

④ 2년 이내에 공사에 착수하지 않는 경우 건축허가를 취소해야 한다(건축법 제11조 제7항).

> **건축법 제11조(건축허가)**
> ⑦ 허가권자는 제1항에 따른 허가를 받은 자가 다음 각 호의 어느 하나에 해당하면 허가를 취소하여야 한다. 다만, 제1호에 해당하는 경우로서 정당한 사유가 있다고 인정되면 1년의 범위에서 공사의 착수기간을 연장할 수 있다.
> 1. 허가를 받은 날부터 2년(「산업집적활성화 및 공장설립에 관한 법률」 제13조에 따라 공장의 신설·증설 또는 업종변경의 승인을 받은 공장은 3년) 이내에 공사에 착수하지 아니한 경우
> 2. 제1호의 기간 이내에 공사에 착수하였으나 공사의 완료가 불가능하다고 인정되는 경우
> 3. 제21조에 따른 착공신고 전에 경매 또는 공매 등으로 건축주가 대지의 소유권을 상실한 때부터 6개월이 경과한 후 공사의 착수가 불가능하다고 판단되는 경우

⑤ 2년 이내에 건축허가를 신청해야 심의의 효력이 상실되지 않는다(건축법 제11조 제10항).

25 난도 ★★
답 ②

┃정답해설┃

② 건축이란 건축물을 신축·증축·개축·재축하거나 건축물을 이전하는 것을 말한다(건축법 제2조 제1항 제8호).

┃오답해설┃

① 건축법 제2조 제1항 제5호
③ 건축법 제2조 제1항 제10호
④ 고층건축물이란 층수가 30층 이상이거나 높이가 120미터 이상인 건축물을 말한다(건축법 제2조 제1항 제19호). 그러므로 설문의 건축물은 높이 요건(120미터 이상)을 충족하였으므로 고층건축물에 해당한다.
⑤ 건축법 제2조 제1항 제4호

26 난도 ★★★
답 ②

┃정답해설┃

② 「지방세법」에 따라 해당 건축물에 적용되는 1제곱미터의 시가표준액의 100분의 50에 해당하는 금액에 위반면적을 곱한 금액 이하의 범위에서 위반 내용에 따라 대통령령으로 정하는 비율을 곱한 금액을 부과한다(건축법 제80조 제1항 제1호).

> **건축법 제80조(이행강제금)**
> ① 허가권자는 제79조 제1항에 따라 시정명령을 받은 후 시정기간 내에 시정명령을 이행하지 아니한 건축주 등에 대하여는 그 시정명령의 이행에 필요한 상당한 이행기한을 정하여 그 기한까지 시정명령을 이행하지 아니하면 다음 각 호의 이행강제금을 부과한다. 다만, 연면적(공동주택의 경우에는 세대 면적을 기준으로 한다)이 60제곱미터 이하인 주거용 건축물과 제2호 중 주거용 건축물로서 대통령령으로 정하는 경우에는 다음 각 호의 어느 하나에 해당하는 금액의 2분의 1의 범위에서 해당 지방자치단체의 조례로 정하는 금액을 부과한다.
> 1. 건축물이 제55조와 제56조에 따른 건폐율이나 용적률을 초과하여 건축된 경우 또는 허가를 받지 아니하거나 신고를 하지 아니하고 건축된 경우에는 「지방세법」에 따라 해당 건축물에 적용되는 1제곱미터의 시가표준액의 100분의 50에 해당하는 금액에 위반면적을 곱한 금액 이하의 범위에서 위반 내용에 따라 대통령령으로 정하는 비율을 곱한 금액
> 2. 건축물이 제1호 외의 위반 건축물에 해당하는 경우에는 「지방세법」에 따라 그 건축물에 적용되는 시가표준액에 해당하는 금액의 100분의 10의 범위에서 위반내용에 따라 대통령령으로 정하는 금액

┃오답해설┃

① 건축법 제79조 제1항
③ 건축법 제80조 제3항
④ 건축법 제80조 제7항
⑤ 건축법 제80조 제6항

27 난도 ★

답 ①

┃정답해설┃

① 건축법 제85조 참조

> **건축법 제85조(「행정대집행법」 적용의 특례)**
> ① 허가권자는 제11조, 제14조, 제41조와 제79조 제1항에 따라 필요한 조치를 할 때 다음 각 호의 어느 하나에 해당하는 경우로서 「행정대집행법」 제3조 제1항과 제2항에 따른 절차에 의하면 그 목적을 달성하기 곤란한 때에는 해당 절차를 거치지 아니하고 대집행할 수 있다.
> 1. 재해가 발생할 위험이 절박한 경우
> 2. 건축물의 구조 안전상 심각한 문제가 있어 붕괴 등 손괴의 위험이 예상되는 경우
> 3. 허가권자의 공사중지명령을 받고도 불응하여 공사를 강행하는 경우
> 4. 도로통행에 현저하게 지장을 주는 불법건축물인 경우
> 5. 그 밖에 공공의 안전 및 공익에 심히 저해되어 신속하게 실시할 필요가 있다고 인정되는 경우로서 대통령령으로 정하는 경우

28 난도 ★

답 ②

┃정답해설┃

② 신청한 지번을 합병 후의 지번으로 부여한다(공간정보의 구축 및 관리 등에 관한 법률 시행령 제56조 제3항 제4호).

> **공간정보의 구축 및 관리 등에 관한 법률 시행령 제56조(지번의 구성 및 부여방법 등)**
> ③ 법 제66조에 따른 지번의 부여방법은 다음 각 호와 같다.
>   4. 합병의 경우에는 합병 대상 지번 중 선순위의 지번을 그 지번으로 하되, 본번으로 된 지번이 있을 때에는 본번 중 선순위의 지번을 합병 후의 지번으로 할 것. 이 경우 토지소유자가 합병 전의 필지에 주거·사무실 등의 건축물이 있어서 그 건축물이 위치한 지번을 합병 후의 지번으로 신청할 때에는 그 지번을 합병 후의 지번으로 부여하여야 한다.

┃오답해설┃

① 공간정보의 구축 및 관리 등에 관한 법률 시행령 제56조 제3항 제1호
③ 공간정보의 구축 및 관리 등에 관한 법률 시행령 제56조 제3항 제3호
④ 공간정보의 구축 및 관리 등에 관한 법률 시행령 제56조 제1항
⑤ 공간정보의 구축 및 관리 등에 관한 법률 시행령 제56조 제3항 제2호

29 난도 ★

답 ②

┃정답해설┃

② 그 수수료는 무료로 한다(공간정보의 구축 및 관리 등에 관한 법률 제88조 제5항).

> **공간정보의 구축 및 관리 등에 관한 법률 제88조(토지소유자의 정리)**
> ⑤ 지적소관청 소속 공무원이 지적공부와 부동산등기부의 부합여부를 확인하기 위하여 등기부를 열람하거나, 등기사항증명서의 발급을 신청하거나, 등기전산정보자료의 제공을 요청하는 경우 그 수수료는 무료로 한다.

┃오답해설┃

① 공간정보의 구축 및 관리 등에 관한 법률 제84조 제2항 및 영 제82조 제1항 제2호
③ 공간정보의 구축 및 관리 등에 관한 법률 제85조 제1항
④ 공간정보의 구축 및 관리 등에 관한 법률 제88조 제1항
⑤ 공간정보의 구축 및 관리 등에 관한 법률 제88조 제2항

30 난도 ★ 답 ④

┃정답해설┃

ㄱ. (○) 영 제55조 제1항 제1호
ㄴ. (○) 영 제55조 제1항 제4호
ㅁ. (○) 영 제55조 제1항 제2호

공간정보의 구축 및 관리 등에 관한 법률 시행령 제55조 (지상 경계의 결정기준 등)
① 법 제65조 제1항에 따른 지상 경계의 결정기준은 다음 각 호의 구분에 따른다.
  1. 연접되는 토지 간에 높낮이 차이가 없는 경우 : 그 구조물 등의 중앙
  2. 연접되는 토지 간에 높낮이 차이가 있는 경우 : 그 구조물 등의 하단부
  3. 도로·구거 등의 토지에 절토(땅깎기)된 부분이 있는 경우 : 그 경사면의 상단부
  4. 토지가 해면 또는 수면에 접하는 경우 : 최대만조위 또는 최대만수위가 되는 선
  5. 공유수면매립지의 토지 중 제방 등을 토지에 편입하여 등록하는 경우 : 바깥쪽 어깨부분

┃오답해설┃

ㄷ. (×) 그 경사면의 상단부(영 제55조 제1항 제3호)
ㄹ. (×) 바깥쪽 어깨부분(영 제55조 제1항 제5호)

31 난도 ★ 답 ⑤

┃정답해설┃

⑤ 구거에 해당한다(공간정보의 구축 및 관리 등에 관한 법률 시행령 제58조 제18호).

32 난도 ★★★ 답 ①

┃정답해설┃

① 부동산등기법 제64조

┃오답해설┃

② 신청할 수 있다(부동산등기법 제65조).

부동산등기법 제65조(소유권보존등기의 신청인)
미등기의 토지 또는 건물에 관한 소유권보존등기는 다음 각 호의 어느 하나에 해당하는 자가 신청할 수 있다.
  1. 토지대장, 임야대장 또는 건축물대장에 최초의 소유자로 등록되어 있는 자 또는 그 상속인, 그 밖의 포괄승계인
  2. 확정판결에 의하여 자기의 소유권을 증명하는 자
  3. 수용으로 인하여 소유권을 취득하였음을 증명하는 자
  4. 특별자치도지사, 시장, 군수 또는 구청장(자치구의 구청장을 말한다)의 확인에 의하여 자기의 소유권을 증명하는 자(건물의 경우로 한정한다)

③ 직권으로 소유권보존등기를 하는 경우가 있다(부동산등기법 제66조 제1항).

부동산등기법 제66조(미등기부동산의 처분제한의 등기와 직권보존)
① 등기관이 미등기부동산에 대하여 법원의 촉탁에 따라 소유권의 처분제한의 등기를 할 때에는 직권으로 소유권보존등기를 하고, 처분제한의 등기를 명하는 법원의 재판에 따라 소유권의 등기를 한다는 뜻을 기록하여야 한다.

④ 등기관이 소유권의 일부에 관한 이전등기를 할 때에는 이전되는 지분을 기록하여야 한다(부동산등기법 제67조).
⑤ 갑구에 기록한다.

33 난도 ★★ 답 ④

┃정답해설┃

④ 등기권리자, 등기의무자 또는 등기명의인이 각 2인 이상인 경우에는 그 중 1인에게 통지하면 된다(부동산등기법 제32조 제1항 단서 및 제3항).

부동산등기법 제32조(등기의 경정)
① 등기관이 등기를 마친 후 그 등기에 착오나 빠진 부분이 있음을 발견하였을 때에는 지체 없이 그 사실을 등기권리자와 등기의무자에게 알려야 하고, 등기권리자와 등기의무자가 없는 경우에는 등기명의인에게 알려야 한다. 다만, 등기권리자, 등기의무자 또는 등기명의인이 각 2인 이상인 경우에는 그 중 1인에게 통지하면 된다.

② 등기관이 등기의 착오나 빠진 부분이 등기관이 잘못으로 인한 것임을 발견한 경우에는 지체 없이 그 등기를 직권으로 경정하여야 한다. 다만, 등기상 이해관계 있는 제3자가 있는 경우에는 제3자의 승낙이 있어야 한다.

③ 등기관이 제2항에 따라 경정등기를 하였을 때에는 그 사실을 등기권리자, 등기의무자 또는 등기명의인에게 알려야 한다. 이 경우 제1항 단서를 준용한다.

④ 채권자대위권에 의하여 등기가 마쳐진 때에는 제1항 및 제3항의 통지를 그 채권자에게도 하여야 한다. 이 경우 제1항 단서를 준용한다.

▌오답해설▌

① 부동산등기법 제23조 제7항
② 부동산등기법 제23조 제5항
③ 부동산등기법 제32조 제2항
⑤ 부동산등기법 제39조

34 난도 ★ 정답 ⑤

▌정답해설▌

⑤ 보존기간이 나머지는 모두 영구이고, 신청정보 및 첨부정보는 5년이다(부동산등기규칙 제20조 제1항).

부동산등기규칙 제20조(신탁원부 등의 보존기간)
① 제18조 및 제19조에 따라 보조기억장치에 저장한 정보는 다음 각 호의 구분에 따른 기간 동안 보존하여야 한다.
  1. 신탁원부 : 영구
  2. 공동담보(전세)목록 : 영구
  3. 도면 : 영구
  4. 매매목록 : 영구
  5. 신청정보 및 첨부정보와 취하정보 : 5년

35 난도 ★★ 정답 ④

▌정답해설▌

④ 부동산등기법 제104조

▌오답해설▌

① 이의의 신청은 대법원규칙으로 정하는 바에 따라 등기소에 이의신청서를 제출하는 방법으로 한다(부동산등기법 제101조).
② 새로운 사실이나 새로운 증거방법을 근거로 이의신청을 할 수는 없다(부동산등기법 제102조).
③ 등기관은 이의가 이유 있다고 인정하면 그에 해당하는 처분을 하여야 한다(부동산등기법 제103조 제1항).
⑤ 「비송사건절차법」에 따라 항고할 수 있다(부동산등기법 제105조 제2항).

36 난도 ★ 정답 ⑤

▌정답해설▌

⑤ 동산담보권의 효력은 담보목적물에 부합된 물건과 종물에 미친다. 다만, 법률에 다른 규정이 있거나 설정행위에 다른 약정이 있으면 그러하지 아니하다(동산·채권 등의 담보에 관한 법률 제10조).

▌오답해설▌

① 동산·채권 등의 담보에 관한 법률 제3조 제3항 제2호
② 동산·채권 등의 담보에 관한 법률 제4조
③ 동산·채권 등의 담보에 관한 법률 제13조
④ 불가분성(동산·채권 등의 담보에 관한 법률 제9조)

37 난도 ★ 정답 ④

▌정답해설▌

④ 도시 및 주거환경정비법 제2조 제2호 가목 참조

도시 및 주거환경정비법 제2조(정의)
  2. "정비사업"이란 이 법에서 정한 절차에 따라 도시기능을 회복하기 위하여 정비구역에서 정비기반시설을 정비하거나 주택 등 건축물을 개량 또는 건설하는 다음 각 목의 사업을 말한다.

가. 주거환경개선사업 : 도시저소득 주민이 집단 거주하는 지역으로서 정비기반시설이 극히 열악하고 노후·불량건축물이 과도하게 밀집한 지역의 주거환경을 개선하거나 단독주택 및 다세대주택이 밀집한 지역에서 정비기반시설과 공동이용시설 확충을 통하여 주거환경을 보전·정비·개량하기 위한 사업

4. 토석의 채취 : 흙·모래·자갈·바위 등의 토석을 채취하는 행위. 다만, 토지의 형질변경을 목적으로 하는 것은 제3호에 따른다.
5. <u>토지분할</u>
6. 물건을 쌓아놓는 행위 : 이동이 쉽지 아니한 물건을 <u>1개월 이상</u> 쌓아놓는 행위
7. <u>죽목의 벌채</u> 및 식재

38 난도 ★★   답 ③

┃**정답해설**┃
③ 도시 및 주거환경정비법 제19조 제1항 및 영 제15조 제1항 참조

도시 및 주거환경정비법 제19조(행위제한 등)
① 정비구역에서 다음 각 호의 어느 하나에 해당하는 행위를 하려는 자는 시장·군수등의 허가를 받아야 한다. 허가받은 사항을 변경하려는 때에도 또한 같다.
1. 건축물의 건축
2. 공작물의 설치
3. 토지의 형질변경
4. 토석의 채취
5. 토지분할
6. 물건을 쌓아 놓는 행위
7. 그 밖에 대통령령으로 정하는 행위

> **도시 및 주거환경정비법 시행령 제15조(행위허가의 대상 등)**
> ① 법 제19조 제1항에 따라 시장·군수등의 허가를 받아야 하는 행위는 다음 각 호와 같다.
>   1. 건축물의 건축 등 : 「건축법」 제2조 제1항 제2호에 따른 건축물(가설건축물을 포함한다)의 건축, <u>용도변경</u>
>   2. 공작물의 설치 : 인공을 가하여 제작한 시설물(「건축법」 제2조 제1항 제2호에 따른 건축물을 제외한다)의 설치
>   3. 토지의 형질변경 : 절토(땅깎기)·성토(흙쌓기)·정지(땅고르기)·포장 등의 방법으로 토지의 형상을 변경하는 행위, 토지의 굴착 또는 공유수면의 매립

39 난도 ★   답 ⑤

┃**정답해설**┃
⑤ 가로주택사업과 도시환경정비사업은 법 개정으로 인해 삭제되었고, 나머지 사업은 조합이 시행할 수 있지만, 주거환경개선사업은 조합이 이를 시행할 수 없다(도시 및 주거환경정비법 제24조 참조).

도시 및 주거환경정비법 제24조(주거환경개선사업의 시행자)
① 제23조 제1항 제1호에 따른 방법으로 시행하는 주거환경개선사업은 시장·군수등이 직접 시행하되, 토지주택공사등을 사업시행자로 지정하여 시행하게 하려는 경우에는 제15조 제1항에 따른 공람공고일 현재 토지등소유자의 과반수의 동의를 받아야 한다.
② 제23조 제1항 제2호부터 제4호까지의 규정에 따른 방법으로 시행하는 주거환경개선사업은 시장·군수등이 직접 시행하거나 다음 각 호에서 정한 자에게 시행하게 할 수 있다.
1. 시장·군수등이 다음 각 목의 어느 하나에 해당하는 자를 사업시행자로 지정하는 경우
   가. 토지주택공사등
   나. 주거환경개선사업을 시행하기 위하여 국가, 지방자치단체, 토지주택공사등 또는 「공공기관의 운영에 관한 법률」 제4조에 따른 공공기관이 총지분의 100분의 50을 초과하는 출자로 설립한 법인
2. 시장·군수등이 제1호에 해당하는 자와 다음 각 목의 어느 하나에 해당하는 자를 공동시행자로 지정하는 경우

가. 「건설산업기본법」 제9조에 따른 건설업자
　　(이하 "건설업자"라 한다)
나. 「주택법」 제7조 제1항에 따라 건설업자로 보
　　는 등록사업자(이하 "등록사업자"라 한다)
③ 제2항에 따라 시행하려는 경우에는 제15조 제1항에
　따른 공람공고일 현재 해당 정비예정구역의 토지 또
　는 건축물의 소유자 또는 지상권자의 3분의 2 이상의
　동의와 세입자(제15조 제1항에 따른 공람공고일 3개
　월 전부터 해당 정비예정구역에 3개월 이상 거주하고
　있는 자를 말한다) 세대수의 과반수의 동의를 각각
　받아야 한다. 다만, 세입자의 세대수가 토지등소유자
　의 2분의 1 이하인 경우 등 대통령령으로 정하는 사유
　가 있는 경우에는 세입자의 동의절차를 거치지 아니
　할 수 있다.
④ 시장·군수 등은 천재지변, 그 밖의 불가피한 사유로
　건축물이 붕괴할 우려가 있어 긴급히 정비사업을 시
　행할 필요가 있다고 인정하는 경우에는 제1항 및 제3
　항에도 불구하고 토지등소유자 및 세입자의 동의 없
　이 자신이 직접 시행하거나 토지주택공사등을 사업
　시행자로 지정하여 시행하게 할 수 있다. 이 경우 시
　장·군수등은 지체 없이 토지등소유자에게 긴급한
　정비사업의 시행 사유·방법 및 시기 등을 통보하여
　야 한다.

40 난도 ★★

답 ②

▌정답해설▌

② 3분의 1을 초과하여서는 아니 된다(도시 및 주거환경정비
　법 제94조 제1항 및 영 제78조 제1항).

**도시 및 주거환경정비법 제94조(정비기반시설 관리자의
비용부담)**
① 시장·군수등은 자신이 시행하는 정비사업으로 현저
　한 이익을 받는 정비기반시설의 관리자가 있는 경우
　에는 대통령령으로 정하는 방법 및 절차에 따라 해당
　정비사업비의 일부를 그 정비기반시설의 관리자와
　협의하여 그 관리자에게 부담시킬 수 있다.

> **도시 및 주거환경정비법 시행령 제78조(정비기반
> 시설 관리자의 비용부담)**
> ① 법 제94조 제1항에 따라 정비기반시설 관리자
> 　가 부담하는 비용의 총액은 해당 정비사업에
> 　소요된 비용(제76조 제3항 제1호의 비용을 제
> 　외한다. 이하 이 항에서 같다)의 3분의 1을 초
> 　과해서는 아니 된다. 다만, 다른 정비기반시설
> 　의 정비가 그 정비사업의 주된 내용이 되는
> 　경우에는 그 부담비용의 총액은 해당 정비사
> 　업에 소요된 비용의 2분의 1까지로 할 수 있다.

2016년 | 제27회 정답 및 해설 **215**

하느냐의 문제가 아니야,

언제 하느냐의 문제야.

– 미생 中 –

PART 03

최종모의고사

CHAPTER 01 제1회 감정평가관계법규 최종모의고사 문제

CHAPTER 02 제2회 감정평가관계법규 최종모의고사 문제

CHAPTER 03 제1회 감정평가관계법규 최종모의고사 정답 및 해설

CHAPTER 04 제2회 감정평가관계법규 최종모의고사 정답 및 해설

01 제1회 감정평가관계법규 최종모의고사 문제

01 국토의 계획 및 이용에 관한 법령상 광역도시계획에 관한 설명으로 옳지 <u>않은</u> 것은?

① 국토교통부장관은 광역계획권을 지정하려면 관계 시·도지사, 시장 또는 군수의 의견을 들은 후 중앙도시계획위원회의 심의를 거쳐야 한다.

② 시장 또는 군수는 광역도시계획을 수립하려면 도지사의 승인을 받아야 한다.

③ 도지사가 시장 또는 군수의 요청을 받아 광역도시계획을 수립한 경우에는 국토교통부장관의 승인을 받아야 한다.

④ 시장 또는 군수는 광역도시계획을 변경하려면 미리 공청회를 열어야 한다.

⑤ 중앙행정기관의 장, 시·도지사, 시장 또는 군수는 국토교통부장관이나 도지사에게 광역계획권의 변경을 요청할 수 있다.

02 국토의 계획 및 이용에 관한 법령상 도시·군관리계획에 관한 설명 중 틀린 것은?

① 주민은 지구단위계획구역의 지정 및 변경에 관한 사항에 대하여 도시·군관리계획의 입안을 제안할 수 있다.

② 조속한 입안이 필요한 경우에는 도시·군관리계획이 도시·군기본계획과 함께 입안될 수는 있다.

③ 시·도지사가 도시·군관리계획을 결정하고자 하는 때에는 미리 시·도 도시계획위원회의 심의를 거쳐야 한다.

④ 시장 또는 군수는 5년마다 관할구역의 도시·군관리계획에 대하여 그 타당성 여부를 전반적으로 재검토하여 이를 정비하여야 한다.

⑤ 도시·군관리계획의 결정은 결정·고시가 있은 날 그 다음날부터 그 효력이 발생한다.

03 국토의 계획 및 이용에 관한 법령상 도시·군기본계획에 관한 설명으로 옳은 것은?

① 특별시장·광역시장이 수립한 도시·군기본계획의 승인은 국토교통부장관이 하고, 시장·군수가 수립한 도시·군기본계획의 승인은 도지사가 한다.

② 광역도시계획이 수립되어 있는 지역에 대하여 수립하는 도시·군기본계획의 내용이 광역도시계획의 내용과 다를 때에는 광역도시계획의 내용이 우선한다.

③ 이해관계자를 포함한 주민은 지구단위계획구역의 지정 및 변경에 관한 사항에 대하여 도시·군기본계획의 입안을 제안할 수 있다.

④ 특별시장·광역시장·시장 또는 군수는 도시·군기본계획을 수립할 때 주민의 의견청취를 위한 공청회는 생략할 수 있다.

⑤ 시장 또는 군수는 10년마다 관할구역의 도시·군기본계획에 대하여 타당성 여부를 전반적으로 재검토하여 정비하여야 한다.

04 국토의 계획 및 이용에 관한 법령상 특정 지역에서는 80% 이하의 범위에서 건폐율의 적용기준을 도시·군계획조례로 따로 정할 수 있는데 그 기준에 대한 설명이 **잘못된** 것은?

① 도시지역 외의 지역 또는 대통령령으로 정하는 용도지역에서의 개발진흥지구 : 40%이하

② 자연공원법에 따른 자연공원 : 60%이하

③ 산업입지 및 개발에 관한 법률에 따른 농공단지 : 70%이하

④ 수산자원보호구역 : 60%이하

⑤ 공업지역에 있는 국가·일반·도시첨단산업단지, 준산업단지 : 80%이하

05 국토의 계획 및 이용에 관한 법령상 도시·군계획시설사업에 관한 설명으로 **틀린** 것은?

① 도시·군관리계획으로 결정된 하천의 정비사업은 도시·군계획시설사업에 해당한다.

② 한국토지주택공사가 도시·군계획시설사업의 시행자로 지정받으려면 사업 대상 토지 면적의 3분의 2 이상의 토지소유자의 동의를 얻어야 한다.

③ 도시·군계획시설사업의 시행자는 도시·군계획시설사업에 필요한 토지나 건축물을 수용할 수 있다.

④ 행정청인 도시·군계획시설사업의 시행자가 도시·군계획시설사업에 의하여 새로 공공시설을 설치한 경우 새로 설치된 공공시설은 그 시설을 관리할 관리청에 무상으로 귀속된다.

⑤ 도시·군계획시설결정이 고시일부터 20년이 지날 때까지 그 시설의 설치에 관한 도시·군계획시설사업이 시행되지 아니하는 경우, 그 도시·군계획시설결정은 그 고시일부터 20년이 되는 날의 다음날에 효력을 잃는다.

06 국토의 계획 및 이용에 관한 법령상 지구단위계획에 관한 설명 중 **틀린** 것은?

① 지구단위계획은 도시·군관리계획으로 결정한다.

② 두 개의 노선이 교차하는 대중교통 결절지로부터 2km 이내에 위치한 지역은 지구단위 계획구역으로 지정하여야 한다.

③ 시·도지사는 「도시개발법」에 따라 지정된 도시개발구역의 전부 또는 일부에 대하여 지구단위계획구역을 지정할 수 있다.

④ 지구단위계획의 수립기준은 국토교통부장관이 정한다.

⑤ 택지개발지구에서 시행되는 사업이 끝난 후 10년이 지난 지역으로서 관계 법률에 따른 토지 이용과 건축에 관한 계획이 수립되어 있지 않은 지역은 지구단위계획으로 지정하여야 한다.

07 국토의 계획 및 이용에 관한 법령상 주민이 도시·군관리계획의 입안을 제안하려는 경우 요구되는 제안 사항별 토지소유자의 동의 요건으로 **틀린** 것은? (단, 동의 대상 토지 면적에서 국·공유지는 제외함)

① 기반시설의 설치에 관한 사항 : 대상 토지 면적의 5분의 4 이상

② 기반시설의 정비에 관한 사항 : 대상 토지 면적의 3분의 2 이상

③ 지구단위계획구역의 지정과 지구단위계획의 수립에 관한 사항 : 대상 토지 면적의 3분의 2 이상

④ 산업·유통개발진흥지구의 지정에 관한 사항 : 대상 토지 면적의 3분의 2 이상

⑤ 용도지구 중 해당 용도지구에 따른 건축물이나 그 밖의 시설의 용도·종류 및 규모 등의 제한을 지구단위계획으로 대체하기 위한 용도지구의 지정에 관한 사항 : 대상 토지 면적의 3분의 2 이상

08 국토의 계획 및 이용에 관한 법령상 세분된 용도지구의 정의로 **틀린** 것은?

① 시가지경관지구 : 지역 내 주거지, 중심지 등 시가지의 경관을 보호 또는 유지하거나 형성하기 위하여 필요한 지구

② 중요시설물보호지구 : 중요시설물의 보호와 기능 유지 및 증진 등을 위하여 필요한 지구

③ 복합용도지구 : 주거 및 교육환경보호나 청소년보호 등의 목적으로 오염물질 배출시설, 청소년 유해시설 등 특정시설의 입지를 제한할 필요가 있는 지구

④ 주거개발진흥지구 : 주거기능을 중심으로 개발·정비할 필요가 있는 지구

⑤ 복합개발진흥지구 : 주거기능, 공업기능, 유통·물류기능 및 관광·휴양기능 중 2 이상의 기능을 중심으로 개발·정비할 필요가 있는 지구

09 국토의 계획 및 이용에 관한 법령상 용도구역의 지정에 관한 설명으로 틀린 것은?

① 국토교통부장관은 개발제한구역의 지정을 도시·군관리계획으로 결정할 수 있다.

② 국토교통부장관은 도시자연공원구역의 지정을 도시·군관리계획으로 결정할 수 있다.

③ 도시자연공원구역의 지정에 관하여 필요한 사항은 따로 법률로 정한다.

④ 시·도지사는 직접 또는 관계 행정기관의 장의 요청을 받아 시가화조정구역의 지정을 도시·군관리계획으로 결정할 수 있다.

⑤ 해양수산부장관은 직접 또는 관계 행정기관의 장의 요청을 받아 수산자원보호구역의 지정을 도시·군관리계획으로 결정할 수 있다.

10 국토의 계획 및 이용에 관한 법령상 도시·군계획시설사업에 관한 설명 중 틀린 것은?

① 도시·군계획시설사업은 도시·군계획시설을 설치·정비·개량하는 사업을 말한다.

② 시행자는 도시·군계획시설사업의 효율적 추진을 위해 필요하다고 인정하는 때에는 사업시행대상 지역을 2 이상으로 분할하여 시행할 수 있다.

③ 시행자는 도시·군계획시설사업에 필요한 토지·건축물 또는 그 토지에 정착된 물건을 수용 또는 사용할 수 있다.

④ 도시·군계획시설 결정·고시가 있은 때에는 「공익사업을 위한 토지 등의 취득 및 보상에 관한 법률」에 의한 사업인정 및 그 고시가 있은 것으로 본다.

⑤ 국토교통부장관 또는 시·도지사는 시행자에게 기반시설에 필요한 용지확보 등의 조치를 할 것을 조건으로 실시계획을 인가할 수 있다.

11 국토의 계획 및 이용에 관한 법령상 용도지역에 관한 설명으로 틀린 것은?

① 도시지역·관리지역·농림지역 또는 자연환경보전지역으로 용도가 지정되지 아니한 지역에 대하여는 건폐율 규정을 적용함에 있어서 자연환경보전지역에 관한 규정을 적용한다.

② 관리지역이 세부용도지역으로 지정되지 아니한 경우 용적률에 대하여는 계획관리지역에 관한 규정을 적용한다.

③ 관리지역 안에서 농지법에 의한 농업진흥지역으로 지정·고시된 지역은 국토의 계획 및 이용에 관한 법률에 의한 농림지역으로 결정·고시된 것으로 본다.

④ 공유수면의 매립목적이 당해 매립구역과 이웃하고 있는 용도지역의 내용과 다른 경우 그 매립구역이 속할 용도지역은 도시·군관리계획결정으로 지정하여야 한다.

⑤ 택지개발촉진법에 의한 택지개발지구로 지정·고시된 지역은 국토의 계획 및 이용에 관한 법률에 의한 도시지역으로 결정·고시된 것으로 본다.

12 국토의 계획 및 이용에 관한 법령상 성장관리계획구역 및 성장관리계획에 대한 설명으로 옳지 <u>않은</u> 것은?

① 관리지역 중 주변의 토지이용이나 교통여건 변화 등으로 향후 시가화가 예상되는 지역은 성장관리계획구역의 지정대상에 해당한다.

② 성장관리계획구역을 지정하거나 이를 변경하려면 대통령령으로 정하는 바에 따라 미리 주민과 해당 지방의회의 의견을 들어야 하며, 관계 행정기관과의 협의 및 지방도시계획위원회의 심의를 거쳐야 한다.

③ 건축물의 용도제한, 건축물의 건폐율 또는 용적률에 관한 사항은 성장관리계획에 포함될 내용에 해당한다.

④ 성장관리계획구역 내 계획관리지역에서는 제78조 제1항에도 불구하고 150퍼센트 이하의 범위에서 성장관리계획으로 정하는 바에 따라 특별시·광역시·특별자치시·특별자치도·시 또는 군의 조례로 정하는 비율까지 용적률을 완화하여 적용할 수 있다.

⑤ 특별시장·광역시장·특별자치시장·특별자치도지사·시장 또는 군수는 5년마다 관할 구역 내 수립된 성장관리계획에 대하여 대통령령으로 정하는 바에 따라 그 타당성 여부를 전반적으로 재검토하여 정비하여야 한다.

13 국토의 계획 및 이용에 관한 법령상 기반시설부담구역에 관한 설명 중 옳지 <u>않은</u> 것은?

① 용도지역 등이 변경되어 행위제한이 완화되는 지역에 대하여는 기반시설부담구역으로 지정하여야 한다.

② 특별시장·광역시장·특별자치시장·특별자치도지사·시장 또는 군수는 기반시설부담구역이 지정되면 기반시설설치계획을 수립하여야 하며, 이를 도시·군관리계획에 반영하여야 한다.

③ 기반시설부담구역의 지정고시일부터 3년이 되는 날까지 기반시설설치계획을 수립하지 아니하면 그 3년이 되는 날에 기반시설부담구역의 지정은 해제된 것으로 본다.

④ 기반시설부담구역에서 기반시설설치비용의 부과대상인 건축행위는 200m²를 초과하는 건축물의 신축·증축 행위로 한다.

⑤ 기반시설설치비용의 납부의무자는 사용승인 신청 시까지 이를 내야 한다.

14 감정평가 및 감정평가사에 관한 법령상 감정평가서에 관한 다음 설명 중 옳지 <u>않은</u> 것은?

① 감정평가법인등은 감정평가를 의뢰받은 때에는 지체 없이 감정평가를 실시한 후 수수료 등이 완납되는 즉시 의뢰인에게 감정평가서를 발급하여야 한다.

② 위 ①에도 불구하고 의뢰인이 국가·지자체·공공기관이거나 감정평가법인등과 의뢰인 간 특약이 있는 경우는 수수료 등을 완납하기 전에 감정평가서를 발급할 수 있다.

③ 감정평가서에는 감정평가법인등의 사무소 또는 법인의 명칭을 적고, 감정평가를 한 감정평가사가 그 자격을 표시한 후 서명과 날인을 하여야 하며, 법인은 그 대표사원·대표이사도 서명이나 날인을 하여야 한다.

④ 감정평가법인등은 감정평가서의 원본은 발급일부터 5년, 관련 서류는 발급일부터 2년 이상 보존하여야 한다.

⑤ 감정평가법인등은 해산·폐업하는 경우에 감정평가서의 사본과 관련 서류를 국토교통부장관에게 제출하여야 한다.

15 감정평가 및 감정평가사에 관한 법령상 감정평가사의 자격과 등록에 대한 다음 설명 중 옳지 <u>않은</u> 것은?

① 국토교통부장관은 감정평가사가 부정한 방법으로 감정평가사의 자격을 받은 경우에는 그 자격을 취소하여야 하며, 자격을 취소한 경우에는 관보에 공고하고, 국토교통부의 인터넷 홈페이지에 게시하여야 한다.

② 감정평가사의 자격이 취소된 사람은 자격취소 처분일부터 7일 이내에 감정평가사 자격증을 반납하여야 한다.

③ 감정평가사 자격이 있는 사람이 업무를 하려는 경우에는 1년(제1차 시험을 면제받고 자격을 취득한 자는 4주) 이상의 실무수습을 마치고 국토교통부장관에게 등록하여야 한다.

④ 등록한 감정평가사는 5년마다 그 등록을 갱신하여야 한다. 갱신하려는 감정평가사는 등록일부터 5년이 되는 날의 120일 전까지 갱신등록 신청서를 장관에게 제출하여야 한다.

⑤ 국토교통부장관은 등록을 한 사람에게 갱신등록 신청하여야 한다는 사실과 그 절차를 등록일부터 5년이 되는 날의 120일 전까지 통지하여야 한다.

16 감정평가 및 감정평가사에 관한 법령상 손해배상책임에 대한 다음 설명 중 <u>틀린</u> 것은?

① 감정평가법인등은 손해배상책임을 보장하기 위하여 보험에 가입하거나 한국감정평가사협회가 운영하는 공제사업에 가입하여야 한다.

② 보증보험에 가입한 경우에는 개설신고 또는 설립 등기를 한 날부터 10일 이내에 보증보험 가입증명서류를 협회에 제출하여야 한다.

③ 보험 가입 금액은 감정평가사 1인당 5천만 원 이상으로 한다.

④ 보증보험금으로 손해배상을 한 때에는 10일 이내에 보험계약을 다시 체결하여야 한다.

⑤ 위 ④의 경우에 그 사실증명서류를 지체 없이 협회에 제출하여야 한다.

17 부동산 가격공시에 관한 법령상 표준지공시지가의 조사·평가 의뢰대상 감정평가법인등의 기준에 해당하지 <u>않는</u> 것은?

① 의뢰일부터 30일 이전이 되는 날(선정기준일)을 기준 직전 3년간의 업무실적 및 소속 감정평가사의 수가 업무를 수행하기에 적정한 수준일 것

② 선정기준일부터 직전 2년간 업무정지처분을 3회 이상 받은 경우가 아닐 것

③ 선정기준일부터 직전 1년간 과태료처분을 3회 이상 받은 경우가 아닐 것

④ 선정기준일부터 직전 1년간 징계를 받은 소속 감정평가사의 비율이 소속 전체 감정평가사의 10퍼센트 이상이 아닐 것

⑤ 선정기준일 현재 업무정지기간이 만료된 날부터 1년이 지나지 아니한 경우에 해당하지 아니할 것

18 부동산 가격공시에 관한 법령상 개별공시지가의 산정에 대한 다음 설명 중 틀린 것은?

① 시장·군수·구청장은 개별토지가격을 산정할 때에는 표준지 공시지가를 조사·평가한 감정평가업자 또는 영 제7조 제1항의 요건(표준지공시지가 조사·평가 의뢰대상 감정평가업자)을 모두 갖춘 감정평가업자에게 의뢰하여 타당성 검증을 받고 토지소유자와 이해관계인의 의견을 들어야 한다.

② 위 ①에도 불구하고 필요 없다고 인정되는 때에는 검증을 생략할 수 있는데, 이 경우 개별토지의 지가변동률과 해당 토지가 있는 읍·면·동의 연평균 지가변동률 간의 차이가 작은 순으로 그 생략 대상 토지를 선정하여야 한다.

③ 개발사업이 시행되거나 용도지역·용도지구가 변경되는 등의 사유가 있는 토지는 타당성검증 생략 대상 토지로 선정하여야 한다.

④ 개별공시지가에 이의가 있는 자는 이의신청서에 사유를 증명하는 서류를 첨부하여 그 결정·공시일부터 30일 이내에 서면으로 시장·군수·구청장에게 이의를 신청할 수 있다.

⑤ 시장·군수·구청장은 이의신청 기간이 만료된 날부터 30일 이내에 심사하여 그 결과를 신청인에게 서면으로 통지하여야 한다. 이 경우 그 이의신청의 내용이 타당하다고 인정될 때에는 개별공시지가를 조정하여 다시 결정·공시하여야 한다.

19 부동산 가격공시에 관한 법령상 공동주택가격의 공시에 관한 설명으로 옳은 것은?

① 국토교통부장관은 공동주택에 대하여 매년 공시기준일(1월 1일) 현재의 적정가격을 조사·산정하여 심의를 거쳐 매년 5월 31일까지 공시하여야 한다.

② 위 ①에도 불구하고 아파트와 연면적 150m² 이상의 연립주택으로서 국세청장이 국토교통부장관과 협의를 거쳐 별도로 결정·고시하는 경우는 제외한다.

③ 국토교통부장관은 고시한 공동주택가격을 공고일로부터 30일 이내에 행정안전부장관, 국세청장, 시장·군수 또는 구청장에게 제공하여야 한다.

④ 공동주택가격의 공시내용에는 공동주택 소재지·명칭·동·호수, 공동주택 가격과 면적을 포함하여야 한다.

⑤ 국토교통부장관은 공동주택가격 공시를 위하여 그 가격을 산정할 때에 시장·군수·구청장의 의견을 들어야 한다.

20 국유재산법령상의 행정재산에 해당하지 <u>않는</u> 것은?

① 국가가 직접 사무용·사업용 또는 공무원 주거용으로 사용하는 재산

② 국가가 직접 공공용으로 사용하거나 사용하기로 결정한 재산

③ 정부기업이 직접 사무용·사업용 또는 그 기업에 종사하는 직원의 주거용으로 사용하는 재산

④ 국가가 직접 공공용으로 사용하기 위하여 임차하여 사용하는 재산

⑤ 국가가 보존할 필요가 있다고 총괄청이 결정한 재산

21 국유재산법상 국유재산의 관리 등에 관한 다음 설명 중 <u>틀린</u> 것은?

① 국유재산에는 사권을 설정하지 못한다.

② 위 ①에도 불구하고 다른 법률 또는 확정판결(확정판결을 제외한 재판상화해 등은 제외한다)에 따라 일반재산에 사권을 설정할 수 있다.

③ 총괄청이나 중앙관서의 장은 소유자 없는 부동산을 국유재산으로 취득한다.

④ 소유자 없는 부동산을 국유재산으로 취득할 경우에는 6개월 이상의 기간을 정하여 일정한 사항에 대하여 공고하여야 한다.

⑤ 위 ④에 따라 취득한 국유재산은 그 등기일부터 10년간은 처분을 하여서는 아니 된다. 다만, 공익사업에 필요하게 된 경우이거나, 처분하여야 하는 불가피한 사유가 있는 경우에는 그러하지 아니하다.

22 국유재산법령에 국유재산관리기금에 대한 다음 설명 중 옳은 것은?

① 국유재산관리기금은 중앙관서의 장이 관리·운용한다.

② 총괄청은 국유재산관리기금의 관리·운용에 관한 사무의 전부나 일부를 한국자산관리공사에 위탁할 수 있다.

③ 국유재산관리기금에서 취득한 재산은 특별회계 소속으로 한다.

④ 다른 회계 또는 다른 기금으로부터의 전입금이나 차입금은 기금의 재원으로 볼 수 없다.

⑤ 국유재산취득에 필요한 비용지출을 위하여 국유재산관리기금을 사용할 수 있다.

23 국유재산법령상 행정재산의 사용허가에 대한 다음 설명 중 **틀린** 것은?

① 행정재산을 사용허가하려는 경우에는 그 뜻을 공고하여 일반경쟁에 부쳐야 하며, 경쟁에 부치는 경우에는 총괄청이 지정·고시하는 정보처리장치를 이용하여 입찰공고·개찰·낙찰선언을 한다.

② 경쟁입찰은 2개 이상의 유효한 입찰이 있는 경우 최고가격으로 응찰한 자를 낙찰자로 한다.

③ 중앙관서의 장은 일반경쟁입찰을 두 번 실시하여도 낙찰자가 없는 재산에 대하여는 세 번째 입찰부터 최초 사용료 예정가격의 100분의 20을 최저한도로 하여 매회 100분의 10의 금액만큼 그 예정가격을 낮추는 방법으로 조정할 수 있다.

④ 위 ①에도 불구하고 필요하다고 인정되면 참가자의 자격을 제한하거나 참가자를 지명하여 경쟁에 부치거나 수의의 방법으로 할 수 있다.

⑤ 해당 재산에 인접한 토지의 소유자를 지명하여 경쟁에 부칠 필요가 있는 경우이거나, 수의방법의 사용허가 신청이 경합하는 경우에는 제한경쟁이나 지명경쟁의 방법으로 결정할 수 있는 경우이다.

24 건축법령상 대지와 도로의 관계에 관한 설명으로 옳지 <u>않은</u> 것은?

① 허가권자가 도로의 위치를 지정·공고하려는 경우라도 주민이 오랫동안 통행로로 이용하고 있는 사실상의 통로로서 해당 지방자치단체의 조례로 정하는 것인 경우에는 이해관계인의 동의를 받을 필요가 없다.

② 허가권자가 지정한 도로를 폐지하거나 변경하려면 그 도로에 대한 이해관계인의 동의를 받아야 한다.

③ 건축물의 대지는 2m 이상이 도로(자동차만의 통행에 사용되는 도로는 제외함)에 접하여야 한다.

④ 건축물의 주변에 광장, 공원, 유원지, 그 밖에 관계 법령에 따라 건축이 금지되고 공중의 통행에 지장이 없는 공지로서 허가권자가 인정한 공지가 있는 경우에는 ③의 의무가 없다.

⑤ 연면적의 합계가 2천㎡ 이상인 공장의 대지는 너비 6m 이상의 도로에 4m 이상 접하여야 한다.

25 건축법령상 건축물의 면적, 층수 등의 산정방법에 관한 설명으로 옳지 <u>않은</u> 것은?

① 건축물의 1층이 차량의 주차에 전용되는 필로티인 경우 그 면적은 바닥면적에 산입되지 아니한다.

② 층고가 2m인 다락은 바닥면적에 산입된다.

③ 용적률을 산정할 때에는 초고층 건축물의 피난안전구역의 면적은 연면적에 포함시키지 아니한다.

④ 층의 구분이 명확하지 않은 건축물은 건축물의 높이 4m 마다 하나의 층으로 보고 층수를 산정한다.

⑤ 주택의 발코니의 바닥은 전체가 바닥면적에 산입된다.

26 건축법령상 건축허가의 거부 등에 관한 설명으로 옳은 것은?

① 허가권자는 위락시설이나 숙박시설에 해당하는 건축물의 건축을 허가하는 경우 자연환경이나 수질을 고려할 때 부적합하다고 인정하면 건축위원회의 심의를 거쳐 건축허가를 하지 아니할 수 있다.

② 주무부장관은 국방, 문화재보존, 환경보전 또는 국민경제를 위하여 특히 필요하다고 인정하면 허가권자의 건축허가나 허가를 받은 건축물의 착공을 제한할 수 있다.

③ 특별시장·광역시장·도지사는 지역계획이나 도시·군계획에 특히 필요하다고 인정하면 시장·군수·구청장의 건축허가나 허가를 받은 건축물의 착공을 제한할 수 있다. 다만, 제한한 경우에는 즉시 그 제한내용을 국토교통부장관에게 보고하여야 한다.

④ 건축허가나 건축물의 착공을 제한하는 경우 제한기간은 3년 이내로 한다.

⑤ ④의 경우 1회에 한하여 2년 이내의 범위에서 제한기간을 연장할 수 있다.

27 다음은 건축법령상의 공개공지 등에 대한 설명이다. 법령과 <u>다른</u> 것은 어느 것인가?

① 준주거지역에서 종교시설로 사용하는 바닥면적의 합계가 5,000㎡인 경우에는 일반이 사용할 수 있도록 공개공지등을 설치하여야 한다.

② 공개공지등을 설치하여야 하는 경우 그 설치면적은 대지면적의 10% 이하의 범위에서 건축조례로 정한다.

③ 공개공지등을 설치하는 경우에 대지의 조경면적과는 다르게 설치하여야 한다.

④ 설치하는 공개공지등의 면적에는 물건을 쌓아 놓거나 출입을 차단하여서는 아니 되나, 연간 60일 범위 내에서 법령상 허용되는 판매 등의 활동을 할 수도 있다.

⑤ 공개공지등을 설치하는 경우에 건폐율과 용적률과 건축물의 높이규정을 완화하여 적용할 수 있다.

28 지목을 지적도 및 임야도에 등록하는 때에는 부호로 표기하여야 한다. 다음 중 지목과 부호의 연결이 옳은 것은?

① 주유소용지 – 유

② 공장용지 – 공

③ 철도용지 – 철

④ 양어장 – 어

⑤ 목장용지 – 장

29 공간정보의 구축 및 관리 등에 관한 법령상 지적측량에 대한 다음 설명 중 **틀린** 것은?

① 지적측량 적부심사를 청구하려는 자는 심사청구서에 토지소유자 또는 이해관계인인 경우 지적측량성과를 첨부하여 시·도지사를 거쳐 지방지적위원회에 제출하여야 한다.

② 시·도지사는 의결서를 받은 날부터 7일 이내에 지적측량 적부심사 청구인 및 이해관계인에게 그 의결서를 통지하여야 한다.

③ 의결서를 받은 자가 불복하는 경우에는 그 의결서를 받은 날부터 60일 이내에 국토교통부장관을 거쳐 중앙지적위원회에 재심사를 청구할 수 있다.

④ 시·도지사는 의결서를 받은 후 재심사를 청구하지 아니하면 그 의결서 사본을 지적소관청에 보내야 하며, 지적소관청은 그 내용에 따라 지적공부의 등록사항을 정정하거나 측량성과를 수정하여야 한다.

⑤ 지방지적위원회의 의결이 있은 후 재심사를 청구하지 아니하거나 중앙지적위원회의 의결이 있는 경우에는 해당 지적측량성과에 대하여 다시 지적측량 적부심사청구를 할 수 없다.

30 공간정보의 구축 및 관리 등에 관한 법령상 지번의 부여방법에 관한 다음 설명 중 **틀린** 것은?

① 토지의 분할의 경우에는 각각 새로운 지번을 부여하여야 한다.

② ①의 경우 주거·사무실 등의 건축물이 있는 필지에 대해서는 분할 전의 지번을 우선하여 부여하여야 한다.

③ 합병의 경우에는 합병 대상 지번 중 선순위의 지번을 그 지번으로 하되, 본번으로 된 지번이 있을 때에는 본번 중 선순위의 지번을 합병 후의 지번으로 한다.

④ ③의 경우에도 토지소유자가 합병 전의 필지에 주거·사무실 등의 건축물이 있어서 그 건축물이 위치한 지번을 합병 후의 지번으로 신청할 때에는 그 지번을 합병 후의 지번으로 부여하여야 한다.

⑤ 지적확정측량을 실시한 지역의 각 필지에 지번을 새로 부여하는 경우에는 지적확정측량을 실시한 지역의 경계에 걸쳐 있는 지번을 제외한 본번으로 부여한다.

31 공간정보의 구축 및 관리 등에 관한 법령상 토지의 이동에 관한 설명으로 **틀린** 것은?

① "토지의 이동(異動)"이란 토지의 표시를 새로 정하거나 변경 또는 말소하는 것을 말한다.

② "축척변경"이란 지적도 또는 임야도에 등록된 경계점의 정밀도를 높이기 위하여 작은 축척을 큰 축척으로 변경하여 등록하는 것을 말한다.

③ "신규등록"이란 새로 조성된 토지와 지적공부에 등록되어 있지 아니한 토지를 지적공부에 등록하는 것을 말한다.

④ 토지소유자는 신규등록할 토지가 있으면 그 사유가 발생한 날부터 60일 이내에 신규등록사유를 적은 신청서에 법정서류를 첨부하여 지적소관청에 신규등록을 신청하여야 한다.

⑤ 부동산종합공부를 열람하거나 부동산종합공부 기록사항의 전부 또는 일부에 관한 증명서를 발급받으려는 자는 지적소관청이나 읍·면·동의 장에게 신청할 수 있다.

32 부동산등기법령상 등기한 권리의 순위에 관한 설명으로 옳지 **않은** 것은?

① 동일한 부동산에 관하여 등기한 권리의 순위는 법률에 다른 규정이 없는 때에는 등기한 순서에 따른다.

② 등기의 순서는 등기기록상의 같은 구에서 한 등기에 대해서는 순위번호에 의하고 다른 구에서 한 등기에 대해서는 접수번호에 의한다.

③ 같은 주등기에 관한 부기등기 상호간의 순위는 주등기의 순위에 의한다.

④ 가등기를 한 경우에 본등기의 순위는 가등기의 순위에 의한다.

⑤ 구분건물에서 대지권에 대한 등기로서 효력있는 등기와 대지권의 목적인 토지의 등기기록 중 해당구에 한 등기의 전후는 접수번호에 의한다.

33 부동산등기법령상 등기절차에 관한 설명으로 옳지 **않은** 것은?

① 신탁재산에 속하는 부동산의 신탁등기는 수탁자가 단독으로 신청한다.

② 부동산표시의 변경등기는 소유권의 등기명의인이 단독으로 신청한다.

③ 등기관은 등기의 착오가 등기관의 잘못으로 인한 것임을 발견한 경우 등기상 이해관계 있는 제3자가 없다면 지체 없이 그 등기를 직권으로 경정하여야 한다.

④ 등기관은 등기권리자, 등기의무자 또는 등기명의인이 각 2인 이상인 경우에는 직권으로 경정등기를 한 사실을 그 모두에게 알려야 한다.

⑤ 보존등기의 말소등기는 소유권등기명의인이 단독신청한다.

34 등기신청적격에 관한 설명으로 옳은 것은?

① 아파트 입주자대표회의 명의로 그 대표자 또는 관리인이 등기를 신청할 수 없다.

② 국립대학교는 학교 명의로 등기를 신청할 수 없지만, 사립대학교는 학교명의로 등기를 신청할 수 있다.

③ 특별법에 의하여 설립된 농업협동조합의 부동산은 조합원의 합유로 등기하여야 한다.

④ 지방자치단체도 등기신청의 당사자능력이 인정되므로 읍·면도 등기신청적격이 인정된다.

⑤ 동 명의로 동민들의 법인 아닌 사단을 설립한 경우에는 그 대표자가 동 명의로 등기신청할 수 있다.

35 부동산등기법령상 다음 중 등기관이 갑구 또는 을구에 권리에 관한 등기를 할 때에는 기록하여야 하는 사항이 <u>아닌</u> 것은?

① 순위번호

② 등기목적

③ 접수연월일 및 접수번호

④ 등기원인 및 그 연월일

⑤ 등기의무자

36 동산·채권 등의 담보에 관한 법령상 담보등기에 관한 설명으로 옳지 <u>않은</u> 것은?

① 담보등기는 법률에 다른 규정이 없으면 등기권리자와 등기의무자가 공동으로 신청한다.

② 등기명의인 표시의 변경 또는 경정의 등기는 등기명의인 단독으로 신청할 수 있다.

③ 판결에 의한 등기는 승소한 등기권리자 또는 등기의무자 단독으로 신청할 수 있고, 상속이나 그 밖의 포괄승계로 인한 등기는 등기권리자 단독으로 신청할 수 없다.

④ 등기신청은 등기의 목적, 신청인의 성명 또는 명칭, 그 밖에 대법원규칙으로 정하는 등기신청정보가 전산정보처리조직에 전자적으로 기록된 때에 접수된 것으로 본다.

⑤ 등기관이 등기를 마친 경우 그 등기는 접수한 때부터 효력을 발생한다.

37 도시 및 주거환경정비법령상 도시 및 주거환경정비기본계획에 관한 설명으로 틀린 것은?

① 도지사가 대도시가 아닌 시로서 기본계획을 수립할 필요가 없다고 인정하는 시에 대하여는 기본계획을 수립하지 아니할 수 있다.

② 특별시장과 광역시장은 기본계획을 수립하거나 변경하려면 국토교통부장관에게 시장은 도지사의 승인을 받아야 한다.

③ 기본계획의 수립권자는 기본계획에 생활권의 설정, 생활권별 기반시설 설치계획 및 주택수급계획을 포함하는 경우에 정비예정구역의 개략적 범위와 단계별 정비사업추진계획을 생략할 수 있다.

④ 기본계획의 수립권자는 기본계획을 수립하거나 변경하려는 경우에는 14일 이상 주민(세입자, 토지등소유자 또는 조합원 그 밖에 이해관계를 가지는 자를 포함한다)에게 공람하여 의견을 들어야 한다.

⑤ 기본계획의 수립권자는 지방의회의 의견을 들어야 하며, 지방의회는 기본계획을 통지한 날부터 60일 이내에 의견을 제시하여야 한다.

38 도시 및 주거환경정비법령상 재건축사업에서의 건축물 안전진단에 관한 설명으로 옳은 것은?

① 재건축사업을 위한 안전진단은 주택단지안의 주택만을 그 대상으로 한다.

② 안전진단의 신청에는 토지등소유자의 동의를 요하지 않는다.

③ 입안권자는 재건축사업의 정비예정구역별 정비계획의 수립시기가 도래한 때 안전진단을 실시하여야 한다.

④ 시 · 도지사는 안전진단의 신청이 있는 때에는 신청일로부터 20일 이내에 안전진단의 실시여부를 결정하여 당해 신청인에게 통보하여야 한다.

⑤ 주택의 구조안전상 사용금지가 필요하다고 시 · 도지사가 인정하는 건축물은 안전진단에서 제외된다.

39 도시 및 주거환경정비법령상 정비사업의 시행방법에 관한 설명 중 옳지 <u>않은</u> 것은?

① 주거환경개선사업은 시행자가 정비구역에서 인가받은 관리처분계획에 따라 주택 및 부대시설·복리시설을 건설하여 공급하는 방법으로 시행할 수 있다.

② 재개발사업은 정비구역 안에서 인가받은 관리처분계획에 따라 주택 및 부대·복리시설, 오피스텔을 건설하여 공급하거나, 환지로 공급하는 방법에 의한다.

③ 재건축사업은 정비구역에서 인가받은 관리처분계획에 따라 주택, 부대시설·복리시설 및 오피스텔을 건설하여 공급하는 방법으로 한다.

④ ③의 경우에 주택단지에 있지 아니하는 건축물의 경우에는 사업시행상 불가피한 경우로서 정비구역으로 보는 사업에 한정한다.

⑤ 재건축사업에서 오피스텔을 건설하여 공급하는 경우에는 준주거지역 및 상업지역에서만 건설할 수 있다. 이 경우 오피스텔의 연면적은 전체 건축물 연면적의 100분의 30 이하이어야 한다.

40 도시 및 주거환경정비법령상 정비사업조합의 설립동의에 관한 설명으로 옳지 <u>않은</u> 것은?

① 재개발사업의 추진위원회가 조합을 설립하려면 토지등소유자의 4분의 3 이상 및 토지면적의 2분의 1 이상의 토지소유자의 동의를 받아 받아야 한다.

② 재건축사업의 추진위원회가 조합을 설립하려는 때에는 주택단지의 공동주택의 각 동별 구분소유자의 과반수 동의와 주택단지의 전체 구분소유자의 4분의 3 이상 및 토지면적의 4분의 3 이상의 토지소유자의 동의를 받아야 한다.

③ 주택단지가 아닌 지역이 재건축구역에 포함된 경우에는 주택단지가 아닌 지역의 토지 또는 건축물 소유자의 4분의 3 이상 및 토지면적의 3분의 2 이상의 토지소유자의 동의를 받아야 한다.

④ 설립된 조합이 인가받은 사항을 변경하고자 하는 때에는 총회에서 조합원 과반수의 찬성으로 의결하고 시장·군수 등의 인가를 받아야 한다.

⑤ 동의는 서면동의서에 토지등소유자가 성명을 적고 지장을 날인하는 방법으로 하며, 신분증명서의 사본을 첨부하여야 한다. 다만, 해외에 장기체류 등 사유로 시장·군수등이 인정하는 경우에는 인감도장을 찍은 서면동의서에 해당 인감증명서를 첨부하는 방법으로 할 수 있다.

제2회 감정평가관계법규 최종모의고사 문제

01 국토의 계획 및 이용에 관한 법령상 광역도시계획에 관한 설명으로 옳지 <u>않은</u> 것은?

① 광역도시계획의 수립권자는 기초조사를 실시한 경우에는 해당 정보를 체계적으로 관리하고 효율적으로 활용하기 위하여 기초조사정보체계를 구축·운영하여야 한다.

② 광역도시계획의 수립권자가 위 ①에 따라 기초조사정보체계를 구축한 경우에는 등록된 정보의 현황을 5년마다 확인하고 변동사항을 반영하여야 한다.

③ 광역도시계획은 여건변화에 탄력적으로 대응할 수 있도록 포괄적이고 개략적으로 수립하도록 하되, 특정부문 위주로 수립하는 경우에는 도시·군기본계획이나 도시·군관리계획에 명확한 지침을 제시할 수 있도록 구체적으로 수립하도록 하여야 한다.

④ 광역계획권이 둘 이상의 특별시·광역시·특별자치시·도 또는 특별자치도(이하 '시·도'라 한다)의 관할 구역에 걸쳐 있는 경우에는 관한 시·도지사가 공동으로 광역계획권을 지정하게 된다.

⑤ 광역도시계획을 공동으로 수립하는 시·도지사는 그 내용에 관하여 서로 협의가 되지 아니하면 공동이나 단독으로 국토교통부장관에게 조정을 신청할 수 있다.

02 국토의 계획 및 이용에 관한 법령상 도시·군관리계획에 대한 다음 설명 중 옳지 <u>않은</u> 것은?

① 이해관계자는 지구단위계획의 수립에 대한 도시·군관리계획의 입안을 제안할 수 있다. 이 경우 제안서에는 도시·군관리계획도서와 계획설명서를 첨부하여야 한다.

② 도시·군관리계획입안의 제안을 받은 경우에 입안권자는 제안일부터 45일 이내에 도시·군관리계획입안에의 반영 여부를 제안자에게 통보하여야 한다. 다만, 부득이한 사정이 있는 경우에는 1회에 한하여 30일을 연장할 수 있다.

③ 도시·군관리계획결정 당시 이미 사업이나 공사에 착수한 자는 그 도시·군관리계획결정에 관계없이 그 사업이나 공사를 계속할 수 있다.

④ 국토교통부장관, 시·도지사, 시장 또는 군수는 지구단위계획구역의 지정에 대한 도시·군관리계획을 입안하는 경우에는 지방의회의 의견을 들을 필요가 없다.

⑤ 도시·군관리계획 입안일부터 2년 이내에 토지적성평가를 실시한 경우에는 토지적성평가를 하지 아니하고 도시·군관리계획을 입안할 수 있다.

03 국토의 계획 및 이용에 관한 법률에서 정한 각 용도지역에 따른 건폐율과 용적률의 최대한도를 순서대로 바르게 연결한 것은? (단, 도시·군계획조례로 규정한 사항은 제외)

① 준주거지역 : 60퍼센트 ~ 500퍼센트
② 일반상업지역 : 90퍼센트 ~ 1,300퍼센트
③ 자연녹지지역 : 20퍼센트 ~ 80퍼센트
④ 계획관리지역 : 40퍼센트 ~ 100퍼센트
⑤ 자연환경보전지역 : 40퍼센트 ~ 100퍼센트

04 국토의 계획 및 이용에 관한 법령상 행위제한에 관한 관련 법령의 연결로서 가장 올바른 것은?

① 자연환경보전지역 중 지정문화재 또는 천연기념물과 그 보호구역인 경우에는 문화재보호법이 정하는 바에 의한다.
② 도시자연공원구역 안에서의 건축제한에 관하여는 자연공원법이 정하는 바에 의한다.
③ 관리지역 안에서 지정된 농공단지에서는 농지법이 정하는 바에 의한다.
④ 수산자원보호구역 안에서의 건축제한에 관하여는 수산업법이 정하는 바에 따른다.
⑤ 입지규제최소구역에서의 행위제한은 도시·군계획조례로 정하는 바에 따른다.

05 국토의 계획 및 이용에 관한 법령상 제3종일반주거지역 안에서 건축할 수 있는 건축물을 모두 고른 것은? (단, 조례는 고려하지 않음)

ㄱ. 다가구주택	ㄴ. 단란주점
ㄷ. 공중화장실	ㄹ. 아파트
ㅁ. 생활숙박시설	

① ㄱ, ㄴ, ㄷ
② ㄱ, ㄴ, ㄹ
③ ㄱ, ㄷ, ㄹ
④ ㄴ, ㄷ, ㅁ
⑤ ㄷ, ㄹ, ㅁ

06 국토의 계획 및 이용에 관한 법령상 개발진흥지구에 관한 다음 설명 중 옳지 <u>않은</u> 것은?

① 개발진흥지구란 주거기능·상업기능·공업기능·유통물류기능·관광기능·휴양기능 등을 집중적으로 개발·정비할 필요가 있는 지구를 말한다.

② 도시지역이 아닌 지역에 지정된 관광·휴양개발진흥지구에 지구단위계획구역을 지정할 수 있다.

③ 개발진흥지구는 도시·군관리계획의 입안 및 결정절차로 지정한다.

④ 지구단위계획 또는 관계 법률에 따른 개발계획을 수립하는 개발진흥지구에서는 지구단위계획 또는 관계 법률에 따른 개발계획에 위반하여 건축물을 건축할 수 없는 것이 원칙이다.

⑤ 도시지역 외의 개발진흥지구에서의 건폐율과 용적률은 각각 150% 이하, 200% 이하의 범위에서 특별시·광역시·특별자치시·특별자치도·시 또는 군의 도시·군계획조례로 정하는 비율을 초과하여서는 아니 된다.

07 국토의 계획 및 이용에 관한 법령상 입지규제최소구역 등에 관한 설명으로 옳지 <u>않은</u> 것은?

① 도시·군기본계획에 따른 도심·부도심 또는 생활권의 중심지역을 입지규제최소구역으로 지정할 수 있다.

② 입지규제최소구역계획에는 입지규제최소구역의 지정 목적을 이루기 위하여 건축물의 건폐율·용적률·높이에 관한 사항이 포함되어야 한다.

③ 입지규제최소구역계획은 도시·군관리계획으로 결정한다.

④ 입지규제최소구역에 대하여는 「주택법」 제35조에 따른 대지조성기준을 적용하지 아니할 수 있다.

⑤ 입지규제최소구역으로 지정된 지역은 「건축법」에 따른 특별건축구역으로 지정하여야 한다.

08 국토의 계획 이용에 관한 법령상 개발행위허가의 제한에 대한 설명 중 옳지 <u>않은</u> 것은?

① 국토교통부장관, 시·도지사 또는 시장·군수는 도시·군관리계획상 필요하다고 인정되는 일정한 지역에 대하여 개발행위의 허가를 제한할 수 있다.

② 개발행위허가를 제한하고자 하는 자가 국토교통부장관 또는 시·도지사인 경우에는 중앙도시계획위원회 또는 시·도 도시계획위원회의 심의 전에 미리 제한하고자 하는 지역을 관할하는 시장 또는 군수의 의견을 들어야 한다.

③ 개발행위허가를 제한하기 위하여 개발행위허가 제한지역 등을 고시한 국토교통부장관, 시·도지사, 시장 또는 군수는 해당 지역에서 개발행위를 제한할 사유가 없어진 경우에는 그 제한기간이 끝나기 전이라도 지체 없이 개발행위허가의 제한을 해제하여야 한다.

④ 기반시설부담구역으로 지정된 지역에 대한 허가제한 기간은 2년 이내이며, 1회에 한하여 1년 이내의 기간동안 연장할 수 있다.

⑤ 개발행위허가를 제한하고자 하는 경우에는 제한지역·제한사유·제한대상행위 및 제한 기간을 미리 관보 또는 공보에 고시하여야 한다.

09 국토의 계획 및 이용에 관한 법령상 대지가 2 이상의 용도지역 등에 걸치는 경우 행위제한 등에 관한 내용 중 옳지 <u>않은</u> 것은?

① 원칙적으로 하나의 대지가 2 이상의 용도지역 등에 걸치는 경우, 각 부분 중 가장 작은 규모가 $330m^2$ 이하인 경우에는 전체 대지의 건폐율과 용적률은 가중평균값을 적용한다.

② 위 ①의 경우 건폐율과 용적률을 제외한 그 밖의 건축제한 등에 관한 사항은 그 대지 중 가장 넓은 면적이 속하는 용도지역 등에 관한 규정을 적용한다.

③ 하나의 건축물이 방화지구와 그 밖의 용도지역 등에 걸쳐 있는 경우, 그 전부에 대하여 방화지구 안의 건축물에 관한 규정을 적용한다.

④ 하나의 대지가 녹지지역과 그 밖의 용도지역 등에 걸쳐 있는 경우, 그 전부에 대하여 녹지지역의 건축물 및 대지에 관한 규정을 적용한다.

⑤ 녹지지역의 건축물이 고도지구 또는 방화지구에 걸쳐 있는 경우에는 그 건축물 및 대지의 전부에 대하여 고도지구 안의 건축물 및 대지에 관한 규정을 적용하며, 방화지구에 걸치는 경우에는 그 전부에 대하여 방화지구 안의 건축물에 관한 규정을 적용한다.

10 국토의 계획 및 이용에 관한 법령상 장기미집행 도시·군계획시설부지의 매수청구 등에 대한 설명으로 가장 올바른 것은?

① 토지소유자가 원하는 경우 지방자치단체인 매수의무자인 경우에만 도시·군계획시설채권을 발행하여 그 대금을 지급할 수 있다.

② 매수청구된 토지의 매수가격·매수절차 등에 관하여 「국토의 계획 및 이용에 관한 법률」에 특별한 규정이 있는 경우 외에는 「지방재정법」을 준용한다.

③ 매수의무자는 매수청구를 받은 날부터 2년 이내에 매수 여부를 결정하여 토지소유자에게 알려야 한다.

④ 도시·군계획시설채권의 상환기간은 5년 이상 10년 이내로 한다.

⑤ 도시·군계획시설채권의 구체적인 상환기간과 이율은 「공익사업을 위한 토지 등의 취득 및 보상에 관한 법률」을 준용한다.

11 국토의 계획 및 이용에 관한 법령상 용도지역, 용도지구, 용도구역의 지정에 관한 설명으로 옳지 <u>않은</u> 것은?

① 동일한 토지에 2개 이상의 용도지역을 중복하여 지정할 수 있다.

② 동일한 토지에 2개 이상의 용도지구를 중복하여 지정할 수 있다.

③ 동일한 토지에 용도지역과 용도지구를 중복하여 지정할 수 있다.

④ 동일한 토지에 용도구역과 용도지역을 중복하여 지정할 수 있다.

⑤ 동일한 토지에 용도구역과 용도지구를 중복하여 지정할 수 있다.

12 국토의 계획 및 이용에 관한 법령상 개발밀도관리구역 및 기반시설부담구역에 관한 설명으로 옳지 <u>않은</u> 것은?

① 기반시설부담구역은 개발밀도관리구역 외의 지역에서 지정된다.

② 개발밀도관리구역에서는 당해 용도지역에 적용되는 용적률의 최대한도의 50퍼센트 범위에서 용적률을 강화하여 적용한다.

③ 주거지역에서의 개발행위로 기반시설의 용량이 부족할 것으로 예상되는 지역 중 기반시설의 설치가 곤란한 지역으로서, 향후 2년 이내에 당해 지역의 학생수가 학교수용능력을 20퍼센트 이상 초과할 것으로 예상되는 지역은 기반시설부담구역으로 지정될 수 있다.

④ 기반시설설치비용은 현금, 신용카드 또는 직불카드로 납부하도록 하되, 부과대상 토지 및 이와 비슷한 토지로 하는 물납을 인정할 수 있다.

⑤ 기반시설의 설치가 필요하다고 인정하는 지역으로서 해당 지역의 전년도 개발행위허가 건수가 전전년도 개발행위허가 건수보다 20퍼센트 이상 증가한 지역은 기반시설부담구역으로 지정하여야 한다.

13 국토의 계획 및 이용에 관한 법령상 건축물별 기반시설유발계수가 가장 큰 것은?

① 업무시설

② 숙박시설

③ 판매시설

④ 제2종 근린생활시설

⑤ 문화 및 집회시설

14 감정평가 및 감정평가사에 관한 법령상 감정평가사에 관한 설명으로 옳은 것은?

① 외국의 감정평가사 자격을 가진 자로서 「감정평가 및 감정평가사에 관한 법률」에 의한 결격사유에 해당하지 아니하는 자는 그 본국에서 대한민국정부가 부여한 감정평가사 자격을 인정하지 않더라도 시·도지사의 인가를 받으면 감정평가법인등의 업무를 행할 수 있다.

② 국유재산을 관리하는 기관에서 5년 이상 감정평가와 관련된 업무에 종사한 자로서 감정평가사 제2차시험에 합격한 자는 감정평가사의 자격이 있다.

③ 감정평가사의 자격이 있는 자는 시·도지사에게 자격등록을 하면 감정평가업을 영위할 수 있다.

④ 감정평가사는 감정평가업을 영위하기 위하여 복수의 사무소를 설치할 수 있다.

⑤ 국토교통부장관은 감정평가사가 그 자격증을 다른 사람에게 양도한 경우 그 자격을 취소하여야 한다.

15 감정평가 및 감정평가사에 관한 법률에 의할 때 감정평가사의 자격에 관한 다음 설명 중 옳지 <u>않은</u> 것은?

① 미성년자는 감정평가사가 될 수 있다.

② 감정평가사 자격이 취소된 후 3년이 경과되지 아니한 사람은 감정평가사가 될 수 없다.

③ 부정한 방법으로 감정평가사의 자격을 얻은 경우에 국토교통부장관은 그 자격을 취소하여야 한다.

④ 감정평가사가 감정평가업을 하려는 경우에는 특별시장·광역시장·도지사에게 감정평가사사무소를 개설할 수 있다.

⑤ 감정평가사가 감정평가업을 하려는 경우에는 감정평가사사무소의 개설신고 전에 자격등록을 하여야 한다.

16 감정평가사에 관한 설명으로 가장 타당하지 <u>않은</u> 것은?

① 타인의 의뢰를 받아 토지를 개별적으로 감정평가할 때에는 그 토지와 이용가치가 비슷하다고 인정되는 표준지공시지가를 기준으로 하여야 한다.

② 외국감정평가사는 국토교통부장관의 인가를 받아 감정평가업무를 행할 수 있으며 그 업무의 일부를 제한할 수는 없다.

③ 감정평가법인은 전체 사원 또는 이사의 100분의 70이 넘는 범위에서 대통령령으로 정하는 비율 이상을 감정평가사로 두어야 한다. 이 경우 감정평가사가 아닌 사원 또는 이사는 토지등에 대한 전문성 등 대통령령으로 정하는 자격을 갖춘 자로서 결격사유에 해당하는 경우 또는 미성년자 또는 피성년후견인 · 피한정후견인에 해당하는 사람이 아니어야 한다.

④ 감정평가법인의 대표사원 또는 대표이사는 감정평가사여야 한다.

⑤ 감정평가서의 원본과 그 관련 서류를 보존하지 아니한 자, "감정평가사사무소" 또는 "감정평가법인"이라는 용어를 사용하지 아니하거나, "감정평가사사무소", "감정평가법인" 또는 이와 유사한 명칭을 사용한 자는 300만원 이하의 과태료를 부과하며, 감정평가 결과를 감정평가 정보체계에 등록하지 아니한 자, 자격증 또는 등록증을 반납하지 아니한 사람, 손해배상사실을 국토교통부장관에게 알리지 아니한 자는 150만원 이하의 과태료를 부과한다.

17 부동산 가격공시에 관한 법령에서 표준지공시지가를 공시할 때에 포함되어야 할 사항으로 규정하고 있지 <u>않은</u> 것은?

① 표준지의 면적 및 형상

② 표준지의 단위면적당 가격

③ 표준지 및 주변토지의 이용상황

④ 이의신청 및 소제기의 기간 · 절차 · 방법

⑤ 도로 상황

18 부동산 가격공시에 관한 법령상 부동산 가격의 공시기준일 및 공시시한에 관한 설명으로 옳지 <u>않은</u> 것은?

① 표준지 공시지가의 공시기준일 – 매년 1월 1일

② 개별공시지가의 공시시한 – 매년 5월 31일

③ 표준주택가격의 공시기준일 – 매년 1월 1일

④ 공동주택가격의 공시기준일 – 매년 1월 1일

⑤ 공동주택가격의 공시시한 – 매년 5월 31일

19 부동산 가격공시에 관한 법령상 중앙부동산가격공시위원회의 심의대상이 <u>아닌</u> 것은?

① 표준주택의 선정 및 관리지침에 관한 사항
② 개별주택가격에 대한 이의신청에 관한 사항
③ 표준지공시지가에 대한 이의신청에 관한 사항
④ 비주거용 표준부동산의 선정 및 관리지침
⑤ 비주거용 집합부동산의 조사 및 산정 지침

20 국유재산법상 행정재산에 대한 설명으로 옳지 <u>않은</u> 것은?

① 공용재산, 공공용재산, 기업용재산, 보존용재산으로 나뉜다.
② 공용재산의 국가가 직접 그 사무용·사업용 또는 공무원의 주거용으로 사용하거나 사용하기로 결정한 재산을 말한다.
③ 공공용재산은 국가가 직접 공공용으로 사용하거나 사용하기로 결정한 재산을 말한다.
④ 기업용재산은 정부기업이 직접 그 사무용·사업용 또는 직원의 주거용으로 사용하거나 사용하기로 결정한 재산을 말한다.
⑤ 행정재산은 일정한 기간을 정하여 대부할 수 있다.

21 다음 중 국유재산법상 총괄청의 권한에 속한다고 보기 <u>어려운</u> 것은?

① 중앙관서의 장에 대한 자료제출 요구
② 조달청장 또는 지방자치단체에게 위탁
③ 관리상황의 감사
④ 국유재산 용도폐지의 요구
⑤ 국유재산의 관리·처분에 관한 소관 중앙관서의 장이 없는 국유재산에 대한 소관 중앙관서의 장의 지정

22 국유재산법상 국유재산의 보호와 관련한 다음의 설명 중 옳지 <u>않은</u> 것은?

① 국유재산 중 기업용 재산에는 사권의 설정이 가능하다.

② 국유재산 중 일반재산은 시효취득의 대상이 된다.

③ 사권이 설정된 재산이라도 사권을 소멸시키면 국유재산으로 취득할 수 있다.

④ 각 부처의 장이 국유재산의 관리에 관한 법령을 입안하고자 하는 때에는 그 내용에 대해서 총괄청 및 감사원과 협의하여야 한다.

⑤ 국유재산에 관한 사무에 종사하는 직원이 중앙관서의 장의 허가 없이 국유재산을 취득하는 경우 당해 취득은 무효이다.

23 일반재산에 관한 설명으로 가장 옳지 <u>않은</u> 것은?

① 일반재산은 대부·매각·교환·양여·신탁개발·위탁개발 또는 현물출자할 수 있다.

② 일반재산을 처분하는 계약을 체결함에 있어서는 그 뜻을 공고하여 경쟁입찰에 붙여야 한다.

③ 일반재산의 대부기간이 종료된 재산에 대하여 수의계약의 방법에 의하여 대부할 수 있는 경우가 아니면 1회만 갱신할 수 있다.

④ 중앙관서의 장은 일반재산을 교환하고자 할 때에는 그 내용을 감사원에 보고하여야 한다.

⑤ 정당한 사유 없이 국유재산을 점유하고자 이에 시설물을 설치한 때에는 민사집행법에 의하여 철거 기타 필요한 조치를 하여야 한다.

24 건축법령상 건축허가에 관한 내용 중 옳지 <u>않은</u> 것은?

① 21층 이상의 건축물 등 대통령령으로 정하는 용도 및 규모의 건축물을 특별시나 광역시에 건축하려면 특별시장이나 광역시장의 허가를 받아야 한다.

② 자연환경을 보호하기 위하여 도지사가 지정·공고한 구역에 건축하는 3층인 다가구주택에 해당하는 건축물의 허가를 하기 위해서는 미리 도지사의 승인을 받아야 한다.

③ 수질을 보호하기 위하여 도지사가 지정·공고한 구역에 건축하는 연면적의 합계가 1천m² 이상인 숙박시설에 해당하는 건축물의 허가를 하기 위해서는 미리 도지사의 승인을 받아야 한다.

④ 숙박시설을 건축하려는 건축물의 용도·규모 또는 형태가 주거환경 등 주변 환경을 고려할 때 부적합하다고 인정되는 경우 허가권자는 건축위원회의 심의를 거쳐 건축허가를 하지 아니할 수 있다.

⑤ 허가를 받은 날부터 2년 이내에 공사에 착수하지 아니한 경우에 허가권자는 허가를 취소하여야 한다.

25 건축법령상 건축물의 면적 및 층수의 산정방법에 관한 설명으로 옳은 것을 모두 고른 것은?

> ㉠ 공동주택으로서 지상층에 설치한 기계실, 전기실, 어린이놀이터, 조경시설 및 생활폐기물 보관함의 면적은 바닥면적에 산입하지 아니한다.
> ㉡ 용적률을 산정할 때에는 해당 건축물의 부속용도로서 지상층의 주차용으로 쓰는 면적은 연면적에 포함한다.
> ㉢ 건축물이 부분에 따라 그 층수가 다른 경우에는 그중 가장 많은 층수를 그 건축물의 층수로 본다.
> ㉣ 건축물을 리모델링하는 경우로서 미관 향상, 열의 손실 방지 등을 위하여 외벽에 부가하여 마감재 등을 설치하는 부분은 바닥면적에 산입한다.

① ㉠, ㉡   ② ㉠, ㉢

③ ㉡, ㉢   ④ ㉡, ㉣

⑤ ㉢, ㉣

26 건축법령상 대지의 조경 및 공개공지 등의 설치에 관한 설명으로 옳은 것은? (단, 다른 조건은 고려하지 않음)

① 도시·군계획시설에서 건축하는 연면적의 합계가 1천 500m² 이상인 가설건축물에 대하여는 조경 등의 조치를 하여야 한다.

② 면적 5천m² 미만인 대지에 건축하는 공장에 대하여는 조경 등의 조치를 하지 아니할 수 있다.

③ 녹지지역에 건축하는 창고에 대해서는 조경 등의 조치를 하여야 한다.

④ 상업지역의 건축물에 설치하는 공개공지 등의 면적은 대지면적의 100분의 10을 넘어야 한다.

⑤ 공개공지 등을 설치하는 경우 건축물의 건폐율은 완화하여 적용할 수 있으나 건축물의 높이 제한은 완화하여 적용할 수 없다.

27 건축법령상 건축물의 높이제한에 관한 설명 중 옳지 <u>않은</u> 것은?

① 모든 건축물에 대하여 정북방향으로 일조권확보를 위한 높이제한을 적용하는 지역은 전용주거지역과 일반주거지역이다.

② 채광을 위한 창문 등이 있는 벽면에서 직각 방향으로 인접 대지경계선까지의 수평거리가 1m 이상으로서 건축조례로 정하는 거리 이상인 다세대주택은 인접 대지경계선까지의 수평거리의 2배 이하의 제한을 받지 아니한다.

③ 공동주택(기숙사 제외)의 일조권확보를 위한 높이제한의 적용대상은 상업지역을 제외한 나머지 용도지역이다.

④ 2층 이하로서 높이가 8m 이하인 건축물에 대하여는 해당 지방자치단체의 조례가 정하는 바에 의하여 일조권에 의한 높이제한을 적용하지 아니할 수 있다.

⑤ 허가권자는 가로구역을 단위로 하여 대통령령으로 정하는 기준과 절차에 따라 건축물의 높이를 지정·공고할 수 있다.

28 공간정보의 구축 및 관리 등에 관한 법령상 지목에 관한 설명으로 옳지 <u>않은</u> 것은?

① 1필지가 2이상의 용도로 활용되는 경우에는 주된 용도에 따라 지목을 설정하여야 한다.

② 토지가 일시적 또는 임시적인 용도로 사용되는 때에는 지목을 변경하지 아니한다.

③ 물이 고이거나 상시적으로 물을 저장하고 있는 댐·소류지·연못 등의 토지는 지목을 "유지"라고 한다.

④ 용수 또는 배수를 위하여 일정한 형태를 갖춘 인공적인 수로의 지목은 "하천"으로 한다.

⑤ 국토의 계획 및 이용에 관한 법률 등 관계 법령에 의한 택지 조성공사가 준공된 토지는 지목을 "대"로 한다.

29 공간정보의 구축 및 관리 등에 관한 법령상 지적공부와 등록사항의 연결이 바르지 <u>않은</u> 것은?

① 토지대장 - 지목과 면적

② 공유지연명부 - 소유권 지분

③ 지적도 - 건축물 및 구조물 등의 위치

④ 경계점좌표등록부 - 소유자와 부호도

⑤ 대지권등록부 - 전유부분의 건물 표시

30 공간정보의 구축 및 관리 등에 관한 법령상 토지의 이동 신청에 관한 설명으로 옳지 <u>않은</u> 것은?

① 공유수면매립 준공에 의하여 신규등록할 토지가 있는 경우 토지소유자는 그 사유가 발생한 날로부터 60일 이내에 지적소관청에 신규등록을 신청하여야 한다.

② 임야도에 등록된 토지를 도시·군관리계획선에 따라 분할하는 경우 토지소유자는 지목변경 없이 등록전환을 신청할 수 있다.

③ 토지소유자는 주택법에 따른 공동주택의 부지로서 합병할 토지가 있으면 그 사유가 발생한 날부터 60일 이내 지적소관청에 합병을 신청하여야 한다.

④ 토지소유자는 토지나 건축물의 용도가 변경되어 지목변경을 하여야 할 토지가 잇으면 그 사유가 발생한 날부터 60일 이내 지적소관청에 지목변경을 신청하여야 한다.

⑤ 바다로 되어 말소된 토지가 지형의 변화 등으로 다시 토지가 된 경우 토지소유자는 그 사유가 발생한 날부터 90일 이내 토지의 회복등록을 지적소관청에 신청하여야 한다.

31 공간정보의 구축 및 관리 등에 관한 법령규정에 의하여 지적측량에 대한 적부재심사 청구사항을 심의·의결하기 위하여 정부 중앙 부처에 설치된 기구로서 옳은 것은?

① 중앙지적위원회
② 축척변경위원회
③ 토지이용조사위원회
④ 중앙토지수용위원회
⑤ 지적측량적부심사위원회

32 부동산등기법상 등기신청인에 관한 설명으로 옳지 <u>않은</u> 것은?

① 소유권보존등기 또는 소유권보존등기의 말소등기는 등기명의인으로 될 자 또는 등기명의인이 단독으로 신청한다.
② 상속, 법인의 합병, 그 밖에 대법원규칙으로 정하는 포괄승계에 따른 등기는 등기권리자가 단독으로 신청한다.
③ 판결에 의한 등기는 승소한 등기권리자 또는 등기의무자가 단독으로 신청한다.
④ 신탁재산에 속하는 부동산의 신탁등기는 위탁자가 단독으로 신청한다.
⑤ 등기명의인표시의 변경이나 경정의 등기는 해당 권리의 등기명의인이 단독으로 신청한다.

33 부동산등기법상 등기관이 저당권 설정의 등기를 할 때에 등기원인에 약정이 없더라도 반드시 기록하여야 할 사항을 모두 고른 것은? (단, 저당권의 내용이 근저당권인 경우를 제외한다)

㉠ 접수연월일 및 접수번호	㉡ 권리자
㉢ 채권액	㉣ 변제기
㉤ 이자 및 그 발생기·지급시기	㉥ 채권의 조건

① ㉠, ㉡
② ㉣, ㉥
③ ㉠, ㉡, ㉢
④ ㉡, ㉢, ㉣
⑤ ㉢, ㉣, ㉤

34 부동산등기법상 등기의 종류에 관한 설명으로 옳지 <u>않은</u> 것은?

① 사실의 등기란 부동산의 상황에 관한 등기로서 표제부에 하는 등기이다.

② 건물이 멸실된 경우에는 그 건물 소유권의 등기명의인은 그 사실이 있는 때부터 1개월 이내에 그 등기를 신청하여야 한다.

③ 가등기에 의해 보전된 청구권을 양도한 경우에 가등기에 대한 부기등기 형식으로 경료할 수 있다.

④ 가등기에 의해 후일 본등기가 경료된 때에는 본등기에 의한 물권변동의 효력이 가등기한 때로 소급한다.

⑤ 가등기는 신청서에 가등기의무자의 승낙서 또는 가처분명령의 정본을 첨부하여 가등기권리자가 신청할 수 있다.

35 부동산등기법상 신탁등기에 관한 다음의 설명 중 옳은 것은?

① 합필하려는 모든 토지에 있는 신탁등기의 등기사항(제81조 제1항)이 동일한 신탁등기는 합필의 등기를 할 수 없다.

② 신탁법 제19조의 규정에 의하여 신탁재산에 속하는 부동산의 신탁의 등기는 신탁자만이 이를 할 수 있다.

③ 수익자 또는 위탁자는 수탁자에 대위하여 신탁의 등기를 할 수 있다.

④ 신탁의 등기에 대한 신청은 부동산의 보존등기의 신청과 동일한 서면으로 이를 하여야 한다.

⑤ 신탁원부는 등기부의 일부로 인정되지 않는다.

36 동산·채권 등의 담보에 관한 법령상 동산담보권의 실행에 관한 설명으로 옳지 <u>않은</u> 것은?

① 동산담보권의 실행으로 담보권자나 매수인이 담보목적물의 소유권을 취득하면 그 담보권자의 권리와 그에 대항할 수 없는 권리는 소멸한다.

② 후순위권리자는 채무자 등이 받을 청산금에 대하여 그 순위에 따라 청산금이 지급될 때까지 그 권리를 행사할 수 있고, 담보권자는 후순위권리자가 요구하는 경우에는 청산금을 지급하여야 한다.

③ 동일한 채권의 담보로 여러 개의 담보목적물에 동산담보권을 설정한 경우에 그 담보목적물의 매각대금을 동시에 배당할 때에는 각 담보목적물의 평가액에 비례하여 그 채권의 분담을 정한다.

④ 정당한 이유가 있는 경우 담보권자는 담보목적물로써 직접 변제에 충당하거나 담보목적물을 매각하여 그 대금을 변제에 충당할 수 있지만, 선순위권리자가 있는 경우에는 그의 동의를 받아야 한다.

⑤ 담보권자가 담보목적물로써 직접 변제에 충당하는 경우 청산금을 채무자 등에게 지급한 때에 담보목적물의 소유권을 취득한다.

37 도시 및 주거환경정비법령상 정비구역 안에서의 허가대상에 대한 다음 설명 중 옳지 <u>않은</u> 것은?

① 정비구역 안에서의 죽목의 벌채 및 식재행위는 허가를 받아야 한다.

② 농림수산물의 생산에 직접 이용되는 것으로서 국토교통부령이 정하는 간이공작물의 설치는 허가대상에 해당하지 아니한다.

③ 경작을 위한 토지의 형질변경은 정비구역 안에서도 허가를 받지 아니하고 할 수 있다.

④ 허가를 받아야 하는 행위로서 정비구역의 지정·고시 당시 이미 관계법령에 따라 행위허가를 받아 공사에 착수한 자는 정비구역이 지정·고시된 날부터 3월 이내에 시장·군수 등에게 신고한 후 이를 계속 시행할 수 있다.

⑤ 정비구역 안에서 허가를 받은 행위는 「국토의 계획 및 이용에 관한 법률」에 따른 개발행위허가를 받은 것으로 본다.

38 도시 및 주거환경정비법령상 조합의 설립에 관한 설명으로 (   )에 들어갈 내용은?

> • 재건축사업의 추진위원회(추진위원회를 구성하지 아니하는 경우에는 토지등소유자를 말한다)가 조합을 설립하려는 때에는 주택단지의 공동주택의 각 동(복리시설의 경우에는 주택단지의 복리시설 전체를 하나의 동으로 본다)별 구분소유자의 (ㄱ) 동의(공동주택의 각 동별 구분소유자가 5 이하인 경우는 제외한다)와 주택단지의 전체 구분소유자의 4분의 3 이상 및 토지면적의 (ㄴ) 이상의 토지소유자의 동의를 받아 일정한 서류를 첨부하여 시장·군수등의 인가를 받아야 한다.
> • 재개발사업의 추진위원회가 조합을 설립하려면 토지등소유자의 (ㄷ) 이상 및 토지면적의 (ㄹ) 이상의 토지소유자의 동의를 받아 일정한 서류를 첨부하여 시장·군수등의 인가를 받아야 한다.

① ㄱ : 2분의 1, ㄴ : 4분의 3, ㄷ : 4분의 3, ㄹ : 2분의 1

② ㄱ : 과반수,   ㄴ : 4분의 3, ㄷ : 4분의 3, ㄹ : 3분의 2

③ ㄱ : 3분의 2, ㄴ : 2분의 1, ㄷ : 4분의 3, ㄹ : 3분의 2

④ ㄱ : 과반수,   ㄴ : 4분의 3, ㄷ : 4분의 3, ㄹ : 2분의 1

⑤ ㄱ : 4분의 3, ㄴ : 3분의 2, ㄷ : 3분의 2, ㄹ : 2분의 1

39 도시 및 주거환경정비법령상 관리처분계획에 관한 설명으로 옳은 것은?

① 재건축사업에서 주택분양에 관한 권리를 포기하는 토지등소유자에 대한 임대주택의 공급에 따라 관리처분계획을 변경하는 때에는 시장·군수등에게 신고하여야 한다.

② 재개발사업에서 관리처분계획은 주택단지의 경우 1개의 건축물의 대지는 1필지의 토지가 되도록 정하여야 한다.

③ 재건축사업의 관리처분계획에서 분양대상자별 분양예정인 건축물의 추산액을 평가할 때에는 시장·군수등이 선정·계약한 2인 이상의 감정평가업자가 평가한 금액을 산술평균하여 산정한다.

④ 재개발사업에서 지방자치단체인 토지등소유자에게는 하나 이상의 주택 또는 토지를 소유한 경우라도 1주택을 공급하도록 관리처분계획을 정한다.

⑤ 주거환경개선사업의 사업시행자는 반드시 관리처분계획을 수립하여 시장·군수등의 인가를 받아야만 한다.

40 도시 및 주거환경정비법령상 정비사업의 준공인가 및 이전고시에 관한 설명으로 옳은 것은?

① 시장·군수 등이 아닌 사업시행자는 정비사업에 관한 공사를 완료한 때에 시·도지사에게 준공인가를 받아야 한다.

② 사업시행자는 대지 및 건축물의 소유권을 이전하고자 하는 때에는 그 내용을 당해 지방자치단체의 공보에 고시한 후 이를 국토교통부장관에게 보고하여야 한다.

③ 건축물을 분양받을 자는 사업시행자가 소유권이전에 관한 내용을 공보에 고시한 날에 건축물에 대한 소유권을 취득한다.

④ 사업시행자는 준공인가 및 공사완료의 고시가 있은 때에는 60일 이내에 대지확정측량을 하고 토지의 분할절차를 거쳐 관리처분계획에 정한 사항을 분양을 받을 자에게 통지하고 대지 또는 건축물의 소유권을 이전하여야 한다.

⑤ 사업시행자는 이전고시가 있은 때에는 지체 없이 대지 및 건축물에 관한 등기를 지방법원지원 또는 등기소에 촉탁 또는 신청하여야 한다.

03 제1회 감정평가관계법규 최종모의고사 정답 및 해설

01	02	03	04	05	06	07	08	09	10	11	12	13	14	15	16	17	18	19	20
③	⑤	②	④	②	②	②	③	②	④	②	④	③	⑤	④	③	①	③	④	④
21	22	23	24	25	26	27	28	29	30	31	32	33	34	35	36	37	38	39	40
②	⑤	②	⑤	⑤	⑤	③	③	③	①	②	③	④	⑤	④	⑤	③	③	②	④

01 난도 ★★　　　　답 ③

▋정답해설▋

③ 요청을 받아 도지사가 광역도시계획을 수립하는 경우에는 별도의 국토교통부장관의 승인을 받을 필요가 없다(국토의 계획 및 이용에 관한 법률 제11조 제3항).

국토의 계획 및 이용에 관한 법률 제11조(광역도시계획의 수립권자)

① 국토교통부장관, 시·도지사, 시장 또는 군수는 다음 각 호의 구분에 따라 광역도시계획을 수립하여야 한다.

1. 광역계획권이 같은 도의 관할 구역에 속하여 있는 경우 : 관할 시장 또는 군수가 공동으로 수립

2. 광역계획권이 둘 이상의 시·도의 관할 구역에 걸쳐 있는 경우 : 관할 시·도지사가 공동으로 수립

3. 광역계획권을 지정한 날부터 3년이 지날 때까지 관할 시장 또는 군수로부터 제16조 제1항에 따른 광역도시계획의 승인 신청이 없는 경우 : 관할 도지사가 수립

4. 국가계획과 관련된 광역도시계획의 수립이 필요한 경우나 광역계획권을 지정한 날부터 3년이 지날 때까지 관할 시·도지사로부터 제16조 제1항에 따른 광역도시계획의 승인 신청이 없는 경우 : 국토교통부장관이 수립

② 국토교통부장관은 시·도지사가 요청하는 경우와 그 밖에 필요하다고 인정되는 경우에는 제1항에도 불구하고 관할 시·도지사와 공동으로 광역도시계획을 수립할 수 있다.

③ 도지사는 시장 또는 군수가 요청하는 경우와 그 밖에 필요하다고 인정하는 경우에는 제1항에도 불구하고 관할 시장 또는 군수와 공동으로 광역도시계획을 수립할 수 있으며, 시장 또는 군수가 협의를 거쳐 요청하는 경우에는 단독으로 광역도시계획을 수립할 수 있다.

02 난도 ★★　　　　답 ⑤

▋정답해설▋

⑤ 도시·군관리계획의 결정은 지형도면의 고시가 있은 날부터 그 효력이 발생한다(국토의 계획 및 이용에 관한 법률 제31조 제1항).

제31조(도시·군관리계획 결정의 효력)

① 도시·군관리계획 결정의 효력은 제32조 제4항에 따라 지형도면을 고시한 날부터 발생한다.

② 도시·군관리계획 결정 당시 이미 사업이나 공사에 착수한 자(이 법 또는 다른 법률에 따라 허가·인가·승인 등을 받아야 하는 경우에는 그 허가·인가·승인 등을 받아 사업이나 공사에 착수한 자를 말한다)는 그 도시·군관리계획 결정과 관계없이 그 사업이나 공사를 계속할 수 있다. 다만, 시가화조정구역이나 수산자원보호구역의 지정에 관한 도시·군관리계획 결정이 있는 경우에는 대통령령으로 정하는 바에 따라 특별시장·광역시장·특별자치시장·특별자치도지사·시장 또는 군수에게 신고하고 그 사업이나 공사를 계속할 수 있다.

③ 제1항에서 규정한 사항 외에 도시·군관리계획 결정의 효력 발생 및 실효 등에 관하여는 「토지이용규제 기본법」 제8조 제3항부터 제5항까지의 규정에 따른다.

03 난도 ★★★　　　答 ②

오답해설

① 특별시장·광역시장이 수립한 도시·군기본계획은 스스로 확정한다(국토의 계획 및 이용에 관한 법률 제18조).

> **제18조(도시·군기본계획의 수립권자와 대상지역)**
> ① 특별시장·광역시장·특별자치시장·특별자치도지사·시장 또는 군수는 관할 구역에 대하여 도시·군기본계획을 수립하여야 한다. 다만, 시 또는 군의 위치, 인구의 규모, 인구감소율 등을 고려하여 대통령령으로 정하는 시 또는 군은 도시·군기본계획을 수립하지 아니할 수 있다.
> ② 특별시장·광역시장·특별자치시장·특별자치도지사·시장 또는 군수는 지역여건상 필요하다고 인정되면 인접한 특별시·광역시·특별자치시·특별자치도·시 또는 군의 관할 구역 전부 또는 일부를 포함하여 도시·군기본계획을 수립할 수 있다.
> ③ 특별시장·광역시장·특별자치시장·특별자치도지사·시장 또는 군수는 제2항에 따라 인접한 특별시·광역시·특별자치시·특별자치도·시 또는 군의 관할 구역을 포함하여 도시·군기본계획을 수립하려면 미리 그 특별시장·광역시장·특별자치시장·특별자치도지사·시장 또는 군수와 협의하여야 한다.

③ 입안을 제안할 수 없다(국토의 계획 및 이용에 관한 법률 제20조).

④ 도시·군기본계획의 수립절차는 생략될 수 없다(국토의 계획 및 이용에 관한 법률 제20조).

> **제20조(도시·군기본계획 수립을 위한 기초조사 및 공청회)**
> ① 도시·군기본계획을 수립하거나 변경하는 경우에는 제13조와 제14조를 준용한다. 이 경우 "국토교통부장관, 시·도지사, 시장 또는 군수"는 "특별시장·광역시장·특별자치시장·특별자치도지사·시장 또는 군수"로, "광역도시계획"은 "도시·군기본계획"으로 본다.
> ② 시·도지사, 시장 또는 군수는 제1항에 따른 기초조사의 내용에 국토교통부장관이 정하는 바에 따라 실시하는 토지의 토양, 입지, 활용가능성 등 토지의 적성에 대한 평가(이하 "토지적성평가"라 한다)와 재해취약성에 관한 분석(이하 "재해취약성분석"이라 한다)을 포함하여야 한다.

③ 도시·군기본계획 입안일부터 5년 이내에 토지적성평가를 실시한 경우 등 대통령령으로 정하는 경우에는 제2항에 따른 토지적성평가 또는 재해취약성분석을 하지 아니할 수 있다.

⑤ 5년마다 타당성을 검토하여 정비하여야 한다(국토의 계획 및 이용에 관한 법률 제23조).

> **제23조(도시·군기본계획의 정비)**
> ① 특별시장·광역시장·특별자치시장·특별자치도지사·시장 또는 군수는 5년마다 관할 구역의 도시·군기본계획에 대하여 타당성을 전반적으로 재검토하여 정비하여야 한다.
> ② 특별시장·광역시장·특별자치시장·특별자치도지사·시장 또는 군수는 제4조 제2항 및 제3항에 따라 도시·군기본계획의 내용에 우선하는 광역도시계획의 내용 및 도시·군기본계획에 우선하는 국가계획의 내용을 도시·군기본계획에 반영하여야 한다.

04 난도 ★★　　　答 ④

정답해설

④ 다음 각 호의 어느 하나에 해당하는 지역에서의 건폐율에 관한 기준은 80% 이하의 범위에서 다음 각 호에서 정하는 기준을 초과하지 아니하는 범위에서 특별시·광역시·특별자치시·특별자치도·시 또는 군 의 조례로 따로 정한다(법 제77조).

자연녹지지역에 지정된 개발진흥지구	30% 이하
도시지역 외의 지역에 지정된 개발진흥지구	40% 이하
수산자원보호구역	40% 이하
자연공원법에 따른 자연공원	60% 이하
취락지구(집단취락지구에 대하여는 개발제한구역의 지정 및 관리에 관한 특별조치법령이 정하는 바에 의한다)	60% 이하
산업입지 및 개발에 관한 법률에 따른 농공단지	70% 이하
공업지역에 있는 국가·일반·도시첨단 산업단지, 준산업단지	80% 이하

제77조(용도지역의 건폐율)

① 제36조에 따라 지정된 용도지역에서 건폐율의 최대
한도는 관할 구역의 면적과 인구 규모, 용도지역의
특성 등을 고려하여 다음 각 호의 범위에서 대통령령
으로 정하는 기준에 따라 특별시·광역시·특별자치
시·특별자치도·시 또는 군의 조례로 정한다.

1. 도시지역
   가. 주거지역 : 70퍼센트 이하
   나. 상업지역 : 90퍼센트 이하
   다. 공업지역 : 70퍼센트 이하
   라. 녹지지역 : 20퍼센트 이하

2. 관리지역
   가. 보전관리지역 : 20퍼센트 이하
   나. 생산관리지역 : 20퍼센트 이하
   다. 계획관리지역 : 40퍼센트 이하

3. 농림지역 : 20퍼센트 이하
4. 자연환경보전지역 : 20퍼센트 이하

② 제36조 제2항에 따라 세분된 용도지역에서의 건폐율
에 관한 기준은 제1항 각 호의 범위에서 대통령령으
로 따로 정한다.

③ 다음 각 호의 어느 하나에 해당하는 지역에서의 건폐
율에 관한 기준은 제1항과 제2항에도 불구하고 80퍼
센트 이하의 범위에서 대통령령으로 정하는 기준에
따라 특별시·광역시·특별자치시·특별자치도·
시 또는 군의 조례로 따로 정한다.

1. 제37조 제1항 제6호에 따른 취락지구
2. 제37조 제1항 제7호에 따른 개발진흥지구(도시지
   역 외의 지역 또는 대통령령으로 정하는 용도지역
   만 해당한다)
3. 제40조에 따른 수산자원보호구역
4. 「자연공원법」에 따른 자연공원
5. 「산업입지 및 개발에 관한 법률」 제2조 제8호 라
   목에 따른 농공단지
6. 공업지역에 있는 「산업입지 및 개발에 관한 법률」
   제2조 제8호 가목부터 다목까지의 규정에 따른
   국가산업단지, 일반산업단지 및 도시첨단산업단
   지와 같은 조 제12호에 따른 준산업단지

④ 다음 각 호의 어느 하나에 해당하는 경우로서 대통령
령으로 정하는 경우에는 제1항에도 불구하고 대통령
령으로 정하는 기준에 따라 특별시·광역시·특별자
치시·특별자치도·시 또는 군의 조례로 건폐율을
따로 정할 수 있다.

1. 토지이용의 과밀화를 방지하기 위하여 건폐율을
   강화할 필요가 있는 경우
2. 주변 여건을 고려하여 토지의 이용도를 높이기 위
   하여 건폐율을 완화할 필요가 있는 경우

3. 녹지지역, 보전관리지역, 생산관리지역, 농림지
   역 또는 자연환경보전지역에서 농업용·임업용
   ·어업용 건축물을 건축하려는 경우
4. 보전관리지역, 생산관리지역, 농림지역 또는 자
   연환경보전지역에서 주민생활의 편익을 증진시
   키기 위한 건축물을 건축하려는 경우

---

05 난도 ★   답 ②

┃정답해설┃

② 비행정청 시행자 중 민간시행자인 경우에 한하여 시행자
로 지정받고자 하는 경우에 토지면적의 2/3 이상의 소유
와 대상토지소유자 총수의 1/2 이상의 소유자의 동의를
필요로 한다(시행령 제96조).

**국토의 계획 및 이용에 관한 법률 시행령 제96조(시행자
의 지정)**

① 법 제86조 제5항의 규정에 의하여 도시·군계획시설
사업의 시행자로 지정받고자 하는 자는 다음 각호의
사항을 기재한 신청서를 국토교통부장관, 시·도지
사 또는 시장·군수에게 제출하여야 한다.

1. 사업의 종류 및 명칭
2. 사업시행자의 성명 및 주소(법인인 경우에는 법
   인의 명칭 및 소재지와 대표자의 성명 및 주소)
3. 토지 또는 건물의 소재지·지번·지목 및 면적,
   소유권과 소유권외의 권리의 명세 및 그 소유자·
   권리자의 성명·주소
4. 사업의 착수예정일 및 준공예정일
5. 자금조달계획

② 법 제86조 제7항 각 호외의 부분 중 "대통령령으로
정하는 요건"이란 도시계획시설사업의 대상인 토지
(국·공유지를 제외한다. 이하 이 항에서 같다)면적
의 3분의 2 이상에 해당하는 토지를 소유하고, 토지
소유자 총수의 2분의 1 이상에 해당하는 자의 동의를
얻는 것을 말한다.

③ 법 제86조 제7항 제2호에서 "대통령령으로 정하는
공공기관"이란 다음 각 호의 어느 하나에 해당하는
기관을 말한다.

1. 「한국농수산식품유통공사법」에 따른 한국농수
   산식품유통공사
2. 「대한석탄공사법」에 따른 대한석탄공사
3. 「한국토지주택공사법」에 따른 한국토지주택공사
4. 「한국관광공사법」에 따른 한국관광공사

5. 「한국농어촌공사 및 농지관리기금법」에 따른 한국농어촌공사
6. 「한국도로공사법」에 따른 한국도로공사
7. 「한국석유공사법」에 따른 한국석유공사
8. 「한국수자원공사법」에 따른 한국수자원공사
9. 「한국전력공사법」에 따른 한국전력공사
10. 「한국철도공사법」에 따른 한국철도공사
11. 삭제
④ 법 제86조 제7항 제3호에서 "대통령령으로 정하는 자"란 다음 각 호의 어느 하나에 해당하는 자를 말한다.
1. 「지방공기업법」에 의한 지방공사 및 지방공단
2. 다른 법률에 의하여 도시·군계획시설사업이 포함된 사업의 시행자로 지정된 자
3. 법 제65조의 규정에 의하여 공공시설을 관리할 관리청에 무상으로 귀속되는 공공시설을 설치하고자 하는 자
4. 「국유재산법」 제13조 또는 「공유재산 및 물품관리법」 제7조에 따라 기부를 조건으로 시설물을 설치하려는 자
⑤ 당해 도시·군계획시설사업이 다른 법령에 의하여 면허·허가·인가 등을 받아야 하는 사업인 경우에는 그 사업시행에 관한 면허·허가·인가 등의 사실을 증명하는 서류의 사본을 제1항의 신청서에 첨부하여야 한다. 다만, 다른 법령에서 도시·군계획시설사업의 시행자지정을 면허·허가·인가 등의 조건으로 하는 경우에는 관계 행정기관의 장의 의견서로 갈음할 수 있다.

06 난도 ★★   답 ②

정답해설

② 세 개 이상의 노선이 교차하는 대중교통 결절지로부터 1km 이내에 위치한 지역인 경우에 지정할 수 있다. 지정하여야 하는 지역은 일단 아니다(시행령 제43조).

국토의 계획 및 이용에 관한 법률 시행령 제43조(도시지역 내 지구단위계획구역 지정대상지역)
① 법 제51조 제1항 제8호의2에서 "대통령령으로 정하는 요건에 해당하는 지역"이란 일반주거지역, 준주거지역, 준공업지역 및 상업지역에서 낙후된 도심 기능을 회복하거나 도시균형발전을 위한 중심지 육성이 필요한 경우로서 다음 각 호의 어느 하나에 해당하는 지역을 말한다.

1. 주요 역세권, 고속버스 및 시외버스 터미널, 간선도로의 교차지 등 양호한 기반시설을 갖추고 있어 대중교통 이용이 용이한 지역
2. 역세권의 체계적·계획적 개발이 필요한 지역
3. <u>세 개 이상의 노선이 교차하는 대중교통 결절지(結節地)로부터 1킬로미터 이내에 위치한 지역</u>
4. 「역세권의 개발 및 이용에 관한 법률」에 따른 역세권개발구역, 「도시재정비 촉진을 위한 특별법」에 따른 고밀복합형 재정비촉진지구로 지정된 지역

07 난도 ★★   답 ②

정답해설

② 기반시설의 설치·정비·개량에 관한 주민의 입안제안 시에는 대상 토지 면적의 5분의 4 이상의 토지소유자의 동의가 필요하다(시행령 제19조의2 제2항).

국토의 계획 및 이용에 관한 법률 제26조(도시·군관리계획 입안의 제안)
① 주민(이해관계자를 포함한다. 이하 같다)은 다음 각 호의 사항에 대하여 제24조에 따라 도시·군관리계획을 입안할 수 있는 자에게 도시·군관리계획의 입안을 제안할 수 있다. 이 경우 제안서에는 도시·군관리계획도서와 계획설명서를 첨부하여야 한다.
1. <u>기반시설의 설치·정비 또는 개량에 관한 사항</u>
2. 지구단위계획구역의 지정 및 변경과 지구단위계획의 수립 및 변경에 관한 사항
3. 다음 각 목의 어느 하나에 해당하는 용도지구의 지정 및 변경에 관한 사항
   가. 개발진흥지구 중 공업기능 또는 유통물류기능 등을 집중적으로 개발·정비하기 위한 개발진흥지구로서 대통령령으로 정하는 개발진흥지구
   나. 제37조에 따라 지정된 용도지구 중 해당 용도지구에 따른 건축물이나 그 밖의 시설의 용도·종류 및 규모 등의 제한을 지구단위계획으로 대체하기 위한 용도지구

4. 입지규제최소구역의 지정 및 변경과 입지규제최
   소구역계획의 수립 및 변경에 관한 사항

> **국토의 계획 및 이용에 관한 법률 시행령 제19
> 조의2(도시·군관리계획 입안의 제안)**
> ① 법 제26조 제1항 제3호 가목에서 "대통령
>   령으로 정하는 개발진흥지구"란 제31조 제
>   2항 제8호 나목에 따른 산업·유통개발진
>   흥지구를 말한다.
> ② 법 제26조 제1항에 따라 도시·군관리계
>   획의 입안을 제안하려는 자는 다음 각 호의
>   구분에 따라 토지소유자의 동의를 받아야
>   한다. 이 경우 동의 대상 토지 면적에서 국
>   ·공유지는 제외한다.
>   1. 법 제26조 제1항 제1호의 사항에 대한
>   제안의 경우 : 대상 토지 면적의 5분의
>   4 이상
>   2. 법 제26조 제1항 제2호부터 제4호까지
>   의 사항에 대한 제안의 경우 : 대상 토
>   지 면적의 3분의 2 이상

4. 방재지구 : 풍수해, 산사태, 지반의 붕괴, 그 밖의
   재해를 예방하기 위하여 필요한 지구
5. 보호지구 : 문화재, 중요 시설물(항만, 공항 등 대
   통령령으로 정하는 시설물을 말한다) 및 문화적
   ·생태적으로 보존가치가 큰 지역의 보호와 보존
   을 위하여 필요한 지구
6. 취락지구 : 녹지지역·관리지역·농림지역·자
   연환경보전지역·개발제한구역 또는 도시자연
   공원구역의 취락을 정비하기 위한 지구
7. 개발진흥지구 : 주거기능·상업기능·공업기능
   ·유통물류기능·관광기능·휴양기능 등을 집
   중적으로 개발·정비할 필요가 있는 지구
8. 특정용도제한지구 : 주거 및 교육 환경 보호나 청
   소년 보호 등의 목적으로 오염물질 배출시설, 청
   소년 유해시설 등 특정시설의 입지를 제한할 필요
   가 있는 지구
9. 복합용도지구 : 지역의 토지이용 상황, 개발 수요
   및 주변 여건 등을 고려하여 효율적이고 복합적인
   토지이용을 도모하기 위하여 특정시설의 입지를
   완화할 필요가 있는 지구
10. 그 밖에 대통령령으로 정하는 지구

---

08 난도 ★★   답 ③

▌정답해설▐

③ 복합용도지구는 효율적이고 복합적인 토지이용을 도모
  하기 위하여 특정시설의 입지를 완화할 필요가 있는 지구
  이다. 해당 지문은 특정용도제한지구에 대한 설명이다
  (법 제37조 제1항).

**국토의 계획 및 이용에 관한 법률 제37조(용도지구의
지정)**
① 국토교통부장관, 시·도지사 또는 대도시 시장은 다
  음 각 호의 어느 하나에 해당하는 용도지구의 지정
  또는 변경을 도시·군관리계획으로 결정한다.
  1. 경관지구 : 경관의 보전·관리 및 형성을 위하여
    필요한 지구
  2. 고도지구 : 쾌적한 환경 조성 및 토지의 효율적
    이용을 위하여 건축물 높이의 최고한도를 규제할
    필요가 있는 지구
  3. 방화지구 : 화재의 위험을 예방하기 위하여 필요
    한 지구

---

09 난도 ★   답 ②

▌정답해설▐

② 도시자연공원구역의 지정은 시·도지사 또는 대도시의
  시장이 도시·군관리계획으로 결정할 수 있다(법 제38조
  의2 제1항).

**국토의 계획 및 이용에 관한 법률 제38조의2(도시자연공
원구역의 지정)**
① 시·도지사 또는 대도시 시장은 도시의 자연환경 및
  경관을 보호하고 도시민에게 건전한 여가·휴식공간
  을 제공하기 위하여 도시지역 안에서 식생(植生)이
  양호한 산지(山地)의 개발을 제한할 필요가 있다고
  인정하면 도시자연공원구역의 지정 또는 변경을 도
  시·군관리계획으로 결정할 수 있다.
② 도시자연공원구역의 지정 또는 변경에 필요한 사항
  은 따로 법률로 정한다.

10 난도 ★★★

답 ④

┃정답해설┃

④ 「공익사업을 위한 토지 등의 취득 및 보상에 관한 법률」을 준용할 때에 제91조에 따른 실시계획을 고시한 경우에는 같은 법 제20조 제1항과 제22조에 따른 사업인정 및 그 고시가 있었던 것으로 본다(법 제96조 제2항 전단).

> **국토의 계획 및 이용에 관한 법률 제96조(「공익사업을 위한 토지 등의 취득 및 보상에 관한 법률」의 준용)**
> ① 제95조에 따른 수용 및 사용에 관하여는 이 법에 특별한 규정이 있는 경우 외에는 「공익사업을 위한 토지 등의 취득 및 보상에 관한 법률」을 준용한다.
> ② 제1항에 따라 「공익사업을 위한 토지 등의 취득 및 보상에 관한 법률」을 준용할 때에 제91조에 따른 실시계획을 고시한 경우에는 같은 법 제20조 제1항과 제22조에 따른 사업인정 및 그 고시가 있었던 것으로 본다. 다만, 재결 신청은 같은 법 제23조 제1항과 제28조 제1항에도 불구하고 실시계획에서 정한 도시·군계획시설사업의 시행기간에 하여야 한다.

11 난도 ★★

답 ②

┃정답해설┃

② 관리지역의 세부용도가 지정되지 아니한 경우 보전관리지역에 준하여 행위제한을 한다(법 제79조 제2항, 시행령 제86조).

> **국토의 계획 및 이용에 관한 법률 제79조(용도지역 미지정 또는 미세분 지역에서의 행위 제한 등)**
> ① 도시지역, 관리지역, 농림지역 또는 자연환경보전지역으로 용도가 지정되지 아니한 지역에 대하여는 제76조부터 제78조까지의 규정을 적용할 때에 자연환경보전지역에 관한 규정을 적용한다.
> ② 제36조에 따른 도시지역 또는 관리지역이 같은 조 제1항 각 호 각 목의 세부 용도지역으로 지정되지 아니한 경우에는 제76조부터 제78조까지의 규정을 적용할 때에 해당 용도지역이 도시지역인 경우에는 녹지지역 중 대통령령으로 정하는 지역에 관한 규정을 적용하고, 관리지역인 경우에는 보전관리지역에 관한 규정을 적용한다.

> **국토의 계획 및 이용에 관한 법률 시행령 제86조 (용도지역 미세분지역에서의 행위제한 등)**
> 법 제79조 제2항에서 "대통령령으로 정하는 지역"이란 보전녹지지역을 말한다.

> **더 알아보기** 용도지역이 지정되지 아니한 지역 등에 대한 행위제한
>
> | 지역 | 적용 규정 |
> | --- | --- |
> | 용도지역이 미지정된 지역 | 자연환경보전지역의 규정 적용 |
> | 도시지역중 미세분된 지역 | 보전녹지지역의 규정 적용 |
> | 관리지역중 미세분된 지역 | 보전관리지역의 규정 적용 |

12 난도 ★★

답 ④

┃정답해설┃

④ 성장관리계획구역 내 계획관리지역에서는 제78조 제1항에도 불구하고 125퍼센트 이하의 범위에서 성장관리계획으로 정하는 바에 따라 특별시·광역시·특별자치시·특별자치도·시 또는 군의 조례로 정하는 비율까지 용적률을 완화하여 적용할 수 있다(국토의 계획 및 이용에 관한 법률 제75조의3 제3항).

┃오답해설┃

① 특별시장·광역시장·특별자치시장·특별자치도지사·시장 또는 군수는 녹지지역, 관리지역, 농림지역 및 자연환경보전지역 중 다음의 어느 하나에 해당하는 지역의 전부 또는 일부에 대하여 성장관리계획구역을 지정할 수 있다(국토의 계획 및 이용에 관한 법률 제75조의2 제1항).

> **국토의 계획 및 이용에 관한 법률 제75조의2(성장관리계획구역의 지정 등)**
> ① 특별시장·광역시장·특별자치시장·특별자치도지사·시장 또는 군수는 녹지지역, 관리지역, 농림지역 및 자연환경보전지역 중 다음의 어느 하나에 해당하는 지역의 전부 또는 일부에 대하여 성장관리계획구역을 지정할 수 있다.

1. 개발수요가 많아 무질서한 개발이 진행되고 있거나 진행될 것으로 예상되는 지역
2. 주변의 토지이용이나 교통여건 변화 등으로 향후 시가화가 예상되는 지역
3. 주변지역과 연계하여 체계적인 관리가 필요한 지역
4. 「토지이용규제 기본법」 제2조 제1호에 따른 지역·지구등의 변경으로 토지이용에 대한 행위제한이 완화되는 지역
5. 그 밖에 난개발의 방지와 체계적인 관리가 필요한 지역으로서 대통령령으로 정하는 지역

③ 특별시장·광역시장·특별자치시장·특별자치도지사·시장 또는 군수는 성장관리계획구역을 지정할 때에는 다음의 사항 중 그 성장관리계획구역의 지정목적을 이루는 데 필요한 사항을 포함하여 성장관리계획을 수립하여야 한다(국토의 계획 및 이용에 관한 법률 제75조의3 제1항).

국토의 계획 및 이용에 관한 법률 제75조의3(성장관리계획의 수립 등)

① 특별시장·광역시장·특별자치시장·특별자치도지사·시장 또는 군수는 성장관리계획구역을 지정할 때에는 다음 각 호의 사항 중 그 성장관리계획구역의 지정목적을 이루는 데 필요한 사항을 포함하여 성장관리계획을 수립하여야 한다.
1. 도로, 공원 등 기반시설의 배치와 규모에 관한 사항
2. 건축물의 용도제한, 건축물의 건폐율 또는 용적률
3. 건축물의 배치, 형태, 색채 및 높이
4. 환경관리 및 경관계획
5. 그 밖에 난개발의 방지와 체계적인 관리에 필요한 사항으로서 대통령령으로 정하는 사항

13 난도 ★★

답 ③

┃정답해설┃

③ 기반시설부담구역의 지정·고시일부터 1년이 되는 날까지 기반시설설치계획을 수립하지 아니하면 그 1년이 되는 날의 다음날에 기반시설부담구역의 지정은 해제된 것으로 본다(시행령 제65조 제3항, 제4항).

국토의 계획 및 이용에 관한 법률 시행령 제65조(기반시설설치계획의 수립)

① 특별시장·광역시장·특별자치시장·특별자치도지사·시장 또는 군수는 법 제67조 제4항에 따른 기반시설설치계획(이하 "기반시설설치계획"이라 한다)을 수립할 때에는 다음 각 호의 내용을 포함하여 수립하여야 한다.
1. 설치가 필요한 기반시설(제4조의2 각 호의 기반시설을 말하며, 이하 이 절에서 같다)의 종류, 위치 및 규모
2. 기반시설의 설치 우선순위 및 단계별 설치계획
3. 그 밖에 기반시설의 설치에 필요한 사항

② 특별시장·광역시장·특별자치시장·특별자치도지사·시장 또는 군수는 기반시설설치계획을 수립할 때에는 다음 각 호의 사항을 종합적으로 고려해야 한다.
1. 기반시설의 배치는 해당 기반시설부담구역의 토지이용계획 또는 앞으로 예상되는 개발수요를 고려하여 적절하게 정할 것
2. 기반시설의 설치시기는 재원조달계획, 시설별 우선순위, 사용자의 편의와 예상되는 개발행위의 완료시기 등을 고려하여 합리적으로 정할 것

③ 제1항 및 제2항에도 불구하고 법 제52조 제1항에 따라 지구단위계획을 수립한 경우에는 기반시설설치계획을 수립한 것으로 본다.

④ 기반시설부담구역의 지정고시일부터 1년이 되는 날까지 기반시설설치계획을 수립하지 아니하면 그 1년이 되는 날의 다음날에 기반시설부담구역의 지정은 해제된 것으로 본다.

┃더 알아보기┃ 기반시설유발계수

1. 단독주택 : 0.7
2. 공동주택 : 0.7
3. 제1종 근린생활시설 : 1.3
4. 제2종 근린생활시설 : 1.6
5. 문화 및 집회시설 : 1.4
6. 종교시설 : 1.4
7. 판매시설 : 1.3
8. 운수시설 : 1.4
9. 의료시설 : 0.9
10. 교육연구시설 : 0.7
11. 노유자시설 : 0.7
12. 수련시설 : 0.7
13. 운동시설 : 0.7

14. 업무시설 : 0.7
15. 숙박시설 : 1.0
16. 위락시설 : 2.1
17. 공장(소분류)
18. 창고시설 : 0.5
19. 위험물저장 및 처리시설 : 0.7
20. 자동차관련시설 : 0.7
21. 동물 및 식물관련시설 : 0.7
22. 자원순환 관련 시설 : 1.4
23. 교정 및 군사시설 : 0.7
24. 방송통신시설 : 0.8
25. 발전시설 : 0.7
26. 묘지 관련 시설 : 0.7
27. 관광휴게시설 : 1.9
28. 장례시설 : 0.7
29. 야영장시설 : 0.7

14 난도 ★ 　　　　　　　 답 ⑤

▍정답해설▍

⑤ 원본과 그 관련 서류를 국토교통부장관에게 제출하여야한다.

감정평가 및 감정평가사에 관한 법률 제6조(감정평가서)
③ 감정평가법인등은 감정평가서의 원본과 그 관련 서류를 국토교통부령으로 정하는 기간 이상 보존하여야 하며, 해산하거나 폐업하는 경우에도 대통령령으로 정하는 바에 따라 보존하여야 한다. 이 경우 감정평가법인등은 감정평가서의 원본과 그 관련 서류를 이동식 저장장치 등 전자적 기록매체에 수록하여 보존할 수 있다.

▍오답해설▍

④ 감정평가 및 감정평가사에 관한 법률 시행령 제6조

감정평가 및 감정평가사에 관한 법률 시행령 제6조(감정평가서 등의 보존)
③ 국토교통부장관은 제1항에 따라 제출받은 감정평가서의 원본과 관련 서류를 다음 각 호의 구분에 따른 기간 동안 보관해야 한다.
　1. 감정평가서 원본 : 발급일부터 5년
　2. 감정평가서 관련 서류 : 발급일부터 2년

15 난도 ★★ 　　　　　　 답 ④

▍정답해설▍

④ 갱신하려는 감정평가사는 등록일부터 5년이 되는 날의 60일 전까지 갱신등록 신청서를 장관에게 제출하여야한다.

감정평가 및 감정평가사에 관한 법률 시행령 제18조(갱신등록)
① 법 제17조 제1항에 따라 등록한 감정평가사는 같은 조 제2항에 따라 5년마다 그 등록을 갱신하여야 한다.
② 제1항에 따라 등록을 갱신하려는 감정평가사는 등록일부터 5년이 되는 날의 60일 전까지 갱신등록 신청서를 국토교통부장관에게 제출하여야 한다.
③ 국토교통부장관은 감정평가사 등록을 한 사람에게 감정평가사 등록을 갱신하려면 갱신등록 신청을 하여야 한다는 사실과 갱신등록신청절차를 등록일부터 5년이 되는 날의 120일 전까지 통지하여야 한다.
④ 제3항에 따른 통지는 문서, 팩스, 전자우편, 휴대전화에 의한 문자메시지 등의 방법으로 할 수 있다.
⑤ 국토교통부장관은 제2항에 따른 갱신등록 신청을 받은 경우 신청인이 법 제18조 제1항 각 호의 어느 하나에 해당하는 경우를 제외하고는 감정평가사 등록부에 등재하고, 신청인에게 등록증을 갱신하여 발급하여야 한다.

16 난도 ★ 　　　　　　　 답 ③

▍정답해설▍

③ 1인당 1억 원 이상으로 하여 가입하여야 한다(감정평가 및 감정평가사에 관한 법률 시행령 제23조 제3항).

감정평가 및 감정평가사에 관한 법률 제28조(손해배상책임)
① 감정평가법인등이 감정평가를 하면서 고의 또는 과실로 감정평가 당시의 적정가격과 현저한 차이가 있게 감정평가를 하거나 감정평가 서류에 거짓을 기록함으로써 감정평가 의뢰인이나 선의의 제3자에게 손해를 발생하게 하였을 때에는 감정평가법인등은 그 손해를 배상할 책임이 있다.

② 감정평가법인등은 제1항에 따른 손해배상책임을 보장하기 위하여 대통령령으로 정하는 바에 따라 보험에 가입하거나 제33조에 따른 한국감정평가사협회가 운영하는 공제사업에 가입하는 등 필요한 조치를 하여야 한다.

③ 감정평가법인등은 제1항에 따라 감정평가 의뢰인이나 선의의 제3자에게 법원의 확정판결을 통한 손해배상이 결정된 경우에는 국토교통부령으로 정하는 바에 따라 그 사실을 국토교통부장관에게 알려야 한다.

④ 국토교통부장관은 감정평가 의뢰인이나 선의의 제3자를 보호하기 위하여 감정평가법인등이 갖추어야 하는 손해배상능력 등에 대한 기준을 국토교통부령으로 정할 수 있다.

> **감정평가 및 감정평가사에 관한 법률 시행령 제23조(손해배상을 위한 보험 가입 등)**
> ① 감정평가법인등은 법 제28조 제1항에 따른 손해배상책임을 보장하기 위하여 보증보험에 가입하거나 법 제33조 제4항에 따라 협회가 운영하는 공제사업에 가입해야 한다.
> ② 감정평가법인등은 제1항에 따라 보증보험에 가입한 경우에는 국토교통부령으로 정하는 바에 따라 국토교통부장관에게 통보해야 한다.
> ③ 감정평가법인등이 제1항에 따라 보증보험에 가입하는 경우 해당 보험의 보험 가입 금액은 감정평가사 1명당 1억 원 이상으로 한다.
> ④ 감정평가법인등은 제1항에 따른 보증보험금으로 손해배상을 하였을 때에는 10일 이내에 보험계약을 다시 체결해야 한다.

17 난도 ★ 답 ①

┃정답해설┃

① 선정기준일 직전 1년간의 업무실적 및 소속 감정평가사의 수가 업무를 수행하기에 적정한 수준이다.

부동산 가격공시에 관한 법률 시행령 제7조(표준지공시지가 조사ㆍ평가의 의뢰)
① 국토교통부장관은 법 제3조 제5항에 따라 다음 각 호의 요건을 모두 갖춘 감정평가법인등 중에서 표준지공시지가 조사ㆍ평가를 의뢰할 자를 선정해야 한다.

1. 표준지공시지가 조사ㆍ평가 의뢰일부터 30일 이전이 되는 날(이하 "선정기준일"이라 한다)을 기준으로 하여 <u>직전 1년간의 업무실적이 표준지 적정가격 조사ㆍ평가업무를 수행하기에 적정한 수준일 것</u>
2. 회계감사절차 또는 감정평가서의 심사체계가 적정할 것
3. 「감정평가 및 감정평가사에 관한 법률」에 따른 업무정지처분, 과태료 또는 소속 감정평가사에 대한 징계처분 등이 다음 각 목의 기준 어느 하나에도 해당하지 아니할 것
   가. 선정기준일부터 직전 2년간 업무정지처분을 3회 이상 받은 경우
   나. 선정기준일부터 직전 1년간 과태료처분을 3회 이상 받은 경우
   다. 선정기준일부터 직전 1년간 징계를 받은 소속 감정평가사의 비율이 선정기준일 현재 소속 전체 감정평가사의 10퍼센트 이상인 경우
   라. 선정기준일 현재 업무정지기간이 만료된 날부터 1년이 지나지 아니한 경우

18 난도 ★★ 답 ③

┃정답해설┃

③ 개발사업이 시행되거나 용도지역ㆍ용도지구가 변경되는 등의 사유가 있는 토지는 검증 생략 대상 토지로 선정해서는 아니 된다.

부동산 가격공시에 관한 법률 시행령 제18조(개별공시지가의 검증)
③ 시장ㆍ군수 또는 구청장은 법 제10조 제5항 단서에 따라 감정평가법인등의 검증을 생략할 때에는 개별 토지의 지가변동률과 해당 토지가 있는 읍ㆍ면ㆍ동의 연평균 지가변동률(국토교통부장관이 조사ㆍ공표하는 연평균 지가변동률을 말한다) 간의 차이가 작은 순으로 대상 토지를 선정해야 한다. 다만, 개발사업이 시행되거나 용도지역ㆍ용도지구가 변경되는 등의 사유가 있는 토지는 검증 생략 대상 토지로 선정해서는 안 된다.

19 난도 ★★   답 ④

① 매년 4월 30일까지 공시하여야 한다(부동산 가격공시에 관한 법률 시행령 제43조 제1항).

② 연면적 165m² 이상의 연립주택이다(부동산 가격공시에 관한 법률 제18조 제1항, 시행령 제41조 제1항).

③ 10일 이내에 제공하여야 한다(부동산 가격공시에 관한 법률 시행령 제43조 제4항).

⑤ 공동주택소유자와 이해관계인의 의견을 들어야 한다(부동산 가격공시에 관한 법률 시행령 제42조).

20 난도 ★   답 ④

┃ 정답해설 ┃

④ 임차하여 사용하는 경우에는 행정재산에 해당하지 않는다. 단, 임대보증금의 반환청구권은 국유재산에 해당하며, 지상권, 지역권, 전세권 등 등기되는 권리도 국유재산에 해당한다.

국유재산법 제6조(국유재산의 구분과 종류)
① 국유재산은 그 용도에 따라 행정재산과 일반재산으로 구분한다.
② 행정재산의 종류는 다음 각 호와 같다.
 1. 공용재산 : 국가가 직접 사무용·사업용 또는 공무원의 주거용(직무 수행을 위하여 필요한 경우로서 대통령령으로 정하는 경우로 한정한다)으로 사용하거나 대통령령으로 정하는 기한까지 사용하기로 결정한 재산
 2. 공공용재산 : 국가가 직접 공공용으로 사용하거나 대통령령으로 정하는 기한까지 사용하기로 결정한 재산
 3. 기업용재산 : 정부기업이 직접 사무용·사업용 또는 그 기업에 종사하는 직원의 주거용(직무 수행을 위하여 필요한 경우로서 대통령령으로 정하는 경우로 한정한다)으로 사용하거나 대통령령으로 정하는 기한까지 사용하기로 결정한 재산
 4. 보존용재산 : 법령이나 그 밖의 필요에 따라 국가가 보존하는 재산
③ "일반재산"이란 행정재산 외의 모든 국유재산을 말한다.

21 난도 ★   답 ②

┃ 정답해설 ┃

② 국유재산에는 사권을 설정하지 못하는 것이 원칙이나 일반재산에 대하여 다음의 경우에는 사권을 설정할 수 있다.

국유재산법 제11조(사권 설정의 제한)
① 사권(私權)이 설정된 재산은 그 사권이 소멸된 후가 아니면 국유재산으로 취득하지 못한다. 다만, 판결에 따라 취득하는 경우에는 그러하지 아니하다.
② 국유재산에는 사권을 설정하지 못한다. 다만, 일반재산에 대하여 대통령령으로 정하는 경우에는 그러하지 아니하다.

> **국유재산법 시행령 제6조(사권 설정)**
> 법 제11조 제2항 단서에서 "대통령령으로 정하는 경우"란 다음 각 호의 어느 하나에 해당하는 경우를 말한다.
> 1. 다른 법률 또는 확정판결(재판상 화해 등 확정판결과 같은 효력을 갖는 것을 포함한다)에 따라 일반재산에 사권을 설정하는 경우
> 2. 일반재산의 사용 및 이용에 지장이 없고 재산의 활용가치를 높일 수 있는 경우로서 중앙관서의 장등이 필요하다고 인정하는 경우

22 난도 ★   답 ⑤

① 국유재산관리기금은 총괄청이 관리·운용한다.
② 사무의 일부를 한국자산관리공사에 위탁할 수 있다.
③ 국유재산관리기금에서 취득한 재산은 일반회계 소속으로 한다.
④ 국유재산관리기금은 다음 각 호의 재원으로 조성한다.

국유재산법 제26조의3(국유재산관리기금의 조성)
국유재산관리기금은 다음 각 호의 재원으로 조성한다.
 1. 정부의 출연금 또는 출연재산
 2. 다른 회계 또는 다른 기금으로부터의 전입금
 3. 제26조의4에 따른 차입금

4. 다음에 해당하는 총괄청 소관 일반재산(증권은 제외한다)과 관련된 수입금
   가. 대부료, 변상금 등 재산관리에 따른 수입금
   나. 매각, 교환 등 처분에 따른 수입금
5. 총괄청 소관 일반재산에 대한 제57조의 개발에 따른 관리·처분 수입금
6. 제1호부터 제5호까지의 재원 외에 국유재산관리기금의 관리·운용에 따른 수입금

23 난도 ★★★　　　　　🖺 ②

▌정답해설▌

② 1개 이상의 유효한 입찰이 있는 경우이다(국유재산법 시행령 제27조 제1항).

국유재산법 제31조(사용허가의 방법)

① 행정재산을 사용허가하려는 경우에는 그 뜻을 공고하여 일반경쟁에 부쳐야 한다. 다만, 사용허가의 목적·성질·규모 등을 고려하여 필요하다고 인정되면 대통령령으로 정하는 바에 따라 참가자의 자격을 제한하거나 참가자를 지명하여 경쟁에 부치거나 수의(隨意)의 방법으로 할 수 있다.

② 제1항에 따라 경쟁에 부치는 경우에는 총괄청이 지정·고시하는 정보처리장치를 이용하여 입찰공고·개찰·낙찰선언을 한다. 이 경우 중앙관서의 장은 필요하다고 인정하면 일간신문 등에 게재하는 방법을 병행할 수 있으며, 같은 재산에 대하여 수 회의 입찰에 관한 사항을 일괄하여 공고할 수 있다.

> ### 국유재산법 시행령 제27조(사용허가의 방법)
> ① 법 제31조 제1항에 따른 <u>경쟁입찰은 1개 이상의 유효한 입찰이 있는 경우 최고가격으로 응찰한 자를 낙찰자로 한다.</u>
> ② 행정재산이 다음 각 호의 어느 하나에 해당하는 경우에는 법 제31조 제1항 단서에 따라 제한경쟁이나 지명경쟁의 방법으로 사용허가를 받을 자를 결정할 수 있다.
> 　1. 토지의 용도 등을 고려할 때 해당 재산에 인접한 토지의 소유자를 지명하여 경쟁에 부칠 필요가 있는 경우
> 　1의2. 제3항에 따른 사용허가의 신청이 경합하는 경우
> 　2. 그 밖에 재산의 위치·형태·용도 등이나 계약의 목적·성질 등으로 보아 사용허가 받는 자의 자격을 제한하거나 지명할 필요가 있는 경우
> ③ 행정재산이 다음 각 호의 어느 하나에 해당하는 경우에는 법 제31조 제1항 단서에 따라 수의의 방법으로 사용허가를 받을 자를 결정할 수 있다.
> 　1. 주거용으로 사용허가를 하는 경우
> 　2. 경작용으로 실경작자에게 사용허가를 하는 경우
> 　3. 외교상 또는 국방상의 이유로 사용·수익 행위를 비밀리에 할 필요가 있는 경우
> 　4. 천재지변이나 그 밖의 부득이한 사유가 발생하여 재해 복구나 구호의 목적으로 사용허가를 하는 경우
> 　4의2. 법 제18조 제1항 제3호에 따른 사회기반시설로 사용하려는 지방자치단체나 지방공기업에 사용허가를 하는 경우
> 　5. 법 제34조 제1항 또는 다른 법률에 따라 사용료 면제의 대상이 되는 자에게 사용허가를 하는 경우
> 　6. 국가와 재산을 공유하는 자에게 국가의 지분에 해당하는 부분에 대하여 사용허가를 하는 경우
> 　7. 국유재산의 관리·처분에 지장이 없는 경우로서 사용목적이나 계절적 요인 등을 고려하여 6개월 미만의 사용허가를 하는 경우
> 　8. 두 번에 걸쳐 유효한 입찰이 성립되지 아니한 경우
> 　9. 그 밖에 재산의 위치·형태·용도 등이나 계약의 목적·성질 등으로 보아 경쟁입찰에 부치기 곤란하다고 인정되는 경우
> ④ 입찰공고에는 해당 행정재산의 사용료 예정가격 등 경쟁입찰에 부치려는 사항을 구체적으로 밝혀야 하고, 사용허가 신청자에게 공고한 내용을 통지하여야 한다.
> ⑤ 중앙관서의 장은 행정재산에 대하여 일반경쟁입찰을 두 번 실시하여도 낙찰자가 없는 재산에 대하여는 세 번째 입찰부터 최초 사용료 예정가격의 100분의 20을 최저한도로 하여 매회 100분의 10의 금액만큼 그 예정가격을 낮추는 방법으로 조정할 수 있다.

24 난도 ★★★ 답 ⑤

┃정답해설┃

⑤ 연면적의 합계가 2천㎡(공장인 경우에는 3천㎡) 이상인 건축물의 대지는 너비 6m 이상의 도로에 4m 이상 접하여야 한다(건축법 제44조 제1항, 시행령 제28조 제1항).

건축법 제44조(대지와 도로의 관계)

① 건축물의 대지는 2미터 이상이 도로(자동차만의 통행에 사용되는 도로는 제외한다)에 접하여야 한다. 다만, 다음 각 호의 어느 하나에 해당하면 그러하지 아니하다.
1. 해당 건축물의 출입에 지장이 없다고 인정되는 경우
2. 건축물의 주변에 대통령령으로 정하는 공지가 있는 경우
3. 「농지법」 제2조 제1호 나목에 따른 농막을 건축하는 경우
② 건축물의 대지가 접하는 도로의 너비, 대지가 도로에 접하는 부분의 길이, 그 밖에 대지와 도로의 관계에 관하여 필요한 사항은 대통령령으로 정하는 바에 따른다.

> **건축법 시행령 제28조(대지와 도로의 관계)**
>
> ① 법 제44조 제1항 제2호에서 "대통령령으로 정하는 공지"란 광장, 공원, 유원지, 그 밖에 관계 법령에 따라 건축이 금지되고 공중의 통행에 지장이 없는 공지로서 허가권자가 인정한 것을 말한다.
> ② 법 제44조 제2항에 따라 연면적의 합계가 2천 제곱미터(공장인 경우에는 3천 제곱미터) 이상인 건축물(축사, 작물 재배사, 그 밖에 이와 비슷한 건축물로서 건축조례로 정하는 규모의 건축물은 제외한다)의 대지는 너비 6미터 이상의 도로에 4미터 이상 접하여야 한다.

25 난도 ★★ 답 ⑤

┃정답해설┃

⑤ 건축물의 노대등의 바닥은 난간등의 설치 여부에 관계없이 노대등의 면적(외벽의 중심선으로부터 노대등의 끝부분까지의 면적을 말한다)에서 노대등이 접한 가장 긴 외벽에 접한 길이에 1.5미터를 곱한 값을 뺀 면적을 바닥면적에 산입한다(건축법 시행령 제119조 제1항 제3호 나목).

26 난도 ★★★ 답 ③

┃오답해설┃

① 허가권자는 위락시설이나 숙박시설에 해당하는 건축물의 건축을 허가하는 경우 주거환경이나 교육환경 등 주변 환경을 고려할 때 부적합하다고 인정하면 건축위원회의 심의를 거쳐 건축허가를 하지 아니할 수 있다(건축법 제11조 제4항).
② 주무부장관은 국방, 문화재보존, 환경보전 또는 국민경제를 위하여 특히 필요하다고 인정하더라도 허가권자의 건축허가나 허가를 받은 건축물의 착공을 제한할 수는 없고, 국토교통부장관에게 허가권자의 건축허가나 허가를 받은 건축물의 착공의 제한을 요청하여야 한다(건축법 제18조 제1항).
④ · ⑤ 건축허가나 건축물의 착공을 제한하는 경우 제한기간은 2년 이내로 하지만, 1회에 한하여 1년 이내의 범위에서 제한기간을 연장할 수 있다(건축법 제18조 제4항).

27 난도 ★★ 답 ③

┃정답해설┃

③ 공개공지등은 조경면적과 「매장문화재 보호 및 조사에 관한 법률 시행령」 제14조에 따른 매장문화재의 현지보존조치면적으로 할 수 있다(건축법 시행령 제27조의2 제2항).

28 난도 ★ 답 ③

┃정답해설┃

③ 지목의 부호는 두문자를 원칙으로 하고, 공장용지는 '장', 주차장은 '차', 하천은 '천', 유원지는 '원'으로 한다(공간정보의 구축 및 관리 등에 관한 법률 시행규칙 제64조).

더 알아보기	지목의 표기방법		
지목	**부호**	**지목**	**부호**
전	전	목장용지	목
답	답	도로	도
임야	임	제방	제
과수원	과	구거	구
묘지	묘	양어장	양

광천지	광	사적지	사
염전	염	공장용지	장
대	대	공원	공
잡종지	잡	주차장	차
창고용지	창	주유소용지	주
철도용지	철	하천	천
수도용지	수	학교용지	학
체육용지	체	유원지	원
종교용지	종	유지	유

29 난도 ★★★   답 ③

▮ 정답해설 ▮

③ 의결서를 받은 자가 불복하는 경우에는 그 의결서를 받은 날부터 90일 이내에 재심사를 청구할 수 있다(공간정보의 구축 및 관리 등에 관한 법률 제29조 제6항).

공간정보의 구축 및 관리 등에 관한 법률 제29조(지적측량의 적부심사 등)

① 토지소유자, 이해관계인 또는 지적측량수행자는 지적측량성과에 대하여 다툼이 있는 경우에는 대통령령으로 정하는 바에 따라 관할 시·도지사를 거쳐 지방지적위원회에 지적측량 적부심사를 청구할 수 있다.

② 제1항에 따른 지적측량 적부심사청구를 받은 시·도지사는 30일 이내에 다음 각 호의 사항을 조사하여 지방지적위원회에 회부하여야 한다.

　1. 다툼이 되는 지적측량의 경위 및 그 성과

　2. 해당 토지에 대한 토지이동 및 소유권 변동 연혁

　3. 해당 토지 주변의 측량기준점, 경계, 주요 구조물 등 현황 실측도

③ 제2항에 따라 지적측량 적부심사청구를 회부받은 지방지적위원회는 그 심사청구를 회부받은 날부터 60일 이내에 심의·의결하여야 한다. 다만, 부득이한 경우에는 그 심의기간을 해당 지적위원회의 의결을 거쳐 30일 이내에서 한 번만 연장할 수 있다.

④ 지방지적위원회는 지적측량 적부심사를 의결하였으면 대통령령으로 정하는 바에 따라 의결서를 작성하여 시·도지사에게 송부하여야 한다.

⑤ 시·도지사는 제4항에 따라 의결서를 받은 날부터 7일 이내에 지적측량 적부심사 청구인 및 이해관계인에게 그 의결서를 통지하여야 한다.

⑥ 제5항에 따라 의결서를 받은 자가 지방지적위원회의 의결에 불복하는 경우에는 그 의결서를 받은 날부터 90일 이내에 국토교통부장관을 거쳐 중앙지적위원회에 재심사를 청구할 수 있다.

⑦ 제6항에 따른 재심사청구에 관하여는 제2항부터 제5항까지의 규정을 준용한다. 이 경우 "시·도지사"는 "국토교통부장관"으로, "지방지적위원회"는 "중앙지적위원회"로 본다.

⑧ 제7항에 따라 중앙지적위원회로부터 의결서를 받은 국토교통부장관은 그 의결서를 관할 시·도지사에게 송부하여야 한다.

⑨ 시·도지사는 제4항에 따라 지방지적위원회의 의결서를 받은 후 해당 지적측량 적부심사 청구인 및 이해관계인이 제6항에 따른 기간에 재심사를 청구하지 아니하면 그 의결서 사본을 지적소관청에 보내야 하며, 제8항에 따라 중앙지적위원회의 의결서를 받은 경우에는 그 의결서 사본에 제4항에 따라 받은 지방지적위원회의 의결서 사본을 첨부하여 지적소관청에 보내야 한다.

⑩ 제9항에 따라 지방지적위원회 또는 중앙지적위원회의 의결서 사본을 받은 지적소관청은 그 내용에 따라 지적공부의 등록사항을 정정하거나 측량성과를 수정하여야 한다.

⑪ 제9항 및 제10항에도 불구하고 특별자치시장은 제4항에 따라 지방지적위원회의 의결서를 받은 후 해당 지적측량 적부심사 청구인 및 이해관계인이 제6항에 따른 기간에 재심사를 청구하지 아니하거나 제8항에 따라 중앙지적위원회의 의결서를 받은 경우에는 직접 그 내용에 따라 지적공부의 등록사항을 정정하거나 측량성과를 수정하여야 한다.

⑫ 지방지적위원회의 의결이 있은 후 제6항에 따른 기간에 재심사를 청구하지 아니하거나 중앙지적위원회의 의결이 있는 경우에는 해당 지적측량성과에 대하여 다시 지적측량 적부심사청구를 할 수 없다.

30 난도 ★★   답 ①

▮ 정답해설 ▮

① 분할의 경우에는 분할 후의 필지 중 1필지의 지번은 분할 전의 지번으로 하고, 나머지 필지의 지번은 본번의 최종 부번 다음 순번으로 부번을 부여한다.

공간정보의 구축 및 관리 등에 관한 법률 시행령 제56조 (지번의 구성 및 부여방법 등)
③ 법 제66조에 따른 지번의 부여방법은 다음 각 호와 같다.
　3. 분할의 경우에는 분할 후의 필지 중 1필지의 지번은 분할 전의 지번으로 하고, 나머지 필지의 지번은 본번의 최종 부번 다음 순번으로 부번을 부여할 것. 이 경우 주거·사무실 등의 건축물이 있는 필지에 대해서는 분할 전의 지번을 우선하여 부여하여야 한다.

31 난도 ★　　답 ②

┃ 정답해설 ┃

② "축척변경"이란 지적도에 등록된 경계점의 정밀도를 높이기 위하여 작은 축척을 큰 축척으로 변경하여 등록하는 것을 말한다.

공간정보의 구축 및 관리 등에 관한 법률 제2조(정의)
이 법에서 사용하는 용어의 뜻은 다음과 같다.
　28. "토지의 이동(異動)"이란 토지의 표시를 새로 정하거나 변경 또는 말소하는 것을 말한다.
　29. "신규등록"이란 새로 조성된 토지와 지적공부에 등록되어 있지 아니한 토지를 지적공부에 등록하는 것을 말한다.
　34. "축척변경"이란 지적도에 등록된 경계점의 정밀도를 높이기 위하여 작은 축척을 큰 축척으로 변경하여 등록하는 것을 말한다.

┃ 오답해설 ┃

④ 공간정보의 구축 및 관리 등에 관한 법률 제77조
⑤ 공간정보의 구축 및 관리 등에 관한 법률 제76조의4 제1항

32 난도 ★　　답 ③

┃ 정답해설 ┃

③ 부기등기 상호간의 순위는 주등기의 순위에 따르면 동순위가 된다. 따라서 부기등기 상호간에는 그 등기 순서에 따른다(부동산등기법 제5조).

33 난도 ★★★　　답 ④

┃ 정답해설 ┃

④ 등기권리자가 2인 이상이거나 등기의무자가 2인 이상인 경우에 그 중 1인에게 알려주면 된다(부동산등기법 제32조 제1항).

┃ 오답해설 ┃

① 신탁을 원인으로 한 소유권이전등기는 공동신청하지만, 신탁등기는 수탁자가 단독신청한다(부동산등기법 제23조 제8항).
② 토지의 지목변경, 건물의 증축 등의 부동산표시변경등기는 단독신청한다(부동산등기법 제23조 제5항).
⑤ 소유권보존등기도 단독신청하고, 소유권보존등기의 말소등기도 단독신청하여야 한다(부동산등기법 제23조 제2항).

34 난도 ★★★　　답 ⑤

┃ 오답해설 ┃

① 아파트 입주자대표회의는 등기신청적격을 가진다.
② 학교는 모두 학교의 재단법인의 명의로 신청하여야 한다.
③ 특별법상 조합(농협, 축협)은 등기신청적격을 가진다.
④ 자치단체는 법인으로 취급되고 등기신청적격이 있지만, 읍·면·동·리는 등기신청적격이 없다.

법인 아닌 사단의 등기신청에 관한 업무처리지침
　4. 법인 아닌 사단 명의의 등기 허부
　　가. '계'명의의 등기 : '○○계'명의의 등기신청이 있는 경우, 같은 계의 규약에 의하여 그 실체가 법인 아닌 사단으로서 성격을 갖춘 경우에는 그 등기신청을 수리하여야 할 것이나, 각 계원의 개성이 개별적으로 뚜렷하게 계의 운영에 반영되게끔 되어 있고 계원의 지위가 상속되는 것으로 규정되어 있는 등 단체로서의 성격을 갖는다고 볼 수 없는 경우에는 그 등기신청을 각하하여야 한다.
　　나. '학교' 명의의 등기 : 교육기본법 제11조에 의하여 설립된 학교는 등기능력이 없으므로 그 명의로 등기신청을 할 수 없다.
　　다. '동' 명의의 등기 : 동민이 법인 아닌 사단을 구성하고 그 명칭을 행정구역인 동 명의와 동일하게 한 경우에는 그 동민의 대표자가 동 명의로 등기신청을 할 수 있다.

35 난도 ★★

정답 ⑤

┃정답해설┃

⑤ 의무자가 아니라 등기권리자이다.

부동산등기법 제48조(등기사항)
① 등기관이 갑구 또는 을구에 권리에 관한 등기를 할
때에는 다음 각 호의 사항을 기록하여야 한다.
1. 순위번호
2. 등기목적
3. 접수연월일 및 접수번호
4. 등기원인 및 그 연월일
5. <u>권리자</u>

36 난도 ★

정답 ③

┃정답해설┃

③ 상속이나 그 밖의 포괄승계로 인한 등기는 등기권리자
단독으로 신청할 수 있다.

동산·채권 등의 담보에 관한 법률 제41조(등기신청인)
① 담보등기는 법률에 다른 규정이 없으면 등기권리자
와 등기의무자가 공동으로 신청한다.
② 등기명의인 표시의 변경 또는 경정(更正)의 등기는
등기명의인 단독으로 신청할 수 있다.
③ <u>판결에 의한 등기는 승소한 등기권리자 또는 등기의
무자 단독으로 신청할 수 있고, 상속이나 그 밖의 포
괄승계로 인한 등기는 등기권리자 단독으로 신청할
수 있다.</u>

37 난도 ★★★

정답 ②

┃정답해설┃

② 대도시의 시장이 아닌 시장인 경우에 한하여 기본계획을
수립하거나 변경하려면 도지사의 승인을 받아야 하며,
특별시장·광역시장·시장은 수립한 기본계획을 국토
교통부장관에게 보고하여야 한다.

**도시 및 주거환경정비법 제7조(기본계획의 확정·고시
등)**
① 기본계획의 수립권자(대도시의 시장이 아닌 시장은
제외한다)는 기본계획을 수립하거나 변경하려면 관
계 행정기관의 장과 협의한 후 「국토의 계획 및 이용
에 관한 법률」 제113조 제1항 및 제2항에 따른 지방도
시계획위원회(이하 "지방도시계획위원회"라 한다)의
심의를 거쳐야 한다. 다만, 대통령령으로 정하는 경
미한 사항을 변경하는 경우에는 관계 행정기관의 장
과의 협의 및 지방도시계획위원회의 심의를 거치지
아니한다.
② 대도시의 시장이 아닌 시장은 기본계획을 수립하거
나 변경하려면 도지사의 승인을 받아야 하며, 도지사
가 이를 승인하려면 관계 행정기관의 장과 협의한 후
지방도시계획위원회의 심의를 거쳐야 한다. 다만, 제
1항 단서에 해당하는 변경의 경우에는 도지사의 승인
을 받지 아니할 수 있다.
③ 기본계획의 수립권자는 기본계획을 수립하거나 변경
한 때에는 지체 없이 이를 해당 지방자치단체의 공보
에 고시하고 일반인이 열람할 수 있도록 하여야 한다.
④ 기본계획의 수립권자는 제3항에 따라 기본계획을 고
시한 때에는 국토교통부령으로 정하는 방법 및 절차
에 따라 국토교통부장관에게 보고하여야 한다.

┃오답해설┃

① 도시 및 주거환경정비법 제4조 제1항
③ 도시 및 주거환경정비법 제5조 제2항

도시 및 주거환경정비법 제5조(기본계획의 내용)
① 기본계획에는 다음 각 호의 사항이 포함되어야 한다.
1. 정비사업의 기본방향
2. 정비사업의 계획기간
3. 인구·건축물·토지이용·정비기반시설·지형
및 환경 등의 현황
4. 주거지 관리계획
5. 토지이용계획·정비기반시설계획·공동이용시
설설치계획 및 교통계획
6. 녹지·조경·에너지공급·폐기물처리 등에 관
한 환경계획
7. 사회복지시설 및 주민문화시설 등의 설치계획
8. 도시의 광역적 재정비를 위한 기본방향
9. <u>제16조에 따라 정비구역으로 지정할 예정인 구역
(이하 "정비예정구역"이라 한다)의 개략적 범위</u>

10. 단계별 정비사업 추진계획(정비예정구역별 정비계획의 수립시기가 포함되어야 한다)
11. 건폐율·용적률 등에 관한 건축물의 밀도계획
12. 세입자에 대한 주거안정대책
13. 그 밖에 주거환경 등을 개선하기 위하여 필요한 사항으로서 대통령령으로 정하는 사항
② 기본계획의 수립권자는 기본계획에 다음 각 호의 사항을 포함하는 경우에는 제1항 제9호 및 제10호의 사항을 생략할 수 있다.
1. 생활권의 설정, 생활권별 기반시설 설치계획 및 주택수급계획
2. 생활권별 주거지의 정비·보전·관리의 방향

④ 도시 및 주거환경정비법 제6조 제1항
⑤ 도시 및 주거환경정비법 제6조 제2항

38 난도 ★★　　　　　　　　 ③

┃ 정답해설 ┃

① 재건축사업을 위한 안전진단은 단지안의 건축물을 그 대상으로 한다(도시 및 주거환경정비법 제12조 제3항, 영 제10조 제3항).

② 정비계획의 입안을 제안하고자 하는 자는 입안을 제안하기 전에 해당 정비예정구역 안에 소재한 건축물 및 그 부속토지의 소유자 10분의 1 이상의 동의를 얻어 안전진단 실시를 요청하여야 한다(도시 및 주거환경정비법 제12조).

④ 입안권자는 안전진단의 신청이 있는 때에는 안전진단의 실시여부를 결정하여 당해 신청인에게 통보하여야 한다(도시 및 주거환경정비법 제12조).

⑤ 주택의 구조안전상 사용금지가 필요하다고 입안권자가 인정하는 건축물은 안전진단에서 제외된다(도시 및 주거환경정비법 제12조 제3항, 영 제10조 제3항).

39 난도 ★★★　　　　　　　 ②

┃ 정답해설 ┃

② 재개발사업은 정비구역에서 인가받은 관리처분계획에 따라 건축물을 건설하여 공급하거나 환지로 공급하는 방법으로 한다.

도시 및 주거환경정비법 제23조(정비사업의 시행방법)

① 주거환경개선사업은 다음 각 호의 어느 하나에 해당하는 방법 또는 이를 혼용하는 방법으로 한다.
1. 제24조에 따른 사업시행자가 정비구역에서 정비기반시설 및 공동이용시설을 새로 설치하거나 확대하고 토지등소유자가 스스로 주택을 보전·정비하거나 개량하는 방법
2. 제24조에 따른 사업시행자가 제63조에 따라 정비구역의 전부 또는 일부를 수용하여 주택을 건설한 후 토지등소유자에게 우선 공급하거나 대지를 토지등소유자 또는 토지등소유자 외의 자에게 공급하는 방법
3. 제24조에 따른 사업시행자가 제69조 제2항에 따라 환지로 공급하는 방법
4. 제24조에 따른 사업시행자가 정비구역에서 제74조에 따라 인가받은 관리처분계획에 따라 주택 및 부대시설·복리시설을 건설하여 공급하는 방법

② 재개발사업은 정비구역에서 제74조에 따라 인가받은 관리처분계획에 따라 건축물을 건설하여 공급하거나 제69조 제2항에 따라 환지로 공급하는 방법으로 한다.

③ 재건축사업은 정비구역에서 제74조에 따라 인가받은 관리처분계획에 따라 주택, 부대시설·복리시설 및 오피스텔(「건축법」 제2조 제2항에 따른 오피스텔을 말한다. 이하 같다)을 건설하여 공급하는 방법으로 한다. 다만, 주택단지에 있지 아니하는 건축물의 경우에는 지형여건·주변의 환경으로 보아 사업 시행상 불가피한 경우로서 정비구역으로 보는 사업에 한정한다.

④ 제3항에 따라 오피스텔을 건설하여 공급하는 경우에는 「국토의 계획 및 이용에 관한 법률」에 따른 준주거지역 및 상업지역에서만 건설할 수 있다. 이 경우 오피스텔의 연면적은 전체 건축물 연면적의 100분의 30 이하이어야 한다.

40 난도 ★★　　　　　　　　 ④

┃ 정답해설 ┃

④ 조합원의 3분의 2 이상의 찬성으로 의결하고 시장·군수 등의 인가를 받아야 한다(도시 및 주거환경정비법 제35조 제5항).

04 제2회 감정평가관계법규 최종모의고사 정답 및 해설

01	02	03	04	05	06	07	08	09	10	11	12	13	14	15	16	17	18	19	20
④	⑤	④	①	③	⑤	⑤	④	④	①	①	③	④	②	④	②	④	⑤	②	⑤
21	22	23	24	25	26	27	28	29	30	31	32	33	34	35	36	37	38	39	40
②	①	⑤	②	②	②	③	④	④	⑤	①	④	③	④	③	③	④	④	①	⑤

01 난도 ★★
탑 ④

▎정답해설▎

④ 광역계획권이 둘 이상의 특별시·광역시·특별자치시·도 또는 특별자치도(이하 '시·도'라 한다)의 관할 구역에 걸쳐 있는 경우에는 국토교통부장관이 지정하게 된다(국토의 계획 및 이용에 관한 법률 제10조 제1항).

국토의 계획 및 이용에 관한 법률 제10조(광역계획권의 지정)

① 국토교통부장관 또는 도지사는 둘 이상의 특별시·광역시·특별자치시·특별자치도·시 또는 군의 공간구조 및 기능을 상호 연계시키고 환경을 보전하며 광역시설을 체계적으로 정비하기 위하여 필요한 경우에는 다음 각 호의 구분에 따라 인접한 둘 이상의 특별시·광역시·특별자치시·특별자치도·시 또는 군의 관할 구역 전부 또는 일부를 대통령령으로 정하는 바에 따라 광역계획권으로 지정할 수 있다.
  1. 광역계획권이 둘 이상의 특별시·광역시·특별자치시·도 또는 특별자치도(이하 "시·도"라 한다)의 관할 구역에 걸쳐 있는 경우 : 국토교통부장관이 지정
  2. 광역계획권이 도의 관할 구역에 속하여 있는 경우 : 도지사가 지정

② 중앙행정기관의 장, 시·도지사, 시장 또는 군수는 국토교통부장관이나 도지사에게 광역계획권의 지정 또는 변경을 요청할 수 있다.

③ 국토교통부장관은 광역계획권을 지정하거나 변경하려면 관계 시·도지사, 시장 또는 군수의 의견을 들은 후 중앙도시계획위원회의 심의를 거쳐야 한다.

④ 도지사가 광역계획권을 지정하거나 변경하려면 관계 중앙행정기관의 장, 관계 시·도지사, 시장 또는 군수의 의견을 들은 후 지방도시계획위원회의 심의를 거쳐야 한다.

⑤ 국토교통부장관 또는 도지사는 광역계획권을 지정하거나 변경하면 지체 없이 관계 시·도지사, 시장 또는 군수에게 그 사실을 통보하여야 한다.

02 난도 ★
탑 ⑤

▎정답해설▎

⑤ 도시·군관리계획 입안일부터 5년 이내에 토지적성평가를 실시한 경우여야 한다.

국토의 계획 및 이용에 관한 법률 제20조(도시·군기본계획 수립을 위한 기초조사 및 공청회)

③ 도시·군기본계획 입안일부터 5년 이내에 토지적성평가를 실시한 경우 등 대통령령으로 정하는 경우에는 제2항에 따른 토지적성평가 또는 재해취약성분석을 하지 아니할 수 있다.

03 난도 ★★★　　　답 ④

오답해설

① 준주거지역의 건폐율 최대한도 70퍼센트, 용적률 최대한도 500퍼센트
② 일반상업지역의 건폐율 최대한도 80퍼센트, 용적률 최대한도 1,300퍼센트
③ 자연녹지지역의 건폐율 최대한도 20퍼센트, 용적률 최대한도 100퍼센트
⑤ 자연환경보전지역의 건폐율 최대한도 20퍼센트, 용적률 최대한도 80퍼센트

더 알아보기　도시·군계획조례의 적용 기준이 되는 건폐율 및 용적률

구분			건폐율(이하)		용적률(이하)	
			국계법	대통령령	국계법	대통령령
도시지역	주거지역	전용주거지역 1종	70%	50%	500%	50~100%
		전용주거지역 2종		50%		50~150%
		일반주거지역 1종		60%		100~200%
		일반주거지역 2종		60%		100~250%
		일반주거지역 3종		50%		100~300%
		준주거지역		70%		200~500%
	상업지역	중심상업지역	90%	90%	1,500%	200~1,500%
		일반상업지역		80%		200~1,300%
		유통상업지역		80%		200~1,100%
		근린상업지역		70%		200~900%
	공업지역	전용공업지역	70%	70%	400%	150~300%
		일반공업지역		70%		150~350%
		준공업지역		70%		150~400%
	녹지지역	보전녹지지역	20%	20%	100%	50~80%
		생산녹지지역		20%		50~100%
		자연녹지지역		20%		50~100%
관리지역		보전관리지역	20%	20%	80%	50~80%
		생산관리지역		20%		50~80%
		계획관리지역	40%	40%	100%	50~100%
농림지역			20%	20%	80%	50~80%
자연환경보전지역				20%		50~80%

04 난도 ★★　　　답 ①

오답해설

② 도시자연공원구역 안에서의 건축제한에 관하여는 도시공원 및 녹지 등에 관한 법률이 정하는 바에 의한다.
③ 관리지역 안에서 지정된 농공단지에서는 산업입지 및 개발에 관한 법률이 정하는 바에 의한다.
④ 수산자원보호구역 안에서의 건축제한에 관하여는 수산자원관리법에서 정하는 바에 따른다.
⑤ 입지규제최소구역에서의 행위제한은 입지규제최소구역계획에 따른다.

05 난도 ★★★　　　답 ③

정답해설

③ 국토의 계획 및 이용에 관한 법률 시행령 [별표 6] 참조

제3종일반주거지역 안에서 건축할 수 있는 건축물(영 제71조 제1항 제5호 관련)
1. 건축할 수 있는 건축물
   가. 「건축법 시행령」 [별표 1] 제1호의 단독주택
   나. 「건축법 시행령」 [별표 1] 제2호의 공동주택
   다. 「건축법 시행령」 [별표 1] 제3호의 제종 근린생활시설
   라. 「건축법 시행령」 [별표 1] 제6호의 종교시설
   마. 「건축법 시행령」 [별표 1] 제10호의 교육연구시설 중 유치원·초등학교·중학교 및 고등학교
   바. 「건축법 시행령」 [별표 1] 제11호의 노유자시설

따라서 ㄴ. 단란주점(제2종근린생활시설)과 ㅁ. 생활숙박시설(숙박시설)은 허용되지 않는다.

┃정답해설┃

⑤ 도시지역 외의 개발진흥지구에서의 건폐율과 용적률은 각각 40% 이하, 100% 이하의 범위에서 특별시·광역시·특별자치시·특별자치도·시 또는 군의 도시·군계획조례로 정하는 비율을 초과하여서는 아니 된다.

더 알아보기   **건폐율과 용적률의 적용특례**

① 건폐율의 적용완화

자연녹지지역에 지정된 개발진흥지구	30% 이하
도시지역 외의 지역에 지정된 개발진흥지구	40% 이하
수산자원보호구역	40% 이하
자연공원법에 따른 자연공원	60% 이하
취락지구(집단취락지구에 대하여는 개발제한구역의 지정 및 관리에 관한 특별조치법령이 정하는 바에 의한다)	60% 이하
산업입지 및 개발에 관한 법률에 따른 농공단지	70% 이하
공업지역에 있는 국가·일반·도시첨단산업단지, 준산업단지	80% 이하

② 용적률의 적용완화

도시지역 외의 지역에 지정된 개발진흥지구	100% 이하
수산자원보호구역	80% 이하
자연공원법에 따른 자연공원	100% 이하
도시지역 외 지역에 지정된 농공단지	150% 이하

┃정답해설┃

⑤ 입지규제최소구역으로 지정된 지역은 「건축법」에 따른 특별건축구역으로 지정된 것으로 본다. 따라서 별도로 지정할 필요가 없다. 입지규제최소구역으로 지정된 지역은 「건축법」에 따른 특별건축구역으로 지정된 것으로 보며, 시·도지사 또는 시장·군수·구청장은 「건축법」 제70조에도 불구하고 입지규제최소구역에서 건축하는 건축물을 「건축법」 제73조에 따라 건축기준 등의 특례사항을 적용하여 건축할 수 있는 건축물에 포함시킬 수 있다(국토의 계획 및 이용에 관한 법률 제83조의2 제3항·제4항).

국토의 계획 및 이용에 관한 법률 제83조의2(입지규제최소구역에서의 다른 법률의 적용 특례)

① 입지규제최소구역에 대하여는 다음 각 호의 법률 규정을 적용하지 아니할 수 있다.
   1. 「주택법」 제35조에 따른 주택의 배치, 부대시설·복리시설의 설치기준 및 대지조성기준
   2. 「주차장법」 제19조에 따른 부설주차장의 설치
   3. 「문화예술진흥법」 제9조에 따른 건축물에 대한 미술작품의 설치
   4. 「건축법」 제43조에 따른 공개 공지 등의 확보

② 입지규제최소구역계획에 대한 도시계획위원회 심의 시 「학교보건법」 제6조 제1항에 따른 학교환경위생정화위원회 또는 「문화재보호법」 제8조에 따른 문화재위원회(같은 법 제70조에 따른 시·도지정문화재에 관한 사항의 경우 같은 법 제73조에 따른 시·도문화재위원회를 말한다)와 공동으로 심의를 개최하고, 그 결과에 따라 다음 각 호의 법률 규정을 완화하여 적용할 수 있다. 이 경우 다음 각 호의 완화 여부는 각각 학교환경위생정화위원회와 문화재위원회의 의결에 따른다.
   1. 「학교보건법」 제6조에 따른 학교환경위생 정화구역에서의 행위제한
   2. 「문화재보호법」 제13조에 따른 역사문화환경 보존지역에서의 행위제한

③ 입지규제최소구역으로 지정된 지역은 「건축법」 제69조에 따른 특별건축구역으로 지정된 것으로 본다.

④ 시·도지사 또는 시장·군수·구청장은 「건축법」 제70조에도 불구하고 입지규제최소구역에서 건축하는 건축물을 「건축법」 제73조에 따라 건축기준 등의 특례사항을 적용하여 건축할 수 있는 건축물에 포함시킬 수 있다.

┃정답해설┃

④ 기반시설부담구역으로 지정된 지역에 대한 허가제한기간은 3년 이내이며, 1회에 한하여 2년 이내의 기간 동안 연장할 수 있다.

> **국토의 계획 및 이용에 관한 법률 제63조(개발행위허가의 제한)**
> ① 국토교통부장관, 시·도지사, 시장 또는 군수는 다음 각 호의 어느 하나에 해당되는 지역으로서 도시·군관리계획상 특히 필요하다고 인정되는 지역에 대해서는 대통령령으로 정하는 바에 따라 중앙도시계획위원회나 지방도시계획위원회의 심의를 거쳐 한 차례만 <u>3년 이내의 기간 동안 개발행위허가를 제한할 수 있다.</u> 다만, 제3호부터 제5호까지에 해당하는 지역에 대해서는 중앙도시계획위원회나 지방도시계획위원회의 심의를 거치지 아니하고 <u>한 차례만 2년 이내의 기간 동안 개발행위허가의 제한을 연장할 수 있다.</u>
> 1. 녹지지역이나 계획관리지역으로서 수목이 집단적으로 자라고 있거나 조수류 등이 집단적으로 서식하고 있는 지역 또는 우량 농지 등으로 보전할 필요가 있는 지역
> 2. 개발행위로 인하여 주변의 환경·경관·미관·문화재 등이 크게 오염되거나 손상될 우려가 있는 지역
> 3. 도시·군기본계획이나 도시·군관리계획을 수립하고 있는 지역으로서 그 도시·군기본계획이나 도시·군관리계획이 결정될 경우 용도지역·용도지구 또는 용도구역의 변경이 예상되고 그에 따라 개발행위허가의 기준이 크게 달라질 것으로 예상되는 지역
> 4. 지구단위계획구역으로 지정된 지역
> 5. <u>기반시설부담구역으로 지정된 지역</u>

┃정답해설┃

④ 하나의 대지가 녹지지역과 그 밖의 용도지역, 용도지구, 용도구역에 걸쳐 있는 경우에는 각각의 용도지역, 용도지구, 용도구역의 건축물 및 토지에 관한 규정을 적용한다.

> **국토의 계획 및 이용에 관한 법률 제84조(둘 이상의 용도지역·용도지구·용도구역에 걸치는 대지에 대한 적용기준)**
> ① 하나의 대지가 둘 이상의 용도지역·용도지구 또는 용도구역(이하 이 항에서 "용도지역등"이라 한다)에 걸치는 경우로서 각 용도지역등에 걸치는 부분 중 가장 작은 부분의 규모가 대통령령으로 정하는 규모 이하인 경우에는 전체 대지의 건폐율 및 용적률은 각 부분이 전체 대지 면적에서 차지하는 비율을 고려하여 다음 각 호의 구분에 따라 각 용도지역등별 건폐율 및 용적률을 가중평균한 값을 적용하고, 그 밖의 건축제한 등에 관한 사항은 그 대지 중 가장 넓은 면적이 속하는 용도지역등에 관한 규정을 적용한다. 다만, 건축물이 고도지구에 걸쳐 있는 경우에는 그 건축물 및 대지의 전부에 대하여 고도지구의 건축물 및 대지에 관한 규정을 적용한다.
> 1. 가중평균한 건폐율 = (f1x1 + f2x2 + … + fnxn) / 전체 대지 면적.
>   이 경우 f1부터 fn까지는 각 용도지역등에 속하는 토지 부분의 면적을 말하고, x1부터 xn까지는 해당 토지 부분이 속하는 각 용도지역등의 건폐율을 말하며, n은 용도지역등에 걸치는 각 토지 부분의 총 개수를 말한다.
> 2. 가중평균한 용적률 = (f1x1 + f2x2 + … + fnxn) / 전체 대지 면적.
>   이 경우 f1부터 fn까지는 각 용도지역등에 속하는 토지 부분의 면적을 말하고, x1부터 xn까지는 해당 토지 부분이 속하는 각 용도지역등의 용적률을 말하며, n은 용도지역등에 걸치는 각 토지 부분의 총 개수를 말한다.
> ② 하나의 건축물이 방화지구와 그 밖의 용도지역·용도지구 또는 용도구역에 걸쳐 있는 경우에는 제1항에도 불구하고 그 전부에 대하여 방화지구의 건축물에 관한 규정을 적용한다. 다만, 그 건축물이 있는 방화지구와 그 밖의 용도지역·용도지구 또는 용도구역의 경계가 「건축법」 제50조 제2항에 따른 방화벽으로 구획되는 경우 그 밖의 용도지역·용도지구 또는 용도구역에 있는 부분에 대하여는 그러하지 아니하다.

③ 하나의 대지가 녹지지역과 그 밖의 용도지역·용도지구 또는 용도구역에 걸쳐 있는 경우(규모가 가장 작은 부분이 녹지지역으로서 해당 녹지지역이 제1항에 따라 대통령령으로 정하는 규모 이하인 경우는 제외한다)에는 제1항에도 불구하고 각각의 용도지역·용도지구 또는 용도구역의 건축물 및 토지에 관한 규정을 적용한다. 다만, 녹지지역의 건축물이 고도지구 또는 방화지구에 걸쳐 있는 경우에는 제1항 단서나 제2항에 따른다.

> **국토의 계획 및 이용에 관한 법률 시행령 제94조 (2 이상의 용도지역·용도지구·용도구역에 걸치는 토지에 대한 적용기준)**
> 법 제84조 제1항 각 호 외의 부분 본문 및 같은 조 제3항 본문에서 "대통령령으로 정하는 규모"라 함은 330제곱미터를 말한다. 다만, 도로변에 띠 모양으로 지정된 상업지역에 걸쳐 있는 토지의 경우에는 660제곱미터를 말한다.

10 난도 ★★　　　답 ①

❙오답해설❙

② 「공익사업을 위한 토지 등의 취득 및 보상에 관한 법률」을 준용한다.
③ 6월 이내에 매수 여부를 결정하여 토지소유자에게 알려야 한다.
④ 도시·군계획시설채권의 상환기간은 10년 이내로 정한다.
⑤ 특별시·광역시·특별자치시·특별자치도·시 또는 군의 조례로 정한다.

> **국토의 계획 및 이용에 관한 법률 시행령 제41조(도시·군계획시설부지의 매수청구)**
> ① 법 제47조 제1항의 규정에 의하여 토지의 매수를 청구하고자 하는 자는 국토교통부령이 정하는 도시·군계획시설부지매수청구서(전자문서로 된 청구서를 포함한다)에 대상토지 및 건물에 대한 등기사항증명서를 첨부하여 법 제47조 제1항 각호외의 부분 단서의 규정에 의한 매수의무자에게 제출하여야 한다. 다만, 매수의무자는 「전자정부법」 제36조 제1항에 따른 행정정보의 공동이용을 통하여 대상토지 및 건물에 대한 등기부 등본을 확인할 수 있는 경우에는 그 확인으로 첨부서류를 갈음하여야 한다.

② 법 제47조 제2항 제2호의 규정에 의한 부재부동산소유자의 토지의 범위에 관하여는 「공익사업을 위한 토지 등의 취득 및 손실보상에 관한 법률 시행령」 제26조의 규정을 준용한다. 이 경우 "사업인정고시일"은 각각 "매수청구일"로 본다.
③ 법 제47조 제2항 제2호의 규정에 의한 비업무용토지의 범위에 관하여는 「법인세법 시행령」 제49조 제1항 제1호의 규정을 준용한다.
④ 법 제47조 제2항 제2호에서 "대통령령으로 정하는 금액"이란 3천만원을 말한다.
⑤ 법 제47조 제7항 각 호 외의 부분 전단에서 "대통령령으로 정하는 건축물 또는 공작물"이란 다음 각 호의 것을 말한다. 다만, 다음 각 호에 규정된 범위에서 특별시·광역시·특별자치시·특별자치도·시 또는 군의 도시·군계획조례로 따로 허용범위를 정하는 경우에는 그에 따른다.
1. 「건축법 시행령」 [별표 1] 제1호 가목의 단독주택으로서 3층 이하인 것
2. 「건축법 시행령」 [별표 1] 제3호의 제1종근린생활시설로서 3층 이하인 것
2의2. 「건축법 시행령」 [별표 1] 제4호의 제2종 근린생활시설(같은 호 거목, 더목 및 러목은 제외한다)로서 3층 이하인 것
3. 공작물

11 난도 ★　　　답 ①

❙정답해설❙

① "용도지역"이란 토지의 이용 및 건축물의 용도, 건폐율, 용적률, 높이 등을 제한함으로써 토지를 경제적·효율적으로 이용하고 공공복리의 증진을 도모하기 위하여 서로 중복되지 아니하게 도시·군관리계획으로 결정하고 지역을 말한다(국토의 계획 및 이용에 관한 법률 제2조 제15호).

❙오답해설❙

② 국토의 계획 및 이용에 관한 법률 제2조 제16호
③ 국토의 계획 및 이용에 관한 법률 제2조 제16호
④ 국토의 계획 및 이용에 관한 법률 제2조 제17호
⑤ 국토의 계획 및 이용에 관한 법률 제2조 제17호

국토의 계획 및 이용에 관한 법률 제2조(정의)

이 법에서 사용하는 용어의 뜻은 다음과 같다.

16. "용도지구"란 토지의 이용 및 건축물의 용도·건폐율·용적률·높이 등에 대한 용도지역의 제한을 강화하거나 완화하여 적용함으로써 용도지역의 기능을 증진시키고 경관·안전 등을 도모하기 위하여 도시·군관리계획으로 결정하는 지역을 말한다.

17. "용도구역"이란 토지의 이용 및 건축물의 용도·건폐율·용적률·높이 등에 대한 용도지역 및 용도지구의 제한을 강화하거나 완화하여 따로 정함으로써 시가지의 무질서한 확산방지, 계획적이고 단계적인 토지이용의 도모, 토지이용의 종합적 조정·관리 등을 위하여 도시·군관리계획으로 결정하는 지역을 말한다.

12 난도 ★
답 ③

┃정답해설┃

③ 향후 2년 이내에 당해 지역의 학생수가 학교수용능력을 20퍼센트 이상 초과할 것으로 예상되는 지역은 개발밀도관리구역으로 지정될 수 있다(국토의 계획 및 이용에 관한 법률 제66조 제5항, 영 제63조).

국토의 계획 및 이용에 관한 법률 제66조(개발밀도관리구역)

① 특별시장·광역시장·특별자치시장·특별자치도지사·시장 또는 군수는 주거·상업 또는 공업지역에서의 개발행위로 기반시설(도시·군계획시설을 포함한다)의 처리·공급 또는 수용능력이 부족할 것으로 예상되는 지역 중 기반시설의 설치가 곤란한 지역을 개발밀도관리구역으로 지정할 수 있다.

② 특별시장·광역시장·특별자치시장·특별자치도지사·시장 또는 군수는 개발밀도관리구역에서는 대통령령으로 정하는 범위에서 제77조나 제78조에 따른 건폐율 또는 용적률을 강화하여 적용한다.

③ 특별시장·광역시장·특별자치시장·특별자치도지사·시장 또는 군수는 제1항에 따라 개발밀도관리구역을 지정하거나 변경하려면 다음 각 호의 사항을 포함하여 해당 지방자치단체에 설치된 지방도시계획위원회의 심의를 거쳐야 한다.

1. 개발밀도관리구역의 명칭
2. 개발밀도관리구역의 범위
3. 제77조나 제78조에 따른 건폐율 또는 용적률의 강화 범위

④ 특별시장·광역시장·특별자치시장·특별자치도지사·시장 또는 군수는 제1항에 따라 개발밀도관리구역을 지정하거나 변경한 경우에는 그 사실을 대통령령으로 정하는 바에 따라 고시하여야 한다.

⑤ 개발밀도관리구역의 지정기준, 개발밀도관리구역의 관리 등에 관하여 필요한 사항은 대통령령으로 정하는 바에 따라 국토교통부장관이 정한다.

국토의 계획 및 이용에 관한 법률 시행령 제63조 (개발밀도관리구역의 지정기준 및 관리방법)

국토교통부장관은 법 제66조 제5항에 따라 개발밀도관리구역의 지정기준 및 관리방법을 정할 때에는 다음 각 호의 사항을 종합적으로 고려해야 한다.

1. 개발밀도관리구역은 도로·수도공급설비·하수도·학교 등 기반시설의 용량이 부족할 것으로 예상되는 지역중 기반시설의 설치가 곤란한 지역으로서 다음 각목의 1에 해당하는 지역에 대하여 지정할 수 있도록 할 것

   가. 당해 지역의 도로서비스 수준이 매우 낮아 차량통행이 현저하게 지체되는 지역. 이 경우 도로서비스 수준의 측정에 관하여는 「도시교통정비 촉진법」에 따른 교통영향평가의 예에 따른다.

   나. 당해 지역의 도로율이 국토교통부령이 정하는 용도지역별 도로율에 20퍼센트 이상 미달하는 지역

   다. 향후 2년 이내에 당해 지역의 수도에 대한 수요량이 수도시설의 시설용량을 초과할 것으로 예상되는 지역

   라. 향후 2년 이내에 당해 지역의 하수발생량이 하수시설의 시설용량을 초과할 것으로 예상되는 지역

   마. 향후 2년 이내에 당해 지역의 학생수가 학교수용능력을 20퍼센트 이상 초과할 것으로 예상되는 지역

2. 개발밀도관리구역의 경계는 도로·하천 그 밖에 특색 있는 지형지물을 이용하거나 용도지역의 경계선을 따라 설정하는 등 경계선이 분명하게 구분되도록 할 것

3. 용적률의 강화범위는 제62조 제1항의 범위에서 제1호 각 목에 따른 기반시설의 부족 정도를 고려하여 결정할 것
4. 개발밀도관리구역안의 기반시설의 변화를 주기적으로 검토하여 용적률을 강화 또는 완화하거나 개발밀도관리구역을 해제하는 등 필요한 조치를 취하도록 할 것

교통부장관은 자격을 취소할 수 있다. 또한 감정평가사의 자격증, 감정평가사의 등록증 또는 감정평가법인의 인가증을 다른 사람에게 양도 또는 대여한 자와 이를 양수 또는 대여받은 자는 1년 이하의 징역 또는 1천만원 이하의 벌금에 처한다.

13 난도 ★   답 ④

정답해설

① 업무시설 : 0.7
② 숙박시설 : 1.0
③ 판매시설 : 1.3
④ 제2종 근린생활시설 : 1.6
⑤ 문화 및 집회시설 : 1.4

14 난도 ★★   답 ②

정답해설

② 감정평가 및 감정평가사에 관한 법률 제15조 제1항, 영 제14조 제1항 제8호

오답해설

① 외국의 감정평가사 자격을 가진 사람으로서 제12조에 따른 결격사유에 해당하지 아니하는 사람은 그 본국에서 대한민국정부가 부여한 감정평가사 자격을 인정하는 경우에 한정하여 국토교통부장관의 인가를 받아 제10조 각 호의 업무를 수행할 수 있다.
③ 감정평가사 자격이 있는 자가 감정평가 업무를 하려는 경우에는 대통령령으로 정하는 기간 이상의 실무수습 또는 교육연수를 마치고 국토교통부장관에게 등록하여야 한다.
④ 감정평가사는 감정평가업을 영위하기 위하여 1개의 사무소만을 설치할 수 있다.
⑤ 감정평가사 또는 감정평가법인등은 다른 사람에게 자격증·등록증 또는 인가증을 양도 또는 대여하거나 이를 부당하게 행사하여서는 아니 되며, 이를 위반할 경우 국토

15 난도 ★★   답 ④

정답해설

④ 등록을 한 감정평가사가 감정평가업을 하려는 경우에는 국토교통부장관에게 감정평가사사무소의 감정평가사사무소를 개설할 수 있다.

감정평가 및 감정평가사에 관한 법률 제21조(사무소 개설 등)

① 제17조에 따라 등록을 한 감정평가사가 감정평가업을 하려는 경우에는 감정평가사사무소를 개설할 수 있다.
② 다음 각 호의 어느 하나에 해당하는 사람은 제1항에 따른 개설을 할 수 없다.
1. 제18조 제1항 각 호의 어느 하나에 해당하는 사람
2. 제32조 제1항(제1호, 제7호 및 제15호는 제외한다)에 따라 설립인가가 취소되거나 업무가 정지된 감정평가법인의 설립인가가 취소된 후 1년이 지나지 아니하였거나 업무정지 기간이 지나지 아니한 경우 그 감정평가법인의 사원 또는 이사였던 사람
3. 제32조 제1항(제1호 및 제7호는 제외한다)에 따라 업무가 정지된 감정평가사로서 업무정지 기간이 지나지 아니한 사람
③ 감정평가사는 그 업무를 효율적으로 수행하고 공신력을 높이기 위하여 합동사무소를 대통령령으로 정하는 바에 따라 설치할 수 있다. 이 경우 합동사무소는 대통령령으로 정하는 수 이상의 감정평가사를 두어야 한다.
④ 감정평가사는 감정평가업을 하기 위하여 1개의 사무소만을 설치할 수 있다.
⑤ 감정평가사사무소에는 소속 감정평가사를 둘 수 있다. 이 경우 소속 감정평가사는 제18조 제1항 각 호의 어느 하나에 해당하는 사람이 아니어야 하며, 감정평가사사무소를 개설한 감정평가사는 소속 감정평가사가 아닌 사람에게 제10조에 따른 업무를 하게 하여서는 아니 된다.
⑥ 삭제

16 난도 ★★　　　답 ②

┃정답해설┃

② 상호주의 인가주의. 국토교통부장관은 인가를 하는 경우에 필요하다고 인정하는 때에는 그 업무의 일부를 제한할 수 있다.

> **감정평가 및 감정평가사에 관한 법률 제20조(외국감정평가사)**
> ① 외국의 감정평가사 자격을 가진 사람으로서 제12조에 따른 결격사유에 해당하지 아니하는 사람은 그 본국에서 대한민국정부가 부여한 감정평가사 자격을 인정하는 경우에 한정하여 국토교통부장관의 인가를 받아 제10조 각 호의 업무를 수행할 수 있다.
> ② 국토교통부장관은 제1항에 따른 인가를 하는 경우 필요하다고 인정하는 때에는 그 업무의 일부를 제한할 수 있다.

17 난도 ★★　　　답 ④

┃정답해설┃

④ 소제기에 대한 사항은 공시사항이 아니다.

> **부동산 가격공시에 관한 법률 제5조(표준지공시지가의 공시사항)**
> 제3조에 따른 공시에는 다음 각 호의 사항이 포함되어야 한다.
> 1. 표준지의 지번
> 2. 표준지의 단위면적당 가격
> 3. 표준지의 면적 및 형상
> 4. 표준지 및 주변토지의 이용상황
> 5. 그 밖에 대통령령으로 정하는 사항
>
> > **부동산 가격공시에 관한 법률 시행령 제10조(표준지공시지가의 공시사항)**
> > ② 법 제5조 제5호에서 "대통령령으로 정하는 사항"이란 표준지에 대한 다음 각 호의 사항을 말한다.
> > 1. 지목
> > 2. 용도지역
> > 3. 도로 상황
> > 4. 그 밖에 표준지공시지가 공시에 필요한 사항

> **부동산 가격공시에 관한 법률 시행령 제4조(표준지공시지가의 공시방법)**
> ① 국토교통부장관은 법 제3조 제1항에 따라 표준지공시지가를 공시할 때에는 다음 각 호의 사항을 관보에 공고하고, 표준지공시지가를 국토교통부가 운영하는 부동산공시가격시스템(이하 "부동산공시가격시스템"이라 한다)에 게시하여야 한다.
> 1. 법 제5조 각 호의 사항의 개요
> 2. 표준지공시지가의 열람방법
> 3. 이의신청의 기간·절차 및 방법

18 난도 ★　　　답 ⑤

┃정답해설┃

⑤ 개별주택가격, 공동주택가격의 공시시한 – 매년 4월 30일

> **부동산 가격공시에 관한 법률 시행령 제43조(공동주택가격의 산정 및 공시)**
> ① 국토교통부장관은 매년 4월 30일까지 공동주택가격을 산정·공시하여야 한다.

19 난도 ★　　　답 ②

┃정답해설┃

② 부동산 가격공시에 관한 법률 제24조 참조

> **부동산 가격공시에 관한 법률 제24조(중앙부동산가격공시위원회)**
> ① 다음 각 호의 사항을 심의하기 위하여 국토교통부장관 소속으로 중앙부동산가격공시위원회(이하 이 조에서 "위원회"라 한다)를 둔다.
> 1. 부동산 가격공시 관계 법령의 제정·개정에 관한 사항 중 국토교통부장관이 심의에 부치는 사항
> 2. 제3조에 따른 표준지의 선정 및 관리지침
> 3. 제3조에 따라 조사·평가된 표준지공시지가
> 4. 제7조에 따른 표준지공시지가에 대한 이의신청에 관한 사항
> 5. 제16조에 따른 표준주택의 선정 및 관리지침

6. 제16조에 따라 조사·산정된 표준주택가격
7. 제16조에 따른 표준주택가격에 대한 이의신청에 관한 사항
8. 제18조에 따른 공동주택의 조사 및 산정지침
9. 제18조에 따라 조사·산정된 공동주택가격
10. 제18조에 따른 공동주택가격에 대한 이의신청에 관한 사항
11. 제20조에 따른 비주거용 표준부동산의 선정 및 관리지침
12. 제20조에 따라 조사·산정된 비주거용 표준부동산가격
13. 제20조에 따른 비주거용 표준부동산가격에 대한 이의신청에 관한 사항
14. 제22조에 따른 비주거용 집합부동산의 조사 및 산정 지침
15. 제22조에 따라 조사·산정된 비주거용 집합부동산가격
16. 제22조에 따른 비주거용 집합부동산가격에 대한 이의신청에 관한 사항
17. 제26조의2에 따른 계획 수립에 관한 사항
18. 그 밖에 부동산정책에 관한 사항 등 국토교통부장관이 심의에 부치는 사항

20 난도 ★   답 ⑤

▌정답해설▐

⑤ 행정재산은 처분(매각, 교환, 양여, 신탁, 현물출자 등)을 할 수 없다(국유재산법 제27조 제1항). 일반재산은 대부할 수 있다.

국유재산법 제6조(국유재산의 구분과 종류)
① 국유재산은 그 용도에 따라 행정재산과 일반재산으로 구분한다.
② 행정재산의 종류는 다음 각 호와 같다.
1. 공용재산 : 국가가 직접 사무용·사업용 또는 공무원의 주거용(직무 수행을 위하여 필요한 경우로서 대통령령으로 정하는 경우로 한정한다)으로 사용하거나 대통령령으로 정하는 기한까지 사용하기로 결정한 재산
2. 공공용재산 : 국가가 직접 공공용으로 사용하거나 대통령령으로 정하는 기한까지 사용하기로 결정한 재산

3. 기업용재산 : 정부기업이 직접 사무용·사업용 또는 그 기업에 종사하는 직원의 주거용(직무 수행을 위하여 필요한 경우로서 대통령령으로 정하는 경우로 한정한다)으로 사용하거나 대통령령으로 정하는 기한까지 사용하기로 결정한 재산
4. 보존용재산 : 법령이나 그 밖의 필요에 따라 국가가 보존하는 재산
③ "일반재산"이란 행정재산 외의 모든 국유재산을 말한다.

21 난도 ★★   답 ②

▌정답해설▐

② 총괄청은 총괄에 관한 사무의 일부를 조달청장 또는 지방자치단체의 장에게 위임하거나 정부출자기업체 또는 특별법에 따라 설립된 법인으로서 대통령령으로 정하는 자에게 위탁할 수 있다(국유재산법 제25조).

22 난도 ★   답 ①

▌정답해설▐

① 사권의 설정은 일반재산에 대해서, 예외적으로 가능하다.

국유재산법 제7조(국유재산의 보호)
① 누구든지 이 법 또는 다른 법률에서 정하는 절차와 방법에 따르지 아니하고는 국유재산을 사용하거나 수익하지 못한다.
② 행정재산은 「민법」 제245조에도 불구하고 시효취득(時效取得)의 대상이 되지 아니한다.

국유재산법 제11조(사권 설정의 제한)
① 사권(私權)이 설정된 재산은 그 사권이 소멸된 후가 아니면 국유재산으로 취득하지 못한다. 다만, 판결에 따라 취득하는 경우에는 그러하지 아니하다.
② 국유재산에는 사권을 설정하지 못한다. 다만, 일반재산에 대하여 대통령령으로 정하는 경우에는 그러하지 아니하다.

23 난도 ★   답 ⑤

정답해설

⑤ 민사집행법이 아니라 「행정대집행법」을 준용한다.

24 난도 ★★   답 ②

정답해설

② 자연환경을 보호하기 위하여 도지사가 지정·공고한 구
   역에 건축하는 3층 이상인 위락시설, 숙박시설, 공동주
   택, 일반음식점, 일반업무시설에 해당하는 건축물은 도
   지사의 승인을 받아야 한다. 즉, 다가구주택은 사전승인
   대상에 해당하지 않는다.

오답해설

ⓒ 주차장은 용적률 산정할 때 연면적에서 제외된다.

ⓔ 바닥면적에서 제외된다.

> **건축법 시행령 제119조(면적 등의 산정방법)**
> ① 법 제84조에 따라 건축물의 면적·높이 및 층수 등은 다음 각 호의 방법에 따라 산정한다.
>   3. 바닥면적 : 건축물의 각 층 또는 그 일부로서 벽, 기둥, 그 밖에 이와 비슷한 구획의 중심선으로 둘러싸인 부분의 수평투영면적으로 한다. 다만, 다음 각 목의 어느 하나에 해당하는 경우에는 각 목에서 정하는 바에 따른다.
>   사. 제6조 제1항 제6호에 따른 건축물을 리모델링하는 경우로서 미관 향상, 열의 손실 방지 등을 위하여 외벽에 부가하여 마감재 등을 설치하는 부분은 바닥면적에 산입하지 아니한다.
>   4. 연면적 : 하나의 건축물 각 층의 바닥면적의 합계로 하되, 용적률을 산정할 때에는 다음 각 목에 해당하는 면적은 제외한다.
>   가. 지하층의 면적
>   나. 지상층의 주차용(해당 건축물의 부속용도인 경우만 해당한다)으로 쓰는 면적
>   다. 삭제
>   라. 삭제
>   마. 초고층 건축물과 준초고층 건축물에 설치하는 피난안전구역의 면적
>   바. 11층 이상인 건축물로서 11층 이상인 층의 바닥면적의 합계가 1만㎡ 이상인 건축물 지붕을 경사지붕으로 하는 경우 : 경사지붕 아래에 설치하는 대피공간

정답해설

② 건축법 시행령 제27조 제1항 제2호

오답해설

① 가설건축물은 조경의무가 없다(건축법 시행령 제27조 제1항 제7호).

③ 녹지지역에서는 조경의무가 없다(건축법 시행령 제27조 제1항 제1호).

④ 대지면적의 10% 이하 범위에서 조례가 정하는 면적만큼 공개공지설치 의무가 있다(건축법 시행령 제27조의2 제2항).

⑤ 용적률과 높이제한을 완화할 수 있다(건축법 시행령 제27조의2 제4항).

정답해설

③ 중심상업지역 및 일반상업지역에서만 일조권을 적용하지 않는다.

> **건축법 제61조(일조 등의 확보를 위한 건축물의 높이 제한)**
> ① 전용주거지역과 일반주거지역 안에서 건축하는 건축물의 높이는 일조 등의 확보를 위하여 정북방향(正北方向)의 인접 대지경계선으로부터의 거리에 따라 대통령령으로 정하는 높이 이하로 하여야 한다.
> ② 다음 각 호의 어느 하나에 해당하는 공동주택(일반상업지역과 중심상업지역에 건축하는 것은 제외한다)은 채광(採光) 등의 확보를 위하여 대통령령으로 정하는 높이 이하로 하여야 한다.
>   1. 인접 대지경계선 등의 방향으로 채광을 위한 창문 등을 두는 경우
>   2. 하나의 대지에 두 동(棟) 이상을 건축하는 경우
> ③ 다음 각 호의 어느 하나에 해당하면 제1항에도 불구하고 건축물의 높이를 정남(正南)방향의 인접 대지경계선으로부터의 거리에 따라 대통령령으로 정하는 높이 이하로 할 수 있다.
>   1. 「택지개발촉진법」 제3조에 따른 택지개발지구인 경우
>   2. 「주택법」 제15조에 따른 대지조성사업지구인 경우
>   3. 「지역 개발 및 지원에 관한 법률」 제11조에 따른 지역개발사업구역인 경우
>   4. 「산업입지 및 개발에 관한 법률」 제6조, 제7조, 제7조의2 및 제8조에 따른 국가산업단지, 일반산업단지, 도시첨단산업단지 및 농공단지인 경우
>   5. 「도시개발법」 제2조 제1항 제1호에 따른 도시개발구역인 경우
>   6. 「도시 및 주거환경정비법」 제8조에 따른 정비구역인 경우
>   7. 정북방향으로 도로, 공원, 하천 등 건축이 금지된 공지에 접하는 대지인 경우
>   8. 정북방향으로 접하고 있는 대지의 소유자와 합의한 경우나 그 밖에 대통령령으로 정하는 경우

④ 2층 이하로서 높이가 8미터 이하인 건축물에는 해당 지방자치단체의 조례로 정하는 바에 따라 제1항부터 제3항까지의 규정을 적용하지 아니할 수 있다.

> **건축법 시행령 제119조(면적 등의 산정방법)**
> 5. 건축물의 높이 : 지표면으로부터 그 건축물의 상단까지의 높이[건축물의 1층 전체에 필로티(건축물을 사용하기 위한 경비실, 계단실, 승강기실, 그 밖에 이와 비슷한 것을 포함한다)가 설치되어 있는 경우에는 법 제60조 및 법 제61조 제2항을 적용할 때 필로티의 층고를 제외한 높이]로 한다. 다만, 다음 각 목의 어느 하나에 해당하는 경우에는 각 목에서 정하는 바에 따른다.
> 나. 법 제61조에 따른 건축물 높이를 산정할 때 건축물 대지의 지표면과 인접 대지의 지표면 간에 고저차가 있는 경우에는 그 지표면의 평균 수평면을 지표면으로 본다. 다만, 법 제61조 제2항에 따른 높이를 산정할 때 해당 대지가 인접 대지의 높이보다 낮은 경우에는 해당 대지의 지표면을 지표면으로 보고, 공동주택을 다른 용도와 복합하여 건축하는 경우에는 공동주택의 가장 낮은 부분을 그 건축물의 지표면으로 본다.

28 난도 ★

답 ④

┃정답해설┃

④ 지목은 구거에 대한 설명이다.

> **공간정보의 구축 및 관리 등에 관한 법률 시행령 제58조 (지목의 구분)**
> 법 제67조 제1항에 따른 지목의 구분은 다음 각 호의 기준에 따른다.
> 1. 전 : 물을 상시적으로 이용하지 않고 곡물·원예작물(과수류는 제외한다)·약초·뽕나무·닥나무·묘목·관상수 등의 식물을 주로 재배하는 토지와 식용(食用)으로 죽순을 재배하는 토지

> 2. 답 : 물을 상시적으로 직접 이용하여 벼·연(蓮)·미나리·왕골 등의 식물을 주로 재배하는 토지
> 3. 과수원 : 사과·배·밤·호두·귤나무 등 과수류를 집단적으로 재배하는 토지와 이에 접속된 저장고 등 부속시설물의 부지. 다만, 주거용 건축물의 부지는 "대"로 한다.
> 4. 목장용지 : 다음 각 목의 토지. 다만, 주거용 건축물의 부지는 "대"로 한다.
>   가. 축산업 및 낙농업을 하기 위하여 초지를 조성한 토지
>   나. 「축산법」 제2조 제1호에 따른 가축을 사육하는 축사 등의 부지
>   다. 가목 및 나목의 토지와 접속된 부속시설물의 부지
> 5. 임야 : 산림 및 원야(原野)를 이루고 있는 수림지(樹林地)·죽림지·암석지·자갈땅·모래땅·습지·황무지 등의 토지
> 6. 광천지 : 지하에서 온수·약수·석유류 등이 용출되는 용출구(湧出口)와 그 유지(維持)에 사용되는 부지. 다만, 온수·약수·석유류 등을 일정한 장소로 운송하는 송수관·송유관 및 저장시설의 부지는 제외한다.
> 7. 염전 : 바닷물을 끌어들여 소금을 채취하기 위하여 조성된 토지와 이에 접속된 제염장(製鹽場) 등 부속시설물의 부지. 다만, 천일제염 방식으로 하지 아니하고 동력으로 바닷물을 끌어들여 소금을 제조하는 공장시설물의 부지는 제외한다.
> 8. 대
>   가. 영구적 건축물 중 주거·사무실·점포와 박물관·극장·미술관 등 문화시설과 이에 접속된 정원 및 부속시설물의 부지
>   나. 「국토의 계획 및 이용에 관한 법률」 등 관계 법령에 따른 택지조성공사가 준공된 토지
> 9. 공장용지
>   가. 제조업을 하고 있는 공장시설물의 부지
>   나. 「산업집적활성화 및 공장설립에 관한 법률」 등 관계 법령에 따른 공장부지 조성공사가 준공된 토지
>   다. 가목 및 나목의 토지와 같은 구역에 있는 의료시설 등 부속시설물의 부지
> 10. 학교용지 : 학교의 교사(校舍)와 이에 접속된 체육장 등 부속시설물의 부지

11. 주차장 : 자동차 등의 주차에 필요한 독립적인 시설을 갖춘 부지와 주차전용 건축물 및 이에 접속된 부속시설물의 부지. 다만, 다음 각 목의 어느 하나에 해당하는 시설의 부지는 제외한다.
    가. 「주차장법」 제2조 제1호 가목 및 다목에 따른 노상주차장 및 부설주차장(「주차장법」 제19조 제4항에 따라 시설물의 부지 인근에 설치된 부설주차장은 제외한다)
    나. 자동차 등의 판매 목적으로 설치된 물류장 및 야외전시장
12. 주유소용지 : 다음 각 목의 토지. 다만, 자동차·선박·기차 등의 제작 또는 정비공장 안에 설치된 급유·송유시설 등의 부지는 제외한다.
    가. 석유·석유제품, 액화석유가스, 전기 또는 수소 등의 판매를 위하여 일정한 설비를 갖춘 시설물의 부지
    나. 저유소(貯油所) 및 원유저장소의 부지와 이에 접속된 부속시설물의 부지
13. 창고용지 : 물건 등을 보관하거나 저장하기 위하여 독립적으로 설치된 보관시설물의 부지와 이에 접속된 부속시설물의 부지
14. 도로 : 다음 각 목의 토지. 다만, 아파트·공장 등 단일 용도의 일정한 단지 안에 설치된 통로 등은 제외한다.
    가. 일반 공중(公衆)의 교통 운수를 위하여 보행이나 차량운행에 필요한 일정한 설비 또는 형태를 갖추어 이용되는 토지
    나. 「도로법」 등 관계 법령에 따라 도로로 개설된 토지
    다. 고속도로의 휴게소 부지
    라. 2필지 이상에 진입하는 통로로 이용되는 토지
15. 철도용지 : 교통 운수를 위하여 일정한 궤도 등의 설비와 형태를 갖추어 이용되는 토지와 이에 접속된 역사(驛舍)·차고·발전시설 및 공작창(工作廠) 등 부속시설물의 부지
16. 제방 : 조수·자연유수(自然流水)·모래·바람 등을 막기 위하여 설치된 방조제·방수제·방사제·방파제 등의 부지
17. 하천 : 자연의 유수(流水)가 있거나 있을 것으로 예상되는 토지
18. 구거 : 용수(用水) 또는 배수(排水)를 위하여 일정한 형태를 갖춘 인공적인 수로·둑 및 그 부속시설물의 부지와 자연의 유수(流水)가 있거나 있을 것으로 예상되는 소규모 수로부지

19. 유지(溜池) : 물이 고이거나 상시적으로 물을 저장하고 있는 댐·저수지·소류지(沼溜地)·호수·연못 등의 토지와 연·왕골 등이 자생하는 배수가 잘 되지 아니하는 토지
20. 양어장 : 육상에 인공으로 조성된 수산생물의 번식 또는 양식을 위한 시설을 갖춘 부지와 이에 접속된 부속시설물의 부지
21. 수도용지 : 물을 정수하여 공급하기 위한 취수·저수·도수(導水)·정수·송수 및 배수 시설의 부지 및 이에 접속된 부속시설물의 부지
22. 공원 : 일반 공중의 보건·휴양 및 정서생활에 이용하기 위한 시설을 갖춘 토지로서 「국토의 계획 및 이용에 관한 법률」에 따라 공원 또는 녹지로 결정·고시된 토지
23. 체육용지 : 국민의 건강증진 등을 위한 체육활동에 적합한 시설과 형태를 갖춘 종합운동장·실내체육관·야구장·골프장·스키장·승마장·경륜장 등 체육시설의 토지와 이에 접속된 부속시설물의 부지. 다만, 체육시설로서의 영속성과 독립성이 미흡한 정구장·골프연습장·실내수영장 및 체육도장과 유수(流水)를 이용한 요트장 및 카누장 등의 토지는 제외한다.
24. 유원지 : 일반 공중의 위락·휴양 등에 적합한 시설물을 종합적으로 갖춘 수영장·유선장(遊船場)·낚시터·어린이놀이터·동물원·식물원·민속촌·경마장·야영장 등의 토지와 이에 접속된 부속시설물의 부지. 다만, 이들 시설과의 거리 등으로 보아 독립적인 것으로 인정되는 숙식시설 및 유기장(遊技場)의 부지와 하천·구거 또는 유지[공유(公有)인 것으로 한정한다]로 분류되는 것은 제외한다.
25. 종교용지 : 일반 공중의 종교의식을 위하여 예배·법요·설교·제사 등을 하기 위한 교회·사찰·향교 등 건축물의 부지와 이에 접속된 부속시설물의 부지
26. 사적지 : 문화재로 지정된 역사적인 유적·고적·기념물 등을 보존하기 위하여 구획된 토지. 다만, 학교용지·공원·종교용지 등 다른 지목으로 된 토지에 있는 유적·고적·기념물 등을 보호하기 위하여 구획된 토지는 제외한다.
27. 묘지 : 사람의 시체나 유골이 매장된 토지, 「도시공원 및 녹지 등에 관한 법률」에 따른 묘지공원으로 결정·고시된 토지 및 「장사 등에 관한 법률」 제2조 제9호에 따른 봉안시설과 이에 접속된 부속시설물의 부지. 다만, 묘지의 관리를 위한 건축물의 부지는 "대"로 한다.

28. 잡종지 : 다음 각 목의 토지. 다만, 원상회복을 조건으로 돌을 캐내는 곳 또는 흙을 파내는 곳으로 허가된 토지는 제외한다.

　가. 갈대밭, 실외에 물건을 쌓아두는 곳, 돌을 캐내는 곳, 흙을 파내는 곳, 야외시장 및 공동우물

　나. 변전소, 송신소, 수신소 및 송유시설 등의 부지

　다. 여객자동차터미널, 자동차운전학원 및 폐차장 등 자동차와 관련된 독립적인 시설물을 갖춘 부지

　라. 공항시설 및 항만시설 부지

　마. 도축장, 쓰레기처리장 및 오물처리장 등의 부지

　바. 그 밖에 다른 지목에 속하지 않는 토지

⑧ 토지의 이동사유

⑨ 토지소유자가 변경된 날과 그 원인

⑩ 토지등급 또는 기준수확량등급과 그 설정·수정 연월일

⑪ 개별공시지가와 그 기준일

⑫ 그 밖에 국토교통부장관이 정하는 사항

공유지연명부의 등록사항

① 토지의 소재

② 지번

③ 소유권 지분

④ 소유자의 성명 또는 명칭, 주소 및 주민등록번호

⑤ 토지의 고유번호

⑥ 필지별 공유지연명부의 장번호

⑦ 토지소유자가 변경된 날과 그 원인

지적도 및 임야도의 등록사항

① 토지의 소재

② 지번

③ 지목

④ 경계

⑤ 지적도면의 색인도(인접도면의 연결 순서를 표시하기 위하여 기재한 도표와 번호를 말한다)

⑥ 지적도면의 제명 및 축척

⑦ 도곽선과 그 수치

⑧ 좌표에 의하여 계산된 경계점 간의 거리(경계점좌표등록부를 갖춰 두는 지역으로 한정한다)

⑨ 삼각점 및 지적기준점의 위치

⑩ 건축물 및 구조물 등의 위치

⑪ 그 밖에 국토교통부장관이 정하는 사항

경계점좌표등록부의 등록사항

① 토지의 소재

② 지번

③ 좌표

④ 토지의 고유번호

⑤ 지적도면의 번호

⑥ 필지별 경계점좌표등록부의 장번호

⑦ 부호 및 부호도

대지권등록부의 등록사항

① 토지의 소재

② 지번

③ 대지권 비율

④ 소유자의 성명 또는 명칭, 주소 및 주민등록번호

⑤ 토지의 고유번호

⑥ 전유부분의 건물표시

⑦ 건물의 명칭

⑧ 집합건물별 대지권등록부의 장번호

⑨ 토지소유자가 변경된 날과 그 원인

⑩ 소유권 지분

29 난도 ★★　　　　　　　답 ④

┃정답해설┃

④ 공간정보의 구축 및 관리 등에 관한 법률 제73조 제4호 및 규칙 제71조 제3항 제4호

┃오답해설┃

① 공간정보의 구축 및 관리 등에 관한 법률 제71조 제1항 제3호 및 제4호

② 공간정보의 구축 및 관리 등에 관한 법률 제71조 제2항 제3호

③ 공간정보의 구축 및 관리 등에 관한 법률 제72조 제5호 및 규칙 제69조 제2항 제6호

⑤ 공간정보의 구축 및 관리 등에 관한 법률 제71조 제3항 제5호 및 규칙 제68조 제4항 제2호

토지대장과 임야대장의 등록사항

① 토지의 소재

② 지번

③ 지목

④ 면적

⑤ 소유자의 성명 또는 명칭, 주소 및 주민등록번호(국가, 지방자치단체, 법인, 법인 아닌 사단이나 재단 및 외국인의 경우에는 「부동산등기법」 제49조에 따라 부여된 등록번호)

⑥ 토지의 고유번호(각 필지를 서로 구별하기 위하여 필지마다 붙이는 고유한 번호)

⑦ 지적도 또는 임야도의 번호와 필지별 토지대장 또는 임야대장의 장번호 및 축척

30 난도 ★　　　　　　　답 ⑤

┃정답해설┃

⑤ 말소된 토지가 회복된 경우의 신청의무기간은 없다.

> **공간정보의 구축 및 관리 등에 관한 법률 제82조(바다로 된 토지의 등록말소 신청)**
> ① 지적소관청은 지적공부에 등록된 토지가 지형의 변화 등으로 바다로 된 경우로서 원상(原狀)으로 회복될 수 없거나 다른 지목의 토지로 될 가능성이 없는 경우에는 지적공부에 등록된 토지소유자에게 지적공부의 등록말소 신청을 하도록 통지하여야 한다.
> ② 지적소관청은 제1항에 따른 토지소유자가 통지를 받은 날부터 90일 이내에 등록말소 신청을 하지 아니하면 대통령령으로 정하는 바에 따라 등록을 말소한다.
> ③ 지적소관청은 제2항에 따라 말소한 토지가 지형의 변화 등으로 다시 토지가 된 경우에는 대통령령으로 정하는 바에 따라 토지로 회복등록을 할 수 있다.

> **공간정보의 구축 및 관리 등에 관한 법률 시행령 제68조(바다로 된 토지의 등록말소 및 회복)**
> ① 법 제82조 제2항에 따라 토지소유자가 등록말소 신청을 하지 아니하면 지적소관청이 직권으로 그 지적공부의 등록사항을 말소하여야 한다.
> ② 지적소관청은 법 제82조 제3항에 따라 회복등록을 하려면 그 지적측량성과 및 등록말소 당시의 지적공부 등 관계 자료에 따라야 한다.
> ③ 제1항 및 제2항에 따라 지적공부의 등록사항을 말소하거나 회복등록하였을 때에는 그 정리 결과를 토지소유자 및 해당 공유수면의 관리청에 통지하여야 한다.

31 난도 ★　　　　　　　답 ①

┃정답해설┃

① 지적측량 적부에 대한 재심사는 중앙지적위원회가 심의·의결하며, 국토교통부에 설치한다.

> **공간정보의 구축 및 관리 등에 관한 법률 제28조(지적위원회)**
> ① 다음 각 호의 사항을 심의·의결하기 위하여 국토교통부에 중앙지적위원회를 둔다.
> 1. 지적 관련 정책 개발 및 업무 개선 등에 관한 사항
> 2. 지적측량기술의 연구·개발 및 보급에 관한 사항
> 3. 제29조 제6항에 따른 지적측량 적부심사(適否審査)에 대한 재심사(再審査)
> 4. 제39조에 따른 측량기술자 중 지적분야 측량기술자(이하 "지적기술자"라 한다)의 양성에 관한 사항
> 5. 제42조에 따른 지적기술자의 업무정지 처분 및 징계요구에 관한 사항
> ② 제29조에 따른 지적측량에 대한 적부심사 청구사항을 심의·의결하기 위하여 특별시·광역시·특별자치시·도 또는 특별자치도(이하 "시·도"라 한다)에 지방지적위원회를 둔다.

32 난도 ★★　　　　　　　답 ④

┃정답해설┃

④ 신탁재산에 속하는 부동산의 신탁등기는 수탁자가 단독으로 신청한다(부동산등기법 제23조 제7항).

> **부동산등기법 제23조(등기신청인)**
> ① 등기는 법률에 다른 규정이 없는 경우에는 등기권리자(登記權利者)와 등기의무자(登記義務者)가 공동으로 신청한다.
> ② 소유권보존등기(所有權保存登記) 또는 소유권보존등기의 말소등기(抹消登記)는 등기명의인으로 될 자 또는 등기명의인이 단독으로 신청한다.
> ③ 상속, 법인의 합병, 그 밖에 대법원규칙으로 정하는 포괄승계에 따른 등기는 등기권리자가 단독으로 신청한다.
> ④ 등기절차의 이행 또는 인수를 명하는 판결에 의한 등기는 승소한 등기권리자 또는 등기의무자가 단독으로 신청하고, 공유물을 분할하는 판결에 의한 등기는 등기권리자 또는 등기의무자가 단독으로 신청한다.

⑤ 부동산표시의 변경이나 경정(更正)의 등기는 소유권의 등기명의인이 단독으로 신청한다.

⑥ 등기명의인표시의 변경이나 경정의 등기는 해당 권리의 등기명의인이 단독으로 신청한다.

⑦ 신탁재산에 속하는 부동산의 신탁등기는 수탁자(受託者)가 단독으로 신청한다.

⑧ 수탁자가 「신탁법」 제3조 제5항에 따라 타인에게 신탁재산에 대하여 신탁을 설정하는 경우 해당 신탁재산에 속하는 부동산에 관한 권리이전등기에 대하여는 새로운 신탁의 수탁자를 등기권리자로 하고 원래 신탁의 수탁자를 등기의무자로 한다. 이 경우 해당 신탁재산에 속하는 부동산의 신탁등기는 제7항에 따라 새로운 신탁의 수탁자가 단독으로 신청한다.

3. 변제기

4. 이자 및 그 발생기·지급시기

5. 원본 또는 이자의 지급장소

6. 채무불이행으로 인한 손해배상에 관한 약정

7. 「민법」 제358조 단서의 약정

8. 채권의 조건

② 등기관은 제1항의 저당권의 내용이 근저당권인 경우에는 제48조에서 규정한 사항 외에 다음 각 호의 사항을 기록하여야 한다. 다만, 제3호 및 제4호는 등기원인에 그 약정이 있는 경우에만 기록한다.

1. 채권의 최고액

2. 채무자의 성명 또는 명칭과 주소 또는 사무소 소재지

3. 「민법」 제358조 단서의 약정

4. 존속기간

33 난도 ★　　　　　　　　　　답 ③

┃ 정답해설 ┃

③ 등기원인에 약정이 없더라도 반드시 기록하여야 할 사항
: 순위번호, 등기목적, 접수연월일 및 접수번호(㉠), 등기원인 및 그 연월일, 권리자(㉡), 채권액(㉢), 채무자의 성명 또는 명칭과 주소 또는 사무소 소재지(부동산등기법 제48조 제1항, 제75조 제1항 참조)

부동산등기법 제48조(등기사항)
① 등기관이 갑구 또는 을구에 권리에 관한 등기를 할 때에는 다음 각 호의 사항을 기록하여야 한다.

1. 순위번호

2. 등기목적

3. 접수연월일 및 접수번호

4. 등기원인 및 그 연월일

5. 권리자

부동산등기법 제75조(저당권의 등기사항)
① 등기관이 저당권설정의 등기를 할 때에는 제48조에서 규정한 사항 외에 다음 각 호의 사항을 기록하여야 한다. 다만, 제3호부터 제8호까지는 등기원인에 그 약정이 있는 경우에만 기록한다.

1. 채권액

2. 채무자의 성명 또는 명칭과 주소 또는 사무소 소재지

34 난도 ★　　　　　　　　　　답 ④

┃ 정답해설 ┃

④ 가등기에 의한 본등기를 한 경우 본등기의 순위는 가등기의 순위에 따른다(부동산등기법 제91조).

35 난도 ★★　　　　　　　　　답 ③

┃ 오답해설 ┃

① 합필하려는 모든 토지에 있는 신탁등기의 등기사항(제81조 제1항)이 동일한 신탁등기는 합필의 등기를 할 수 있다.

② 「신탁법」 제19조에 따라 신탁재산에 속하게 된 경우 및 「신탁법」 제38조에 따라 신탁재산을 회복한 경우의 신탁등기는 수탁자가 단독으로 그 등기를 신청할 수 있다.

④ 신탁등기에 대한 신청은 부동산의 소유권의 이전등기 신청과 동일한 서면으로 한다.

⑤ 신탁원부는 등기기록의 일부로 본다.

36 난도 ★

┃ 정답해설 ┃

③ 동일한 채권의 담보로 여러 개의 담보목적물에 동산담보권을 설정한 경우에 그 담보목적물의 매각대금을 동시에 배당할 때에는 각 담보목적물의 매각대금에 비례하여 그 채권의 분담을 정한다(법 제29조 제1항 참조).

동산·채권 등의 담보에 관한 법률 제29조(공동담보와 배당, 후순위자의 대위)
① 동일한 채권의 담보로 여러 개의 담보목적물에 동산담보권을 설정한 경우에 그 담보목적물의 매각대금을 동시에 배당할 때에는 각 담보목적물의 매각대금에 비례하여 그 채권의 분담을 정한다.
② 제1항의 담보목적물 중 일부의 매각대금을 먼저 배당하는 경우에는 그 대가에서 그 채권 전부를 변제받을 수 있다. 이 경우 경매된 동산의 후순위담보권자는 선순위담보권자가 다른 담보목적물의 동산담보권 실행으로 변제받을 수 있는 금액의 한도에서 선순위담보권자를 대위(代位)하여 담보권을 행사할 수 있다.
③ 담보권자가 제21조 제2항에 따라 동산담보권을 실행하는 경우에는 제1항과 제2항을 준용한다. 다만, 제1항에 따라 각 담보목적물의 매각대금을 정할 수 없는 경우에는 제23조 제2항에 따른 통지에 명시된 각 담보목적물의 평가액 또는 예상매각대금에 비례하여 그 채권의 분담을 정한다.

37 난도 ★★

답 ④

┃ 정답해설 ┃

④ 30일 이내에 신고한다.

도시 및 주거환경정비법 제19조(행위제한 등)
③ 제1항에 따라 허가를 받아야 하는 행위로서 정비구역의 지정 및 고시 당시 이미 관계 법령에 따라 행위허가를 받았거나 허가를 받을 필요가 없는 행위에 관하여 그 공사 또는 사업에 착수한 자는 대통령령으로 정하는 바에 따라 시장·군수등에게 신고한 후 이를 계속 시행할 수 있다.

도시 및 주거환경정비법 시행령 제15조(행위허가의 대상 등)
④ 법 제19조 제3항에 따라 신고하여야 하는 자는 정비구역이 지정·고시된 날부터 30일 이내에 그 공사 또는 사업의 진행상황과 시행계획을 첨부하여 관할 시장·군수등에게 신고하여야 한다.

┃ 오답해설 ┃

① 도시 및 주거환경정비법 시행령 제15조 제1항 제7호
② 도시 및 주거환경정비법 시행령 제15조 제3항 제1호
③ 도시 및 주거환경정비법 시행령 제15조 제3항 제2호
⑤ 도시 및 주거환경정비법 제19조 제6항

38 난도 ★★★

답 ④

┃ 정답해설 ┃

④ • 재건축사업의 추진위원회(제31조 제4항에 따라 추진위원회를 구성하지 아니하는 경우에는 토지등소유자를 말한다)가 조합을 설립하려는 때에는 주택단지의 공동주택의 각 동(복리시설의 경우에는 주택단지의 복리시설 전체를 하나의 동으로 본다)별 구분소유자의 과반수 동의(공동주택의 각 동별 구분소유자가 5 이하인 경우는 제외한다)와 주택단지의 전체 구분소유자의 4분의 3 이상 및 토지면적의 4분의 3 이상의 토지소유자의 동의를 받아 다음의 사항을 첨부하여 시장·군수등의 인가를 받아야 한다(도시 및 주거환경정비법 제35조 제3항).
• 재개발사업의 추진위원회(제31조 제4항에 따라 추진위원회를 구성하지 아니하는 경우에는 토지등소유자를 말한다)가 조합을 설립하려면 토지등소유자의 4분의 3 이상 및 토지면적의 2분의 1 이상의 토지소유자의 동의를 받아 다음의 사항을 첨부하여 시장·군수등의 인가를 받아야 한다(도시 및 주거환경정비법 제35조 제2항).

제2회 ┃ 감정평가관계법규 최종모의고사 정답 및 해설 **281**

39 난도 ★★ 답 ①

오답해설

② 재개발사업의 경우 법 제74조 제4항에 따른 관리처분은 다음의 방법에 따른다(도시 및 주거환경정비법 시행령 제63조 제1항).

> ㉠ 시·도조례로 분양주택의 규모를 제한하는 경우에는 그 규모 이하로 주택을 공급할 것
> ㉡ 1개의 건축물의 대지는 1필지의 토지가 되도록 정할 것. 다만, 주택단지의 경우에는 그러하지 아니하다.

③ 정비사업에서 재산 또는 권리를 평가할 때에는 다음의 방법에 따른다(도시 및 주거환경정비법 제74조 제4항).

> 「감정평가 및 감정평가사에 관한 법률」에 따른 감정평가법인등 중 다음 각 목의 구분에 따른 감정평가법인등이 평가한 금액을 산술평균하여 산정한다. 다만, 관리처분계획을 변경·중지 또는 폐지하려는 경우 분양예정 대상인 대지 또는 건축물의 추산액과 종전의 토지 또는 건축물의 가격은 사업시행자 및 토지등소유자 전원이 합의하여 산정할 수 있다.
> 　가. 주거환경개선사업 또는 재개발사업 : 시장·군수등이 선정·계약한 2인 이상의 감정평가법인등
> 　나. 재건축사업 : 시장·군수등이 선정·계약한 1인 이상의 감정평가법인등과 조합총회의 의결로 선정·계약한 1인 이상의 감정평가법인등

④ 1세대 또는 1명이 하나 이상의 주택 또는 토지를 소유한 경우 1주택을 공급하고, 같은 세대에 속하지 아니하는 2명 이상이 1주택 또는 1토지를 공유한 경우에는 1주택만 공급한다. 다만 다음 어느 하나에 해당하는 토지등소유자에게는 소유한 주택 수만큼 공급할 수 있다(도시 및 주거환경정비법 제76조 제1항 제6호).

> ⓐ 과밀억제권역에 위치하지 아니한 재건축사업의 토지등소유자. 다만, 투기과열지구 또는 「주택법」에 따라 지정된 조정대상지역에서 사업시행계획인가(최초 사업시행계획인가를 말한다)를 신청하는 재건축사업의 토지등소유자는 제외한다.
> ⓑ 근로자(공무원인 근로자를 포함한다) 숙소, 기숙사 용도로 주택을 소유하고 있는 토지등소유자
> ⓒ 국가, 지방자치단체 및 토지주택공사등
> ⓓ 「국가균형발전 특별법」 제18조에 따른 공공기관지방이전 및 혁신도시 활성화를 위한 시책 등에 따라 이전하는 공공기관이 소유한 주택을 양수한 자

따라서 재개발사업에서 지방자치단체인 토지등소유자에게는 하나 이상의 주택 또는 토지를 소유한 경우에는 소유한 주택 수만큼 공급할 수 있다.

⑤ 주거환경개선사업은 다음의 어느 하나에 해당하는 방법으로 시행할 수 있다(도시 및 주거환경정비법 제23조 제1항).

> ① 사업시행자가 정비구역에서 정비기반시설 및 공동이용시설을 새로 설치하거나 확대하고 토지등소유자가 스스로 주택을 보전·정비하거나 개량하는 방법
> ② 사업시행자가 정비구역의 전부 또는 일부를 수용하여 주택을 건설한 후 토지등소유자에게 우선 공급하거나 대지를 토지등소유자 또는 토지등소유자 외의 자에게 공급하는 방법
> ③ 사업시행자가 환지로 공급하는 방법
> ④ 사업시행자가 정비구역에서 인가받은 관리처분계획에 따라 주택 및 부대시설·복리시설을 건설하여 공급하는 방법(2가지 이상 방법으로 혼용할 수 있음)

따라서 관리처분계획을 반드시 수립하지는 않는다.

40 난도 ★★ 답 ⑤

정답해설

⑤ 도시 및 주거환경정비법 제88조 제1항

오답해설

① 시장·군수 등이 아닌 시행자는 정비사업에 관한 공사를 완료한 때에는 시장·군수 등의 준공인가를 받아야 한다(도시 및 주거환경정비법 제83조 제1항).
② 시장·군수 등에게 보고하여야 한다(도시 및 주거환경정비법 제86조 제2항).
③ 건축물을 분양받을 자는 사업시행자가 소유권이전에 관한 내용을 공보에 고시한 날 다음 날에 건축물에 대한 소유권을 취득한다(도시 및 주거환경정비법 제86조 제2항).
④ 60일 이내가 아니라 지체없이 대지확정측량을 하고 토지의 분할절차를 거쳐 관리처분계획에 정한 사항을 분양을 받을 자에게 통지하고 대지 또는 건축물의 소유권을 이전하여야 한다(도시 및 주거환경정비법 제86조 제1항).

2025 SD에듀 감정평가사 1차 감정평가관계법규 기출문제집(+최종모의고사)

개정1판1쇄 발행	2024년 05월 31일(인쇄 2024년 05월 17일)
초 판 발 행	2023년 05월 18일(인쇄 2023년 04월 28일)
발 행 인	박영일
책 임 편 집	이해욱
편 저	SD감정평가연구소
편 집 진 행	박종현
표 지 디 자 인	박종우
편 집 디 자 인	김민설 · 곽은슬
발 행 처	(주)시대고시기획
출 판 등 록	제10-1521호
주 소	서울시 마포구 큰우물로 75 [도화동 538 성지 B/D] 9F
전 화	1600-3600
팩 스	02-701-8823
홈 페 이 지	www.sdedu.co.kr
I S B N	979-11-383-7187-2 (13360)
정 가	21,000원

비관론자는 모든 기회 속에서 어려움을 찾아내고,

낙관론자는 모든 어려움 속에서 기회를 찾아낸다.

– 윈스턴 처칠 –

(3) rpart prior 옵션 적용 결과

서두에서도 말했듯이 리스크와 관련된 모델링에서는 Precision보다 Detect rate 가 더 중요하다. 이를 위해 rpart의 prior 옵션을 사용해 보았고, 그 결과도 직접 확 인해 보았다. 리스크를 회피하기 위한 모델링에서 잘 사용하기 바란다.

정 리

본 상장폐지 예측 모델링을 통해 전하고자 하는 바는 다음과 같다.

- 재무분석을 통해 어려움을 겪을 기업을 길게는 1년 전에, 짧게는 몇 개월 전에 예측이 안정적으로 가능하다. 따라서 재무를 이용한 예측은 상당히 안정적인 것으로 추측되며, 이를 이용한 다른 모델링도 안정적 일 것이라 기대된다.
- 투자자 입장에서 위험을 회피할 수 있으며, 그 외 이해관계자도 각자 의 입장에서 사전에 대책을 세울 수 있다.
- 상장폐지로 예측된 기업 및 임직원은 모델이 제시하는 변수를 파악하 여 신속하게 대책을 강구할 기회를 얻을 수 있다.
- 데이터분석 입문자들에게는 어려운 테마인 재무분석을 상장폐지를 통 해 좀 더 이해하기 쉽게 다가갈 수 있다.

끝으로 본 모델링에서 모든 변수와 알고리즘을 공개하지 못하였는데, 이에 대해 서는 넓은 아량으로 이해해 주기 바란다. 독자가 나름의 방법으로 변수를 추가하고, 알고리즘을 좀 더 적용하여 결합하면 더 나은 결과를 얻을 수 있을 것이다.

R 책을 마치며

본서를 통해 학습을 시작하기로 한 독자께 감사의 말을 드리며, 도전적인 접근을 시도한 용기에 좋은 성과를 얻길 기원한다. 이 책은 '데이터 분석 전문가/준전문가 단기완성', '경영 빅데이터 분석사 2급 단기완성' 수험서를 뒤이어 출간한 실질적인 R을 이용한 빅데이터 분석 사례로 구성된 책이다. 이전 저서가 기초를 다지고 스스로를 평가해본다는데 목표가 있다면, 본서는 실전을 직접 접하기 어려운 대부분의 독자들에게 비즈니스 관점의 시각으로 분석을 충분히 경험할 수 있는 기회를 제공한다. 이 내용들은 저자가 프로젝트로 실제 작업한 내용과 교육과정에서 워크숍을 통해 4~32시간의 과정을 거쳐 검증된 내용들이다.

전체적으로 새로운 패키지들로 작성했고, 특히 Visualization, Financial Analysis, Social Network Analysis, Simulation의 내용을 많이 수록했다. 금융분석은 환율 및 KOSPI200 예측에도 일부 사용되었고, 이후 출간될 주가예측 등에도 매우 활용도가 높다. 그리고 소셜네트워크 분석은 이전에는 간단한 그래프 표현을 통한 인사이트에 주력했다면 이번에는 구체적인 통계량을 갖고 해설할 수 있는 수준으로 제시했으며, 시뮬레이션은 개념 수준에서 구체적인 모델링을 할 패키지와 함께 예제를 제시했다.

실전은 단순한 R이나 다양한 분석기법을 학습하는 것과는 달리, 분석주제를 선정하는 것 자체에 많은 한계를 느끼는 데 팀원들 간에도 이런 예측모형이 단기간에 성공하겠는지에 대해 설전이 있었을 정도로 쉽지 않다. 어디에서 튀어나올지 모를 분석적 측면의 함정과 번거로운 데이터 처리과정을 누군가 대신 처리해준다면 얼마나 좋을까. 데이터에는 잘못된 정보와 가공해서 변경하거나 결합해야 할 데이터들이 산더미처럼 쌓여있고, 기법을 알고 있다 하더라도 자주 사용해보지 못하다보니 익숙하지 않아 즉각 판단이 안 서 머뭇거리는 경우도 있다. 또한 분석결과를 제시한 내용이 타인의 지적 한 마디에 별거 아닌 것으로 폄하될 수 있는 어려움이 있다.

본서에서는 이러한 장애요소들을 극복할 수 있도록 무엇을 하고자 하는지 목적과 접근방법, 데이터 획득 및 가공, 모델링 및 검증, 결과물에 대한 커뮤니케이션을 하나하나 설명하면 제시하고자 한다. 분량이 많으니 단기간에 집중적으로 따라해 본다면 도움이 될 것이다. 흥미로운 주제들이 앞으로도 계속 나올 것이므로 이 책은 1달 안에 마스터해보기를 권유한다. 빅데이터 시대의 경쟁력은 속도와 창의력이다.

추가로 본서는 시리즈로 나올 예정이며, 독자들과 함께 The-ECG의 facebook Page(www.facebook.com/ecgadvancedanalytics)를 통해 커뮤니케이션 하고자 한다. 이 페이지는 독자들을 위한 커뮤케이션 공간으로 간단한 질의 응답이 가능하고 유료 및 무료교육에 대한 공지를 받을 수 있어서 유용할 것이다. 그리고 1주 이하의 교육을 받은 분들을 위한 별도 facebook Group이 있어서 Level 1으로 100명 정도가 관리되고 있으며, 1~3주 교육을 받은 분들은 Level 2로 현재 270명 수준의 중소기업 및 대기업 재직자와 교수님들로 구성되어 각각 별도의 facebook Group으로 폐쇄형으로 운영되고 있다. 여기서는 강의 자료 및 스크립트들이 공유되고 유사한 수준의 사람들끼리 Q&A를 하고 네트워킹을 하게 된다. 그리고 Level 3는 창업 준비 단계로 빅데이터 분석분야를 부업이나 주업으로 하고자 하는 분들이 모인 곳으로 의료, 금융, 스포츠 분야 등으로 15명 수준으로 운영되고 있다. 많은 분들이 참여할 수 있는 다양한 모임을 갖고자 한다.

마지막으로 이 책을 저술하는데 도움을 주신 여의도 연구소 김원표 연구원님과 굿모니터링의 박유경 대표님, 좋은 분들을 만날 수 있는 기회와 강의 기회를 주신 한국데이터베이스진흥원의 서강수 원장님, 장상진 수석님, 언제나 응원해준 외사촌 여동생 정채영, 마지막으로 늘 challenge하는 전용준 박사에게 감사의 말씀을 드리고 싶다.

저자 김경태

R 참고문헌

- 김경태 · 안정국 · 양윤기, 데이터분석 전문가/준전문가 단기완성, 시대고시기획, 2015
- 김경태 · 안정국, 경영 빅데이터 분석사 2급 단기완성, 시대고시기획, 2015
- Luis Torgo, Data Mining with R, CRC Press
- Max Kuhn, Applied Predictive Modeling, Springer
- FOUR STRATEGIES TO CAPTURE AND CREATE VALUE FROM BIG DATA, Salvatore Parise, Bala Iyer and Dan Vesset, http://iveybusinessjournal.com
- Four main languages for Analytics, Data Mining, Data Science, KDnuggets
- A Short Introduction to the caret Package, Max Kuhn, max.kuhn@pfizer.com, June 3, 2014
- R Core Team (2014). R: A language and environment for statistical computing. R Foundationfor Statistical Computing, Vienna, Austria URL http://www.R-project.org/
- 김경태, R을 이용한 빅데이터 분석
- R Cookbook, 'REILLY', 폴 피터
- Package 'reshape', Hadley Wickham, h.wickham@gmail.com, July 2, 2014
- Package 'party', Torsten Hothorn, Kurt Hornik, Carolin Strobl, Achim Zeileis, July 2, 2014
- Package 'rpart', Terry Therneau, Beth Atkinson, Brian Ripley, July 2, 2014
- Package 'ggplot2', Hadley Wickham, Winston Chang, July 2, 2014
- Social Network Analysis, http://sna.stanford.edu/rlabs.php
- Yanchang Zhao. R and Data Mining : Examples and Case Studies. ISBN 978-0-12-396963-7, December 2012. Academic Press, Elsevier. 256 pages. URL : http://www.rdatamining.com-/docs/RDataMining.pdf
- 김경태 외 15인, 데이터 분석 전문가 가이드, 2014
- 곽기영, 소셜네트워크 분석, 도서출판 청람
- "A Performance Comparison of Commercial Hypervisors", Xen
- Mkomo, "A History of Storage Cost", http://www.mkomo.com/cost-per-gigabyte, 2009
- "The Architecture of VMware ESX Sever 3i", VMware.
- "What's New with VMare virual Infrastructure", WMware, 2007
- Understanding Full Virtualization, Para Virtualization, and HardwareAssist, VMwere
- Jun Nakajima, "Hybrid Virtualization – The Next Generation of XenLinux", Xen conference Japan, 2007
- "Lot of Bits", Retrieved June 18, 2008 from http://aws.typepad.com/aws/2008/05/lots-of-bits.html.Machina Research, "M2M Global Forecast &Analysis", 2012
- GHEMAWAT, S., GOBIOFF, H., AND LEUNG, S.-T., "The Google file system.", InProc.of the 19th ACMSOSPDec.2003, pp.29-43
- Thomas H. Jill Dyche, Big Company and Big Data 2013, SAS

빅데이터 분석 분야 국내 유일 자격!

데이터분석전문가
ADP/ADsP
준전문가

데이터를 다스리는 자가 시대를 이끈다 !

최근 떠오르고 있는 빅데이터 분석 전문가 양성을 목적으로 만든 유망 자격증이다. (한국데이터베이스진흥원 주관)

데이터 분석을 진행하는 전문가로 데이터의 이해, 처리 기술을 바탕으로 목적 달성, 문제 해결 등 다양한 원인 해결을 위한 데이터 분석 기획과 정보 습득자에게 효율적으로 정보를 전달하기 위한 데이터 시각화 업무 등 데이터 분석 전반의 다양한 업무를 수행한다. 시험은 데이터 분석 전문가/준전문가로 나뉜다.

1과목 데이터 이해
2과목 데이터 처리 기술 이해
3과목 데이터 분석 기획
4과목 데이터 분석
5과목 데이터 시각화

* 도서이미지는 변경될 수 있습니다.